現代中国の
腐敗と
反腐敗

汚職の諸相と土壌

菱田雅晴 ［編著］

法政大学出版局

序章

腐敗学序説

なぜ今腐敗学か?

菱田雅晴

はじめに

　全世界規模で猖獗を極めた新型コロナウイルス感染症（COVID-19）に象徴されるウイルスを人類に対する自然界からの脅威とすれば，人間社会界の脅威はわれわれ自身の裡にある。客嗇，強欲，嫉妬の悪しき心である。これらに誘われた行為は則に反するものとして不道徳と謗られ，犯罪として断罪される。なぜなら，身体，生命，財産に害をなすのみならず，公共秩序を紊乱するものとして人間社会への脅威となるからであり，ウイルス同様に変異を繰り返し，さまざまな発現形態により有史以来われわれを脅かし続けているからである。

　権力を盾に私的利害を追求する腐敗はその典型的事象ではあるが，瀆職行為としての法令違反こそ問われるものの，従来その討究は当該個人の倫理性のレベルに貶められてきた。しかしながら，上述したような腐敗が孕む問題性の広袤からすれば，社会現象としてヨリ大きな地平から把捉されるべきではあるまいか。まさしくナイ（Joseph Samuel Nye Jr.）が「腐敗は道徳主義者の手のみに委ねておくにはあまりに重大な事象」と説く通り，「腐敗の政治的，経済的効果を取り扱わないのは研究の片手落ち」（西原 1976）というべきだからである。

　腐敗現象を学の対象とする腐敗研究，すなわち，腐敗学（Corruptionology）は依然として未形成である。というのも，伝統的に，腐敗とは，上述の通り，

単なる個人の道徳倫理の問題レベルに貶められるのみならず，国外の現象を対象とする腐敗問題の研究はしばしば対象国への内政干渉に陥りかねないリスキーなものとも見なされ，半ば敬遠忌避されてきたからである。1990年代以降，グローバリゼーションの進展を受けて，発展途上国の国家運営の非能率性あるいは旧社会主義国の脆弱な政治構造が露呈されるにつれ，国際社会には「グッド・ガバナンス」構築支援という観点から汚職・腐敗問題に対する取り組み機運が本格化した。殊に，企業活動のグローバル化・ボーダーレス化の進展により，腐敗，とりわけ外国公務員に対する贈賄の禁止に関する多国間協約の試みも始まった。個別の腐敗事案に関する案件研究，フィールドワークもいくつか行われるようにはなったものの，多領域に渉る複合現象としての腐敗汚職に関する総合的な学術的検討は依然不十分である。対象視野を現代中国に限定しても，個別事案研究はあるものの，腐敗現象の総体を俎上に載せた本格的な研究作業はほぼ皆無といってよい。

しかしながら，腐敗ほど，今日の中国の政治，経済，社会システムの直面する課題を端的にさし示す現象はない。高い経済成長の達成と腐敗現象の蔓延の同時存在という事態は，伝統的な開発経済学の知見に対抗するかのようにも見える。また，中国現政権が展開する摘発と規律の強化を核とする反腐敗キャンペーンは清廉な政治を求める人々の欲求に呼応したポピュリスト的政治手法とも目されると同時に，熾烈な権力闘争，すなわち，権力層内部の再編成過程という色彩も色濃い。それらの背景には，1970年代末以来の改革開放政策の推進過程における政治権力と市場諸力との錯綜した関係形成を見出すこともできる。

本書は，こうした情況を背景に，文字通り多領域に渉る複合現象としての腐敗を対象とする総合的な学術的検討を「腐敗学」（Corruptionology）として今日再定立すべく，そのあるべきところを素描することを目指している。体系知・総合知たるべく，腐敗学とは，どのような構造のものであるべきなのか，また，腐敗学が討究すべき命題とはどのようなものがあるのか，そして，それを行うためのアプローチにはどのような手法が存在しているのか，従来行われてきた個別事案を核とする先行研究を簡便にレビューしつつ，腐敗学の基本設計をデザインしてみたい。この意味で，パラドックスに満ちた中国腐敗現象を対象に

据えた本書は，この腐敗学の基本デザインに基づく中国への適用であり，〈中国〉腐敗学の試みと称することとしたい。

1　腐敗学の基本構造

かくして，錯雑な背景と大きな広袤を持つ腐敗現象を個別案件の事案研究のレベルを超え，総合的かつ体系的に把握しようとする腐敗学が今日要請されている。腐敗学とはどのようなものであるべきなのか，「腐敗を科学する」という腐敗学の基本設計をデザインする際，その起点ともなるべき最も根源的な問いが以下のように存在する。

（1）腐敗学の根本命題

それは，ひとはなぜ腐敗するのか，なぜ腐敗現象は発生するのか，という問いであり，悪しき邪な心を持つ腐敗した人間のみが自ら腐敗に手を染めるのか，それとも，善きサマリア人とて悪しき環境に身を措くならばその人性とは別に腐敗に勤しむこととなるのか，という問いに分かたれる。前者に着目するならば，個人の倫理こそが問題とされ，個人レベルの道徳の弛緩，規範の失効という内的プロセスが俎上に載せられることとなるが，その過程におけるならわし／習俗として内在化された伝統・文化をも検討しなければ，従来の腐敗観を超えることはできない。なぜなら，われわれの目指す腐敗学とは，腐敗当事者の性格，腐敗に至る心理プロセス等腐敗者の内的決定要因をも討究対象とするのみならず，後者の視点をも備えたものであるべきだからである。したがって，腐敗学にあっては，次項以下で述べるようなさまざまな政治経済社会要因のありようが腐敗行為という社会現象にどこまで影響を与えるのか，かつ，逆に腐敗現象の動向が社会領域にどのような影響を与えることとなるのかという討究が課題となる。

（2）腐敗学の層次

われわれが構想する腐敗学とは，上述の通り，内的心理論と外的環境論の両者を具備したものでなければならない。腐敗はなぜ起きるのか，その原因を明

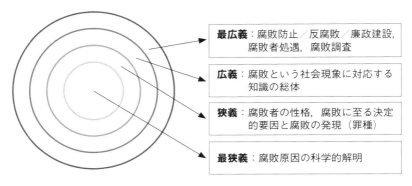

図序-1　腐敗学の層次

らかにすることで，ウイルス同様に人類社会に危害をもたらす腐敗をどのように根絶すべきか，その方途を明らかにすることを目的とする応用科学としての腐敗学は，**図序-1**のようなさまざまなレベルから構成されるものとなる。

　腐敗発生，猖獗／蔓延の原因を科学的に解明しようとするのが最狭義の腐敗学であり，腐敗学の第一義的な意義である。その上で，どのような腐敗行為が行われているのか，腐敗罪種を確認し，それと腐敗者の性格あるいは腐敗行為の実行に至る決定的要因との関連を問うのが次のレベルの狭義腐敗学である。さらに，個別の腐敗レベルを超克し，社会現象としての腐敗に関する政治経済社会的分析を行うものが広義腐敗学となるが，これに腐敗の捜査，摘発，告発，腐敗者処遇あるいは反腐敗，すなわち，腐敗撲滅，腐敗防止のための諸方策の検討をも加えたものが最広義の腐敗学となる。

　単なる発生因の解明のみならず，それを踏まえた処方箋の提示をも目指すのが腐敗学であり，この実践性にこそ腐敗学の重要な意義がある。

（3）腐敗の構成要件

　われわれの目指すべき腐敗学の対象としての腐敗現象は，さまざまな発生要因を裡に孕み，いくつかの重奏する形態特性を備えている。したがって，まずはさまざまな背景と形態の各個別事案を起点とすることが腐敗現象の全体像に迫る唯一の方法であるが，その最初のステップとして，各個別腐敗案件を取り扱う際には，以下に掲げるような腐敗の詳細事情をいわば「**腐敗の構成要件**」

（5W）として，各事案の実相をつねに明らかにしておくことが必須の前提作業
となる。

❶ Who 誰が？：
　これは腐敗行為を行う主体を確定しようとするもので，誰が腐敗を行うのか，
官僚あるいは政治家等の公職者なのか？　どのような職務権限の，どのような
ポストの人間なのか？　また，腐敗の主体となるのは単なる腐敗した個人なの
か，それともある種の集団的背景を備えた組織的主体と見なしうるのか？　あ
るいはそうした公職者に働きかけ，腐敗を行おうとする民間人こそが腐敗行為
の主体なのか，これらを確定しておかねばならない。

❷ To whom 誰に対して：
　これは腐敗行為を行う主体が腐敗を行おうとする客体を確定しようとするも
ので，誰に対して腐敗行為を行うのか，公職者に対応する民間人，民間業者，
ビジネスマン？　それとも公職者自身の同僚？　あるいは同組織内の目上の上
級者，目下の部下？　なのかを確定する必要がある。上記❶との関連では，誰
が腐敗行為を働きかけるイニシエーターとなり，客体としての❷を腐敗の参与
者／パートナーとして巻き込むのか，である。あるいはその主客関係が逆転す
ることもあり，さらにはそれが不分明なまでに主客両者が一体化し，まさに腐
敗の共同行為が成立する事態も想定される。

❸ On what 何に関して：
　これは腐敗者❶が腐敗対象❷に対して行う腐敗行為の内実である。具体的に
は，既存の規定内容，権限範囲，意思決定事項等につき，これにどのように働
きかけ，どのようにその恣意的濫用を行おうとするのか，意思決定等に関わる
職務情報の隠蔽，改竄あるいは意図的な漏洩もこれに含められる。

❹ For what 何のために：
　何を目的とする腐敗なのか，腐敗案件を検討する際には明らかにされねばな
らない重要事項である。直接的な金銭等の経済的利害を目的とするものなのか，

あるいは一時的な便宜を図ることで，将来的かつ長期的な私益，私利の獲得を企図したものなのか，はたまた好意／愛情等の情感獲得あるいは美酒女色の享楽目的なのか？　腐敗を公権力の濫用という視点から捉え返すと，直接的な経済的利害を目的とする前者は単なる経済型腐敗にすぎないことになるが，腐敗現象は必ずしもこれのみに限定されるものではない。

❺ Do what 何をする：

上記4要件を明らかにした上で具体的な腐敗行為の内容を確定しておかねばならない。各要件により，贈収賄，強要（extortion），私物化／横領，ネポティズム，漏洩，改竄等具体的な腐敗行為の罪種を区分確定することである。

以上まとめるならば，誰が誰に対して，どのような違反により，どのような行為を行なって，何を得ようとしているのか……これらが腐敗事案検討に際して「腐敗の構成要件」として明らかにすべき事柄である。これなくしては，腐敗行為の頻度あるいは腐敗行為の規模，腐敗行為のリスク等々，次の検討項目に進むことはできないからである。

（4）腐敗測量／定義

❶ どのように腐敗を定義するか

だが，ここにおいても，さらに大きく立ちはだかる根源的な問題が残されている。これまでは腐敗事案，腐敗案件等々と"腐敗"をいわば未定義のまま用いて来たが，その腐敗をどのように定義し，その上でその数量的動向変化をいかに観察するかという定義／測量問題が残されたままであった。本書においては，最も一般的な定義として国際的に最も通用している「公権力による私的利益の追求」（World Bank）を採用することとする。だが，その際にもいくつかの留意が不可欠である。

第一に，上述前段の「公権力」という点は，より大きな広茭から捉え返さねばならない。というのも，賄賂，キックバック，口銭等の私企業間の"不適切な"支払いは，その主体／客体が公権力の当事者，すなわち，政府，国家等の公職者および政治家ではないとして，腐敗研究の対象外とされるケースも散見

される（過勇 2016）。だが，これは腐敗現象の全体像を見誤ることにもつながりかねない。"公私部門之間的合謀"といった中国政治社会に特徴的な「公と私の不分明性」（公婷 2020）からすれば，企業等各組織において制度的に規定された権限の濫用という点で，私企業間の不正取引行為も腐敗現象の一環と捉えられねばならない。たとえば，取引に際して企業Ａが企業Ｂに対して賄賂その他を支払い，あるいは不当なキックバック，口銭（手数料，コミッション）を約することであるビジネス取引を成功裡に獲得したとして，それはあくまで企業Ａにおけるビジネス取引コスト，会計上の取り扱いとして処理しうるとの捉え方もありうる。その意味で，これは「公権力の濫用」とは無縁であるがゆえにいわゆる腐敗からは除外すべきとの理解である。だが，結果的には，正当なその他市場参加者を排除し，腐敗相当分の価格上昇を招来するという点では畢竟市場メカニズムの全き運行を歪めるという帰結をもたらすこととなる。したがって，ここでは「公権力」とは，国家による法律のみならず，各組織内において規定された制度によって賦与・獲得された決定・執行等に関わる権限と広く捉えることとしよう。

　また，後段の「私的利益の追求」という点も，留意が必要である。上述の「腐敗の構成要件」でも触れた通り，手許の権力を恣意的に用いる権力濫用は腐敗の必要条件ではあっても，必ずしもそのすべてが私利，私益の獲得を目的とする経済型腐敗とは限らないからである。日本では，刑法第 25 章「汚職の罪」で収賄罪（197 条），贈賄罪（198 条）が規定され，これとは別に公務員職権濫用を 193 条で定めており，同様に中国も貪汚犯罪，賄賂犯罪として刑法第 8 章で前者を定めている。したがって，「権力の濫用による私的利益の追求」という経済型腐敗を最狭義の腐敗とするならば，生命，身体，権利等を毀損する権力犯罪とも称すべき権力濫用を含め，権力濫用全般を最広義の腐敗と捉えることが必要であり，それを通じて腐敗の全体像に迫ることも期待される（第 5 章は，こうした立場から，経済型腐敗以外の腐敗を「法紀型腐敗」と捉え，その推移を詳細に検討している）。

❷腐敗をどのように計測するか
　こうして定義された「腐敗」の規模，構造，時系列的変化等を検討するため

には，腐敗現象そのものを計測し，その数量を可視化し，データとして取り扱うことを可能とするステップが求められる。その方法は，客観的数量によるものと主観的な認知レベルという二者に大別される。

　前者の客観数量法は，司法部門，検察部門その他が腐敗事案として把捉したものに代表され，摘発件数，人数，腐敗金額等のデータがここから得られる。中国事例で言えば，公安部，司法部，監察部等の公刊資料のほか，中国裁判文書網，中国審判法律応用サポートシステム，人民検察院案件情報公開網等から腐敗情況を客観的数値として捉えることができる。また，企業データからは，企業会計上の"招待費"（吃，喝，送礼，娯楽，会員卡，差旅費）等のいわゆる接待費支払い額を企業腐敗の代理指標と見なすこともできる。さらに，レント／租金流出量（outflow of rents）を資源所有者の機会費用を超える超過利得として計測することも可能であろう。

　だが，腐敗案件の捜査，摘発，立件に際しての恣意性が不可避とすれば，これら数量データの「客観性」を担保することはむつかしい。例えば，「厳打」と呼ばれる腐敗摘発キャンペーンが中央からの政治指令として展開されるなかにあっては，そうした政治動向を忖度した司法当局は捜査・摘発に平時以上にヨリ懸命となるであろう。そうなれば，観察される摘発件数，人数等の増減も当局意図あるいは政治動向の積極化ないし消極化を反映したものにすぎないこととなり，「腐敗」の増減を客観的に示すものとは言い難い。

　これに対するものとして，主観評価による腐敗度の測定法がある。人々の腐敗現象に対する主観的な認知度を指数化したもので，ビジネスマン，法務／行政関係者ら専門家へのインタビューに基づく国際NGO，トランスペアレンシー・インターナショナル（Transparency International,「透明国際」）の腐敗認知度指数CPI（Corruption Perceptions Index）が最も代表的な認知指数で，最も清廉な状態を意味する100から，最も腐敗していることを示す0までの範囲で採点され，1995年以来毎年公開されている。この他ICRG（International Country Risk Guide, PRS Group），BI（Business International, Economist）あるいは世界銀行の「世界ガバナンス指標（Worldwide Governance Indicators : WGI）」「汚職の抑制」Control of Corruption項目がある。検察，裁判所等によるいわゆる客観指標にも，上述の通り恣意性が窺われることからすれば，現実にビジネス

や取引実務等を通じ，腐敗現場に直面し，これを知悉するビジネスマン等関係者の経験，認識の持つ意味は大きい。加えて，こうした国・地域別の時系列の指標化データから，一国内の横向きの経年変化および縦向きの国別比較データ，パターンが比較可能となる点は高く評価される。

だが，これらとて個人による主観評価であるがゆえに恣意性は免れ難い。多くの先行研究がこれら主観評価法の問題点を指摘している。例えば，アフリカの事例に基づき，専門家認知と大衆認知の乖離を指摘するもの（Razafindrakoto & Roubaud 2010）から，社会環境によるインタビュー対象者の腐敗認知の変質（Erb 2011 ; Gould 2011），腐敗現実との乖離，予測能力不足（Olken 2009）を訴えるものに至るまで，主観評価の恣意性は否定し難い。中国事例では，ミクロ環境下のプチ腐敗に注目する朱江南らがいわゆる「小道消息」の持つ主流メディア以上の腐敗認知効果を指摘している（Zhu 2016）。

かくして，これらの腐敗の対象設定という助走準備段階を経て，腐敗学が挑むべき基本命題が浮上することとなる。

2　腐敗研究の基本命題

(1) 経済発展への正／逆機能

腐敗研究がまず討究すべき第一の命題は，腐敗が経済発展を促進する潤滑剤的な正機能を持つものなのか，それとも成長を阻碍する逆機能を持つのかという点である。次節で述べる中国腐敗のパラドックスにも関連するもので，その解明に直結する命題である。

引用文献索引のデータベース，SSCI（Social Sciences Citation Index）から，2009–2013 年期を対象に“corruption”，“bribe”をキーワードとして検索抽出した腐敗関連の社会科学分野の論文 526 篇をレビューした肖漢宇と公婷（香港城市大学公共政策学系）によれば，伝統的には，腐敗の経済発展に対する逆機能を指摘するもの（Aidt 2009; Bentzen 2012）が多いという。81 カ国を対象とする調査結果から，腐敗による投資，人的資本，政治安定への負の効果が報告されており（Hodge et al. 2011），アフリカ事例からは企業の生産性に強い負影響（Faruq 2013），ローカル金融市場の阻碍（Butler et al. 2009）があることが報

告されている。

　一方，正機能の主張も多く存在しており，しばしば「アジア・パラドックス」とも称される。一部の権威主義国家では腐敗が存在しても経済成長は可能であり，それどころか，腐敗が効率性の源にすらなりうるというものである。略奪型腐敗と開発型腐敗という概念区分を行ない，後者の有する経済成長への正機能を指摘したウィードマン（Andrew Wedeman）の研究はよく知られているが，このほか，鄭光浩（Kwangho Jung）と朴龍（Long Piao）は，国有および民間企業約 2,500 社に関するデータベース（2003～2017 年）を利用し，この二つの企業タイプにおける腐敗とマクロ経済パフォーマンスの関係を検討し，腐敗によって国有企業の財務パフォーマンスが民間企業以上に大きく向上したことを報告している（Jung & Piao 2021）。

　これら中国事例を筆頭に，インドネシアの事例からは，腐敗と工業生産性との間の正相関（Vial & Hanoteau 2010）のほか，ベトナム事例の私営企業に対する逆機能と国営企業に対する正機能という相違（Nguyen & Van Dijk 2012），そして金融発展レベルとの代替性（Wang & You 2012）が指摘されている。

　これらの相反する先行研究結果を鳥瞰するならば，腐敗と経済成長との関係を単純な正機能あるいは逆機能として線型に捉えるのは必ずしも適切ではないことになる。むしろ，各国・地域における制度環境，ガバナンス水準その他要因による非線型モデル（Méon & Weill 2010）として把握すべきものとも思われる。アジア腐敗研究の先導者，香港城市大学の公婷もフォーマル制度とインフォーマル制度の間隙を縫う関係網の存在と市場化／自由競争の帰結を結びつけており（公婷 2020），その立場は非線型モデルと言える。

　翻って，レヴィ＝ストロースらの社会人類学の成果がわれわれに示す事実とは，市場機構以外の調整メカニズムの存在である。それらを単線的な近代合理主義のみに依拠して「前近代」あるいは「非合理性」の名を冠して，腐敗行為を排除してゆくのは驕慢との誹りも免れ難い。われわれが「伝統」と一般的に呼ぶような非市場的，共同体的調整メカニズムが，“市場経済が特異に成立した時代”にすぎない現代社会にも色濃く残存していることからすれば，腐敗とは市場，計画と並ぶ第三の資源配分原理なのではあるまいかとの妄念も捨て難い。

　畢竟するに，経済成長を通じた経済的リベラリズムの浸透により腐敗が減少

するものと期待するのか，それとも，企業の自律性獲得により，取引コスト面からの競争力強化を目的とする腐敗行為が増大とみるべきなのか？　逆に，経済発展が結果として腐敗にもたらす機能にこそ注目すべきではあるまいか。

（2）社会的不公正

　この命題は，腐敗の蔓延はあるべき社会的公正に危害を与えることとなり，結果的に所得の両極分化をもたらすのかという点に関わる。確かに，腐敗が猖獗を極める情況にあっては，社会的低層者にはせいぜいのところプチ腐敗のチャンスしかないのに対し，上位者は途轍もない巨額の腐敗機会に恵まれるであろうことからすれば，結果として腐敗は社会的分極化傾向を一層推し進めることも予想される。また，所得分配面における貧富の格差は，貧窮者ほど腐敗のコストは大きい（Hunt & Laszlo 2012）という。例えば，米国の州警察等の交通違反切符の取り扱いにおいて，富裕層に対しては単なる警告程度で済まされるのに対し，貧窮層に対してはしばしば賄賂が要求されるという事例報告もあるが（Fried et al. 2010），これは「腐敗の構成要件」における腐敗主体，交通警官における対象選択の不公正である。

　所得格差に象徴される社会的不公正からの脱却ルートとして期待されるのが，子女への教育機会の賦与というチャンネルであるが，しばしばそれは現世代の格差が次世代の格差へと拡大再生産される過程ともなっている。フォーマルな学校教育のほか，教育リターン／プレミアムを求めての課外授業，塾，家庭教師等には高額支出が求められる（陸銘 2021）ほか，タジキスタンの事例では，学校自身から規定外の運営費用の請求があり，成績評価あるいは試験に際して教師から賄賂が直接要求されるなど教育領域におけるインフォーマルな支払いが一般的ともいう（Whitsel 2011）。岡奈津子は，カザフスタンにあっては，保育園から大学に至るまで入学も成績もカネ次第であるとして，教育ルートを通じた腐敗の再生産を指摘している（岡 2019）。

　こうした腐敗ルートを通じた次世代への格差の拡大再生産のほか，“ディプロマ・ミル”という言葉に象徴されるように，現世代自身による学歴の偽造や不正入手という教育腐敗が社会的不公正を拡大しつつある。本書第 11 章は，幹部「四化」方針下の学歴腐敗として「権学交易」，「銭学交易」を検討してい

序章　腐敗学序説　　13

るが，教育腐敗の累進効果から，貧窮層の腐敗コストの増加が窺われる。

(3) 政治制度と腐敗

　これは，腐敗は政治制度のありようにどのような影響を与えるのか，逆に政治制度は腐敗にどのように影響するのかという点に関する命題である。しかし，政治制度自体が千差万別のさまざまな形態を呈するところから，必ずしも一義的な結論は得難い。そこで，政治制度を政治体制，政党制度，選挙制度あるいは民主化水準等に分解することが必要となる。

　権威主義，専制主義の独裁政権がしばしば高レベルの腐敗と同義とされることに対し，ペンシルバニア州立大学のヴィニータ・ヤダフとブンバ・ムケルジー（Vineeta Yadav & Bumba Mukherjee）は，ヨルダン，マレーシア，ウガンダの事例研究からこれに異議を唱える。選挙で選ばれた立法府をめぐる政治的競争が，汚職に従事する独裁者のインセンティブにどのように影響するかを検討して，議会内党支配および党則支配，すなわち，ある政党が議会のアジェンダを支配することができ，党内の反対者を排除することができるような政党の場合には腐敗が発生しやすいという（Yadav 2012）。また，民主化水準の高低およびその時間的長短をめぐっては，明らかに腐敗レベルの高低に相関するという（Pellegata 2013）。これに対し，腐敗と経済発展をめぐる討究と同様にこれを単線的な線形モデルで捉えるのを否定する立場もあれば，民主化プロセスと関連づけて，逆U字型の関係を指摘するものもある。すなわち，民主化の初期段階にあっては，民主改革の進行につれ汚職官僚と贈収賄に関する情報が可視化され，豊富となるため，汚職機会が増える。一方，民主化の深化は腐敗行為に対する罰則の強化となり，汚職コストが上昇するため，腐敗汚職が減少するとの把捉も可能であろう。これに政府規模の拡大および汚職役人に対する効果的な監視メカニズムの充実という要素を加え，1995年から2008年までの82か国の年次データを用いた小寺剛らの研究では，民主化が進んでいる国では，政府の規模を拡大することで汚職が減少し，民主化が進んでいない国では，政府の規模を拡大することで汚職が増加するという（Kotera et al. 2012）。政府規模の拡大も民主主義レベルの高低によっては，そこからもたらされる帰結はまさに逆方向に作用することになる。

また，腐敗が選挙とどのように関係するか，これも重要なテーマである。ポルトガルの 304 市政府の 5 年間の選挙データの分析から，腐敗の程度と投票率の関係には負の相関，すなわち，腐敗が進めば進むほど投票率が低下するという（Stockemer & Calca 2013）。一方，ミシシッピ州選挙事例からは，腐敗の高水準の地域ほど低腐敗地域に較べ，投票率が高いという正相関が観察されるという（Karahan et al. 2009）。ここには，腐敗した候補者に正義の制裁を加えるべく，投票所に足を運び，落選させようという有権者，選挙民の良識的判断が働いているものとも推定される。のみならず，有権者に対し，候補者が掲げる税控除その他の経済的利益と汚職費用，腐敗リスクとの比較衡量も関連するであろう。選挙意識を政治参加意欲の代替変数と考えれば，腐敗水準の高低と投票率は必ずしも一義的な影響関係をそこに見出すことはできない。なお，立候補，投開票等選挙プロセスそのものが買収，饗応等により不正なものとなる選挙腐敗という事態も研究対象とすべきところ，本書にあっては第 8 章が地方選挙における利益誘導，買収事件を検討している。

　これらの基本命題をめぐる先行研究を瞥見しても明らかなように，それぞれの領域における腐敗との関係につき，一義的に単線的な結論を得ることはきわめて困難である。例えば，政治領域の課題を政治体制，政党制度，選挙制度あるいは民主化水準等それぞれのサブ領域として設定し，各要因をサブグループ化した上で腐敗との関係を問うたとしても，やはり単純な相関関係すら見出すことはむつかしい。

3　腐敗へのアプローチ

　これまでも，腐敗学が挑むべきこうした困難に満ちた命題に接近すべく，各個別事案の研究においては以下に瞥見するようなさまざまなアプローチが用いられてきた。

(1) 犯罪学的アプローチ
　これは上記の最狭義の腐敗学における中心的なアプローチであるが，刑法学あるいは社会病理学に拠り，腐敗を犯罪行為と捉え，個別の腐敗事案の腐敗因

解明とその防遏を目指すものである。その際，それを素質，すなわち，腐敗行為者個人の特性要因とみて重視するのか，それとも環境，すなわち，腐敗の社会的要因に重きを置くのかという，上述した根本命題にも直結する。この犯罪学的アプローチでは，腐敗者個人の性格，経歴等の内的要因を重視する立場のほか，累犯者・初犯者の別，偶発腐敗，計画腐敗あるいは組織腐敗の別などに腐敗罪種を分け，どのような情況下で腐敗犯罪が行われるかを検討するいわば社会学的な外的腐敗要因論がある。米犯罪学者ジョージ・ケリング（George L. Kelling）の提唱したブロークン・ウィンドウ理論はこれらを総合したものとも見なされよう。「壊れた窓が壊れたまま放置された情況は誰も注意を払っていないという象徴となり，やがて他の窓もまもなくすべて壊される」というもので，匿名性が保証される情況下にあっては，各個人の責任が分散され，自己規制意識が低下することとなり，軽微な秩序違反行為からやがては凶悪犯罪の多発へとつながるという。ささいなプチ腐敗をも見逃すことなく，徹底的な摘発を行うことが重大な腐敗犯罪の防遏を目指す最短ルートということになる。

（2）行政学的アプローチ

この行政学的アプローチは，行政の不作為等の行政機能の失陥・紊乱に腐敗因を措定するもので，国家による規制・介入，行政サービスの提供と市民社会の自由な活動との間の不整合が腐敗行為をもたらすとの立場である。腐敗を"腐敗＝権力壟断↑＋自由裁量権↑―問責↓"と定式化したクリットガードの政治学的アプローチ（Klitgaard 1988）は政治過程における行政官僚制の役割に迫るもので，行政機関内部での組織管理を対象とする経営学的／組織論的アプローチでは，腐敗を基本公共サービス需要未充足時の代替手段（McMann 2014）として把捉する立場である。また，官僚制あるいは公務員制度そのものの作動原理を俎上に載せ，その作動プロセスを保障するものとしての腐敗を捉え，行政装置への潤滑剤と指摘するアプローチ（Leys 1965）もこれに含められよう。

（3）社会（心理）学的アプローチ

これは，「人間は社会的動物である」（アリストテレス），「責任は社会にあり

個人にない」（ホッブズ）という立場から，社会行動や社会生活の影響を受ける社会的な過程における腐敗心理の研究を行おうとするアプローチである。すなわち，道徳哲学，行動規範等の倫理学的アプローチに対応するもので，単体である場合と集団である場合とでは心理過程が異なるとの判断が根底にある。個人の道徳観，道徳律が外部委託されたものとして法律を捉え，それによって形成される社会が個人の行為にどのように作用するかに注目する。社会的な状況下での個人の行動，相互作用過程，集団内行動，集団間行動，環境心理，異文化，国際間での人間行動の比較研究を行う。

小 括

　以上概説してきたところをまとめるならば，われわれの構想する腐敗学にあっては以下のような志向と構造の下，腐敗現象に関わる体系的な観察と分析の総合知を目指すことが要請される。

　第一に，腐敗学とは，腐敗はなぜ起きるのか，その原因を明らかにすることで，ウイルス同様に人類社会に危害を与える腐敗をどのように根絶すべきか，その防遏のための方途を明らかにすることを目的とする応用科学である。

　第二に，この目的達成のため，腐敗の発生，猖獗／蔓延の原因を科学的に解明しようとする最狭義の腐敗学から，腐敗の捜査，摘発，告発，腐敗者処遇あるいは反腐敗，すなわち，腐敗撲滅，腐敗防止のための諸方策の検討をも行う最広義の腐敗学に至るまでそれぞれの層次を構成することとなる。しかしながら，応用科学という腐敗学の最重要の実践的意義から各層次は別個のものにとどまってはならず，各レベルの知見を相互参照し，最終目的としての腐敗防遏に資するものを目指さねばならない。

　第三に，われわれが構想する腐敗学とは，腐敗した悪しき心の人間が自ら腐敗に手を染めるのか，それとも，善きサマリア人とて悪しき環境に身を措くならばその人性とは別に腐敗に勤しむこととなるのかという，腐敗への根源的な問いに関する内的心理論と外的環境論の両者を具備したものでなければならない。単なる個人の道徳倫理の問題レベルに堕することなく，腐敗行為者個人の特性要因と腐敗の社会的要因を結びつけ，どのような情況下で腐敗が行われる

序章　腐敗学序説　　17

のか，逆にどのような環境要因が腐敗行為者個人の心理に作用するのか等を俎上に載せることが求められる。

　第四に，腐敗学を行うにあたって，最初の課題として各個別の腐敗案件を取り扱う際には，5W，すなわち，誰が誰に対して，どのような違反により，どのような行為を行なって，何を得ようとしているのか……という「腐敗の構成要件」を明らかにしておかねばならない。その次のステップとして，腐敗行為の頻度，腐敗行為の規模，腐敗行為のリスク等を計測するためである。

　第五に，「腐敗＝公権力による私的利益の追求」と定義するにあたっては，「公権力」を国家による法律のみならず，各組織内において規定された制度によって賦与・獲得された決定，執行等に関わる権限と広く捉えること，および私利・私益以外に生命，身体，権利等を毀損する権力犯罪をも含めた権力濫用全般を最広義の腐敗と捉えることが重要である。

　第六に，こうして定義された腐敗の規模，構造，時系列的変化等を検討するべく，腐敗現象そのものを計測することが求められる。その測定には，司法部門，検察部門その他が腐敗事案として把捉した摘発件数，人数，腐敗金額等の客観数量法および関係者，専門家の主観評価による腐敗度の測定法の二者があるが，前者が当局意図あるいは政治動向に左右されかねず，後者は個人による主観評価であるがゆえに，いずれも恣意性は免れがたい。だが，分析目的に応じて，指標化された両者の国・地域別データを相互参照させることで得られる一国内の横向きの経年変化および縦向きの国別比較データは有用である。

　第七には，腐敗研究が討究すべき基本的命題として，1）経済発展への機能（腐敗が経済発展を促進する潤滑剤的な正機能を持つものなのか，それとも成長を阻碍する逆機能を持つのか），2）社会的不公正（腐敗の蔓延はあるべき社会的公正に危害を与えることとなり，結果的に所得の両極分化という社会的不公正の悪化をもたらすのか），3）政治制度と腐敗（腐敗は政治制度のありようにどのような影響を与えるのか，逆に政治制度は腐敗にどのように影響するのか）等があるものの，それぞれの領域における腐敗との関係につき，一義的に単線的な結論を得ることはきわめて困難である。のみならず，政治領域における課題を政治体制，政党制度，選挙制度あるいは民主化水準等それぞれのサブ領域として設定し，各要因をサブグループ化した上で腐敗との関係を問うたとしても，単純な相関関係

すら見出すことはむつかしい。個別事案の「腐敗の構成要件」ごとに個別情況に応じた腐敗との関連を丹念に問い続けるしかない。

　最後に，こうした個別情況に応じた腐敗との関連を討究するに際しての手法としては，①犯罪学的アプローチ（腐敗を犯罪行為と捉え，腐敗者個人の性格，経歴等内的要因分析およびどのような情況下で腐敗犯罪が行われるかという社会学的な外的腐敗要因分析），②行政学的アプローチ（行政の不作為等行政機能の失陥に腐敗因を措定し，基本公共サービス需要の充足如何を問う），③社会（心理）学的アプローチ（社会的な状況下での腐敗者の行動，相互作用過程，集団内行動，集団間行動等腐敗行為の比較研究）等があるが，腐敗現象の広袤の大いさと錯雑な相貌からすると，単一アプローチのみでは不十分であり，あらゆるアプローチを総動員し，その全体像に迫ることが求められる。

参考文献

岡奈津子（2019）『〈賄賂〉のある暮らし──市場経済化後のカザフスタン』白水社
西原正（1976）『東南アジアの政治的腐敗』創文社

公婷（2020）「腐敗研究的発展現状和新視角」『公共管理与政策評論』No. 01, 17.01. 2020, 3–9 頁
過勇（2016）《腐敗測量：基于腐敗，反腐敗与風険的視角》《公共行政評論》2016 年第 3 期
肖漢宇，公婷（2016）「腐敗研究中的若干理論問題──基于 2009–2013 年 526 篇 SSCI 文献的綜述」《経済社会体制比較》2016 年第 2 期，48–60 頁

Aidt, Toke S.（2009）Corruption, institutions, and economic development. *Oxford Review of Economic Policy*, Volume 25, Issue 2, Summer 2009, pp. 271–291
Bentzen, Jeanet（2012）How Bad is Corruption? Cross-country Evidence of the Impact of Corruption on Economic Prosperity. *Review of Development Economics*, 2012, vol. 16, issue 1, pp. 167–184
Butler, Alexander, Fauver, Larry and Mortal, Sandra（2009）Corruption, Political Connections, and Municipal Finance. *Review of Financial Studies*, 2009, vol. 22, issue 7, pp. 2673–2705
Erb, Maribeth（2011）Talk of Corruption in Eastern Indonesian Communities: Reac-

tions to Local Government in the Post-Suharto Reform Era. *Asian Journal of Social Science*

Faruq, Hasan, Webb, Michael and Yi, David (2013) Corruption, Bureaucracy and Firm Productivity in Africa. *Review of Development Economics*. Volume17, Issue 1, February 2013, pp. 117–129

Fried, Brian J., Paul Lagunes and Atheendar Venkataramani (2010) "Corruption and Inequality at the Crossroad: A Multi-Method Study of Bribery and Discrimination in Latin America." *Latin American Research Review*, 45 (1): pp. 76–97

Gould, William (2011) *Bureaucracy, Community and Influence in India Society and the State, 1930s–1960s.* Routledge

Hodge, Andrew et al. (2011) Exploring the Links between Corruption and Growth. *Review of Development Economics,* Vol. 15, Issue 3, pp. 474–490, 2011

Hunt, Jennifer and Laszlo, Sonia (2012) Is Bribery Really Regressive? Bribery's Costs, Benefits, and Mechanisms, *World Development,* 2012, vol. 40, issue 2, pp. 355–372

Jung, Kwangho and Piao, Long (2021) The Effect of the Xi Jinping Administration's Anticorruption Campaign on the Performance of State-Owned Enterprises, *Asian Survey*, September-October 2021. Volume 61, Issue 5

Kotera, Go, Okada, Keisuke and Samreth. Sovannroeun (2012) Government size, democracy, and corruption: An empirical investigation. *Economic Modelling*. 29 (6) 2340–2348

Lacombe, Donald J. Coats,,R. Morris, Shughart II, William F. and Karahan, Gökhan (2009) Corruption and Voter Turnout: A Spatial Econometric Approach. *The Journal of Regional Analysis and Policy*. 46 (2):168–185

Leys, C. (1965) What Is the Problem about Corruption? *Journal of Modern African Studies*, 3, 215–230.

McMann, Kelly M. *Corruption As a Last Resort: Adapting to the Market in Central Asia*. New York: Cornell University Press, 2014.

Méon, Pierre-Guillaume & Weill, Laurent (2010) "Is Corruption an Efficient Grease?," *World Development*, Elsevier, vol. 38 (3), pp. 244–259,

Olken B.A. (2009) "Corruption Perceptions vs Corruption Reality", *Journal of Public Economics*, 93 (7), 950–964

Pellegata, Alessandro, and Memoli, Vincenzo (2016) Can Corruption Erode Confidence in Political Institutions Among European Countries? : Comparing the Effects of Different Measures of Perceived Corruption. *Social Indicators Research* 2016. Volume 128; Issue 1 Springer. Netherlands

Razafindrakoto, Mireille and Roubaud, François (2007) Corruption, Insitutional Discredit and Exclusion of the Poor : A Poverty Trap. Working Paper No. 86, AfroBarometer

Stockemer, Daniel and Calca, Patrícia (2013) «Corruption and Turnout in Portugal: A Municipal Level Study», December 2013, *Crime Law and Social Change*, 60 (5), pp. 35–548

Vial, Virginie and Hanoteau, Julien (2010) Corruption, Manufacturing Plant Growth, and the Asian Paradox: Indonesian Evidence. *World Development,* 2010, vol. 38, issue 5, pp. 693–705

Wang, Yuanyuan and You, Jing (2012) Corruption and firm growth: Evidence from China

China Economic Review, 2012, vol. 23, issue 2, pp. 415–433

Whitsel, Chrsitpher M. (2011) Counting the costs informal costs and corruption expenses of education in post-Soviet Tajikistan, *Problems of Post-Communism,* 58 (3), pp. 28–38

Yadav, Vineeta & Mukherjee, Bumba (2015) *The Politics of Corruption in Dictatorships,* Cambridge University Press (2015/12/30)

Zhu, Jiangnan (2016) Corruption Networks in China: An institutional Analysis. *Routledge Handbook of Corruption in Asia.* 2016

現代中国の腐敗と反腐敗

汚職の諸相と土壌

目　次

序章　　　　　　　　　　　　　　　　　　　　　　　　　　　菱田雅晴

腐敗学序説 —— なぜ今腐敗学か？　　　　　　　　　　　　　　3

はじめに　3

1　腐敗学の基本構造　5

2　腐敗研究の基本命題　11

3　腐敗へのアプローチ　15

小　括　17

I　腐敗観 ——どのように捉えるか

第1章　　　　　　　　　　　　　　　　　　　　　　　　　　菱田雅晴

腐敗学から〈中国〉腐敗学へ —— パラドックスを超えて　　33

はじめに　33

1　現代中国の腐敗パラドックス　34

2　〈中国〉腐敗の特質　35

3　〈中国〉腐敗学の基本アプローチ　44

まとめ　48

第2章　　　　　　　　　　　　　　　　　　　　　　　　　　天児　慧

権力社会と汚職のサイクル的構造　　　　　　　　　　　　　51

はじめに——問題の提起　51

1　権力社会と腐敗　52

2　腐敗と中国における法　54

3　官僚の汚職取り締まりの組織　56

4　改革派指導者：王滬寧の汚職・腐敗観　58

5　反腐敗闘争と権力闘争　59

6 習近平の腐敗に対する姿勢・対処方法　62

結びに代えて──「清廉な政権」建設をめぐって　65

第3章　　　　　　　　　　　　　　　　　　鈴木 隆

『アモイ日報』掲載記事にみる体制改革派・習近平の横顔

──アモイ時代の反腐敗，開放政策，政治・経済改革　71

はじめに　71

1 反腐敗運動の原点としての「税収・財務・物価大検査」　73

2 経済協力を主眼とする開放政策の推進　78

3 「慎重な改革派」による長期発展と政治・経済改革の計画立案　86

おわりに　95

II　反腐敗（摘発，通報）──どのように捕まえるか

第4章　　　　　　　　　　　　　　　　　　毛里和子

比較の視座からみた中国の腐敗の特質

── 高官落馬と「帯病提抜」（腐敗潜伏しながら出世）　101

はじめに──パラドックスに囲まれた中国腐敗学　101

1 先行研究とそこから得た啓示　103

2 中国の腐敗現象──八つのデータから　106

3 中国の腐敗の特質に迫る　108

4 中国における腐敗の六つの特質　113

5 中国腐敗要因の抽出──ロシアと中国の比較　117

6 中国型汚職が生まれる要因──三つの仮説　119

おわりに　120

第5章　中央巡視組の「回頭看」

諏訪一幸

—— 第一期習近平政権の巡視制度と幹部管理政策の新展開　123

はじめに　123

1　巡視工作の制度化と実践　124

2　第18期中央巡視の「回頭看」　133

おわりに　149

第6章　網絡反腐 —— ネット時代の「曇花」か「利器」か

朱建榮

155

はじめに —— 研究の意義と対象　155

1　「網絡反腐」の発展の経緯　161

2　「網絡反腐」の代表的事例　164

3　習近平時代の軌道修正　171

展望 —— 社会民主化の起点になるか　176

III　腐敗空間 —— どこで起きているのか

第7章　「微腐敗」対策 —— 農村における腐敗空間の生成と行方

南裕子

181

はじめに　181

1　農村部の微腐敗の概況　182

2　微腐敗発生のメカニズム　188

3　微腐敗対策　193

おわりに　200

第8章　　　　　　　　　　　　　　　　　　　　　中岡まり

選挙における腐敗と中国共産党の支配
—— 選挙制度にある「曖昧な空間」の利用　　　　　　　　　　　205

問題の所在　205
1　選挙買収の事案の概要　207
2　選挙買収が可能になる理由——共産党の支配のための「曖昧な空間」　211
結　語　218

第9章　　　　　　　　　　　　　　　　　　　　　橋本誠浩

国共内戦下の末端幹部腐敗と建国後における
都市行政のあり方　　　　　　　　　　　　　　　223

はじめに　223
1　東北・華北地域の都市における末端幹部の収奪行為と戦時動員体制　224
2　末端幹部の腐敗対策としての行政再編案　227
3　南方都市で生じた末端幹部腐敗と都市行政　231
おわりに　242

Ⅳ　腐敗磁場 —— 何が起きているのか

第10章　　　　　　　　　　　　　　　　　　　　岡田　実

対外援助と腐敗
—— 日本のODA腐敗経験から見た"一帯一路：廉潔之路"　　　247

はじめに　247
1　汚職逮捕／検挙数の推移をめぐる日中比較　248
2　日本のODA史における四つの"失敗"　250

3　日本の四つの"失敗"における「誘因」と「制約」　256
　　4　中国の公共調達と対外援助における腐敗の「誘因」と「制約」　259
　　5　"一帯一路：廉潔之路"に，日本の"失敗"経験は活かせるか？　266
　　おわりに　268

第11章

厳 善 平

幹部「四化」方針下の学歴腐敗　271

　　はじめに　271
　　1　高学歴社会の形成と役人の高学歴化　273
　　2　党校教育における学歴腐敗　279
　　3　高等教育における学歴腐敗　284
　　おわりに　287

第12章

大島一二・刁珊珊

中国建築業界における利益分配構造と「腐敗」・「搾取」の背景
──「包工頭」の役割を中心に　289

　　はじめに　289
　　1　「包工頭」制度の歴史的展開と変遷　292
　　2　建築会社等から「包工頭」への請負代金の配分──青島市現地調査を中心に　296
　　3　実態調査にみる労働組織の実態　299
　　まとめにかえて　304

V 中国腐敗をどう捉えるべきか

第13章 　　　　　　　　　　　　　　　　　　　　　　　馬嘉嘉

中国における法紀型権力濫用 —— その変容と含意 　311

はじめに　311

1　法紀型権力濫用の概要　313

2　改革開放前の法紀型権力濫用　315

3　改革開放前後の法紀型権力濫用の変容——時系列データを用いて　320

4　まとめ　325

おわりに　327

第14章 　　　　　　　　　　　　　　　　　　　　　　小嶋華津子

脱構築される習近平の反腐敗政策

—— 「親清な新型政商関係」の構築をめぐる政治過程 　331

はじめに——問題提起　331

1　法治と共産党の領導——業界団体・商会と行政機関との「脱鈎」　334

2　法治と伝統的倫理——「親清」な政商関係　338

おわりに——法治と倫理の交錯がもたらすもの　346

第15章 　　　　　　　　　　　　　　　　　　　　　　　油本真理

プーチン期のロシアにおける汚職と反汚職

—— 中国との比較を手がかりとして 　349

はじめに　349

1　権威主義体制下における積極的／消極的反汚職　350

2　反汚職に着手された背景　352

3 反汚職の諸側面　355
結　論　359

終章　　　　　　　　　　　　　　　　　　　　　　　　菱田雅晴

権・圏・銭 ── 〈中国〉腐敗学から腐敗学へ　　　　365

あとがき　381

人名索引　385

事項索引　387

I

腐敗観——どのように捉えるか

　腐敗学の一般原理に基づくならば，中国腐敗現象をプラットフォームとする〈中国〉腐敗学はどのような課題に立ち，挑むこととなるのか，本セクションではその基本構造と分析アプローチを検討した第1章「**腐敗学から〈中国〉腐敗学へ——パラドックスを超えて**」（菱田雅晴）に続き，中国政治という大きな文脈の下，腐敗現象はどのように捉えられるべきかが示されている。

　第2章「**権力社会と汚職のサイクル的構造**」（天児慧）は「権力社会」という概念をキーワードとし，権力と汚職のインターアクショナルな関係構造を描き出している。「清廉な政権」の建設も，検察法を軸としたガバナンスのための法的規範体系がその基礎にあり，党指導の絶対性，すなわち「権力の至高性」がより強化され，精緻化されてきたことから，〈権力社会－腐敗－反腐敗〉の構造的なサイクルは機能し続けると見通している。

　一方，腐敗現象の裏返しの表現として反腐敗政策，廉政建設方針はどのように理解さるべきか。その原点を習近平自身のライフヒストリーから探ろうとしたのが，第3章「**『アモイ日報』掲載記事にみる体制改革派・習近平の横顔**」（鈴木隆）である。習近平の厦門時代（1985～1988年）の反腐敗，開放政策，政治・経済改革に関する言説を『アモイ日報』等に基づき，詳細に検討した上で，習近平が当時行った「税収・財務・物価大検査」に反腐敗運動の原点を見出している。

第 1 章

腐敗学から〈中国〉腐敗学へ

パラドックスを超えて

菱田雅晴

はじめに

　単なる個人の道徳倫理の問題というレベルを超出し，多領域に渉る複合現象としての汚職腐敗に関して総合的な学術的検討を加えようとするのが腐敗学である。序章では，われわれの構想する腐敗学のあるべきところを初歩デザインとして描き出したが，いざ腐敗現象を前にして腐敗研究の一歩を踏み出そうとするとき，その個別性と多様性には圧倒される。ヒトと環境が腐敗を生み出す二大要因とすれば，まさにヒトは十人十色，千差万別にして，環境も「所変われば品変わる」とまさしく千差万別である。人生いろいろ，腐敗もいろいろである。腐敗学が解明すべき腐敗と経済発展，社会的不公正あるいは政治制度等との関連如何も一義的な単線モデルを見出すことができないのはまさしくその所以であり，それら要素を企業制度，生産性水準，教育制度あるいは政治体制，政党制度，選挙制度，民主化水準等々のサブ要素に分解したところで，それら自身にも個別性がなお色濃いが故である。

　したがって，序章で概観した腐敗学を進めるためには各腐敗事案につき「腐敗の構成要素」を確定した上で，可能な限りの個別事案を比較の視座に載せることが求められる。同一国家内の腐敗現象については，異なる地域間においてどのような異同があるのか，異なる時間においてどのような異同がみられるの

か，あるいは発展段階の異なる国家との間にはどのような異同があるのか，それはどのような経時変化をみせているのか……等である。すべての時間と空間に渉っての悉皆的な作業はほぼ不可能事とするならば，われわれのまずなしうるところは足許の精緻な観察であろう。例えば，具体的には，中華圏として同一文化圏とされる中国，香港，台湾における腐敗事例の観察であり，儒教圏とされる東アジアにおける中国，日本，韓国，ベトナム等の比較であり，また社会主義という基軸からは旧ソ連，ポスト社会主義という文脈でのロシアとの比較衡量も有益となろう。

この意味において，本書は，序章でスケッチされた腐敗学の基本デザインに基づき，中国腐敗現象をプラットフォームとして腐敗学を一歩先に進めようとする努力の第一歩であり，敢えて〈中国〉腐敗学と名付ける所以である。以下，本章では，〈中国〉腐敗学の目指すべきところとそのアプローチの概要を検討することとしたい。

1　現代中国の腐敗パラドックス

序章で概観した腐敗学の基本デザインに基づく観察からは，現代中国世界に拡がる腐敗現象はパラドックス的と総括することができる。すなわち，中国における腐敗現象の蔓延には，以下のようなパラドキシカルな情況が看取される。

（1）**政治発展と腐敗**：「政治発展」を合理性，近代性，公正性の増大という文脈で解するならば，腐敗と政治発展は両立しえない。政治発展を近代化に伴うガバナンス能力の増強とすれば，腐敗はその対極にあるからである。この点からすると，国家目標として現代化（＝近代化）を掲げ，治理＝ガバナンス力の向上を掲げる中国にあっての腐敗の猖獗は逆説的事態に映る。

（2）**経済発展と腐敗**：腐敗は，レント（供給不足によって作り出される超過利潤）シーキングによる国富の流失を始めとし，国家財政を弱体化させ，対外信用を失わせしめるなど成長に対する阻碍要因となり，腐敗は経済成長に対して非促進的である。にもかかわらず，中国は世界史的にも稀有な高度成長過程を長期に持続させ，世銀をして驚異の復興と言わしめた日本の高度経済成長の記録（持続時間，成長速度）を塗り替え，経済発展と腐敗を両立させた。

（3）**社会発展と腐敗**：法の支配に対する信任増加や，個の覚醒と自律による社会発展を通じ，不正・不公正に対する批判意識が高まることから，社会発展と腐敗が併存することはできない。人々の腐敗に対する反撥にもかかわらず，腐敗行為は中国社会の各領域，各階層に深く浸透している。"全民皆商"という貨殖主義の伝統から，足元のプチ腐敗の当事者としてのみならず，腐敗への「沈黙の支持」を与える"共演者"として，14億人すべてが腐敗と"共犯関係"にあるようにも映る。

（4）**反腐敗と腐敗**：反腐敗とは，法執行強化，綱紀粛正等各種ルートを通じた腐敗撲滅を目指す努力であるにもかかわらず，その過程にあって腐敗がより一層蔓延する事態とはまさに逆説的といわねばならない。口封じのためにさらに殺人を重ねるシリアル・キラーにも似て，過去の不正を隠蔽せんとしての二次的腐敗行為も増加しており，さらには反腐敗，廉政建設運動を進める当事者自身が腐敗のコアに位置するとあってはパラドックスの極ともいえる。

（5）**政治体制と腐敗**：批判勢力なき一党制という政治システムはしばしば権力の恣意的な濫用をもたらす。すなわち，中国の政治支配体制の深奥裡にこそ腐敗の温床があるとすれば，反腐敗の究極の努力とは一党支配という現状の政治体制の自己否定とならざるをえない。反腐敗が，自己保存，すなわち，現体制の存続強化のために行われるものとすれば，現代中国の腐敗と反腐敗をめぐる最大のパラドックスはこの点にある。

2　〈中国〉腐敗の特質

これらの諸点から，中国を観察対象に据え，中国事象をプラットフォームとする腐敗学を"〈中国〉腐敗学"と名付けるとすれば，〈中国〉腐敗学のめざすべき方向は自ずと明らかとなる。まず第一に，中国の腐敗現象／反腐敗政策の実態を剔抉することである。反腐敗を掲げる現代中国における腐敗現象の蔓延という事態に刮目し，上述した中国腐敗のパラドキシカルな情況を解明し，現代中国の腐敗現象の政治的特質，全体像を把握しなければならない。

では，中国腐敗の特質はどこに見出されることとなるのか。腐敗行為を発生させる要因面から探ってみよう。

(1) 要因特性

　腐敗をもたらすこととなる要因としては，発展途上要因，社会主義要因，資本主義要因そして文化伝統要因の四つの位相が想定される。

❶社会主義要因

　この位相は，(ポスト) 社会主義社会における特権層の存在に注目するもので，旧ソ連時代の「権力によって富を手にする"ノーメンクラトゥーラ (Nomen-clatura)"」(Voslenski 1984) として，社会主義国家におけるエリート層・支配的階級およびそれを構成する人々である「赤い貴族」や「ダーチャ族」，あるいは元ユーゴスラビア副大統領のミロヴァン・ジラス (Milovan Đilas) の「新しい階級」(Đilas 1957) といったものが腐敗構造の根底をなす，という捉え方である。さらには，ポスト社会主義社会としての新生ロシアの政治家や新興財閥 (オリガルヒ)，「新たな階層 (シロヴィキ)」の特権的存在も同様に問題視される。

　そもそもノーメンクラトゥーラ (номенклатура, Nomenclatura)[1] とは，名簿，リストを意味するラテン語「nomenclatura」を原義とするもので，ソビエト連邦における指導者選出のための人事制度にして，その対象層の規模は 1970 年代には 75 万人，家族をも含めると 300 万人に達し，総人口比 1.2%というごく少数の特権階層であった (外川 1991)。この存在は (ポスト) 社会主義社会における特権層として一般化することも可能で，現代中国にあっては党・政府高官およびその家族，親族等の"権貴集団"と称される存在がこれに相当しよう。党の人事を掌管する党中央組織部が"編制"，「職務名簿」を担当している (諏訪 2004) が，中国がソ連式のレーニン主義手法を色濃く受け継いだことを想起すれば，中国におけるノーメンクラトゥーラとはこの「職務名簿」[2]に記載さ

---

1)　ちなみに，この"Nomenclature"という語はその分類という本義から，「ブリュッセル関税品目分類表」(Brussels Tariff Nomenclature, BTN) にも使われており，その分類方式は，世界貿易の対象となるすべての商品を系統的に 21 部，99 類，1097 号の 3 項に分類し，4 桁の数字で表わし，各号の細分類は各国の自由となっている。1976 年には関税協力理事会品目表 Customs Co-operation Council Nomenclature, CCCN) に改称された。逆に，旧ソ連の幹部リストも能力，学歴，身上書，評価等からなる詳細分類がなされているであろうことが類推される。

2)　より正確には「中共中央管理的幹部職務名称」および「向中央備案的幹部職名単」。『人

れる"権貴集団"と目される。なお，彼らによる"権貴資本主義"は次項に述べる発展途上要因にも関連し，東アジア，東南アジアに見られる"クローニー資本主義"とも一脈相通ずるものがある。さらには，呂暁波（Lu Xiaobo）がギアツの involution 概念に依拠して指摘した「党組織の変容」もこの位相に加えてよいであろう（菱田 1990）。

❷発展途上要因

これは，腐敗現象を近代化，ネイション・ビルディングの遅れに伴い発生する行政上の特権に由来するものと捉える立場といってよい。行政機関が本来持つべき監督，指導，評価等の行政機能が発展途上ゆえに十二分に発現されていない状況をアラタス（S.H. Alatas）は「行政機能の未発現」と呼び，ここに腐敗の根本因を見出した（Alatas 1975）。ほぼ同様の観察結果をモンテイロ（J.B. Monteiro）は「行政失陥（mal-administration）」と称し，これにマスメディアの未発達から人々が諸権利への無知，政治的警戒心の欠如，権威・制度への盲従に陥ることを加え，宿命論に根差すアパシー現象が発展途上の位相における腐敗現象と論じた（Monteiro 1966）。確かに，現代中国における圧倒的な党国家中央への高い信頼感とその裏返しというべき地元現地幹部への仇視感情はこれに通底するもので，「どこかにわが窮状に救いの手を差し伸べる存在があるはずだ」とのメシア信仰とも相俟って「信任なき信頼」情況（菱田 2022）が中国の「行政失陥」を支えている。

❸資本主義要因

贅言を要するまでもなく，腐敗とは上記❶の（ポスト）社会主義諸国に限定される現象ではない。社会主義諸国のみならず，資本主義圏においても腐敗現象の蔓延は枚挙の暇もない。1990 年代以降，国際社会の汚職・腐敗問題に対する取り組み機運が本格化したのも，腐敗が持続可能な開発にとって大きな障害であり，貧困に悪影響を及ぼし，社会の構造を腐食するとの危機意識ゆえであ

事工作文件選編』中国金融出版社，1985 年には各部門ごとの幹部職務名簿がリストアップされている。詳細は矢吹 2012 参照のこと。

った。腐敗防止は，国際社会にとって重要な課題となっており，OECD は「国際商取引における外国公務員に対する贈賄の防止に関する条約」を推進し，本条約では，不当な利益の取得のために外国公務員に対して金銭等の不当な利益を供与することを締約国の国内法において犯罪と規定することが求められている。

　国連も「腐敗の防止に関する国際連合条約」（2005 年発効）を策定し，前文で「腐敗が社会の安定および安全に対してもたらす問題と脅威の深刻さ，民主主義の制度および価値，倫理上の価値，正義を害することならびに持続的な発展および法の支配を危うくすることの重大性」を指摘し，同序文においてコフィ・アナン事務総長は「腐敗は社会を多様な形で腐食させる陰湿な疫病である」との論断を掲げた上で「民主主義と法の支配を弱体化させ，人権侵害をもたらし，市場を歪め，生活の質を侵害し，組織犯罪，テロリズム，および人間の安全保障に対する脅威を広める」との認識を寄せている[3]。

　これは，日本や米国，オランダ，ヨルダン，メキシコなど多くの国々の政財界を巻き込んだ世界的な大規模汚職事件（日本では"総理の犯罪"として知られる）ロッキード事件を契機に，米国が 1977 年，外国公務員に対する商業目的での贈賄行為を違法とする「海外腐敗行為防止法 Foreign Corrupt Practices Act（FCPA）」を制定し，国連，OECD 等においても各国の取り組みを要請したことに端を発する。

　米国は FCPA の積極的な域外適用を進めるほか，英国も 2011 年に贈収賄に関する包括的な法令（Bribery Act）を制定し，日本も OECD 外国公務員贈賄防止条約の国内実施のため，不正競争防止法に外国公務員贈賄罪を規定している。

　畢竟，ここでは，汚職腐敗とは，他者の財や機会を奪取する不道徳な背信行為であることに加え，効率的で公正たるべき政治，経済，社会の姿を歪め，その結果として中長期的に政治，経済，社会を衰退させるものとして脅威視されている。端的には贈収賄等の腐敗が本来資本主義の核として全き機能を果たすべき市場メカニズムの作動を歪めることが問題視されている。

　他方，中国はこの資本主義要因をグリーディ・キャピタリズム（greedy capi-

---

3)　https://www.unodc.org/documents/treaties/UNCAC/Publications/Convention/08-
　　50026_E.pdf

talism）と捉え，"腐朽した資本主義"の金儲け主義，金銭至上主義，銭ゲバと論難する。"一切向銭看"という唯銭一神教的世界観の浸透を問題視し，改革開放以降の腐敗急増を"腐朽した資本主義"の悪しき影響ゆえと把捉する。これは改革開放政策の核としての市場メカニズムの導入という市場化措置そのものを俎上に載せることとなりかねず，危うさも否定できないロジックではあるが，改革開放期の腐敗現象を外から持ち込まれたものとする外因論の代表例といってよい[4]。

❹文化伝統要因

　上述の腐敗外因論に対し，腐敗現象の発生因を当該地域において歴史的に蓄積された内部的な文化伝統あるいは習俗の裡に見出す内因論の立場がある。グンナー・ミュルダール（Gunnar Myrdal）が『アジアのドラマ』で西欧的立場からは利潤の源泉たりえない行為が金銭対象とされ，ある種の「市場」すら存在すると指摘した「腐敗の習俗（folklore of corruption）」（ミュルダール 1974）は代表的な内因論と位置づけてもよいであろう。ミュルダールが法律制度に欠陥があるなどの理由により，法が遵守されず，行政に不正や汚職が蔓延している国家を「軟性国家（Soft state）」と呼んだことは，先の発展途上要因にも通じる捉え方ではある。

　他方，楊美恵（Mayfair Mei-hui Yang）は，中国の日常的社会関係の根底にある〈関係〉guanxi がより良い工作（＝仕事）の獲得，特定の食品や消費財の購入，より良い医療への接近や交通手段のチケット購入，住宅取得等のすべてのタスクに機能しているとして，巧妙かつ戦略的なギフト＝贈り物の提供とそれに伴う義務，負債，互恵関係の醸成が必須となっていることを指摘した（Yang 2016）。楊は中国でのフィールドワークに基づく多様な民族誌的事例を駆使して，この「ギフト経済」が社会主義中国のより大きな文脈でどのように機能しているかをヴィヴィッドに活写した。マルセル・モースの贈与論[5]にも連なる

---

4)　なお，中国側論調には西側の腐朽思想とともに「旧社会の母斑」を挙げることが散見されるが，これは新中国の建設によって旧社会の悪弊はすべて除去されたとの立場に悖るもので，これは内因論ということになる。

5)　マルセル・モースは，贈与を構成する三つの義務として，与える義務，受け取る義務，

この楊の指摘は，腐敗現象を中国の複雑な文化的・歴史的伝統から捉え返す視座を与えるものであり，中国の文化的伝統の永続的な強さを証明している。

なお，参考までに，以下に有名な『詩経』の国風：衛風編を掲げる（石川1997：178）。従来は男女間の愛を語るものと解釈されてきたが，上記フレームに従うならば，ギフトの交換による〈関係〉の強化とそれに附随する便益期待を如実に示すものとも解される。

投我以木瓜	我に投ずるに木瓜を以てす
報之以瓊玉	之に報ゆるに瓊玉を以てす
匪報也	報ゆるに匪ざる也
永以為好也	永く以て好みを為さんとする也
投我以木桃	我に投ずるに木桃を以てす
報之以瓊瑤	之に報ゆるに瓊瑤を以てす
匪報也	報ゆるに匪ざる也
永以為好也	永く以て好みを為さんとする也
投我以木李	我に投ずるに木李を以てす
報之以瓊玖	之に報ゆるに瓊玖を以てす
匪報也	報ゆるに匪ざる也
永以為好也	永く以て好みを為さんとする也

とまれ，中国の腐敗の蔓延が単一の要因による単純事象ではありえず，ここにみた複数の位相からなる錯雑な現象であることは論を俟たない。

次に，中国腐敗の特質をさらに剔抉すべく，腐敗現象をその形態面から探ることにしよう。

返礼の義務を挙げている（モース2009）が，中国的伝統にあっては，「受人滴水之恩，当以湧泉相報」（＝一滴の水のような恩にも，湧き出る泉のような大きさでこれに報いるべし）という諺にも示されるように，この返礼義務が過大なものとなる点が大きい。

40　Ⅰ　腐敗観——どのように捉えるか

（2）形態特性

❶ "以権謀私"

　中国の腐敗現象にほぼ通底するのがこの "以権謀私"，すなわち，「権力／権限を以て私を謀る」という権力の濫用による私的利益・利害の超法規的追及・獲得という形態面の特性である。あるいは，後述するようにこれは逆に中国腐敗現象を定義するものといってもよい。

　この現象形態は，アラタスが「腐敗」行為として列挙する賄賂（bribery），権限を通じた強要（extortion），親族重用（nepotism）であり，ヴォスレンスキーあるいはモスクワ検察庁捜査官の経歴を持つ犯罪小説家ネズナンスキー（Friedrich Neznanski）らが挙げる行政上の犯罪，すなわち，収賄，越権，職務権限逸脱，職権・職務上の地位濫用そのものである。幹部層の堕落の結果としての機関による規律違反（institutional offences）あるいはより広く「経済犯罪 economic crimes」との共通項を考慮するならば，この側面は中国腐敗現象に限定されるものではなく，各国・地域に汎通する腐敗そのものの定義というべきである。

❷ "以権代法"：超法規的自由

　第二に，中国腐敗には "以権代法"，すなわち，腐敗行為者がその権力をもって超法規的自由を獲得し，法的訴追可能性の埒外に身を置くという事態が散見される。腐敗摘発を職務とする党紀律委員会あるいは公安，検察，監察部門における腐敗汚職の蔓延に庶民の不満が集中するのもこうした事態を示している。だが，上記ネズナンスキーは「職務上の犯罪の摘発にあたるのは，その犯罪を行っている当人」だとも指摘しており，犯罪者自身が制服をまとい，（本人以外の）犯罪行為の摘発にあたるといういわば "警察腐敗" の構図であり，必ずしも中国に限定される事態ではないが，その逸脱度がその他事例に比して甚大である点が中国的とも考えられる。

❸社会的文脈：沈黙の支持

　その一方で，他国・地域事例とは異なり，さらに中国腐敗現象を特徴づけるものとして腐敗に対する社会的文脈がある。さまざまな世論調査において，人々が社会的不満を抱くものとして挙げられるのがインフレ，物価高騰，治安

等であるが，腐敗の蔓延もつねにこの不満リスト上位にランクインしていることは，まずは腐敗現象に対する中国社会の否定的認識を示すものではあろう。

　だが，その一方で，「役人に賄賂を渡すことは難問解決の早道」との認識も広く浸透しており，実際「万策尽き，残された最後の手段は役人への賄賂のみ」といった場面に際しては，腐敗に問題解決の最後の手段を委ねることへの躊躇は決して大きくない。腐敗行為そのものを絶対悪視し，これを糾弾する立場というより，例えばミュルダールの説く"スピード・マネー"という賄賂の持つ正機能の積極活用である。むしろ，そこには上述の文化的伝統にも支えられた互恵の長期的・継起的交換による〈関係〉強化という腐敗効用論が色濃い。

　その意味では，自らの周辺の，あるいは自ら関わるプチ腐敗行為の直接の当事者であるにもかかわらず，腐敗の社会的蔓延を問題視するという一見矛盾するダブル・スタンダード行為も，実はそれが単なる嫉妬レベルのものにすぎないものと解すれば，整合的である。すなわち，自分はこの程度の微小額のプチ腐敗機会にしか恵まれていないのに較べ，権力者，高官グループの腐敗の規模の大いさ，"利潤率"の高さは目をみはるしかない，なんと羨ましいことよという羨望に基づく嫉妬である。これは，腐敗に対する嫌悪感と同時に愛憎併存的（アンビヴァレント）なある種の"沈黙の支持"を与えていることとなり，腐敗に対する社会的支持といってもよい。この点から，14億人すべてが腐敗の共犯者という構図が生まれる。

❹《銭・権ネットワーク》の成立──腐敗＝権銭交易

　こうした伝統的な腐敗観を後景として，80年代末以来の中国の市場メカニズムの導入政策からもたらされる情況が加わることで中国腐敗はよりユニークなものとなる。改革初期段階にあっては，部分的導入にとどまったがゆえに市場が有効裡に作動するまでに至らず，市場が狭隘にして市場機構の作動範囲が限定されたところから，各市場参加者も市場を通じて本来的な経済的目標を達成することはむつかしい。このため，その不完全性を補完するべくその他の非市場的手段に依拠せざるをえない。この他の手段とは，前述の〈関係〉，すなわち，インフォーマルな情報交換を主体とする対面的人間関係の総和へと直結することとなる。こうした〈関係ネットワーク〉のなかでの最重要のキーパー

ソンとしての権力者への接近を通じた〈関係〉獲得により，行為目標を貫徹することとなる。導入された市場そのものの規模が狭小であったという中国の改革措置の不十分さに加えて，市場機構が有効裡に機能すべき社会的フレームワークを欠くという根源的な要因が相互に重奏して，結果的には腐敗現象の顕在化という逆機能を呈することとなった。

　さらには，これに伝統中国に汎通する共同体原理としての血縁関係，地縁関係の重視が加わることで，縁故による経済取引が顕在化し，それを正当化することとなる。まさしくビジネス場面におけるインフォーマルな人間関係としての"業縁関係"にはフォーマルな組織関係では代替しえぬ重要な機能がある。中国における組織効率の低さの結果として，正式な組織対組織のフォーマル関係では管掌領域が複雑多岐にわたるため，緊急を要する場合であっても多くの時間を要する。これに対し，インフォーマルな〈関係ネットワーク〉を通すならば，多方面，多部局に及ぶ錯雑な問題も，各組織内の当該ポジションにいる個人の手によって迅速に解決が図られる。中国における各組織の閉鎖性との関連から，各々のキーパーソンとの円滑なコミュニケーションを保つことによって，通常チャンネルとしてのフォーマルなる組織間交流では得ることのできない各種情報に接することもできる。本来ならば，インサイダー取引等，組織情報の漏洩として指弾さるべき性質の規定違反行為ではあるが，そのインフォーマルな関係性保持のために当事者間には何ら罪悪感を伴うことはない。

　こうした事情を"人情 renqing"という視点から捉え返すのが翟学偉（南京大学社会学部教授）であり，彼は中国社会を一種の「情理合一」の世界と捉え，人々の処世のあり方が理性に偏るのではなく，かといって非理性的でもなく，両者の平衡と調和に求められるという「情理社会」と規定する。その上で，〈関係〉と〈権力〉の論理が政治と社会とを結びつけているため，中国人の意識のなかには明確な社会概念も，政治概念も存在しないところから，官僚が自らの意識のなかに政治と社会の境界を見出せないことに腐敗の起因があると指摘する（翟 2019）。〈関係〉が政治と社会の境界を取り払う結果，公権力の及ぶべき範囲と私的な交際の境界がどこにあるのかが不明瞭となる。腐敗はいかなる文化や政治体制においても起こりうるものだとしても，〈関係〉を欠く社会にあって腐敗はレントシーキングによって生ずるのに対し，〈人情〉社会では

権力と金銭の取引ないし人情と法律の間の緊張関係（違法行為）は〈関係〉の論理のなかに解消されてしまうとの指摘は中国的腐敗現象の本質を剔抉している。

かくして，改革開放後の「権精英」（政治エリート）と「銭精英」（経済エリート）間にそれぞれ有無相通ずの「権銭交易」が成立することとなり，こうした《銭（qian）・権（quan）ネットワーク》の存在こそ，経済，政治，社会そして文化の各領域に及ぶあらゆる現代中国のシステム内部に深く蓄積される"マグマ"となっている。

3 〈中国〉腐敗学の基本アプローチ

前節まで，腐敗行為の発生要因面およびその形態面から中国腐敗の特質を概念的に検討したが，では，「腐敗の構成要件」として確定された個別の腐敗案件を具体的に分析するに際してどのような手法が用いられるべきか。腐敗学として従来から用いられてきたのが，序章で概観した腐敗をまず犯罪行為と捉える犯罪学的アプローチであった。この外，行政の不作為等行政機能の失陥に腐敗因を措定する行政学的アプローチがあり，政治過程における行政官僚制の役割に迫る政治学的アプローチ，行政機関内部での組織管理を分析対象とする経営学的／組織論的アプローチあるいは社会的な過程における腐敗心理の研究を行おうとする社会心理学的アプローチがある。これらに加えて，腐敗原因および腐敗形態面の中国的特質に着目するならば，〈中国〉腐敗学にあっては，以下述べるようなアプローチを援用することとしたい。

(1) インセンティブ・システム論アプローチ

これは腐敗行為の発生・出現プロセスそのものに注目し，それを誘うインセンティブとそれを抑えるディス（逆）インセンティブの両側面から捉えようとするもので，いわば腐敗のアクセルとブレーキを明らかにしようとするものである。腐敗の誘引システムとしてまず想定されるのが，いわゆる礼物文化の伝統であり，前節でみた人脈・コネ，"関係"，拝金主義である。いわば「腐敗のサブカルチャー」とも称すべきものにして，その根底にあるのは欲であり，より多くの財品をという貪欲にして，より多くの優遇，情感をという私利私欲の

44　Ⅰ　腐敗観——どのように捉えるか

噴出である。もちろん，欲望の解放それ自体は何ら咎められるべきものではない。だが，中国にあっては，毛沢東期のいわば社会主義的禁欲時代を経て，鄧小平の「先富論」によって認可・先導された欲望の解放はしばしば欲望の無限定な噴出へとつながることとなった。欲望の追求・解放自体は無罪としても，それが抑制の効かない無限定な放縦，放埒へと走り，カネこそすべての唯銭一神教的世界の拡がり（菱田 1995）がこの大きな誘因となった。

　他方，腐敗に対する抑制システムでは，その最深部にあって最も有効な要素は言うまでもなく道徳であろう。悪をなすこと勿れという，ひとの本性に基づくもので，汚職腐敗，瀆職は人倫に悖る悪辣な行為だという道徳律である。腐敗に対する本源的な最重要の内的制約であり，これが家庭内しつけあるいは公的教育を通じて「反腐敗の文化」として強化される。さらに，腐敗＝悪をなし，もし露見した際には，法制度，規定により厳しく罰せられ，世論・メディアにより叩かれ，排斥されるという外的制約がこれを強化する。一罰百戒を意図した厳罰の存在から生まれる痛み，死への恐怖は個人の内的制約を一層強固なものとするであろう。ただ，その一方で，制約要因の反作用転化の可能性もある。すなわち，露見した際の処罰を恐れるあまり，ヨリ一層腐敗を進めることで，これを回避，糊塗しようとすることとなり，制約要素そのものが腐敗の促進誘因へと転化する事態も想定される。シリアルキラー情況，すなわち，捕まることを怖れるあまり，目撃者，関係者の口を封じようとする殺人犯にも擬せられる。

　したがって，個別の腐敗案件の分析に際しては，腐敗当事者がどのような要素に誘引され，かつそれを阻むべき抑制要因がなぜ機能しなかったのか等を詳細に検討しておくことが求められる。

（2）制度論アプローチ

　次には，上記に加えて，腐敗をめぐる外部環境を中心に据えた分析アプローチが必須となる。これは，序章で触れた腐敗学における根本命題，ひとはなぜ腐敗するのか，なぜ腐敗現象は発生するのか，すなわち，それは腐敗した悪しき邪な心を持つ人間のみの問題なのか，それとも悪しき環境ゆえにひとが腐敗するのかという問いに直結するもので，後者の政治経済社会要因のありようの

分析を核とするアプローチである。腐敗当事者の性格，腐敗に至る心理プロセス等腐敗者の内的決定要因に加えて外部的環境要因を検討対象とする。具体的には，行政機構の機能不全，法制度の不足，法執行の歪み，市場体制の未整備，行政独占による参入障壁等の制度情況はまさしく上述の誘引要因を強化すると同時に抑制システムの弱体化をもたらす要因ともなっている。例えば，クリットガードが定式化した《汚職＝独占権＋公務員裁量権－説明責任》（Klitgaard 1998, 2000）では，財産権，所有権の不明確性から発生するレントシーキング（rent seeking）の存在が行政制度のありようとともに誘引となる一方で，説明責任という政治制度が抑制要因となることが想定されている。つまり，端的にいえば，「緩い制度」はまさに抜け穴として腐敗の誘引となる一方で，「きつい制度」は首を絞めるロープとなり，腐敗を抑制するものとなる。

(3)「曖昧な制度」概念による腐敗空間の検出

この「緩い制度」という側面の検討に際しては，加藤弘之[6]の「曖昧な制度」概念の援用がきわめて有用であろう。加藤は「曖昧さが高い経済効果をもたらすように設計された中国独自の制度」として，「中国社会のさまざまな領域で観察される普遍的な現象」，「高い不確実性に対処するため，リスクの分散化をはかりつつ，個人の活動の自由度を最大限に高め，その利得を最大化するように設計された中国独自のルール，予想，規範，組織」（加藤 2016：23）と指摘している。この「曖昧な制度」概念を援用するならば，中国における腐敗の猖獗を最大限の利得を得ようとする行為の蔓延と捉えることでこの制度論分析アプローチをさらに精緻化することができよう。

この関連で，加藤の遺志を継ぐ形で「曖昧な制度」概念をさらに展開し，〈中国〉腐敗学の分析アプローチとして措定してみよう。

---

6) 加藤弘之・神戸大学院経済学研究科教授は，本プロジェクトのスタート以来の中核メンバーであった。思わしくない体調のなか，絞り出すように練られた鬼気迫る筆致の遺作（『中国経済学入門』）の第 8 章（「腐敗の政治経済学──「曖昧な制度」がもたらした成長と腐敗」）は，本研究プロジェクトのために残してくれた遺言といってよい。61 歳の誕生日を直前にして，遂に旅立ってしまったことは，1980 年代初北京大学勺園楼 3 号楼で共に留学生活を過ごし，爾来戦友として中国世界の探索に共に格闘してきたものにとってまさに哀切の極みであるのみならず，中国研究界全体にとっても大きな喪失である。

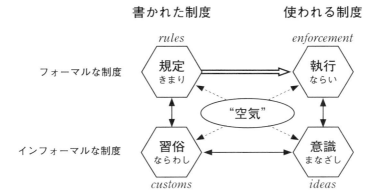

図表1-1 「曖昧な制度」の展開　　　　　　　　　　　　　　　（筆者作成）

「制度」とは，まずそれを"紙に書かれた（drafted）"制度としての制度規定（rules）と，それが実際に運用されるものとしての制度執行（enforcement）の2領域に分けることができる。"紙に書かれた"制度としての文書規定が，これを現実に適用する法執行官あるいは制度運用者の恣意，思惑，利害，解釈等を通じて，濾過反映された結果が現実の制度執行である。"紙に書かれた"制度としてのオリジナルな規定や条文類の原文に遡り，制度を精確・厳密に理解しようとの努力はきわめて稀有であるところから，老百姓，すなわち，市井のわれわれが「制度」として認識しているものは後者である。また，森羅万象の現実態に対し，規定条文を一言一句忠実に執行しようとしても，"紙に書かれた"制度としての制度規定があらゆる現実のすべての側面をすくい上げることは不可能事に属する。すべての現実に対応しようとする限り，その規定の抽象度を高めること以外に方策はありえず，高抽象度とはすなわち執行における解釈の多義性に直結するからである。この理解からすれば，制度の"曖昧さ"とは，"紙に書かれた"制度規定と実際に運用される制度執行との差分の大小に求められることとなる。すなわち，曖昧性＝｜（規定－執行）／規定｜なる図式として理解することができ，これこそが腐敗空間，すなわち，腐敗発生の培養土壌である。法執行官あるいは制度運用者等の高官にとって，この規定と執行との間の間隙こそが彼らにとっての腐敗空間を構成することとなり，高官腐敗はここから生まれる。また，この系についていえば，オリジナルな条文，規定

に遡及することのない一般庶民の立場からすれば，執行＝規定であり，この構図にあって曖昧性はゼロとなる。すなわち，“曖昧な制度”のなかに生きているがゆえに，市井の民は制度の曖昧性を感知することはないものの，高官の行う腐敗行為こそが執行＝規定の現状と捉えるところから，これを“学習”する結果として，無意識裡に腐敗，プチ腐敗に躊躇なく手を染めることとなる。

　他方，制度が“紙に書かれた”「きまり」として成立するためには，その根底にさまざまな社会的規範等の慣習，習俗，すなわち，「ならわし」ならびに制度そのもののあり方をめぐる社会意識や「まなざし」があり，これらが規定としての制度の形成を左右する。同時にそれは「きまり」が「ならい」へと変ずる制度の執行プロセスに対しても同様に影響を及ぼす。かくして，これら習俗・規定・意識・執行の４項間の相互作用として“曖昧な制度”が成立することとなり，まさしくこの関係によって腐敗空間が成立すると捉えることができる。

　さらに付言するならば，上述した執行過程における法執行官あるいは制度運用者の恣意的な解釈とは，いわば“空気を読む”作業ともいえる。法執行官，制度運用者が「きまり」をいかに「ならい」として実行するか，それこそ「ならわし」，「まなざし」が醸成するその場の“空気”を感じ取り，それに順応しようとする結果にほかならない。仮令明確な「きまり」そのものが不在であったとしても，こうして感得された“空気”から，敢えてその“空気”に基づき，「ならい」としての制度運用が行われてゆく可能性である。その“空気”が充満した腐敗空間を共有する人々が同じ“空気”を読むことから腐敗行為の共同性が生まれ，中国腐敗における組織性，集団性がもたらされることとなる。

まとめ

　中国腐敗現象をプラットフォームとして腐敗学を一歩先に進めるべく，〈中国〉腐敗学の目指すべきところとそのアプローチの概要を検討してきたが，以下そこから導出される主要な論点を再確認するならば，以下の通りである。

　第一に，現代中国世界に蔓延する腐敗現象には，政治発展，経済発展，社会発展等に関するわれわれの伝統的理解との間でパラドキシカルな情況が観察される。これ自体が中国腐敗現象を特徴づけるものとも思われるが，このパラド

ックスに対しては，まず前提としてのわれわれ自身の伝統的解釈そのものを検討俎上に載せるべきであろう。政治発展とは，合理性，近代性，公正性の増大を直截にもたらすものなのか，腐敗は経済成長に対してつねに非促進的なのであろうか，また，法の支配に対する信任増加や，個の覚醒と自律は不正・不公正に対する批判意識を高めるものであろうか等々である。このパラドックスを超えるために，従来の伝統知を検証することが求められる。

　第二に，腐敗をもたらすこととなる要因およびその現出する形態面に注目するならば，中国腐敗にはいくつかの特質をそこに同時に見出すことができる。まさしくいくつかの要因が複雑に絡み合った複合事象であることを示している。だが，単一の要因や形態のみによって中国腐敗現象全体を見通すことができないとすれば，それらの要因，形態間の関係如何を問うことが次に求められることとなる。

　そして第三に，個別の腐敗案件を具体的に分析するに際しては，従来手法に加えて，腐敗行為の発生・出現プロセスそのものに注目し，腐敗を誘うインセンティブとそれを抑えるディス（逆）インセンティブの両側面から捉えようとするインセンティブ・システム論アプローチがあり，されに腐敗をめぐる外部環境を中心に据えた制度論アプローチがある。両者を総合するべく，前者では，腐敗当事者がどのような要素に誘引され，かつそれを阻むべき抑制要因がなぜ機能しなかったのか，後者ではどのような制度情況が誘引要因を強化したのか，またどのような制度環境が抑制システムの弱体化をもたらすこととなったのかを分析することが求められる。とりわけ，「曖昧な制度」概念を援用することで，腐敗発生土壌としての腐敗空間がどのように発生しているのかを検出することが重要な分析ステップとなろう。

参考文献

石川忠久（1997）『新釈漢文大系』第110巻『詩経（上）』，178–179頁

ヴォスレンスキー，M.（1981）「ノーメンクラツーラ──ソヴィエトの赤い貴族」佐久間穆・船戸満之訳，中央公論社

加藤弘之（2016）『中国経済学入門──「曖昧な制度」はいかに機能しているか』名古屋大学出版会

スウィージー，P.M.（1980）『革命後の社会』伊藤誠訳，TBS ブリタニカ

諏訪一幸（2004）「中国共産党の幹部管理政策 ――「党政幹部」と非共産党組織」『アジア研究』Vol. 50, No. 2, April 2004

外川継男（1991）『ロシアとソ連邦』講談社学術文庫

ニェズナンスキィ，F.（1984）『犯罪の大地――ソ連捜査検事の手記』工藤精一郎訳，中央公論社

菱田雅晴（1985）「先富論と“関広梅現象”」『中国　第 13 回党大会後の経済展望――総済改革と開放政策策の新段階』JETRO，1985 年 2 月

――（1989）「“官倒”＝《銭・権ネットワーク》を考える――改革の経済社会学」『東亜』No. 267

――（1990）「鄧小平時代の社会意識――“双軌制”社会の課題」，岡部達味・毛里和子編『現代中国論 2 ――改革・開放の時代』日本国際問題研究所

――（1995）「イデオロギー終焉後の一神教世界――チャイナ・ドリームとチャイナ・シンドローム」『中国――社会と文化』第十号，中国社会文化学会，1995 年 6 月，83–92 頁

――（2022）「習近平：ひよわなポピュリスト？」『東亜』霞山会　2022 年 3 月号

ミュルダール，グンナー（1974）『アジアのドラマ――諸国民の貧困の一研究（上・下）』板垣与一監訳，東洋経済新報社（Myurdar, Gunnar. *Asian Drama: An Inquiry into the Poverty of Nations*, Allen Lane, 1968

モース，マルセル（2009）『贈与論』吉田禎・江川純一訳，筑摩書房，ちくま学芸文庫（Mauss, Marcel. *Th Gift: The Form and Reason for Exchange in Archaic Societies*, 1990）

翟学偉（2019）『現代中国の社会と行動原理――関係・面子・権力』朱安新・小嶋華津子編訳，岩波書店

矢吹晋（2012）「中国官僚資本主義体制の成立」，*ICCS Journal of Modern Chinese Studies* Vol. 4（2）

Alatas, S.H.（1975）*The Sociology of Corruption: The Nature, Function, Causes and Prevention of Corruption*, Delta Orient（Pte）Ltd.

Đilas. Milovan（1957）*The New Class: An Analysis of the Communist System*, Harcourt Brace Jovanovich

Klitgaard, Robert（1988）*Controlling Corruption*, University of California Press

Lu, Xiaobo（2000）*Cadres and Corruption: The Organizational Involution of the Chinese Communist Party*, Studies of the Weatherhead East Asian Institute, Columbia University

Monteiro, J.B.（1966）*Corruption: Control of Maladministration*, W.& R. Chambers Ltd.

Voslenski. M.（1984）*Nomenklastura: the Soviet ruling class,* Garden City, N.Y.

Yang, Mayfair Mei-hui（1994）*Gifts, Favors, and Banquets: The Art of Social Relationships in China*, Cornell University Press

第2章

権力社会と汚職のサイクル的構造

天児　慧

はじめに──問題の提起

　中国における腐敗問題は社会の在り方を左右するほどに深刻である。国際NGO の transparency International（TI）が 2021 年に発表した「2020 年の各国腐敗認識指数報告書」によれば，腐敗のない状況を 100 点として採点した結果，中国の得点は 42 点で世界平均の 43 点にも届かない 78 位にとどまっていた（I PDF フォーラム 2021 年 2 月 20 日）。習近平政権が誕生した 2012 年には，圧倒的な権力を自らに集中させた習近平が，腐敗・汚職の撲滅を最重要課題に掲げ，「小さなハエも，大きな虎も徹底的に叩く」というスローガンのもとにこれまでにない強い行動をとっていた。確かに上記の TI が発表した同様の調査による 2001 年の腐敗指数は，下位から 2 番目という最悪の結果を示していたので，ここ 20 年間で改善傾向を示してはいる。にもかかわらず，世界の趨勢から見ればまだ低いレベルにとどまっており，習近平政権が全力で取り組んでいる割にはまだ十分な成果をあげるに至っていないことを示している。

　では現代世界において最も強権的な指導者と言われている習近平をもってしても，容易に解決することができない中国の腐敗現象とは一体何であり，どのように理解すればよいのか？　本章では多くの識者が中国社会の特徴として指摘している「権力社会」という概念をキーワードとし，権力と汚職のインター

アクショナルな関係構造を描き出すことを試みてみたい。まずは腐敗を生み出す権力社会の構造をどのように捉えるかを考えてみよう。

1　権力社会と腐敗

　上述した TI の報告書では，中国国民の 28％が公共部門に賄賂を支払うと回答し，また全体の 62％が政府の腐敗は依然として大問題である，さらには国民の 32％が公共部門からのサービスを確保するために人脈を利用すると回答している。これらは，国民の多くが問題処理・解決のために，「関係」（クァンシー）を利用し，かつ賄賂を使うことが依然として重要な方法となっていることを明らかにしている。物事を処理したり，トラブルを解決するための法的手続きの制度化が進んでいないために，人間関係を使う，とくにコネや賄賂を使っての処理・解決が依然として有効に働いている，ということを意味している。

　よく言われてきたように，中国は「政治第一」「政治優先」の社会であり，社会全体のなかで権力の占める役割・意味が圧倒的に大きい社会，すなわち「権力社会」とでも言うべき特徴を持っていた。この特徴は共産党が政権を担うようになってから一段と強化されているように見えるが，それ以前の長きにわたる中国の歴史のなかでも権力社会と言える価値体系は変わっていない。伝統的な権力社会を支える二つの大きな柱は，第一に巨大な官僚制機構であり，第二に儒教に代表される権威主義的イデオロギーであった。いずれも広大な領域と膨大な人口を抱える大国が国家の意思を実現し，かつ社会的秩序を保つために編み出した制度と思想であった。そしてこの仕組みと思想を体現するものこそ官僚と呼ばれる特権階級であった。戦前の著名な中国政治社会学者であった橘樸は，伝統的な中国社会の実相を描き出した古典『官場現形記』をベースにして中国官僚の特殊性を論じている。そこでまず彼は『官場現形記』の序文で描かれている「官の位は高く，官の名は尊く，官の権は大きく，官の威は重い。これは子供でもよく承知しているところである」の一文を引用し，官僚の特別な存在を表現していた（橘樸 1936：431）。

　そしてこのような特殊な存在こそ，腐敗を生み出す温床となったのである。元社会科学院研究員で現体制に批判的な社会学者・何清漣は，官僚体制が生み

出す腐敗に関して以下のように表現している。「『二十四史』を紐解いてみると汚職の事例はほとんどの王朝に存在し，とりわけ王朝末期が一番酷いことを発見できよう。……俗に「清の府知事は3年で10万両の銀を蓄えた」と言われるほどである」（何清漣 2002：107）。

　そこでまず腐敗を生み出す社会構造を「権力社会」として捉え，その特徴を考察してみよう。まず著名な政治学者であり現在の共産党トップ7の一人である王滬寧は次のように述べている。「中国社会の発展は古から今に至るまで，公共権力が社会構造における指導的な位置を占め，公共権力が集中し社会を指導し調節する強大な力となっていた」と指摘し，官僚，執政政党，政府などを含む公共権力の比重の大きさを指摘している（王滬寧 1990：7）。

　より具体的な解釈として，王雲海の解説は興味深い。「市民は国家権力を通さずに経済と結びつくことができず，独立した経済圏を持ちえない。事実上完全に独立した社会領域として存在するのは国家権力だけである。多くの社会関係・活動も上下的で権力的なものとなる」（王雲海 2003：48）。さらに彼は，権力の中枢となる官僚制について，日本の官僚制を「公私融和的官僚制」，米国の官僚制を「公私衝突的官僚制」と特徴づけ，それと比較しながら中国の官僚制を「私的または人格的官僚制」と表現していた。その特徴は官僚個人が過剰な裁量権を持ち，人間関係的にも人格的にもそれを独自に行使する。……結果として官僚制は対内的にも対外的にも「組織体としての集団性，一体性，一律性，規則性などを持ちえない」，と同時に，このような「私的または人格的な関係」が腐敗を大いに必要かつ可能としていると指摘している（同上：47）。

　本来，精緻な統治・行政処理のメカニズムとして形成された官僚制と，それを執行するための専門的なトレーニングを受け，熟練された能力を持つ官僚によってこの制度は機能するわけで，理論上は腐敗が産まれはびこる余地はなかったはずである。しかし形として存在する官僚制と，実態として機能している官僚制との間に重大な乖離が存在していたのであり，そのことを十分に認識しつつ後者としての官僚制を王雲海は「私的または人格的官僚制」と表現したのであり，そこに権力社会が生み出す腐敗の根源を見たのである。

　なぜなら，第一に，このような相互関係のなかでは，「公的で組織的」な「廉潔」より，「私的で人格的」な「忠誠」が第一とされて，互いのチェック機

能がなくなってしまう。第二に，「国家権力の至上性，優位性」が中国の社会には染みついており，下位のものは上位の官僚に対して一般的には従順ないしは服従とも言うべき選択が強いられる。関係を抑制できる役割が求められているのが法である。では中国社会において法はどのように扱われているのだろうか。

2　腐敗と中国における法

　法治国家と呼ばれる国々において法は体系的にかつ詳細に整備されている必要があり，物事の最終的な決着はこの法に基づいて決められることになっている。法の価値を重視する西欧社会の有名な逸話がある。古代ギリシャにおいて，ソクラテスが法に基づいて死刑判決を受けることになったが，それに納得できない弟子が彼に脱獄の方法を伝える。しかし，ソクラテスはそのことを拒んだ。その際に彼が語ったと言われているのが「悪法も法なり」という表現であった。結局，法の体系が国家を支える柱であり，これを無視ないしは否定するならば，国家は成り立たなくなってしまうという考えに基づいたと思われる。

　法治国家論でもう一つ重要な概念は「三権分立論」である。1748年モンテスキューが著した『法の精神』では，専制政治を排し政治的自由を保証する統治権力にとって立法権・司法権・行政権を分立し，相互にチェック・アンド・バランスをすることが必要であると説いた。世界史上に現れた各民主主義国において程度の差異はあるものの，このような考え方が基本になっている。

　しかし中国では，「法の至高性」は長い歴史のなかで十分に育ってはいない。それどころかしばしば軽視されてきた。伝統社会においては，儒教の人倫体系が物事の判断の基準となっていた。具体的な事例として，よく論語の「子路」の例えが使われる。すなわち，葉公が孔子に向かって自分の郷里の正直者について語った。「父が羊を盗んだのを子がこれを訴えた」と言うのである。孔子はそれを聞いて「自分の郷里の正直者はこれと違っている。父は子のために隠し，子は父のために隠す。直しきことその中にあり」と答えた。父と子における「あるべき人倫関係」こそ最優先されるべきだという理由である（孔子：子路篇）。仁井田陞は「儒教倫理の最も基本的なものは，権威とこれに対する服

従の関係であり，孝こそは万般の倫理の根本である」と指摘している（仁井田陞：193）。確かに「あるべき人倫関係」を尊重することは，むげには否定できないが，これでは不正・汚職の発生を防ぐこと自体が困難になる。

このような考え方は，もともと儒教に批判的であった共産党が権力を握って以降否定されていったのであろうか。共産党の体制が築かれ，中華人民共和国憲法が制定され，その下でさまざまな詳細な法令が制定された。法の前では人々は皆平等であり，儒教的な考え方は否定されたかに見えた。しかしよく知られているように，文化大革命の時期には法が無視され，法に基づいて裁く司法機関がまったく機能しなくなっていた。

2012年2月，政治局員になる半年前に王滬寧は，党中央のある会議で政治体制の改革について語っている。その発言は大胆である。「54年憲法によって打ち建てられた政治体制は，文化大革命によって一挙に破壊されてしまった。……社会生活において独立した司法体制が欠落してしまったのである」と語っている（王滬寧2012）。王滬寧は司法部門の機能の回復こそが腐敗を抑制し秩序の回復に重要であると強調していたのである。彼の主張は我々の感覚からすれば当然の正論である。しかし，一般的にはこの主張の前段階に「共産党の指導」の絶対性が強調されている。たしかに「共産党の指導」を体現する指導幹部がつねに正しい判断・行動をすることが保証されているならば問題はないのであるが，現実にはそのようなことはありえない。仮に指導幹部の判断や行動が間違っていたとき，チェックするメカニズムが存在ないしは機能しないことになり，事態は深刻にならざるをえない。古くは毛沢東による大躍進政策，文化大革命の大号令といった歴史上でも類を見ないような大惨劇を引き起こしている。近年の汚職収賄事件としては，1996年から99年にかけてアモイの税関を舞台として約400億元にものぼる脱税をしたと言われる「遠華密輸事件」などが挙げられる（後述）。

そこであらためて腐敗発生の社会構造を考えてみると，絶対的な国家権力の存在，それに加えて社会の権力的な上下構造の存在も無視することはできない。王雲海が指摘しているように，「私的または人格的人間関係」によって組織は統合され統制されている。ここに腐敗がはびこり温床となる条件がある。つまり，政治が絡む人間関係では公的で組織的な廉潔さよりも私的で人格的な忠誠

が第一に重視される。そこには腐敗のチェック機能が働かないというわけである。

　さらには改革開放時代に限って言えば，「先富論」が推奨され，「金儲け」を重視する雰囲気が生まれていた。かつては清廉さを美徳としていた官僚たちにとって，清廉さだけでは何の満足感も得られず，さまざまな手段を講じて金儲けに走り，時には不当な利益獲得に奔走するようになっていった。鄧小平はやがて実質的な私有化につながるような考え方，「社会主義市場経済」を提唱するようになった。経済活動において必ず発生する不正を取り締まるための法・制度の精緻化がなされないままに，経済活動が解放されたことは，この時代にとりわけ汚職，不正の頻発を引き起こす重要な要因の一つとなったのである。

3　官僚の汚職取り締まりの組織

　そこで次に汚職収賄を取り締まる組織・機構について見ておこう。中国の伝統的国家では，官僚を監視し，腐敗を取り締まる組織としては，「御史台」（秦代以降）という組織があった。元代には中央の御史台に対する地方の行御史台が置かれたが，後の総督・巡撫制につながるものであった。そして現代においては汚職腐敗を取り締まる組織として，党中央紀律検査委員会，中央国家監察工作委員会（2018 年にはより強化された形で中央国家監察委員会と改称）が挙げられる。党の指導下でいずれも 党および国家の幹部の不正・汚職行為を摘発，審査し処分を下す組織である。おそらくレーニン主義によるソ連共産党の影響を強く受けながらこのような幹部監察・審査システムが作られたのであろう。設立は古く，1927 年に中央監察委員会という名称で誕生した。49 年の中華人民共和国成立時に中央紀律検査委員会と改称され，朱徳，董必武，喬石など歴代の大物がそのトップに就き，建国初期には高崗・鐃漱石の反党事件の処理，改革開放初期には文革グループの処理などを担当するなど重要なポストと見なされた。

　しかし改革開放時代に入り，経済活動が活発化した。とくに公有制から私有制へ，計画経済から市場経済への移行が急速に進んだが，法律や制度の整備が追いつかず，不備な状態で多くの抜け道ができた。腐敗を減らすには大量の法

律の整備や各種の制度の作成が急務だった。しかし現実は「先富論」優先の経済活動が進められたため，経済腐敗を生み出す機会が多くなり，腐敗は毛沢東時代よりも深刻なものとなっていった。

　改革開放以来の汚職事件を振り返ってみると，改革初期のものとしては役人たちが特殊なコネ・情報を使って，当時の指令性価格と市場価格の二重価格制を悪用し，土地，物品を転売し不当な利益を得る「官倒」現象が生じ，そのなかには鄧小平の息子も絡んでいた康華発展公司の有名な汚職事件（1980年代末）もあった。1995年に発覚した当時の政治局員・北京共産党書記の陳希同汚職事件，さらには1999年の福建省厦門を舞台とした「遠華」密輸事件があった。遠華事件は史上最大規模の汚職事件といわれ，中央の公安部副部長，厦門市党書記，同党副書記，厦門市税関長，副市長等多数の高級幹部がこの汚職事件に絡んでいたことが明らかにされた。そして脱税総額830億元（＝1兆3280億円）と巨額なものであった。

　習近平の時代になって腐敗撲滅を最優先し，中央紀律検査委員会の組織が強化され，そのトップには習近平の盟友とも言われる王岐山が就いた。王は，中央にある地方幹部の統制のための伝統的な組織であった巡察使の発想も取り込みながら，中央巡察指導工作組を強化し，地方高級幹部の腐敗摘発に重要な役割を果たすようになり，腐敗の徹底した取り締まりで大いに成果を上げた。

　いま少し紀律検査委員会について補足的な説明を加えておこう，本来，規律も紀律も，人間の行為の基準として定められたもので，決まり，掟，秩序などを意味する。規律は社会秩序に関連して使われる傾向が高く，紀律は人々の風紀やモラルに関連して使われる傾向が高い。いずれにせよ，それらは人間個人の行動を制約する規範として考えられる。逆に考えるならば，なぜ汚職収賄を個人のモラル・風紀の問題に制限してとらえ，社会の構造的な問題，人間関係のあり方の問題として捉えないのだろうか。おそらくそれは「党の指導」と法のあり方と強く関連してくるように思われる。この点を考える前に，80年代後半から天安門事件にかけて，改革派学者と言われ，やがて政治安定を優先する「新権威主義独裁」を提唱した王滬寧の腐敗に関する考え方が参考になる。そこで少しばかり彼の当時の主張を紹介しておこう。

第2章　権力社会と汚職のサイクル的構造　　57

4 改革派指導者：王滬寧の汚職・腐敗観

王滬寧は現在党中央政治局常務委員（トップ7の一人）で，習近平体制の中心的な一角を担っているリーダーであるが，元は上海の復旦大学の教授であった。若手政治学者として注目されるようになった1980年代の後半から90年代前半にかけて，彼は幹部の腐敗問題にとくに注目し，積極的に調査活動，研究報告会などを実施し，その成果を出版物にしている。例えば，(1)王滬寧編『腐敗与反腐敗——当代国外腐敗問題研究』（上海人民出版社，1989年）は彼の研究チームが海外の腐敗に関する論文を収集し，そのうちの25本を編集した成果である。あるいは(2)王滬寧『反腐敗——中国的実験』（三環出版社，1990年）は，まず腐敗をめぐる中国の状況を概観し，歴史的反芻を行い，経済的心理的分析を踏まえ，腐敗克服の手法，体制的なコントロールを論じ，最後に当時の試験的事例を紹介している。

(1)の著書の序章において，彼は腐敗活動は社会道徳の水準を低くし人々の交際を日増しに金銭化，利欲化し，理想主義を喪失させるものと指摘し，その上で「現代の各政治共同体の政治発展にとって反腐敗は重要な側面であり，国家の制度建設と清廉な政権建設にとって重要な段取りの一つである」と力説している（王滬寧1989：2）。また(2)の著書では，中国文化の特殊性として家と国家を一体化して捉え，個人の生活と公共の生活を一体化する考え方が強いために，政治は「身を養い，治国平天下を促す」という儒教的な倫理の強調に収斂する。したがって「公共領域と私的領域において個人に社会道徳，法律，伝統規範への違反行為があった場合，すべて腐敗行為とみなされる。……（にもかかわらず）伝統社会における強大な権力は腐敗行為に対して比較的大きな余地を残している」とも指摘しているのである（王滬寧1990：203）。

(1)の著書の引用の最後に見られる反腐敗を「国家の制度建設，清廉な政権建設」の文脈で捉えていること，また(2)の伝統社会そのものが腐敗を生み出す可能性を宿しているとの指摘は，彼が腐敗問題の取り組みを「清廉な政権」建設，および社会の制度改革と結びつけて考えていることを示している。また文革を批判的に総括した2012年2月の講義の論調は，文革を憲政の観点から振り返

り，社会生活のなかで独立した司法体系が欠落し，司法の独立が完全に封じ込められたと語っている（王滬寧 2012）。さらに次のような興味深い発言が見られる。「紀律検査委員会の上級は誰であるべきか？　党の執行委員会か？　そうではない。……中央紀律検査委員会は党中央の執行委員会から独立しておくべきである」。つまり，彼個人としては西側の「三権分立」に近い形でのチェック・アンド・バランス，司法権の独立性を指向していたと理解することができ，当時の政治状況，彼自身の政治的立場を考えるならいささか驚くべき発言であった。しかし論調の全体的なトーンは幹部のモラル，思想の重視，精神的な鍛錬の必要性を強調していたと読み取れる。

習近平指導部の汚職腐敗問題に関しては，王岐山がトップに立つ党中央紀律検査委員会の指導のもとで，中央巡察指導工作組を組織し全国の幹部監視システムを強化し，疑わしい人物を摘発し徹底的に調査し，あるいは打撃するという方針を一貫して進めてきた。2019 年に中国紀検監察報社が編集し出版した『党的十九大以来全面従厳治党新観察』（人民出版社）には約 130 編の現地のレポートが収録されているが，そのほとんどが腐敗人物の摘発・打撃もしくは摘発・打撃体制の強化に関する報告である。

5　反腐敗闘争と権力闘争

本来は腐敗汚職を一掃する活動は政府の清廉さを回復したり，経済活動の不正を糺す活動として理解される。しかし中国政治においては，腐敗汚職の摘発はしばしば権力闘争と結びついていることが分かる。江沢民の時代では，反江沢民グループの北京市党書記・陳希同の大規模な汚職事件があり，胡錦濤時代には江沢民派の重鎮で上海市党書記の陳良宇の汚職事件があった。まず陳希同事件では，天安門事件で民主化運動鎮圧に功績のあった陳にほとんど論功行賞がなく，直接北京の天安門事件では何の功績もなかった江沢民が，鄧小平の後継者として党のトップの座に大抜擢された。その後，朱鎔基をはじめ上海のグループが次々と中央指導部に入り，中央指導体制を固めていった。これに対して陳希同は北京市で静かに独自の勢力基盤を強化しつつあった。この動きを危険視した江沢民指導部は，北京市の陳希同指導体制の切り崩しを開始し，95

年4月には王府井開発ををめぐって巨額の不正資金が動き，王宝森常務副市長の自殺事件にまで発展した。同月末には陳希同は監督責任を問われ，市党書記の職務を辞任させられ，その後本人に対しても汚職の嫌疑がかけられ，秋にはすべての指導的職務を罷免，97年の党中央紀律検査委員会において党籍を剝奪された。

　胡錦濤時代の注目される汚職事件は上海市党書記の陳良宇事件である。2006年10月，共産党第16期6中全会が開かれたが，その直前に上海市のトップである陳良宇市党書記が，社会保険基金の資金流用事件に関与したとして突如，党書記ポストを解任され，中央政治局員の職務も停止された。翌年秋に控えた第17回党大会で，2期目に入る胡錦濤政権がいかにして江沢民派の影響力を削ぎ，自らの指導力を高めるかがこの事件の裏側にある最大のポイントであった。陳良宇事件で胡錦濤は一定のポイントをあげることができたが，中央指導部内における江沢民派の影響力を削ぐことはほとんどうまくいかなかった。

　この課題をそのまま引き継いだのが習近平であった。彼はもともと江沢民の庇護下にあったと言われており，陳良宇の後釜として上海市党書記のポストに就いたのも，当時は江沢民の無視できない影響力による結果であったと考えられていた。しかし習近平は必ずしも江沢民派ではなく，江沢民派と胡錦濤率いる共青団派との対立をうまく利用しながら，徐々に独自の権力基盤を強化していった，というのが当時の筆者の見方であった（天児慧2015：95以下）。習近平が党の総書記に就任して以来，死闘を繰り返して権力闘争を展開した最大のターゲットは江沢民派の指導者たちであったことも，このような見方を裏付けている。

　習近平がチャレンジした権力闘争の相手を振り返ってみよう。2010年10月党中央委員会で習近平の次期総書記が内定した。にもかかわらず党の次期指導部争いは激しさを増すばかりであった。まず習近平と同様のトップレベル指導者を父に持つ薄熙来・重慶市党書記兼中央政治局員が，激しい揺さぶりをかけた。薄熙来は重慶に着任して以来，積極的な外資の導入による経済の高成長と，犯罪組織一掃キャンペーン（打黒），革命歌の推奨など派手なパフォーマンスを示していた。

　しかし2011年11月に薄熙来と親しかったイギリス実業家のヘイウッドが

謎の死を遂げた。12年2月に薄熙来の側近・王立軍副市長兼公安部長のアメリカ総領事館への亡命未遂事件が発覚した。これによって，この実業家の死に薄熙来の妻・谷開来が直接関与していたことが明らかにされた。続いて薄熙来の不正蓄財，「打黒」における不当な拷問問題，女性スキャンダルなどが暴露され，翌年10月に無期懲役の判決が言い渡され，薄熙来の失脚が確定した。その後江沢民系の最高幹部が次々と槍玉にあげられ失脚するという事態になっていた。

　最高権力掌握後の習近平の主な反汚職権力闘争を概観してみよう。まず攻撃の的となった大物は，トップ9位の政治局常務委員で公安部と石油系を掌握していた周永康であった。汚職摘発・処分は12年の末から13年にかけて行われた。彼は370億元の銀行預金，510億元の国内外の株式・債権を保有していた。中国石油天然ガス集団4人の最高幹部の他に300名あまりの関係者を調査し，彼の影響力を削ぎ落とした。彼は失脚したばかりの薄熙来と深い関係にあり，同時に江沢民系の重鎮の一人とみなされていた。

　次にメスを入れたのが，そのトップをほとんど江沢民系が占めていた軍指導部である。2012年11月，まず中央軍事委員会副主席の徐才厚が槍玉に上がった。習近平が党軍のトップについた第18回党大会で全職務から退いたが，翌年の6月の政治局会議において徐が大量の収賄・汚職行為に関わったとして党籍を剥奪された。続いて制服組トップと言われていた郭伯雄軍事委員会副主席が狙い撃ちされた。2015年3月，郭伯雄の息子・郭正鋼およびその親族を収賄容疑で立件し，郭伯雄の収賄汚職の実態を明らかにし，逆に追い込んだ。

　さらに返す刀で胡錦濤系のトップリーダーたちも李克強を除いて次々と失脚を余儀なくされた。比較的早い時期では胡錦濤の懐刀と言われていた令計画が息子の自動車事故の揉み消しを図ったことが引き金となって，彼および家族の汚職収賄が明らかになり，2015年7月には令の党籍・公職の剥奪が決定された。また胡錦濤が苦労して抜擢した軍中央の指導者・房峰輝も，巨額の不正蓄財を行ったとして2018年に政治的権利を剥奪された。続いてポスト習近平の有力候補者と目されていた孫政才が17年7月に，重大な規律違反の疑いがあるとして突如，重慶市党書記を解任された。彼は江沢民につながる北京市前党書記・賈慶林が北京市党委員会秘書に抜擢した人物であった。17年9月の政

治局会議において孫は，巨額の賄賂を受け取るなど重大な規律違反があったとして党籍の剥奪，公職追放の処分が決定されたのである。

　他方で習近平指導部は，トップレベルにとどまらず全面的な反腐敗闘争を展開しており，習近平の反腐敗闘争で立件された人数は，2012 年から 19 年までで 306.1 万人にものぼった（各年の中央紀律検査委員会等の発表を合計したもの）。傾向としては 12 年以来，毎年増加の一途をたどり，18 年に 62.1 万をピークに減少傾向にある。いずれにせよ，習近平時代を通して継続的に反腐敗闘争が展開されたことは，他の時代には見られなかった。そして反腐敗闘争が，習近平体制を強化する重要な手段となっていたことも間違いない。2022 年 1 月 18 日，第 19 期党中央規律検査委員会第 6 回全体会議が閉幕した。その席上で習近平は，これまでの汚職摘発の成果を強調した上で，「腐敗が生まれる土壌がある限り，反腐敗闘争も終わらない」と，体制強化の鍵として腐敗摘発が位置づけられていることを明らかにした。

6　習近平の腐敗に対する姿勢・対処方法

　習近平が党総書記に就任してほどなく腐敗問題に徹底的に取り組むことを宣言したとき，前述した「大虎も小バエも徹底的に叩く」と強い姿勢を示したことは有名であるが，2022 年 1 月 18 日に開催された党中央紀律検査委員会全体会議においても，習近平は「容赦しない態度を堅持して腐敗を処罰する」と力説していた（『日本経済新聞』2022.1.17）。習近平の腐敗者に対する態度はこのようにきわめて厳しい。何を意味するのか。

　習近平時代の反腐敗闘争の狙いを整理してみると，以下の三つの側面が浮かび上がってくる。第一は，権力闘争で相手を打撃するための手段としての側面である。政敵を打倒するにはいろいろなやり方がある。以前はでっち上げられたものにせよ，主に政敵の思想性を問題にしていた。例えば毛沢東が劉少奇や鄧小平を問題にしたとき，「資本主義の道を歩む実権派」といったレッテルが貼られた。鄧小平が華国鋒を打倒したとき，硬直した毛沢東主義者として「二つのすべて派」と批判した。これに対して習近平の場合，政敵がいかに腐敗・汚職にまみれた人物であるかを強調して打倒する。これがうまくいけば民衆も

拍手喝采する。

　第二は，政策課題を解決するためのリーダーシップの強化を図る側面である。例えば，「中華民族の偉大な復興」のスローガンに示される目標は，中国の豊かさと国際的地位の向上を目指したものである。しかし民衆にとってより重視される問題は，とりわけ鄧小平時代に格差の拡大が深刻化し，汚職腐敗がはびこり，社会的不公正が蔓延した状況であって，これらに対して強い不満が蓄積されていたのである。

　習近平はこのことを敏感に察知し，強い姿勢で徹底的に汚職腐敗の一掃に乗り出した。これには多くの民衆が拍手喝采し，習近平に対する支持が高まった。文革世代で当時の辛苦を舐め，今も民衆の側から文筆活動を続けている梁暁声が，2015年に特権階級の腐敗汚職に対する習近平の厳しい攻勢に対して拍手喝采し，共産党への期待感を膨らませた発言を行ってもいる（『朝日新聞』2015.8.7）。

　あるいはまた，現在進めている「共同富裕」政策をめぐって，大富豪であるIT関係，石油関係などのオーナーたちに対して，汚職の摘発などをちらつかせながら大規模な献金を求め，その政策の推進に役立たせるといった試みである。いずれにせよ習近平は汚職摘発をフルに活用しながら，自らの政策を推進し，地位を強化したと言って過言でないだろう。

　第三に，民衆からの支持を獲得し権力の正統性を保証する手段としての重視である。共産党はこれまでも「人民に対する党の絶対的指導性」を強調してきた。しかしこの「絶対的指導性」は何によって正統化するのか。意外に曖昧である。西側の民主主義諸国では，「政権の正統性」は国民が参加する総選挙で多数派を獲得することによって担保される。

　中国の場合，いろいろな考え方があるが，最も典型的なものは，共産党がそれぞれの時代において最も求められている課題を積極的に担い実現してきたことをアピールし，そのことを民衆の側も受け入れていると判断されるとき，党の正統性があるとみなされる。例えば，毛沢東の時代においては，「侵略している外国列強，伝統的な支配勢力を打倒し，独立した新中国をつくる核心が中国共産党である」との主張が，中国革命の勝利によって実証され民衆の間に受け入れられた。また鄧小平の時代には，党は貧しい中国，貧困にあえぐ民衆を

救うために「近代化し豊かな中国を実現する」と主張し，かなり実現したことによってその正統性が受け入れられたと考えられる。

　習近平の時代では，確かに「中華民族の偉大な復興」や，「汚職腐敗の一掃と共同富裕の実現」は民衆の支持を受ける重要な正統性の根拠となっている。共産党はこれらを実践し，人民の利益を最も代表できる組織であり，全身全霊で人民のために奉仕していることを示さねばならない。こうした状況下で党員自身が汚職腐敗を行なった場合，まさにこの正統性に対する裏切りを意味する。これは絶対的で徹底的な断罪の重要な根拠となっている。しかし習近平時代の反腐敗闘争を概観してみると，単に腐敗汚職に対する「正義の闘争」としてみるだけでは不十分であることがわかる。それ以前の政権もそうであったが，習近平はいっそう巧みに反汚職と「政敵の打倒」を結びつけ，政敵の汚職を暴き誇張して非難し，自らを悪を懲らしめる正義の旗手に見たてて政敵を打倒する。「勧善懲悪」の漫画や映画のような話であるが，このようなやり方でもって次々と政敵が打倒されているのである。

　ほとんどの政敵を打倒した今日もなお，習近平が反腐敗闘争を継続して取り組んでいるその先に，一体何が目指されているのか。これを解くキーワードは近年盛んに出張されている「清廉な政権」というスローガンである。しかしこのスローガンを額面通り受け止めていいものだろうか。2023年に起こった秦剛外交部長（外相），李尚福国防部長失脚事件は彼らの腐敗と関連づけてはいるが，従来の幹部汚職事件とはいささか性格が異なっている。最も表面的な情報しか入手できず，遺憾ながら真相を明らかにすることはできていない。しかし客観情勢として，第20回中国共産党大会が前の年に開催され，習近平にとって最も気になっていた李克強総理を引退に追い込むことに成功し，その上翌23年には習にとっては都合よく，当の李克強自身が23年10月に「突発の心臓病」で急逝してしまった。習近平の息のかかった指導者たちを権力の中枢に集めることができ，「熾烈な権力闘争」の相手自体がいなくなってしまったのである。

　秦剛も李尚福も当初は習近平に気に入られて当ポストに着任したと言われていた。習近平をよく知る内部の人間が，体制を固めた20回党大会から1年も経たないうちに，汚職問題が主たる理由となったり，ましてや権力闘争的な理

由で失脚を余儀なくされることは考えにくい。あえて気になるのは，秦剛の場合，外相着任の直前にアメリカ大使を２年務めていたこと，そこで表沙汰にならない米国エリートを巻き込む複雑な人間関係が形成されたのではないか（不倫問題も含まれる）。現在，習近平にとって最大の敵である米国に対してつけいる隙を作ることはどうしても避けたいところであろう。

　李尚福は 2017 年に軍装備発展部の部長に任命され，人工衛星とロケットの打ち上げセンターでキャリアを積んだ。以後ロシアからの兵器調達に力を入れ，プーチン大統領とも何度か会談を行っている。7 月 31 日，核ミサイルを運用する「ロケット軍」のトップの人事が発表され，李のほかにもう一人の指導者が同時に交代することになった。新たに「ロケット軍」トップ 2 人が同じタイミングで交代するのは珍しく，しかも，新たに就任した 2 人はそれぞれ海軍と空軍の出身で，ロケット軍の生え抜き以外が同時に昇格した。これは異例である。

　これらのことを総合して考えると，人民解放軍のロケット軍部隊が李尚福を中心に独自の人脈を作り始め，その背後にプーチンの存在が見え隠れしていた。たとえ友好国ロシアであっても，プーチンの影響力が中国指導部内に浸透することは習近平にとって望ましくなく，このことを問題視するようになったとも推測される。秦剛にせよ李尚福にせよ，影響力のある外国勢力との関係がキーポイントになっているように見受けられる。逆に言うならば，現在の習近平は，国内の「反」「非」習近平勢力をほぼ完全に一掃しており，国際的な影響力を高めようとする次の段階で，外国，特に米国，ロシアとの関係に過敏になるというのはありえる話である。

結びに代えて──「清廉な政権」建設をめぐって

　権力社会が汚職を生み出す最大の要因であるとするならば，権力社会そのものをチェックもしくは変革するメカニズムが必要である。その方法は，第一に制度，より具体的には汚職を規制し罰する法律，さらには法を有効に働かせる仕組みを作り出すことが必要である。第二にはそうした法律，枠組みを尊重し，それを忠実に執行できる専門的な人材を提供することである。第三には，第一，

第二の点を有効に機能できるようサポートする社会的な力が必要である。より具体的には，権力社会を機能させている基本的な方式は，権威に基づくトップダウンのやり方である。これに対抗し，制限を加えるには，ボトムアップを基本とする市民の行動・役割が重要である。汚職を抑制する法・制度の整備・充実に加えて，市民による汚職のチェック・メカニズムを機能させ，権力の乱用が引き起こす，恒常的な腐敗を抑制する仕組みを確立することができるのである。

　日本の 1970 年代に見られた汚職収賄取り締まりの過程は，このような文脈を見る上で格好の事例である。当時「今太閤」と呼ばれ最高権力をほしいままにしていた田中角栄総理が，ロッキード汚職事件をめぐって嫌疑をかけられ，やがて逮捕され失脚した。これまでも権力者の汚職をめぐる事件はたびたび発生しているが，最高権力者が権力闘争によってではなく失脚し，その実態が描き出された事例は過去にはなかった。ロッキード事件は米国ロッキード社の全日空へのエアバスの売り込みをめぐって，時の総理大臣田中角栄およびその周辺政治家，丸紅，全日空，児玉誉士夫，小佐野賢治らが絡みあった戦後最大規模の汚職疑獄事件であった。

　1976 年 2 月，米国上院外交委員会の公聴会でロッキード社副会長らの証言によってエアバス売り込みに 30 億円以上の不正資金が使われたことが明らかにされた。76 年 10 月の国会中間報告で国会議員 17 名，民間人・官僚など約 460 名が尋問を受け，うち逮捕者は 18 名にのぼった。83 年の一審東京地裁で田中に懲役 4 年の実刑判決が言い渡された。この過程で当時の内閣総理大臣・三木武夫は，行政権の司法権への介入を否定し，粛々と法律に基づく事件の処理手続きが進められた。さらにメディアがしっかりと大々的にこの事件を報じたことで，国民の関心，監視の目も強まり，時の権力者たちは厳しく批判・弾劾され，概ね公平に事件処理がなされた。ロッキード事件は，60 年代半ば以降積極的に取り組まれていた水俣裁判など反公害運動と合わせて，市民の政治的意識を高める重要な契機となった。司法の独立，メディアの自由な報道の保障，市民の政治意識の高まりが政治権力の横暴な振る舞い，汚職事件の抑制にきわめて重要であった貴重な事例である。

　話を中国に戻そう。2000 年代には経済が発展し豊かさが広がった中国にお

いて，中間層・市民と呼ばれる人々が増大し，同時にインターネットなどソーシャル・メディアが急速に発展していった。強引な開発事業に伴う社会的な不正，権力の横暴に対して実際行動やソーシャル・メディアを使って，広く抗議の発言をするようになってきた。非政府組織が雨後の筍のように増大し，それらの自主的な活動も顕著になっていった。新聞・TVなど報道の自由も広がり，社会は活気を取り戻していた。

　しかし習近平の時代になって，メディアの自由，知識人の発言などが極端に抑圧・制限されるようになり，活気ある社会は一挙に冷え込んでいった。しかも本論の文脈で言うならば，恒常的に腐敗を抑制する法の整備，チェック・アンド・バランスのメカニズムが育っていない。それどころか現在の権力者たちはそうした条件の育成すら否定している。そして反腐敗で強調している中身は，「徳を優先させ，根本の基礎を固め，自律的に清廉となるような準則を制定する」（『十九大以来重要文献選編』上：21）であり，その具体的な内容が，「中央八項規定」（簡素，誠実，規律遵守，節約励行といった幹部の質の向上を求める規定）であった。またほぼ同じ時期に提唱された「三公消費」（公用車の私用，公金による宴会，公金による不当な海外旅行），「四風」（形式主義，官僚主義，享楽主義，贅沢主義）に甘んじている，幹部の日常生活のあり方を糺すことに力点が置かれていた。

　そこでやがて登場してくるアイディアが「清廉な政権」の建設という発想であった。上海社会科学院法学研究所の警報室主任である魏昌東教授は，腐敗に対するガバナンスとして「中国モデル」を提唱しているが，それを「新権威主義の腐敗ガバナンス・モデル」と表現している。新権威主義は天安門事件の前夜，民主化の加速を図るか，経済発展のために政治安定を重視するかの論争で登場した主張であり，後者を主張する人々が「新権威主義」を唱えた。このなかの有力人物の一人が前述した王滬寧であった。魏は「権威主義のガバナンスモデルは中央指導集団に依拠するもので政治指導者個人の指導に依拠するものではない」と指摘しているが，王滬寧たちかつての「新権威主義」論者の主張は，リー・クアンユーや蔣経国らを例えに挙げながら政治的権威を一人の政治指導者に集中させ，その指導力によって強力に近代化を進めることを主張していた。おそらく王滬寧がかつての主張を維持しているならば，習近平個人の政

第2章　権力社会と汚職のサイクル的構造　　67

治的権威を高め，政治的安定を図ろうとしているのではないか。

　魏はさらに，ガバナンスのための立法を規範体系として明確にし厳格にすべきであるが，そのためには党内の法規範をより効率的なものにし，党紀律を国法より厳格にすべきであるとの認識に立っている。要するに，「党指導者も法の前では平等である」と言われた改革初期の考え方がクリアに否定され，党の紀律を国の法律の上位概念として扱っているのである（彭真 1986 : 141 など参照）。

　さらに 2018 年 3 月，第 13 期全国人民代表大会第 1 回会議は「検察法」を採択した。そこでは「国家検察体制の改革は全局面に関連した重大な政治改革であり，国家検察制度のトップダウン設計の方式であり，反腐敗立法の重要な内容である」と力説していた（莫洪憲）。つまり検察法を軸としたガバナンスのための法的規範体系こそが，「清廉な政権」を形作る基礎なのである。反腐敗闘争によって，腐敗に関連した人物が摘発され「検察法」によって断罪される。「清廉な政権」とは，極論的に言うならば，監視カメラや GPS を使って 14 億の中国人の行動が把握され，トップ指導部の意思に反するような，あるいは秩序を混乱させるような発言・行動が見られたときには，直ちに摘発し「検察法」で封じ込める。従順に体制的秩序のなかにいる限りは，物質的な恩恵は保証される，いわゆる「幸福な監視国家」（梶谷懐・高口康太 2019）の出現である。

　党指導の絶対性，すなわち「権力の至高性」は結局は，古き時代も今日も変わっていない。現在は「権力の至高性」がより強化され精緻化されてきたと言えよう。つまり最高の権力は外部からはチェックされ，規制されることはないのだ。それゆえ〈権力社会－腐敗－反腐敗〉の構造的なサイクルは機能し続けると言えるかもしれない。

参考文献

天児慧（2015）『中国共産党論』NHK 出版新書
王雲海（2003）『中国社会と腐敗』日本評論社
何清漣（2002）『現代化の落とし穴』坂井臣之助他訳，草思社

梶谷懐・高口康太『幸福な監視国家・中国』NHK 出版新書，2019 年
孔子『世界の名著 3　孔子・孟子』論語・子路篇，269 頁
橘樸（1936）『支那社会研究』日本評論社
仁井田陞『東洋とは何か』東京大学出版会，1968 年

莫洪憲主編（2020）『反腐敗——国家立法研究』法律出版社
彭真「関於中華人民共和国憲法修改草庵的報告」『十二大以来　上』人民出版社，1986
　　年
王滬寧編（1989）『腐敗与反腐敗——当代国外腐敗問題研究』上海人民出版社
王滬寧（1990）『反腐敗——中国的実験』三環出版社
王滬寧（2012 年 3 月 27 日）「网上最火的政治信号——着手政改必須徹底反思文革」
魏昌東（2019）『腐敗治理——“中国模式”的立法発展与理論探索』上海人民出版社
張恵康主編（2021）『反腐敗与中国廉潔政治建設研究報告Ⅳ』北京大学出版社
中共中央党史和文献研究院編『十九大以来重要文献選編』上，中央文献出版社

第3章

『アモイ日報』掲載記事にみる
体制改革派・習近平の横顔

アモイ時代の反腐敗，開放政策，政治・経済改革

鈴木 隆

はじめに

　周知のとおり，2012 年の第一期政権の発足以降，習近平は反腐敗の取り組みに注力してきた。それは，2022 年の第 20 回中国共産党全国代表大会（以下，20 回党大会の形式で略記）を経て，習近平の単独意思決定者としての地位が確立されてからも変わっていない。2022〜2023 年には外交部長（秦剛）や国防部長（李尚福）をはじめとする政府高官が，汚職などの罪を問われて——詳細は依然不明だが——相次いで失脚した。秦剛と李尚福の失脚劇は，習近平による政治的パージの性質が第一期，第二期の過去十年間とは異なる段階に移行したことを示唆する。国内にもはや政争のライバルがいなくなった以上，今後，紀律違反などの咎による粛清人事の主な矛先は，習近平グループの下位集団により多く向かうであろう。政治腐敗に対する習近平のこれほどまでに強い憎悪と，汚職撲滅の本格的な実践活動の原点はどこにあるのか。

　こうした問いを念頭に置きながら，本章では，現在の中華人民共和国（以下，中国と略記）の最高指導者である習近平について，アモイ市政府の副市長職を務めていた時期（1985 年 6 月〜1988 年 5 月）を対象に，官僚政治家としての当時の政治的人物像を同時代の史料に基づいて再構成する。その際に依拠する主

71

な分析材料は，現地新聞の『アモイ日報』（中国語は厦門日報）である。

1985年6月，32歳の誕生日の当日に習近平は，前任地の河北省正定県から福建省の経済特区であるアモイ市の副市長に着任した。このときの心境についてのちに習近平は，「改革の実践と開放の実践を試すことができる」との期待を抱いて，「大喜びでアモイにやって来た」と回顧している（呉巧平・王琰2006）。

だが，当初の楽観的な気持ちと予想に反して，アモイでの3年間は「非常に困難な苦しい学習の過程」であった。そうしたほろ苦い現実は，幹部としての個人の力量不足（習近平自身の言葉を借りれば，「初めての市レベルの幹部ポストへの就任」「初めての都市行政の直接体験」「沿海発展地域の改革開放政策に対する初めての直接参加」）のほかにも，「特区の業務について誰も経験を持ち合わせていなかった」という改革開放初期の時代的制約も反映していた。往時を振り返りつつ習は，「アモイは私の人生に多くの修練」を課し，それらは「のちの私の活動に非常に大きな影響を及ぼし，大きな助けともなった」と語っている（同前）。

筆者のみるところ，アモイ時代における習近平の政治的事績の討究は，先行研究で十分に検討されてこなかった，次の二つの問いに対する初歩的な答えを提供するであろう。

一つは，2012年の中国共産党総書記への就任以来，苛烈ともいえる腐敗摘発を遂行してきた習近平の腐敗・反腐敗観は，いかにして形成されたか。いま一つは，国政の頂点に立つ以前，とくに1989年6月の天安門事件の発生前，保守派と改革派の政治的駆け引きとともに，改革の機運が盛り上がっていたアモイ時代の政治社会のなかで，政治改革をめぐる習近平の認識・態度・行動はいかなるものであったか。

本章では，管見の限り，従来の研究で利用されてこなかった『アモイ日報』の史料調査の成果を十分に利用して，これら二つの問題の解明に努める[1]。

---

1) 本章は，鈴木隆『最高実力者 習近平——支配体制と指導者の実像』東京大学出版会，2024年，第4章第3節の一部を大幅に加筆したものである。

72　　I　腐敗観——どのように捉えるか

1 反腐敗運動の原点としての「税収・財務・物価大検査」

1985年6月のアモイ着任後，副市長として習近平が取り組んだ初めての大きな仕事は，経済特区の市場規律の整備と経済犯罪の摘発であった。習近平は，税財政をめぐる各種の法令・紀律違反の摘発運動の責任者を務めた。

「税収・財務・物価大検査」（以下，大検査と略記）と呼ばれるこの運動は，脱税や汚職の取り締まりなどとともに，党員や幹部の綱紀粛正（中国語は作風）と反腐敗の思想イデオロギー教育の意義も有していた。それゆえ，毛沢東時代の「三反五反」運動や「四清」運動など，経済活動の不正の暴露を目的とした大衆動員型の政治キャンペーンの性格を部分的に反映していた。

アモイの大検査は，市場経済と政治腐敗に対する習近平の認識形成を考える上で，重要な手がかりを提供している。

(1) 大検査の概要──初回（1985年）キャンペーンの実施過程を例として

a. 開始，動員段階

第1回目の大検査は，1985年9月末から1986年4月初めまで，およそ約6カ月間実施された。1985年9月，市政府は「アモイ市税収・財務大検査動員大会」と称する大規模集会を開催した。党と政府の関係部門の幹部，企業責任者，税務・財務・会計の各部局の人員からなる約1000名の出席者を前に，習近平は「大検査の業務の重要性と必要性への認識を高め，この活動を着実に，かつ，終始一貫，最善を尽くして立派に行うべき」ことを要求した（厦門日報1985.9.26)[2]。

大検査の実施理由について，同じ『アモイ日報』の記事は，直近の財政状況は良好であるものの，「全局観念の不足」のため一部の部門や単位が組織利益を重視し，「税金のごまかしと脱税を行い，財政経済紀律の違反状況が蔓延している」こと。そうした状況が「国家の財政収入の減少だけでなく，改革の妨害と幹部の腐敗をもたらし，党と社会のそれぞれの風紀を堕落させてしまう」

---

2) 記述の重複を避けるため，以下の文中では，『アモイ日報』の記事は掲載の年月日のみ記す。

ことを挙げている。後者に関し，同じく動員大会で発言した別の副市長は，「大検査は国家の法令遵守と法制観念強化のための教育」であり，「共産党員についていえば，党員としての自覚と行動（中国語は党性）の教育」を兼ねている点を強調した（同前）。

1985年10月，アモイ市政府は大検査の実施を正式に通知した。通知文書では，運動の指導グループ，検査活動の内容や実施方法，違法行為の処分等に関し，おおむね以下の方針が示された（1985.10.17）。これらは，2回目以降の大検査でも基本的に踏襲された。

①指導グループ

市政府は特設のタスクフォースである「領導小組」を設立し，習近平が組長に就任した。副組長には市政府の副秘書長，および，税務・財政・会計検査の各局長が名を連ね，市紀律検査委員会を含む関係部門の責任者も小組に参加した。アモイの県・区の下級政府でも類似の小組が成立した。習近平は，彼のアモイ時代に行われた計3回の大検査のすべてで，領導小組の組長職をはじめ，キャンペーンの責任者を務めた。

②違法行為の内容

検査を通じて摘発すべき主な事案は，次のとおりである。(a)納税義務を負っている個人，企業，行政機関，公的団体による脱税，税の違法な減免措置の有無，(b)国庫に納めるべき収入や資金の隠匿，納税拒否，(c)物資の不当な値上げ，原材料と製品の違法な転売，(d)外貨の違法な取引，(e)報奨金や手当の乱発，(f)公金による接待，贈答，浪費，汚職，投機的取引，贈収賄の有無。

③検査対象と実施方法

アモイ市内に所在するすべての企業，行政機関とその関連団体を対象とする。それらの内部監査と結果の自己申告，および，税務・財政・会計検査などの公的機関による重点団体への外部検査を組み合わせて，網羅的な検査の仕組みが整えられた。

④違法行為への対応と処罰

脱税額の多寡や法令・紀律違反の摘発状況などに応じて，処分の軽重が考慮される。例えば，自発的に申告された納税の不備については，不足・滞納分を速やかに納付すれば特段の処分や罰金を免れる。検査拒否，虚偽報告，外部監査での発見等の場合は，延滞金や追徴金の徴収のほか，会計担当者や監督責任の立場にある幹部の責任が追及される。汚職，贈収賄，投機的取引などの犯罪に手を染めた者には法的制裁が科される。

b. 実施，途中経過段階

初回の大検査で検査対象となった企業と行政機関，その関連団体の数は，計7515に達した。税務，財政，会計検査，銀行など各部門から選抜された約600名の人員が検査グループを組織し，重点対象（計3205）の外部監査を担当した。その半数は，全民所有制企業（国営企業）で占められた（1986.4.4 a）。

大検査の過程では，徴税を糸口として企業の経営活動全般の健全化と法令順守，各種違法行為の取り締まり強化が進められた。習近平が主宰して1985年12月に開かれた市政府の会議では，「企業の整理整頓と財政経済紀律の大検査」の途中経過として，1984年に設立されたすべての企業（計1065社）について，図表3-1の結果が報告された（1985.12.12）。1985年12月10日時点で，①脱税と税のごまかし，計1032万元（国庫への回収金額533万元），②規定に反した税の納付不足，計3124万元（同2098万元）が発見された（1985.12.18）。

図表3-1　1984年に設立されたアモイ市の企業の各種問題状況

企業の経営活動に関する不良な状況	該当する企業数 （全体に占める割合）
特定の労働者と就業場所がなく，経営内容が不明確	11（1.0％）
企業の名称と経営実態が合致していない	19（1.8％）
申告された資本金よりも実際には不足している	418（39.35％）
経営内容に問題がある	約150（約14％）
各種の法令違反	124（11.6％）

出典：『アモイ日報』1985年12月12日

c. 総括，終了段階

初回の大検査は，1986年4月初めに開かれた「1985年税収・財務大検査総括表彰大会」で正式に終了した。大会では，活動への貢献が認められた団体と個人（各60団体，258名）が表彰された（1986.4.4 b）。また，同年2月15日時点で，摘発された法令・紀律違反の総額が4601万元に達し，大部分が国庫に回収されたことを報告するとともに，人々の「法制観念が強まり，党の風紀の是正と社会の風紀のさらなる向上の促進にとって積極的役割を果たした」との総括を行った（1986.4.4 a）。

大会での演説において，習近平はこれらの実績を承認する一方，思想・組織・制度の三つの方面から今後の対策の必要性を指摘した。すなわち，思想面では，幹部と大衆の政治教育を強化し，「資本主義の腐敗した思想の侵食を放置してはならない」こと。法の執行と監督の担当者は「トラブルや他人の恨みを買うのを恐れる考え」を克服し，「法の厳格な遵守と運用，違法行為の追及を断固実行する」。組織面では，関係機関による検査監視の恒常化のため，専門の常設機関の設置を提案した。制度面の改善策は，資金管理（企業の未払・未収金，銀行保有の現金など）の徹底などである（1986.4.4 b）。

このうち組織体制の整備については，1987年6月，「市人民検察院派駐市税務局検察室」が成立した（1987.6.10）。これは，検察院の出先機関として税務局の内部に検察室を設置したもので，管轄区域の脱税や納税拒否，税務部門の業務人員の汚職事件の処理に責任を負うとされた。検察室の成立大会で習近平は，「脱税と納税拒否の審査と処分に注力し，典型的な事件の公開処理を通じて教育効果を広め，納税者の依法納税の観念を強化することで，国家の税法の円滑な貫徹執行」を実現するよう求めた。

(2) 第2回（1986年），第3回（1987年）のキャンペーンの特徴

a. 物価動向への留意

第2回目の大検査は，1986年11月から1987年1月の春節前まで，約3ヵ月の間行われた。1986年11月に「税収・財務・物価大検査動員大会」が開かれ，習近平が領導小組のトップに就任した（1986.11.12）。検査対象は納税義務を負うすべての個人と組織，内部と外部の監査の併用，違反状況を斟酌した処

理対応など，基本的な段取りは変わらない。ただし，上記大会の名称が示すとおり，2回目以降は物価動向も調査項目に追加された。

　習近平のアモイ時代，最終回となった第3回目の大検査も，1987年10月から12月にかけて，同じく約3カ月の日程で実施された（1987.9.7）。この間，13回党大会が挙行され，中国全土が「政治の季節」を迎えていた。

　このときのキャンペーン開始に際しても，習近平は「財政経済紀律を厳格にし，特区の改革開放のために良好な社会経済環境を創り出す」との目標を掲げ，これを「官僚主義に反対し，不正の風紀を正すことと緊密に結びつける」よう強調した（1987.10.10）。物価動向の管理については，「大衆を広範に動員して商品のでたらめな値上げと費用の勝手な徴収」の告発を奨励する一方，工商業などの関連部局による「市場物価の点検監督」強化を指示した。

b. 〈反腐敗 – 改革開放 – 社会的安定確保〉の均衡点の模索

　アモイ時代の1980年代後半に，自身を責任者として展開された大検査の運動は，習近平の政治認識において二つの問題への思索を深めるきっかけとなったと思われる。

　一つは，経済特区を筆頭に全国的に高まりつつあった改革開放——当時の政治的術語では「対外開放，国内活性化（中国語は対内搞活）」——の政治的流れを，腐敗対策の強化によって委縮させることなしに，未整備未発達の市場規律をどのように制度化するか。その政策的力点と政治行政の具体的指導のあり方をいかに調整するかという問題である（1985.12.18）。習近平は大検査の期間を通じ，①「改革・開放・搞活を支持するとともに，法令・紀律違反の行為を真剣に検査して厳粛に処理すべきであり，そのようにして改革の円滑な進行と健全な発展を保証する」こと，②実際の検査では「企業と団体の改革の積極性」と「企業の合法的権益」に注意を払う一方，「法に背き紀律を乱す種々の行為を真面目に検査処理すべき」ことを繰り返し述べていた（1986.11.12；1987.10.10）。

　大検査をめぐるいま一つの課題は，物価の安定工作に代表される，市場化過程における大衆の関心事への配慮である。1987年1月27日付の『アモイ日報』紙には，当時の市民生活に大きな負担となっていた物価の高騰について，「市

政府で物価業務を所管している副市長」のインタビュー記事が掲載された（1987.1.27）。この副市長の氏名は記されていないが，十中八九，習近平その人である。

　記事によれば，インフレーションの抑制と物価の安定のため，市政府は，一方では食品を中心に生産供給の拡大を支援しつつ，他方では商品の買い占めと売り惜しみ，値段の不当なつりあげ，違法な転売の取り締まりなどに尽力している。習近平と思しき人物は，「つまるところ我々は，市場の搞活を強調するとともに，管理を強め多くの消費者の利益を適切に守らなければならない」と述べて，インタビューを締めくくっている。

　以上の叙述にみられるとおり，アモイ時代の税収・財務・物価大検査の遂行責任の経験は，市場経済化と政治腐敗に関する習近平の政治認識の形成にとって，次の三つを重視する方向で作用した。

　第一に，大衆動員型の政治キャンペーンによる経済犯罪の摘発，および，それによる幹部の綱紀粛正と民衆の政治教育の推進である。

　第二に，市場化を柱とする経済改革と並行して強化されるべき，国家主導の市場規律確立の努力と各種経済主体への監督である。この点，大検査のテーマは，国防や治安維持とともに，国家の最も枢要な強制力の一つである徴税権の強化であった。

　第三は，〈反腐敗の追求―経済改革の推進―市場経済化のなかの安定確保〉という三つの課題の政治的均衡点の模索である。とくに安定確保については，物価の動向が政治社会に与える影響力の大きさである。

　以上の３点は，それへの理解と対応の不十分さが，アモイの次の任地である寧徳地区で習近平が遭遇した 1989 年の天安門事件の背景要因でもあった。それゆえ，繰り返してはならない失敗と反省として，事件後の習近平の脳裏に刻まれることとなった（鈴木 2017）。

2　経済協力を主眼とする開放政策の推進

　アモイ時代の習近平は，「改革開放」の二つの政策領域，すなわち「体制改革」と「開放政策」の各方面でも活躍の場を与えられた。前者は次節で扱うこ

ととし，本節では後者に対する習近平の関わりを確認する。

　対外開放の窓口として国内外からの期待を集めていた経済特区の幹部として，習近平は，アモイ市と国内外の諸地域との経済協力の拡大に注力した。『アモイ日報』の報道からは，複数名いた副市長のうち，習近平が，前節でみた税財政分野とともに，対外・対内経済の協力連携の旗振り役としての職務を担当していたことが窺える。習近平はアモイの経済開放の主要な責任者の一人であった。

（1）外国経済ミッションへの対応

　習近平がアモイで勤務した 1980 年代後半期，対外経済の先進地である経済特区に対し，外国から寄せられる関心と期待は依然相当に高かった。習近平は副市長として，アモイ市の党委員会や政府の幹部とともに，来訪した外国要人や視察団などとの会談に頻繁に同席した。また，外国投資呼び込みのアピールなどアモイの対外経済発展のため，市側ホストとして習みずから海外の経済ミッションに積極的に応対した。**図表 3-2** には，『アモイ日報』の関連記事のうち，主なものをまとめた。

　図表 3-2 からは，次の 2 点が注目される。

　一つめは，1987 年 11 月に，習近平がアモイを訪問した岡崎嘉平太（1897-1989，享年 92 歳）と面会していた事実である。周知のように，岡崎嘉平太は，1960 年代の LT 貿易や 1972 年の日中国交正常化の実現のために尽力した日本側立役者の一人であり，周恩来とも個人的に強い信頼関係を築いた人物として知られる。

　習近平が岡崎と対面していたことを指摘した文章は，管見の限り，日本・中国ともにこれまでのところ見当たらない。同じくこの会談を伝えた『アモイ日報』紙の記事は，日本の図書館はもちろん，中国で最も包括的な資料データベースにも所蔵されていない[3]。

---

3)　習近平と岡崎嘉平太の会談について，詳しくは鈴木（2022）。データベースの収録状況に関し，日本の国立情報学研究所の運営する「学術情報ナビゲータ（CiNii）」によれば，『アモイ日報』紙は，日本国内では筑波大学の中央図書館が 1949〜1952 年分を所蔵しているのみである。中国の「中国学術情報データベース（CNKI）」では，2004 年以前の記事はすべて未収録。いずれも 2024 年 8 月 9 日時点。

図表 3-2 習近平が面会した経済協力関連の主な外国訪問団 (1985〜1988 年)

年 月	会談相手	概 要
1985 年		
12 月	（国際機関） 世銀グループの国際金融公社（IFC: International Finance Corporation）一行	・訪問目的は，IFC を中心とする外国金融機関と中国農業銀行の共同出資による，アモイでの銀行設立計画のための現地視察と協議
1986 年		
8 月	（日本） 安田信託銀行の訪中団 （団長は山口吉雄社長）	・訪問目的は，アモイ経済特区の状況や投資環境など理解の促進，日中両国の中小企業の経済協力の検討 ・2 名の副市長（王金水，習近平）が，アモイの対外開放と特区の発展の成果を紹介
10 月	（フランス） ニースの商工業代表団	・会見した習近平は「現在われわれは，新たな計画を制定しているところであり，1990 年までにアモイの建設・発展はさらにいくらか大きく，さらにいくらか良いものとなるだろう」と発言
1987 年		
2 月	（国際機関） 上海駐在の外交団一行	・訪問団メンバーはアメリカ，イギリス，日本，イタリア，西ドイツ，ソ連，東ドイツ，ポーランドの計 8 カ国の外交官 ・会見した習近平は「ゲストに対しアモイ経済特区の発展状況を紹介し，アモイと各国との協力強化の希望を述べた」
2 月	（日本） 長崎県日中親善訪中団	・訪問団メンバーは長崎県の経済，電力，金融，教育，観光，造船業の人々（計 52 名） ・訪問目的は，経済・技術・文化の交流と協力の強化
11 月	（日本） 日本人中国訪問 （団長は岡崎嘉平太）	・訪問団メンバー（計 4 名）は，岡崎以外は不詳 ・会見した習近平は，「岡崎先生は多年にわたり中日友好事業に一貫して尽力し，中日友好に対してたいへん大きな貢献を行った。われわれは，岡崎先生の来訪を非常に喜ばしく思っている」と発言。また「習副市長は，日本の友人らに対し，アモイ経済特区の発展状況を紹介した」 ・アモイ滞在中，岡崎は約 200 名のアモイ市の経済・科学技術・文教分野の関係者に対し講演も行った
1988 年		
3 月	（フランス，メキシコ） 駐中国フランス大使と同メキシコ大使の一行	・会見した習近平は「アモイ経済特区の建設発展状況を紹介し，大使の訪問を通じ，アモイとフランス，メキシコとの間の経済・技術・文化教育などの交流協力の強化と発展を希望」する旨を発言

3月	（フランス） フランスの企業家代表団 （団長は駐中国商務担当 参事官）	・習近平，代表団一行と会見 ・習近平とフランス側訪問団の双方は，互いの国・地域 　の経済発展の状況を紹介し，協力の意思を表明した
3月	（ニュージーランド） 駐中国ニュージーランド 大使一行	・習近平，大使一行と会見 ・大使は，アモイの「近年の経済発展の状況と長期計画 　を理解した」

出典：『アモイ日報』の下記の該当記事に基づき，筆者作成
　　　「世界銀行国際金融公官員比勒先生一行抵厦」（1985 年 12 月 7 日）
　　　「日本安田信託銀行集団訪華団来厦訪問」（1986 年 8 月 3 日）
　　　「法国尼斯工商代表団抵厦参観訪問」（1986 年 10 月 28 日）
　　　「八国駐滬領事官員訪厦」（1987 年 2 月 17 日）
　　　「日本長崎県中日親善団来厦参観訪問」（1987 年 2 月 21 日）
　　　「岡崎嘉平太先生来我市訪問」（1987 年 11 月 17 日）
　　　「法国墨西哥駐華大使訪厦」（1988 年 3 月 11 日）
　　　「法国企業家代表団訪問我市」（1988 年 3 月 23 日）
　　　「新西蘭駐華大使訪厦」（1988 年 3 月 27 日）

　また，2015 年 5 月に北京の人民大会堂で開かれた「日中友好交流大会」で演説を行った習近平は，田中角栄や大平正芳とともに，「廖承志氏と高碕達之介氏，岡崎嘉平太氏ら有識者は積極的に奔走し多くの活動をしました」と述べて，両国関係に対する岡崎の貢献を褒めたたえた（習近平 2015）。ただしこのとき習は，自身がかつて岡崎と直接に言葉を交わしていたことに言及しなかった。四半世紀以上も前の出来事を，習本人も忘れている可能性が高い。

　以上の事情を踏まえると，1987 年 11 月の習近平と岡崎嘉平太のアモイ会談は，本稿作成過程での史料調査の結果，学術研究として初めて確認された史実と思われる。

　二つめの注目点として，習近平は，アモイを訪れた海外の財界関係者や外交官に対し経済協力を促すべく，特区の現状や開発の見通し，今後の経済改革の方向性などを紹介する広報担当者，経済外交官のような役割も担っていた。

　図表 3-2 に示したように，岡崎との面談でもそうした説明を行っている。図表 3-2 のうち，フランスのニースの工商業代表団（1986 年 10 月）やニュージーランド大使一行（1988 年 3 月）との会談でも，習近平が起草の責任を負っていたアモイの長期発展戦略や政治・経済改革の概要，作業の進捗状況などを

紹介したとみられる（この点，後述）。

(2) アモイ経済特区と内地経済の連携強化

a.「横向経済連合」，「内連工作」の本格化

習近平は，行政の部門とレベルの制限（中国語は条），地域の管轄範囲（中国語は塊）を超えた，中国の国内の多様なアクターとの広範な経済協力の実現にも尽力した。当時の呼称で「横向経済連合」，「内連工作」などと呼ばれたこの取り組みに関し，その精力的な活動ぶりからみて，習近平はアモイ市政府内で筆頭の責任者であったと推察される。

アモイにおける横向経済連合の本格的展開は，1986年4月の「全市計画・経済工作会議」を嚆矢とする。習近平も出席したこの会議では，同年の経済政策の重点施策の一つとして，国外と国内の「二つの大門をしっかりと開き，外資誘致と国内連携（中国語は外引内連）を立派に行う」ことを決定した（1986.4.14）。とくに「2番目の大門」については，横向経済連携の強化が「条と塊の枠組みを打破し，企業の活力を強める」ことを理解し，「内連工作」では「地域・業種・部門を超えて，経済技術連合のルートを拡大すべき」ことを指示した（同前）。

上記工作会議の決定を受け，同じく1986年4月には「市経済・技術協力会議」が開催された（1986.4.24）。会議には，地元アモイの経済関係者のほか，一部の中央省庁とその管轄下にある研究所，アモイを本拠地としない企業や他の省・市の駐在機関の代表も参加した。市政府を代表してアモイの横向経済連合の施策を説明した習近平は，地域，部門，業種，所有制の違いを超えて，研究開発，生産，流通等の各方面で特

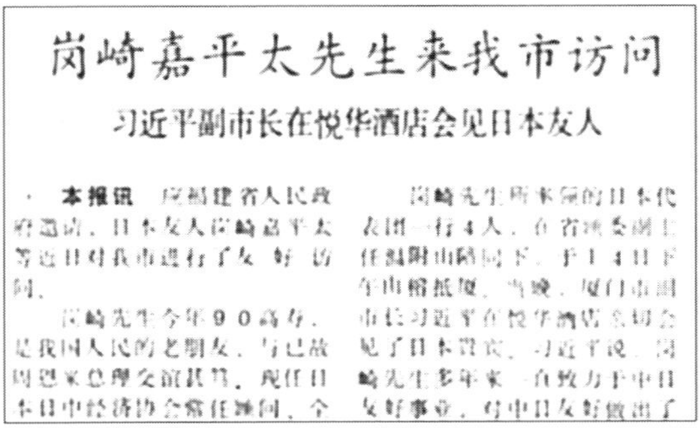
岡崎嘉平太先生来我市访问
习近平副市长在悦华酒店会见日本友人
本报讯

図表3-3　習近平と岡崎嘉平太の会談記事，見出しと本文の一部　『アモイ日報』（1987年11月17日付，第1面）

区と内地が協力を進めるべきこと、「アモイ市が一丸となって上下みな、経済連合の促進派になるべき」ことを訴えた（同前）。

　会議はまた、従来の活動における政策や法令の支援の不十分さを反省し、「内連工作を職掌とする副市長1名」を指定するなど、態勢強化が図られた（同前）。前後の政治的文脈から判断して、この副市長は習近平とみられる。

b．経済協力文書の締結と内資企業の誘致

　以上のような経緯を経て、習近平を中心とするアモイ市政府チームは、国内の諸地域・部門との経済連携を積極的に進めた。**図表3-4** は、習近平が主導して締結された経済協力に関する主な協定文書の一覧である。この表にみられるとおり、習近平はしばしば、みずからアモイ側の代表団を引率して各地を視察訪問し、横向経済連合の話し合いに臨んだ。アモイとの関係緊密化を求める他の地域・部門には、習近平がアモイを代表して協定文書に署名した。初歩的・形式的な協力のレベルにとどまるとはいえ、フットワークの軽い青年指導者が短期間のうちに一定の成果を挙げたといってよいであろう。

　この結果、1986年12月上旬時点で、アモイの「内連企業」（アモイを経営拠点としない中国企業）は計624社に増え、同年の工業生産額は合計1億4000万元に達し、前年比で倍増の見通しとなった（1986.12.20）。

　1987年5月にも、習近平の主導のもとに「横向経済連合座談会」と「内連工作会議」が開かれた。会議の席上、習近平は「横向経済連合の活動を大いに発展させることは、第7次五カ年計画時期（1986〜1990年の期間を指す）における市政府の経済政策の基本任務の一つ」であることを再確認し、1987年の重点目標として、①協力パートナーの地理的拡大と重点対象の選定、②原材料などの物資の供給、③生産と研究開発の結合、④企業集団の形成の各方面で「突破的進展」を実現するとの決意を示した（1987.5.7）。

　習近平はまた、アモイに進出した内連企業の関係者への意見や要望の聴き取りにも積極的に参加した。1987年12月に開かれた「対話会」では、アモイの「外資誘致と国内連携、輸出による外貨獲得」をテーマとして意見交換がなされた。対話会に出席した国務院航天工業部のアモイ駐在担当者は、同部の傘下にある「多くの「三線」企業は優れた資金・設備・技術を多数有し、今後はそ

図表 3-4 習近平の主導によるアモイと中国国内他地域との経済協力・連携の
取り決め（1985～1988 年）

年月	連携相手	概要
1986 年		
5 月	（福建省） 南平市建陽地区行署	・習近平（市政府副市長）率いるアモイ市代表団，建陽地区を訪問 ・「横向経済連合」の「協議書」を締結 ・経済連合，科学技術，商品流通，製品加工，輸出，資源開発，情報交流などの各分野でアモイと建陽が協力する
5 月	（福建省） 泉州市安渓県	・習近平率いるアモイ市代表団，安渓県を訪問 ・貿易，軽工業，流通部門の各分野で協議書などを締結
7 月	（福建省） 寧徳地区行政行署	・習近平率いるアモイ市代表団，寧徳地区の四県を視察 ・貿易，流通，製品加工・付加価値創出などの分野で，「横向経済連合を実行するための意向書」を締結
8 月	（黒竜江省） ハルビン市で開催された国内経済連携のためのコンベンションへの参加	・習近平率いるアモイ市代表団，「国内横向経済聯合黒竜江省招待会」に参加 ・国務院の部・委員会（計 19），各省・市（計 28），大中都市（計 119），高等教育・研究機関（計 43），大型企業（計 19）の代表者，約 5200 人が参加 ・アモイ市代表団は，「横向経済連合の実行希望，特区の優遇条件，内地との連携に提供可能な約 70 のプロジェクトを携えて会合に参加」した
8～9 月	（黒竜江・吉林・遼寧省） 長春市など	・習近平率いるアモイの「赴東北経済協作代表団」，黒竜江省ハルビン市，吉林省長春市，遼寧省瀋陽市を訪問 ・3 市指導者に対し「横向経済連合」の取り組みを説明，相互の理解を深めた ・工業生産，貿易，科学技術交流などの分野で，計 10 の「意向書」を締結 ・長春市との間で，対外貿易と技術協力，工商業企業の共同設立，物資交流の強化などについて合意文書を締結
9 月	（江西省） 吉安行署	・アモイ市政府と吉安行署，「経済技術友好合作協議書」を締結 ・習近平と王国本（吉安行署専員）が署名 ・工業，農業，商業，穀物生産，技術，輸入などの各分野で協力推進

9 月	（安徽省） 巣湖行政公署	・「経済技術友好合作協議書」に署名締結 ・工業，農業，商業，貿易，技術交流，外資利用など 　の分野で協力推進 ・軽工業，穀物，建築材料などの分野で計 12 の「意 　向書」を締結
10 月	（四川省） 宜賓地区行署	・「横向経済連合」の強化で合意 ・漢方薬の原材料の獲得と販売など計八つのプロジェ 　クトで協力
10 月	（甘粛省） 甘粛省	・習近平ら，蘭州市を視察訪問 ・「横向経済連合」の協議書を締結 ・工業，外国貿易・技術導入，観光などの分野で協力 　推進
1987 年		
11 月	（遼寧省） 瀋陽市	・全 35 項目の内容からなる計 11 の「横向経済聯合協 　議」の「意向書」を締結
1988 年		
3 月	（遼寧省） 鉄嶺市	・「経済技術協力意向書」を締結 ・習近平と楊新華（鉄嶺市市長，鉄嶺市赴厦代表団団 　長）が，各々の政府を代表して「意向書」に署名 ・「横向経済聯合」の発展と「国際経済大循環」への 　共同参画が目標
3 月	（陝西省） 漢中地区行政行署	・経済技術協力で合意，これは「横向経済技術協力の 　良好なスタート」の証し ・習近平と張永福（漢中地区行政行署専員）が協議文 　書を交換

出典：『アモイ日報』の以下の該当記事に基づき，筆者作成。

「横向経済技術聯合的新突破」（1986 年 5 月 7 日）

「我市与寧徳地区簽訂聯合意向書」（1986 年 8 月 5 日）

「横向経済聯合黒竜江省邀請会開幕」（1986 年 8 月 27 日）

「架起横向経済聯合万里長橋」（1986 年 9 月 12 日）

「市府与江西吉安行署簽訂経済技術友好合作協議書」（1986 年 9 月 27 日）

「市人民政府与巣湖地区行政公署簽署長期有効経済技術友好合作協議書」（1986 年 9 月 30 日）

「発展横向聯系 振興厦宜経済 厦門宜賓決定在八個方面加強合作」（1986 年 10 月 7 日）

「東南与西北搭起鵲橋 甘粛与我市達成経済聯合協議」（1986 年 10 月 20 日）

「厦門瀋陽達成十一個合作協議」（1987 年 11 月 26 日）

「鉄嶺厦門両市昨簽署経済技術協作意向書」（1988 年 3 月 10 日）

「我市与漢中地区達成経済技術協作協議」（1988 年 3 月 30 日）

の力を沿海特区に移していくことを強く希望しているが，適切なプロジェクト
や協力パートナーを探し出せていない」と述べて，経済協力のマッチングの難
しさを訴えた。これに対し習近平は，提起されたさまざまな問題について，市
政府が関係機関と協力して解決に努めることを約束した（1987.12.12）。

3　「慎重な改革派」による長期発展と政治・経済改革の計画立案

　1980年代後半期の改革の政治思潮に対し，習近平はいかなる態度で臨んだ
のか。実のところ習近平は，アモイの長期発展計画とそれに付随する政治・経
済改革案の策定の責任者であり，経済の改革実践にも部分的に関与していた。
前節でみた開放政策とともに，経済特区という改革開放の最前線にあって，習
近平はまさしく「改革」と「開放」の両分野の枢要なポジションにいたのであ
る。

(1)「1985-2000年アモイ経済社会発展戦略」の策定作業

a. 長期発展と経済・行政改革のプランナー

　1986年7月末，アモイ市の共産党委員会と市政府は，経済・社会の長期発
展戦略とそれを実現するための「経済体制」と「行政体制」の二つの改革，合
わせて三つの計画案を制定することを決定した（1986.8.1）。

　同時に，その円滑な遂行のため，習近平を組長とする領導小組が成立した。
領導小組とともに「市経済社会発展戦略研究弁公室」も新設され，同室の指揮
命令下に，各課題と主な担当部署に応じて三つの研究グループが組織された。
すなわち，①「社会経済発展戦略の全体構想（中国語は総体方案）」（市計画委員
会），②「経済体制改革の全体構想」（市体制改革委員会），③「行政体制改革の
関係業務」（市体制改革委員会・組織部・人事局等の関係部局からの選抜要員）で
ある（同前）。

　今日では「1985-2000年アモイ経済社会発展戦略」の名で知られ，1989年9
月には同名の書籍も刊行された本プロジェクトの開始に当たり，習近平は活動
の要点を次のように説明した。いわく「現代化経済建設」では，長期的・全局
的な観点がなければ「方向性を見失い，全局の主導権をしっかりと掌握できな

86　　I　腐敗観──どのように捉えるか

い」。この状況を防ぐには，「市の社会経済発展戦略と経済体制改革の全体構想」の作成と，「行政体制改革の方向性の積極的模索」を進める必要がある（1986.8.1）。また，発展戦略・経済体制・行政体制の三つは，相互に関連した「複雑な社会システムのプログラム」であるため，「行政管理という上部構造」も「経済の下部構造の発展変化への適応が必要で，改革を行うことは無論のこと」と強調した（同前）。

翌月の1986年8月に入ると，準備作業はさらに加速した。8月4〜5日の2日間にわたり，調査研究の方法と段取り，複数の個別的研究テーマなどに関するより詳細な議論を経て，活動要綱がまとめられた（1986.8.7）。同月13日には，市党委員会と市政府は「区・局以上の指導的立場にある幹部」を招集して，「領導幹部会議」を開催した。鄒爾均（市党委員会書記兼市長）が講話を行ったほか，習近平が「経済社会発展戦略」「経済体制の総合改革」「行政機構改革」の「三つの計画」の起草に対する動員の手配を説明した（1986.8.14）。

こうして1988年3月末までの約1年8カ月に及ぶ，「1985–2000年アモイ経済社会発展戦略」の編成業務（以下，2000年発展戦略プロジェクトと略記）が本格的に始動した。

b．行政改革としての「政治体制改革」

2000年発展戦略プロジェクトを構成する3本の柱のうち，行政改革に関しては，先にみた1986年7月の習近平の言葉にみられるように，政治分野の改革は当初より「行政体制改革」の名称が使われ，その努力の程度も「方向性の積極的模索」の表現にとどまっていた。ここには，改革対象の限定と抑制的な取り組みの姿勢がみてとれる。改革案の中身も，検討チームの編成からみて，党と政府の官僚機構改革に重点が置かれていたものと判断される。

この点に関し，前出の8月の領導幹部会議で，習近平の上司であった鄒爾均は「政治体制改革を議事日程に上げなければならない」と述べて，「当面のところ機構改革については……選択的，かつ，いくつかの段階に分けて実施可能な全面的な計画」を作り上げることを求めた（1986.8.14）。

また，同じ会議では「政府による経済管理の機能転換を主な内容とする機構改革」の必要性について，経済改革と商品経済の進展に伴い，「主に行政手段

を用いて，行政系統ごとに経済管理を行う伝統的なやり方」が現状に則しておらず，生産力のさらなる発展を妨害している点が問題視された。それは，政府と企業の職責の不分明，「条」と「塊」の分断による横向経済連合の停滞，組織と人員の重畳による業務効率の低下などの弊害として表れている，と。

　加えて，全国 16 都市からなる「行政機構改革の実験活動の都市」の一つにアモイが選定されたことを踏まえ，①経済特区であるアモイは，下部構造のみならず上部構造の改革も加速すべきこと，②「機構改革」と「経済体制改革」を「セットのものとして進め，一方を孤立させたり分割させたりしてはならない」ことが謳われた。

　以上から明らかなように，習近平が計画策定の任を負った「政治体制改革」（鄒爾均の言葉）の内実は，経済改革に適合し，さらなる成長を促すための行政改革，具体的には，党と政府の官僚機構の人事制度と組織の手直しであった。

（2）2000 年発展戦略プロジェクトの起草過程

　1986 年 10 月，市党委員会と市政府は，2000 年発展戦略プロジェクトに関する意見の聴取を目的に，関係する専門家や民主諸党派，大衆団体の代表を招請して「アモイ市経済社会発展戦略研究座談会」を開催した。座談会を主宰した習近平は「経済社会発展戦略，特区経済体制改革の全体構想，機構改革の全体構想」の三つに関する調査研究への協力を求めた（1986.10.12）。

　実際の作業過程では，既出の市経済社会発展戦略研究弁公室が中心となって，のべ 200 名余りの専門家と実務家を動員して調査研究と文書の起草がなされた（1987.5.10）。上記三つのテーマごとに，港湾開発や自由港政策など，下位の研究題目として計 20 の個別の重点課題が設定され，数十万字に上る資料が作成された。市党委員会と市政府はもとより，アモイ大学や中国社会科学院経済学研究所などへの委託研究，さらに退職幹部へのヒアリングも行われた。

　こうした作業を経て，プロジェクト開始からおよそ 10 カ月後の 1987 年 5 月には，長期発展と政治・経済改革のエッセンスをまとめた「経済社会発展戦略綱要」の初稿が完成した。市人代や市政協と共同で複数回にわたり，その内容を審議修正した（同前）。

　その後，外部への報告と有識者の協議を経て，最終的な活動の総括がなされ

た。まず1987年7月に，計3日半という長丁場で「輸出加工区と自由港」を
テーマとする国際シンポジウムが開かれた。オーストラリア人研究者を含む国
内外の専門家が参加して，国際貿易の状況と趨勢，輸出加工区と自由港に関す
る外国の経験，アモイの発展をめぐって意見が交わされた。閉幕の挨拶で習近
平は，参加者の「特区への献策の精神」に感謝の意を表明した（1987.7.17）。

　次に，アモイ市計画委員会と市戦略市経済社会発展戦略研究弁公室の連名で，
2000年発展戦略プロジェクトの全体像を概述した文章が，1988年2月末発行
の『計画経済研究』誌に発表された（厦門市計劃委員会・厦門市戦略弁公室編
1988）。

　成果発表のハイライトは，1988年3月末に開かれた「アモイ市2000年経済
社会発展戦略論証会」であった（1988.3.27）。会議では，市党委書記の王建双
や習近平をはじめ，アモイの党と国家の主要な幹部，福建省とアモイの関係部
門の実務者や研究者，省内の他地域の代表者など計140名が出席して，プロ
ジェクトの最終成果に対する外部有識者の評価検証がなされた。

　論証会では，計20のサブ・テーマの報告書を総合して執筆された「アモイ
2000年経済社会発展戦略」と題する総論の内容が吟味された。約2万華字か
らなるこの総合的な計画案は，1985年から2000年までの向こう15年間のア
モイの発展を見据えて，各発展段階での成長目標，発展モデル，重点施策など
が盛り込まれた。論証会は部分的な改善点を指摘しつつも，「戦略の指導思想
は正しく，発展モデルは適切であり，戦略目標は明確である」と肯定した（同
前）。

　この総論とすべての個別報告はのちに1冊の書物にまとめられ，天安門事件
後の1989年9月に公刊された（厦門市経済社会発展戦略研究弁公室・厦門市計劃
委員会，《厦門経済社会発展戦略》編輯委員会1989）。同書の3名の「主編者」の
うち，筆頭者の名前は習近平である。だが，このとき習近平はすでに，次の任
地である福建省寧徳地区に異動していた。

（3）「体制改革」に対する習近平の認識

　胡耀邦の失脚（1987年1月）や13回党大会での政治改革の提起（1987年10
〜11月）など，改革派と保守派のせめぎあいにより目まぐるしく変化する当

時の政治社会状況のなかで，習近平はアモイの「体制改革」構想の責任を負っていた。こうした政治的に微妙な立場にあった習近平は，政治・経済改革にいかなる認識を持っていたのか。以下ではこの問題をさらに掘り下げて検討する。

a. 13 回党大会前後の発言

周知のとおり，13 回党大会は中国共産党の指導部が主導して，今日まで最も包括的かつ最も本格的な政治改革を提起した大会として知られる。党大会前の 1987 年 9 月，アモイでは習近平の主宰により「市体制改革委員会拡大会議」が開かれた。会議は，翌 1988 年の市の「体制改革」の主な内容を協議し，①企業改革の深化による党・国家機関と企業の関係の見直し，②行政効率の向上と経済改革に合致した政府の機構改革，③商品・資金・労務など各市場の整備改善，などについて初歩的な決定を行った（1987.9.21）。

講話を行った習近平は，出席者に対し「改革意識をさらに強め，……新たな業績を生み出し，これにより 13 回党大会の開催を迎える」ことを呼びかけ，各種の改革措置を速めるよう指示した。だが同時に，「改革は系統的なプロジェクトであり，困難・複雑・長期的で，しかし切迫したものである」こと，「改革は連鎖反応を生む可能性がある」点を十分に考慮し，「体制改革の業務を高度に重視し関心を払う」よう注意を促した（同前）。こうした言葉からは，改革の必要性を認める一方，そのシステム的理解に基づき，共産党による「上から」の主導性と計画性を担保しつつ，改革を進めるとの漸進主義の考えがみてとれる。

また，13 回党大会の閉幕から 4 日後の 11 月 5 日には，アモイの党と政府の指導者が参加して，大会で発表された趙紫陽の政治報告の学習会が開かれた。出席者たちは「趙紫陽報告の全文を一語一文ずつ閲読」した（1987.11.6）。学習会で，習近平は次のように発言した（同前）。

> 今後，わが市の体制改革は，13 大路線の導きのもと，変わらずに深化させる必要がある。来年〔1988 年〕の体制改革の初歩的構想は，企業経営メカニズムの改革を中心とし，企業請負責任制をさらに改善し，投資体制と物資・外国貿易体制の改革を進め，かつ，税，住宅，金融，労務の各市場の改

革を引き続き模索しなければならない。同時に，政府の管理機構を改革し，経済に対する政府の管理機能について，直接コントロール（中国語は直接控制）を主とする状態から，間接調整（中国語は間接調控）を主とするそれへと移行することを逐次実現しなければならない。

このように習近平にとって「体制改革」は，あくまで経済が主で，政治は従の位置づけであった。その政治改革の範囲も，経済のマクロコントロールを可能にする政府の機構改革および行政の運営メカニズムの改善に限定されていた。

b．習近平署名入り論文の内容

1987年11月23日，習近平が岡崎嘉平太と対面してからちょうど1週間後，『アモイ日報』紙の一面に，「13回党大会の文書を真剣に学習し，アモイ特区の改革の歩みを速めよう」と題する習近平（市党委員会常務委員，副市長）の署名入りの文章（以下，改革論文と略記）が発表された（習近平1987）。これは管見の限り，習近平のアモイ在任時，同紙に掲載された唯一の署名論文である。約1900華字の分量があり，新聞掲載としては比較的大部である。

それゆえアモイ時代の習近平にとって，改革論文は官僚政治家として最も重要な対外的意見表明であった。しかしこの論文についても，習・岡崎会談と同じく，従来の研究で言及された形跡はない。

i）党大会の注目点

改革論文は，大きく三つの部分，すなわち，①党大会成果の総括，②11期3中全会以来のアモイの改革回顧，③1988年のアモイの改革課題からなる。本論の趣旨に鑑み，ここでは①と③の論点を中心に論文の内容を分析する。

習近平によれば，13回党大会の主要な意義は次の3点である。

第一に，大会の最大の功績として，中国の発展段階を「社会主義初級段階」と規定し，そこでの経済運営のあり方を，「計画ある商品経済」のもと「「国家が市場を調節し，市場が企業を導く」という体制モデル」と明確化したこと（習近平1987）。習近平のみるところ，党中央が期待する「わが国の経済体制改革の真の目標」とは，「計画と市場が内在的に統一し，有機的に結合した体制

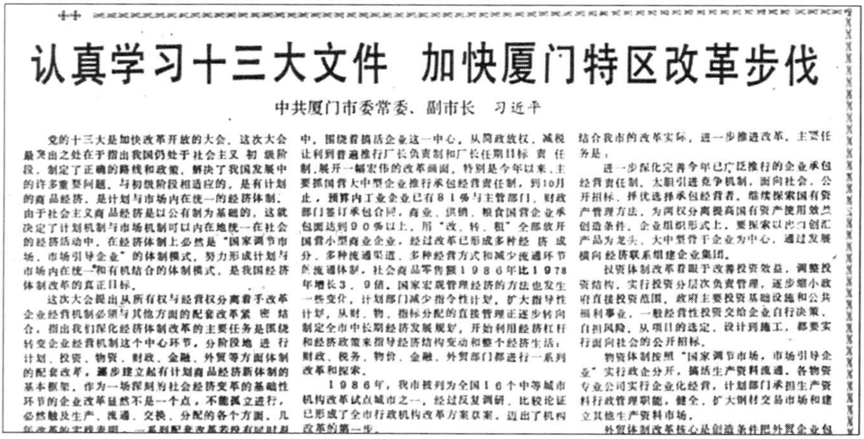

认真学习十三大文件　加快厦门特区改革步伐

中共厦门市委常委、副市长　习近平

党的十三大是加快改革开放的大会，这次大会最突出之处在于指出我国仍处于社会主义初级阶段，制定了正确的路线和政策，解决了我国发展中的许多重要问题。与初级阶段相适应的，是有计划的商品经济，是计划与市场内在统一的经济体制。由于社会主义商品经济是以公有制为基础的，这就决定了计划机制与市场机制可以内在地统一在社会的经济活动中，在经济体制上必然是"国家调节市场，市场引导企业"的体制模式，努力形成计划与市场内在统一和有机结合的体制模式，是我国经济体制改革的真正目标。

这次大会提出从所有权与经营权分离着手改革企业经营机制必须与其他方面的配套改革紧密结合，指出我们深化经济体制改革的主要任务是围绕转变企业经营机制这个中心环节，分阶段地进行计划、投资、物资、财政、金融、外贸等方面体制的配套改革，逐步建立起有计划商品经济新体制的基本框架。作为一场深刻的社会经济变革的基础性环节的企业改革显然不是一个点，不能孤立进行，必然触及生产、流通、交换、分配的各个方面。几

中，围绕着搞活企业这一中心，从简政放权、减税让利到普遍推行厂长负责制和厂长任期目标责任制，展开一幅宏伟的改革画面。特别是今年以来，主要抓国营大中型企业推行承包经营责任制，到10月止，预算内工业企业已有81%与主管部门、财政部门签订承包合同，商业、供销、粮食国营企业承包面达到90%以上，用"改、转、租"全部放开国营小型商业企业。经过改革已形成多种经济成分、多种流通渠道、多种经营方式和减少流通环节的流通体制，社会商品零售额1986年比1978年增长3.9倍。国家宏观管理经济的方法也发生一些变化，计划部门减少指令性计划，扩大指导性计划，从财、物、指标分配的直接管理正逐步转向制定全市中长期经济发展规划，开始利用经济杠杆和经济政策来指导经济结构变动和整个经济生活；财政、税务、物价、金融、外贸部门都进行一系列改革和探索。

1986年，我市被列为全国16个中等城市机构改革试点城市之一，经过反复调研、比较论证已形成了全市行政机构改革方案草案，迈出了机构改革的第一步。

结合我市的改革实际，进一步推进改革，主要任务是：

进一步深化完善今年已广泛推行的企业承包经营责任制，大胆引进竞争机制，面向社会，公开招标，择优选择承包经营者，继续探索国有资产管理方法，为两权分离提高国有资产使用效益创造条件。企业组织形式上，要探索以拳头创汇产品为龙头，大中型骨干企业为中心，通过发展横向经济联系组建企业集团。

投资体制改革着眼于改善投资效益，调整投资结构，实行投资分层次负责管理，逐步缩小政府直接投资范围，政府主要投资基础设施和公共福利事业，一般经营性投资交给企业自行决策，自担风险，从项目的选定、设计到施工，都要实行面向社会的公开招标。

物资体制按照"国家调节市场，市场引导企业"实行政企分开，搞活生产资料流通，各物资专业公司实行企业化经营，计划部门承担生产资料行政管理职能，健全、扩大钢材交易市场和建立其他生产资料市场。

外贸体制改革核心是创造条件把外贸企业包

図表 3–5　習近平署名「特区改革」論文の標題と本文の一部

『アモイ日報』（1987 年 11 月 23 日付，第 1 面）

モデル」の構築にほかならない。

第二に，「改革開放を加速させる大会」として，今次大会は多くの施策を提起した。中心的テーマである経済改革では，企業制度の刷新とそれに関連する複数の課題，すなわち，計画，投資，物流，財政，金融，貿易などの改革にも逐次取り組むことが指示された。この点，「社会主義市場システム（中国語は社会主義市場体系）が優れたものになるかは，相互に関連したひとまとまりの改革（中国語は一系列配套改革）を，時機を逃さずに実行できるかにかかっている」。習近平はこう述べて，漸進的だが，総合的な経済改革の必要性を強調した。

第三は，政治改革の提起である。習いわく「経済体制改革は，必ずや政治体制改革と緊密に結びつかなければならず，政治体制改革を行わずして経済体制改革は最終的な成功を得られない」。それゆえ党大会は「高度に民主的で，法制度が完備され，効率性に富み，活力に満ちた（中国語は高度民主，法制完備，富有効率，充満活力）社会主義政治体制を打ち立てる」との目標を掲げ，「政治体制改革の実行の着手」を指示した（同前）。

以上のように，習近平が着目した党大会の新機軸は，①「社会主義初級段階」の発展段階規定，②計画と市場を併用した経済システム確立，③多層多面

の経済改革による「社会主義市場経済体系」の整備，④経済改革と連動した政治改革の実行であった。

ⅱ）趙紫陽の政治報告に対する習近平の理解

また，13回党大会の趙紫陽党総書記（当時）の政治報告と，習近平の改革論文を比較した場合，「計画ある商品経済」「「国家が市場を調節し，市場が企業を導く」という体制モデル」「社会主義市場システム」「政治体制改革を行わずして経済体制改革は最終的な成功を得られない」「高度に民主的で，法制度が完備され，効率性に富み，活力に満ちた社会主義政治体制」などのキーワードは，ほぼすべて趙紫陽報告のなかに現れている。特区論文の標題が示すとおり，習近平は確かに党大会のテキストを「真剣に学習」した模様である。

しかし，趙紫陽報告に対する習近平の理解の特徴として，次の2点は興味深い。一つめに，習近平は，趙紫陽報告のなかの「中華民族の偉大な復興」の言葉に言及しなかった。今日知られるところによれば，「中華民族の偉大な復興」が政治報告に初めて登場したのは13回党大会であり，しかも「社会主義初級段階」を説明・形容した箇所であった。趙紫陽はそれを「貧困と立ち遅れから逐次脱却する段階」「農業人口が多数を占め手工業労働を基礎とする農業国から，非農業人口が多数を占め現代化された工業国へと逐次変貌する段階」「改革と模索を通じて活力に満ちた社会主義の経済・政治・文化体制を打ち立て発展させる段階」などの表現とともに，「全人民が奮起し，刻苦創業して，中華民族の偉大な復興を実現する段階」と述べていた（趙紫陽 1987：286，傍点引用者）。「中華民族の偉大復興」のナショナリスティックなアピールは，当時の習近平の政治信条の琴線には十分に触れなかったとみられる。

二つめは，政治改革に関する習近平の「口数の少なさ」である。上述のように習近平は，経済と政治の両改革の緊密不可分を述べた趙紫陽の言葉を是認した。だが，「政治体制改革」の実行項目として，趙紫陽が筆頭に挙げた「党と国家機関の機能分離（中国語は党政分開）」をはじめ（趙紫陽 1987：286），政治改革の具体的措置には，改革論文はほとんど触れていない。他方，すぐ後でみるように，趙紫陽報告の「政企分開」（政府と企業の機能分離）は，みずからの論文でもその実行を求めた。

ほかにも改革論文では，1986 年にアモイが全国 16 都市における機構改革の
「実験都市」に指定されたことを受け，調査研究を経て「市の行政機構改革構
想の草案がすでに作成され，機構改革の大きな第一歩を踏み出した」ことが記
されている（習近平 1987）。これは，2000 年発展戦略プロジェクトの行政改革
案の起草を指すものとみられる。ただし，改革論文全体に占める政治・行政改
革の叙述は少なく，多くは経済改革の説明に充てられている。

ⅲ）1988 年のアモイの改革任務

　党大会で示された基本方針を念頭に置きながら，習近平が見出した 1988 年
のアモイにおける改革の具体的課題とは何であったのか。これまでの叙述から
予想されるように，それは主として経済分野の多岐にわたる制度刷新であった。
①企業経営人材の公募，②所有権と経営権の分離を主眼とする国有資産の効率
的運営，③横向経済連合による企業集団の形成，④自主決定・自己責任の原則
に基づく企業投資の推奨などである。物資の生産管理では，「政企分開を実行
し，生産手段の流通，取引を活性化する」ことも盛り込まれた。特区論文の末
尾は，次のように締めくくられている。

　　13 回党大会が提出した政治体制改革の目標と要求を結びつけ，わが市の機
　　構改革の構想をさらに補充修正する。……機構改革の構想をできる限り早期
　　に実行し，政府の経済管理の方法が，直接管理から間接管理へと転換するた
　　めの基礎を打ち固めるように努力する。我々が 13 回党大会の文書の要点を，
　　真剣に学習貫徹し，新たな開拓を大胆に試み，積極的に進取に努めさえすれ
　　ば，来年の改革は必ずやより大きな進展を得られるものと私は信じている。

　習近平はここでも，上述した 11 月初めの趙紫陽報告の学習会と同じく，「政
治体制改革」の内容として，経済のマクロコントロール実行のための機構改革
と行政活動の改善を述べた。それは，天安門事件までの鄧小平の「政治体制改
革」の見方と軌を一にしていた（国分 1992）。また既述のとおり，習近平の改
革論文の文面では，趙紫陽報告で示された政治改革の包括的プランがほとんど
言及されていない点を考慮すると，1989 年の天安門事件後，改革論文が習近

94　　Ⅰ　腐敗観——どのように捉えるか

平のキャリアにとって致命的な瑕疵とみなされなかったのも十分に首肯できる。

　ただし，本文でみたように，1987 年当時の習近平は保守派とは一線を画し，改革派の陣営に属していた。すなわち，天安門事件で決裂するまで鄧小平と趙紫陽が標榜した政治改革の目標と内容を，習近平も部分的に共有していた。

おわりに

　以上において筆者は，同時代の史料である『アモイ日報』紙の報道に基づき，1985〜1988 年のアモイ経済特区における市政府副市長時代の習近平について，その政治活動を再構成しつつ，政治認識の特徴を分析した。本論で明らかにされたのは，以下の五つである。

　第一に，アモイ時代，習近平が主導的立場で関わった主な政策分野は，反腐敗，経済開放，体制改革の三つであった。反腐敗に関し，習近平はアモイ在任の約 3 年間，毎年実施された「税収・財務・物価大検査」と称する徴税強化と経済犯罪摘発キャンペーンの実施責任者であった。習近平の政治的生涯のなかで，官僚政治家として大規模な反腐敗運動の陣頭指揮に当たった初めての経験であり，2012 年の党総書記就任後の全国的な腐敗追及の実践的原点といってよいであろう。

　また，このときの体験を通じて習近平は，①政治運動の手法による汚職撲滅と幹部の綱紀粛正，民衆の政治教育の有効性，②市場化改革と並行して進められるべき，国家主導型の市場規律の確立と経済主体への監督強化の必要性，③〈反腐敗の追求—経済改革の推進—市場経済化のなかの安定確保〉の三者間の政治的均衡の重要性を銘記したと思われる。

　第二に，対外開放の窓口である経済特区の役割を発揮すべく，習近平はアモイの開放政策の旗振り役の一人として，外国からの経済ミッションへの対応をはじめ，中国国内の諸地域・部門との経済連携の拡大深化に注力した。前者の海外との経済交流に関し，1987 年 11 月，習近平はアモイを訪問した岡崎嘉平太と会談した。これは，学術研究の著作物としては本論文が初めて指摘する史実と思われる。後者の国内連携については，アモイ市政府で「横向経済連合」や「内連工作」を担当する領導小組の組長を務めた。

第三に，習近平は，アモイの経済社会の長期発展とそれに付随する政治・経済改革の計画立案業務を所管し，やはり領導小組のトップに就任した。1986年後半以降，およそ1年8カ月に及ぶこのプロジェクトは，天安門事件後の1989年9月に，習近平を筆頭編者とする『1985–2000年アモイ経済社会発展戦略』の一書に結実した。

　第四に，1987年の13回党大会の開催前後，習近平は改革のシステム的理解に基づき，全面的だが漸進的な「体制改革」の歩みを支持した。習にとって目指すべき「政治体制改革」とは，経済成長と経済改革への貢献を目的とする政治・行政の条件整備，具体的には，経済のマクロコントロールを可能にする政府の機構改革と行政運営の改善であった。

　第五に，上記党大会直後，習近平が『アモイ日報』に発表した署名入り論文（「13回党大会の文書を真剣に学習し，アモイ特区の改革の歩みを速めよう」）は，先行研究で言及されることがなかったが，当時の習近平の「体制改革」認識を探るための貴重な史料である。論文の内容からは，党大会で趙紫陽が説明した政治改革案を習近平が外面的にほぼ黙殺する一方，保守派にも与せず，「13回党大会＝鄧小平＝趙紫陽路線」を支持する改革派の立場に立っていたことが明らかになる。慎重な態度を保ちつつも，天安門事件前の1980年代後半の開放的な政治的雰囲気のなか，習近平もそれに無関係ではなかったといえよう。

参考文献

国分良成（1992）『中国政治と民主化──改革・開放政策の実証分析』サイマル出版会
鈴木隆（2017）「「六・四」天安門事件前後の習近平──「擺脱貧困」に見る地区党委員会書記時代の政治論」『問題と研究（日本語版）』国立政治大学（台湾），第46巻第2号（6月），55–85頁
鈴木隆（2022）「（資料紹介）1987年11月の習近平・岡崎嘉平太の会談について」『国際情勢　紀要』世界政経調査会国際情勢研究所，第92号（3月），23–31頁

厦門市計劃委員会・厦門市戦略弁公室編（1988）「厦門市2000年経済社会発展戦略」『計画経済研究』第9期（2月），27–37頁
厦門市経済社会発展戦略研究弁公室・厦門市計劃委員会，《厦門経済社会発展戦略》編輯委員会（1989）『1985年–2000年 厦門経済社会発展戦略』鷺江出版社（9月）

呉巧平・王琰（2006）「"願特区新一輪跨越又好又快"——訪浙江省委書記習近平」『厦門日報』（12 月 12 日）

習近平（1987）「認真学習十三大文件　加快厦門特区改革歩伐」『厦門日報』（11 月 23 日）

習近平（2015）「在中日友好交流大会上的講話（2015 年 5 月 23 日）」『新華網』（5 月 23 日）http://www.xinhuanet.com//politics/2015-05/23/c_1115384379.htm（2024 年 7 月 12 日閲覧）

趙紫陽（1987）「沿着有中国特色社会主義道路前進（1987 年 10 月 25 日）」，本書編写組編『十一届三中全会以来歴次党代会，中央全会報告　公報　決議　決定』中国方正出版社，2008 年所収

『厦門日報』記事一覧（無署名記事をはじめ，執筆者名の記載は省略）

［1985 年］

9 月 26 日「狼利偸税漏税歪風 堅決維護財経紀律 本市開展税収財務大検査」

10 月 17 日「市政府発出通知 開展税収財務大検査」

12 月 12 日「市政府弁公会議強調指出 要把握清理整頓公司財経紀律検査作為一項中心工作来抓」

12 月 18 日「我市税収財務題検査取得大進展」

［1986 年］

4 月 4 日 a「全市税収財務大検査取得顕著成績」

4 月 4 日 b「市府召開税収財務大検査総結表彰大会」

4 月 14 日「市府召開全市計画，経済工作会議部署今年経済建設工作 深入改革搞好開放加速特区経済発展」

4 月 24 日「市府挙行経済技術協作工作会議提出内聯工作意見 揚長避短 形式多様 互恵互利 共同発展」

8 月 1 日「中共厦門市委，市人民政府決定組織力量 研究社会経済発展戦略 経済体制改革総体方案 探索行政体制改革方向」

8 月 7 日「市有関領導召開専門会議 討論修改 "三課題" 研究提綱」

8 月 14 日「市委市府召開領導幹部会議部署制定三個方案 探索発展特区建設推進改革有効途径」

10 月 12 日「市委市府邀請有関専家学者和民主党派，群衆団体代表座談 共商厦門経済特区建設大計」

11 月 12 日「維護国家和消費者利益 保証改革順利 市府決定開展税収財務物価大検査」

12 月 20 日「我市内聯工作進展快」

［1987 年］

1 月 27 日「発展商品生産 加強市場管理 確保物価穏定 市府領導就物価問題答記者問」

5 月 7 日「市府府召開横向経済聯合工作座談会提出 搞好内聯要樹立三個観点」

5 月 10 日「我市経済社会発展戦略研究取得可喜進展 経済社会発展戦略綱要和十幾個専

門課題研究已完稿」
6 月 10 日 「強化以法治税的重要措施 市人民検察院派駐税務局検察室昨成立」
7 月 17 日 「「出口加工区和自由港」厦門国際研討会閉幕」
9 月 7 日 「市府全面部署今年税収大検査工作」
9 月 21 日 「市体制改革委員会召開拡大会議提出 増強改革意識 加快改革歩伐 推進特区
　　　　　建設」
10 月 10 日 「維護国家和消費者利益 創造良好改革開放環境 我市部署今年財務物価大検
　　　　　査工作」
11 月 6 日 「以十三大精神為指導加快特区建設歩伐」
12 月 12 日 「進一歩開展外引内聯和出口創匯工作」

［1988 年］
3 月 27 日 「市委市府召開市経済社会発展戦略論証会」

II

反腐敗（摘発，通報）
——どのように捕まえるか

　腐敗学とは腐敗原因の解明とその防遏の検討を目指すものとすれば，現代中国における反腐敗政策は，腐敗事案の実態解明とともに〈中国〉腐敗学の重要な分析対象である。反腐敗の名の下，中国では腐敗事案をどのように見出し，腐敗当事者をどのように摘発しようとしているのか。

　第4章「**比較の視座からみた中国の腐敗の特質**」（毛里和子）は，「中国の腐敗は他に類をみない，特殊中国的現象である」との仮説により，司直により裁かれた落馬高官のそれぞれの個別情況を仔細に検討し，いわば"捕まった"腐敗者の比較の視座から中国腐敗の特質を解明しようとする。具体的には，1989〜2021年期に"捕まった"中央党・省の正副省長・省党書記などハイランクの党政官僚の"落馬高官"360名を対象に，その量刑，罪名等を分析し，「半ば制度化した」，「隠れたルール」としての「帯病提抜」を問題視している。その上で，毛里は，この「帯病提抜」に加えて，中国型固有の腐敗をうみ出す要因として，権限と権威の第一人者への集中，同一機関，職場（崗位），担当分野での在職の長さを指摘している。

　では，どのようにそれらの腐敗した役人を炙り出しているのか。巡視組，とりわけ中央巡視組の派遣を通じて，取り調べ／処分した中央管理幹部のうち，60％以上がこの巡視過程で明らかになったケースという。第5章「**中央巡視組の「回頭看」**」（諏訪一幸）は，第一期習近平政権（2012〜2017年）中央巡視組による「回頭看」（＝再巡視）を対象に，反腐敗闘争

において巡視制度の持つ意義を幹部管理（解任と昇任）の視点から明らかにし，「回頭看」が習近平の反腐敗闘争の有力なツールとなっていることを実証的に示した。

　他方，腐敗官僚の発見は上からの「巡視」工作がそのすべてではない。本格的なインターネット時代となった中国では，下からの通報，告発の役割も大きい。とりわけ，ネットを使って汚職腐敗と不正を働く役人を暴露する動きが胡錦濤期に現れ，当局の容認と支持を得て，「網絡反腐」という新しい反腐敗の形態が生まれた。この背景と経過および習近平時代の変化を分析対象としたのが第6章「**網絡反腐 ──ネット時代の「曇花」か「利器」か**」（朱建榮）である。そこでは，2013年春以降，網民がネットで自由に摘発する民間主導の「網絡反腐」方式から，不正情報をネットで直接に党と政府の担当機関に通報するようにという「網絡挙報」方式が奨励されるようになったことが明らかにされている。朱建榮は，習近平時代に入り，反腐敗運動はすべて「党の指導下」に押し込まれ，民間主導の「網絡反腐」は一時期，下火になったもののそのマグマは消えることはないとして，ネットのさらなる発達と民衆の権利意識の向上に伴い，下からの「網絡反腐」の新しい動向を注視する必要を訴えている。

第4章

比較の視座からみた中国の腐敗の特質

高官落馬と「帯病提抜」（腐敗潜伏しながら出世）

毛里和子

はじめに──パラドックスに囲まれた中国腐敗学

2012年に習近平政権が出発してから10年，この政権の顕著な業績は腐敗・汚職撲滅への取り組みだろう。腐敗摘発にかんする詳細で正確なデータを把握するのは至難なので，ともかくラフな数字を挙げて中国の腐敗のすさまじさの一端を表現してみよう。

ちなみに本章で腐敗・汚職の主体として取り上げるのは中国共産党中央，省レベル，国務院の部レベルの長および党書記（副職も含む）などの最高ランクの党政官僚・軍人である。筆者が用いた中国公式筋が公表した数種類のデータから，1989～2021年10月まで，最高ランクの官僚・軍人360名が腐敗（70～90%以上が収賄罪で告発）で逮捕され，処罰された[1]。本章はその360名のエリ

---

1) この360名の落馬高官はインターネット上の「**資料庫：中国落馬高官リスト**」https://note.com/light_dunlin834/n/nf8958050f5e8 に一括掲載している。360名とは，そこに掲げた8種類の落馬高官リストのうち，重複しない❶❷❸❹の総計である（**図表4-3**）。ただし，2010年1月～11年1月の1年間の逮捕・告発官僚のデータが把握できないので，この1年間は含まれない。詳細は同落馬高官リストを参照いただくこととし，以下最小限の説明をしておきたい。

個別データの出所は各リストに明示してあるが，判決の出典を明示してあるものはそれをよるべき出典とした。この8つのリストには1989年から2021年11月25日までに

ート官僚を対象とする腐敗研究である。うち死刑判決は13名，2年の執行猶予付死刑判決が13名，無期懲役が39名という苛酷な量刑が下った。刑の重さ，収賄の巨額さは世界で類をみない。まさにこれが「中国の特色ある腐敗」の第一の問題である。

　中国の腐敗の第二の問題は，腐敗・汚職という政治・社会現象がなぜ生ずるのか，それが政治経済社会でどのような結果をもたらすかを考えると，きわめてパラドキシカル＝逆説的なことである。端的に言えば，例えば，

　＊腐敗は経済成長とどのような相関関係をもつか（正の関係か，負の関係か，無関係か）

　＊腐敗は政治的発展，つまり民主主義，民主化とどのような相関関係をもつか（民主主義体制だと腐敗は減るのか，中国に腐敗が多いのは非民主主義体制だからなのか，それらと無関係か）

などなど，どのような逆説も設定可能なのである。政治・社会・経済現象との有意な因果の関係を論理的に説明することは不可能である。最も強烈なのは，この40年間，むしろすさまじい腐敗が年10％を超える経済成長の後押しをしてきたというパラドクスである。

　本章は，「中国の腐敗は他に類をみない，特殊中国的現象である」と仮説を立て，その特質を比較の視座から解明しようとする。とくに，東アジアの新興諸国やロシア・カザフスタンなど社会主義からの移行過程にある諸国との比較を念頭におく。扱う対象は中央党・省の正副の党書記，正副の省長などハイランクの党政官僚，扱う時期は改革開放以後，とくにデータが手に入りやすい1989年以降，さらにはトップの習近平が反腐敗を政治化，権力化してきた21

　判決が確定したと思われる440名の名前が上がっているが（❶❷❸❹❼で重複なし），うち軍人82名である。対象者の対象期間は，確定的な判決のデータがない2020年1月～2021年1月の1年1カ月を除いて，1989年から21年11月25日までに判決を受けたものである。罪名・量刑の確定などについてはさまざまな出典に依拠したが，基本的には公的通信社（新華社，人民ネットなど），中国経済ネット，財経ネット，党政取締まり機関のネット（中央規律検査ネット，国務院監察部ネット，最高検察院ネットなど，あとは主要な検索ネット（百度百科など）である。いずれも高い確度のデータである。なお，A. Wedeman の研究とデータには多くを得たが，とくに軍人データについては価値ある情報が多い。

102　　Ⅱ　反腐敗（摘発，通報）──どのように捕まえるか

世紀に入ってからの約20年である。ただし，2010年1月～11年1月については判決までに到る詳細なデータが把握できないので，この間の1年1ヵ月は含まれない。

腐敗，反腐敗は中国共産党権力にとっていつの時代もセンシティブなイシューである。建国以来，運動的反腐敗キャンペーン，政争的反腐敗キャンペーン，制度的反腐敗キャンペーンの三種のキャンペーンが繰り返されてきた。

これまでの反腐敗のほとんどは上からの政治運動だった。2012年，習近平が反腐敗を鳴り物入りで始めた当初は薄熙来（当時，中共中央政治局委員，重慶市党委書記）などを駆逐するための権力闘争として発動された。腐敗撲滅が制度として進められたことがほとんどないため，また党の紀律で裁かれることはあっても，国法で処断されることがきわめて少ないために，いつまでも腐敗現象を断ち切れないのだろう。ルール，法，制度で腐敗行為が防止・処理されれば腐敗も逓減の方向に向かうだろう。

1 先行研究とそこから得た啓示

中国における腐敗の特質を比較の視座から検討した先行研究のうち，主なものを紹介しておきたい。

① A. Wedeman（ジョージア州立大学）の二つの研究。一つは *Double Paradox / Rapid Growth and Rising Corruption in China*（ウィードマン 2012）で，この研究で彼は，腐敗を，政治エリートの不正蓄財の海外流出など，官僚が奢侈に流れ，酒色におぼれるタイプの「略奪型腐敗」と，開発途上国によくある経済成長期に公権力が企業・経済界と結託して不正を行う「開発型腐敗」の二種類に分けて検証，赤道ギニア，中央アフリカ等を典型例にあげ，中国の腐敗も多くが略奪型腐敗に属すると判断している。最近の研究——魏徳安「習近平的打虎行動——反腐敗運動還是派系清洗？」（魏徳安＝ウィードマン 2017）では，習政権の反腐敗キャンペーンには当初権力闘争（政敵・薄熙来の排除など）の意味合いが強かったが，そのうち重点が党内，政府，企業での通常腐敗との闘いに移ったと分析する。

②何増科（中共中央編訳局）の研究（『反腐新路』中共中央編訳出版社，2002年）

第4章　比較の視座からみた中国の腐敗の特質　103

では，改革開放からの腐敗の変容を次のように辿っている。

第1期：1978〜84年，規模の小さい賄賂など

第2期：1985〜91年，生産財の二重価格（双軌制）を利用した党政幹部主体の腐敗

第3期：1992〜95年，職場単位，法人単位の腐敗，レントシーキングからレントセッティングに変化

第4期：1996〜2002年，国有企業が主体の，組織的な密輸犯罪も出てきた。個別の現象から構造化に向かう。

何の記述はここまでだが，その後を付け加えておく。

第5期：2002〜2012，反腐敗大キャンペーンの前段

第6期：2012〜2022，習型反腐敗大キャンペーンの後段（省長・部長クラスの高官，重い刑罰，ネットによる一般民の通報も）

③経済成長と腐敗の因果関係については，成長の潤滑油説，成長阻害要素説などさまざまな説があるが，1990年代からハンチントン仮説（成長の潤滑油）の再検討が盛んになる。大規模な腐敗研究をまとめて概念化したのがP. Maoro（IMF）である。彼は，120カ国余のデータを解析した結果，成長と腐敗についての有意な関係の有無についてハンチントン説に懐疑的で，次のように指摘する。

——腐敗と政治的不安定については有意の関係が見出せる

——腐敗と教育投資の減少には関係あり，それが成長を損なうか否かは未検証

——腐敗，政治的不安定と貧困には一定の有意の関係が見出せる（Mauro 1995）

④経済学者で腐敗問題を正面から議論しているのが中兼和津次（東京大学）である。彼の議論を紹介しよう（中兼2010）。

——腐敗が成長促進的であるとするレフ＝ハンチントン仮説はマクロ，ミクロの両面からほぼ否定される。実証研究で腐敗の効果を積極的に支持する議論は出されていない。

——腐敗の決定因については多様で一定の定説はない。最大公約数的な有力要因は，高い制度的信頼性があると腐敗に大きな影響があるという点

である。

——決定因のもう一つは独占や規制の存在が腐敗を生みやすいという点。

なお，中兼和津次はソ連（ロシア）・東欧諸国など移行経済諸国の腐敗現象を分析したアベドなどの研究について，腐敗を決定づける要因の一つは独占や規制の存在であり，腐敗は公共政策と制度の弱さの現れであるとする仮説を成功的に検証したものと評価している（アベド 2000）。

⑤菱田雅晴は，中国における腐敗の逆説に迫り，腐敗学を構築したいと考えている。次のような彼の観点は本書の理論的仮説設定でもある。彼によれば，中国社会と腐敗現象はきわめて逆説的である。

1. 政治発展と腐敗——政治発展＝合理性，近代性，公正性の文脈で考えれば，腐敗と政治発展は両立しえない，逆説的位置にある。

2. 経済発展と腐敗——腐敗はレントシーキングによる国富の流失，国家財政の弱体化，対外信用失墜などをもたらす。つまり腐敗は経済成長に対し非促進的である。だが実際には，汚職の猖獗のなかで世界史に類を見ない中国の経済成長が進んだ。

3. 社会発展と腐敗——社会発展と腐敗が併存することはできない。人々の腐敗に対する反発にもかかわらず，腐敗現象は中国社会の各領域に深く浸透している。

4. 反腐敗と腐敗——腐敗撲滅を進めるなかで，腐敗が蔓延するという逆説。過去の不正を隠蔽するための腐敗行為も増加。また反腐敗の当事者が腐敗のコアに位置することもあり，逆説がいっそう猖獗する。結局彼は，制度論アプローチに依拠して，腐敗学の新構築を考え，次のような仮説を提示する。

　　腐敗とはある種の制度として存在しているのみならず，市場，計画に次ぐ資源配分機能をもっているのではないか（菱田雅晴「科研費申請書2007年：現代中国における腐敗パラドックスに関するシステム／制度論的アプローチ」）。検証に値する問いである。

⑥ M. Johnston（コルゲート大学）のアジアの腐敗 四つのタイプ論（"Japan, Korea, The Philippines, China: Four Syndromes of corruption"）（ジョンストン 2008）は興味深い。彼は 100 カ国近いアジア諸国の腐敗について比較検証した結果，

図表 4-1　アジアの腐敗──四つのタイプ（ジョンストン）

シンドローム型	政治的参加	経済的参加	組織・国家・社会の能力	経済的組織	地域
市場主導 Influence Markets	成熟民主主義	成熟した市場 自由な, 開かれた, 緩やかな競争	強力	強	日本 18 カ国
エリートカルテル Elite cartels	自由化された 競争と参加	改革中の市場	穏健	中間	韓国 21 カ国
オリガルヒ・クラン Oligarchs and clans	移行期体制 自由化された, だが貧弱な競争	新市場, 自由化, 極端な非平等, 貧困	弱い	弱	フィリピン 30 カ国
官僚ボス Official mogul	非民主主義 小規模な自由化, 開放性	新市場, 自由化, 極端な非平等, 貧困	弱い	弱	中国 29 カ国

出典：M. Johnston, "Japan, Korea, the Philippines, China; four Syndromes of corruption," *Crime Law Soc Change*, 2008, No. 49, pp. 205–223.

四つのタイプ（シンドローム）に分類した（**図表 4-1**　日本が市場主導型，韓国が
エリート・カルテル型，フィリピンがオリガルヒ・クラン型，中国が官僚ボス型の
代表格として位置づけられている）。これも魅力ある問題提起である。

2　中国の腐敗現象──八つのデータから

（1）本章が用いた公表データ

　中国の腐敗データに入る前に国際廉潔度を紹介しておこう。以下は Trans-
parency International が評価・公表した各国の腐敗認識度の順位である。2018
年データである。

図表 4-2　Corruption Perception Index 2018

デンマーク	1 位	韓国	45 位
シンガポール	2 位	インド	78 位
日本	18 位	中国	87 位
米国	22 位	カザフスタン	124 位
台湾	31 位	ロシア	138 位

図表 4-3　腐敗で失脚した官僚・軍人についての八つのデータリストの目録
　　　　（合計 360 名）

欠落——2010 年 1 月〜 2011 年 1 月

リスト名・人数	掲載論文	対象期間／人数	掲載典拠・出典
❶落馬高官リスト 116 名	近 20 年落馬高官一覧	1989〜2009 年 116 名	2010.6.19 財経網
❷落馬高官リスト 116 名	Wedeman, "Xi Jinping's Tiger Hunt" 補：百度百科 2021.5.3 〜5.4 で update，何家弘「腐敗利益鏈的成因与阻断」『政法論壇』34-3	2011.2.4〜2016.9.18 高官データ	Modern China Studies, Vol. 24, Issue 2, 2017
❸落馬高官リスト 46 名	党政幹部副部長級以上	2018.2-2021.4	百度百科 2021.5.2〜 5.3
❹落馬高官リスト 軍人将校 82 名	Wedeman, "Xi Jinping's Tiger Hunt"	Wedeman 2011.2.4- 2016.11.15 の将校データ	百度百科 2021.5.5, 何家弘「腐敗利益鏈的成因与阻断」『政法論壇』34-3
❺落馬高官リスト 154 名	（19 大前）省部級高官の落馬データ 154 名（軍隊幹部——徐才厚，郭伯雄など含まず）	18 大 2012.12〜 5 年間	IUD 中国政務与情監測中心「18 大以来落馬高官分析報告」『領導決策信息』2018 年 1 月，第 4 期）
❻落馬高官リスト 省・部級幹部 133 名	蒋辛「官員任期与腐敗关系問題的実証研究——基于 133 名省部級以上落馬官員的考察」	2012.11〜2016.12 133 名省部級以上落馬幹部	蒋辛 2018 年修士論文「官員任期与腐敗関係問題的実証研究——基于 133 名省部級以上落馬官員的考察」
❼落馬高官リスト 省・部級幹部 145 名＋ 80 名	18 大 19 大後落馬省部級高官，2012.12〜2021.10 ① 18 大後 145 名，② 19 大後 80 名	2012.12〜2021.10 合計 225 名	経済日報 – 中国経済網総合 2021.10.8，百度百科 2021.11.25 閲覧
❽落馬高官リスト 合計 88 名	余雅潔他「省級高官変"老虎"的紀律及其治理——基於 18 大以来落馬高官的実証分析」『探索』2017 年第 3 期	期間 2012 年 12 月〜 2016 年 12 月 31 日 88 名（うち公開審査 45 名）	『探索』2017 年第 3 期中央紀律検査委監察部ネット・人民ネット・新華ネットなど

全般に経済レベルが低い発展途上国，旧ソ連圏でまだ社会主義からの移行が終わっていない中央アジア，東欧などの諸国の腐敗度が高いと評価されている。

　図表4-3は1989年から2021年10月の間に司直で裁かれた，主に省級，部級以上の最も高いランクの落馬幹部360名（副職も含む，82名のハイランクの軍人も含む）についてのデータのリストである。合計八つのリストがある。ただ2010年1月から2011年1月の1年間のデータが欠けているのが残念だが，天安門事件後22年間の最高ランクの党政官僚の腐敗の概要を知ることができるので，この八つのリストの価値は高い。このリストを利用し，次節以下で中国の腐敗の特質を抽出する。

3　中国の腐敗の特質に迫る

(1) 中国における腐敗の起因

　中国の腐敗の特質に迫る前に，概念上，中国における腐敗の起因として考えられるものを検討してみよう。菱田雅晴は中国における腐敗の起因を次のように想定する（本書，序章と第1章参照）。

　A　推計要因から

　　①社会主義要因　　ポスト社会主義国における特権層＝ノーメンクラトゥーラ

　　②発展途上国要因　行政上の特権に由来，行政の欠陥，機能不全

　　③資本主義要因　　腐朽した資本主義，市場化の帰結か？

　　④腐敗の習俗　　　利潤の源泉たりえない行為が金銭対象となる

　B　形態特性から

　　①以権謀私（職権を使って私利をはかる）：私的利益の超法規的追及，職務特権

　　②以権代法（職権を使って無法をする）：超法規的自由，法的訴追可能性の埒外

　　③社会的文脈：腐敗に対する14億人の愛憎入り交じる「支持」

　　④銭・権ネットワークの成立：権銭交易（権力と金銭の取引）

　　　血縁・地縁・業縁の関係ネットワーク（グアンシ）

（2）中国における腐敗の概要

1989 年から 2021 年までの 360 名（重複分を除く）の高級官僚（部級・省級）の腐敗落馬を詳しく検討した結果得られたのは，中国の腐敗がきわめて中国的特質をもっている，どの国の腐敗現象とも区別される，という認識である。

筆者が作成した八つの腐敗官僚落馬リストに依拠して，中国における腐敗の特質を浮かび上がらせよう。まず高官落馬のリスト❷ 2011–2016 年 116 名の高級幹部の落馬データから事案の罪名を調べると，収賄罪が 90％と圧倒的に多いことが分かる（図表 4-4）。

以下に二つのデータを紹介する。一つはリスト❶〜❹から見て取れる，腐敗官僚の量刑，刑罰の傾向（図表 4-4），もう一つは落馬高官リスト❽ 88 名の腐敗官僚のデータから観察できる中国腐敗官僚の「中国的特質」である。

落馬高官リストの❶，❷，❸，❹を検討してまず気がつくことは，死刑，2 年の執行猶予つきの死刑（無期や有期懲役になるケースが多い），無期懲役という極刑が大変多いのに驚かされる。リスト❶では逮捕，有罪者 116 名中合計 22 名が死刑・2 年猶予の死刑・無期懲役である。刑罰の重さは中国における腐敗犯罪処理の大きな特徴である。

図表 4-4　落馬高官についての量刑・罪名など──落馬高官リスト❶〜❹から

	全体高官	死刑	猶予 2 年	無期懲役	収賄罪
落馬高官リスト❶	116 名	7 名	8 名	7 名	49 名 42.4 %
落馬高官リスト❷	116 名	4 名	2 名	22 名	105 名 90.5 %
落馬高官リスト❸	46 名	2 名	2 名	7 名	35 名 76.0 %
落馬高官リスト❹	82 名	（自殺 7 名）	1 名	3 名	34 名 41.5 %
❶〜❹の合計	360 名	13 名 3.6 %	13 名 3.6 %	39 名 10.8 %	223 名 61.9 %

出典：前掲「資料庫：中国落馬高官リスト」より

また落馬高官リスト❽（88 名の落馬高官のデータ）は，2011 年 2 月から 2016 年 11 月，2018 年 2 月から 2021 年 10 月までの二つの時期を含んだ落馬高官リ

図表 4-5　88 人の省級高官の学歴

"高い学歴"の特徴が突出し，腐敗高官が学歴・能力をともに具備した総合素質がみてとれる。

研究生学歴（在職研究生学歴，全日制研究生学歴）	68 名	77.27 %	人文社科類，自然科学類，経済類，管理類
うち博士学位獲得	27 名		
修士学位獲得	20 名		
本科学歴	20 名	22.73 %	
本科学歴以下	1 名	1.14 %	
学歴不詳	1 名	1.14 %	

→幹部人材の知識化，専門化要求に符合

図表 4-6　45 人の省級落馬高官の腐敗潜伏期間

10 年以下	12 名	26.67 %	最短 6 年（四川省政協原主席李崇禧，山西省委原常委陳川平）
10〜15 年	27 名	60.00 %	
15 年以上	6 名	13.33 %	最長 19 年（青海省委原常委毛小兵，新疆ウィグル自治区人大常委会原副主任栗智）

腐敗潜伏期間（初回腐敗行為から摘発まで）平均 11.8 年（45 人省級高官の案例）

図表 4-7　88 人の省級落馬高官の「一把手」経歴

主政一地方"一把手"経歴	78.41 %
部門"一把手"経歴	21.59 %

科級官員から県処級党政機関，企事業単位の"省級高官の学歴"に昇進，以降違法行為発生

ストである。中央紀律検査委員会・監察部からのデータ（対象高官は省レベル官僚 88 名）の腐敗処罰・量刑の概要を紹介しておこう（落馬高官リスト❽）（余雅潔他 2017）。すでに紹介した❶〜❹とほぼ同じ傾向が見てとれる。データの発出ネットは，中央紀律検査委員会・監察部ネット，人民ネット，および新華ネットの 3 カ所である。

　落馬高官リスト❽（対象者 88 名）が語るのは次のような顕著な傾向である。

　　① 88 名中，収賄罪が 65 名，73.8％にのぼる。職権乱用罪が 8 名，9.1％

である

②腐敗官僚の学歴は驚くほど高い。88 名のうち，修士学位以上の学歴者が 68 名，77.3％という高率である。あとはすべて大卒で，高卒以下の学歴者はいない（**図表 4–5**）。

③腐敗潜伏期が長い。「帯病提抜」現象（腐敗露顕にもかかわらず任官 -- 後述）がきわめて突出している。リスト 88 名中，公開審理された 45 名については次のような事実が明らかになったという。

④ 5 名の平均腐敗潜伏期間は 11.8 年，10 年以下が 12 名，26.6％，10 年〜15 年が 27 名，60％，15 年以上が 6 名，13.3％である。

⑤潜伏期間，最短は 6 年（青海省委の毛小兵），最長は 19 年（新疆人代副主任の陳川平）（**図表 4–6**）。

⑥極刑が多い。死刑・死刑執行猶予 2 年・無期懲役が 18％を超える。

⑦落馬高官 88 名の全員が単位のトップ，つまり「一把手」の履歴をもつ。うち党政関係の「一把手」が 69 名，78.4％，部の「一把手」（閣僚級）が 19 名，21.6％である。その部局のすべての権限をもち，長期間そのポストを占拠していればどんな不正，不法もできないことはない。広東省政治協商会議主席朱明国は，自分は 35 年間「一把手」だったが，「私のいうことに反対するものは誰もいなかった」と述懐したという（**図表 4–7**）（この項目のデータはすべて落馬高官リスト❽に依拠）。

（3）周永康と腐敗ネットワーク

21 世紀中国の最大の巨悪といえば石油天然ガス集団公司のトップ，政治局常務委員・政法委員会書記など法領域と石油領域で権力を振るった周永康である。周は 2012 年，習近平の「虎と蝿掃討反腐敗大キャンペーン」の主要標的に設定され，13 年末に中央政治局常務委員，国務委員，中央政法委員会主任などすべての役職を剥奪され，拘束された。15 年 6 月に収賄罪，職権乱用で無期懲役の刑が確定した。腐敗の主役が中国の権力中枢のトップ集団を占拠していたのである。

1942 年江蘇省生まれの周永康は 35 年間石油工作を牛耳り（そのピークが石油天然ガス総公司の総経理・党組書記時代の 1996〜98 年），その後 10 年間政法工

作を牛耳った（そのピークが中央政法委員会副書記・書記時代の 2002〜2013 年），まさに巨大国有企業と法の中枢を支配してきた。あらためて彼の略歴を見てみよう。

1966	北京石油学院修了
1967〜70	大慶油田地質隊実習員
1983〜85	遼河石油勘探局局長，党委副書記
1985〜88	石油工業部副部長，党組メンバー
1988〜96	石油天然ガス総公司副総経理，党組副書記
1996〜98	同上総経理，党組書記
1998〜99	国土資源部部長，党組書記
1999〜2002	四川省党委書記
2002〜2007	中央政治局委員，書記処書記，中央政法委員会副書記，公安部長・党委書記
2007〜2013	中央政治局常委，国務委員，中央政法委主任
2013.12	拘束
2015.6	収賄罪・職権乱用で無期懲役，政治権利剥奪

　周永康の罪悪はまず政法工作を 10 年間主管して，政法・公安部門を完全に握った。その間，巨額な収賄，職権乱用，巨大派閥を作って私腹と私権を肥やした。第二の罪悪は 2010 年 11 月から薄熙来（中央政治局委員，重慶市党書記）と結託して行った暴力と不法の重慶統治である。第三が公安部長として辣腕を振るい，司法工作を破壊したことである。彼の罪名は，1. 巨額な収賄，2. 職権乱用，3. 党派を組んで私腹私権を肥やす，の三罪である。

　周永康は腐敗の三大ネットワークの中枢に位置して権力を私的に行使した。第一が政法ネットワークである。その領域のトップ官僚組織を主管して 10 年，公安権力を握った。以下の面々がネットワークを形成した。ある法学者は周永康が支配した 10 年でそれまでの司法，裁判，訴訟制度は完全に破壊され，周は「長官の意志」を実現したという（崔民 2014）。次の面々が配下である。

〈政法系〉
　李東生（公安部原副部長，党委原副書記）
　梁克（北京市国安局長）

余剛（中央政法委弁公室原副主任）

〈四川系〉

第二が四川省ネットワークで，以下のような人脈を支配下に置いた。

郭永祥（中共四川省委秘書長，省委常委，四川省副省長）

李崇禧（四川省政協原主席）

李春城（四川省委原副書記）

譚力（海南省副省長）

〈石油系〉

第三が中国石油ネットワークである。最も近い側近が下記の面々である。

蒋潔敏（石油天然ガス集団公司総経理・党組書記，国有資産監督管理委員会主任）

李華林（中国石油天然ガス香港有限公司総経理）

沈定成（中国石油中国連合石油有限公司党委書記，副総経理）

(百度 2021.7.13 閲覧)

石油ネットワークで周永康を支えたのが石油閥第二ボスの蒋潔敏である。1955 年生まれの蒋は 1972 年に勝利油田の技術員に就職してから一貫して石油畑を歩んだ。1990 年代には石油天然ガス集団公司のトップになり，石油公司のトップだった周永康と深い関係を築いたのだろう。ついには 88～96 年周永康が支配した石油天然ガス集団公司のトップ（総経理・党組書記）を引き継ぎ（2008～2011 年），さらに石油集団公司理事長・党組書記（2011～13 年），ついにはすべての国有企業を統括する国有資産監督管理委員会主任にまで上りつめた。だが，周永康が拘束されると彼にも司直の手が及び，2013 年 9 月に中央紀律審査委員会・監察部より組織調査，15 年についに収賄罪，職権乱用罪で有期懲役 16 年，財産 100 万元没収の判決が下った。

4　中国における腐敗の六つの特質

中国の公式報道に依拠して筆者が作成した 8 種の落馬高官リストをもとに，1989 年から 2021 年までほぼ 30 年間の中国高官腐敗の「中国的特徴」を摘出しよう。まず最初に，最も中国的な「腐敗潜伏しながら出世する高官」（「帯病

提抜」,「半ば制度化した」「隠れたルール」)を取り上げよう。

(1) 第一の特徴──腐敗潜伏官僚の跋扈

「腐敗潜伏しながら出世する高官」現象を中国のデジタル辞書百度百科は以下のように説明する。「"帯病提抜"とは，官僚を抜擢する前，あるいは抜擢過程で，紀律違反ないし違法行為があっても機関が処罰しない，また証拠が見つからないかぎりは疑惑の有無に関わりなく抜擢・任官することを指す。この種の領導幹部は，数は多くないが，もたらす影響と害毒は大きい。改革開放の進展，市場化の加速化などが腐敗潜伏官僚の抜擢任官を蔓延させ，重大事となっている」。次の四タイプがあるという。

　　──汚職しているが，発覚しないまま，出世し続けること

　　──汚職し発覚もしているが，追究されないまま，出世し続けること

　　──汚職が発覚・調査期間中に出世し続けること

　　──汚職が公になっているにもかかわらず，出世し続けること。権力の私物化，商品化が止まらない[2]

2018年の落馬高官166名の調査によれば，90％がこの腐敗中抜擢の経験者である。

　　事例 1：広州市の元党書記　万慶良── 2000年から2014年，10以上のポストに就いたが，実は10数年前にすでに腐敗の通報があったのに任官に影響なし。

　　事例 2：済南市の元党書記　王敏── 1992年から腐敗堕落，だが出世を繰り返し，調査が入ったのはようやく2014年，腐敗中潜伏歴は22年の長きにわたった。

リスト**❺**（出所：IUD中国政務与情監測中心2018）およびリスト**❻**（出所：蒋辛2018）によれば，2012年18大以来〜2016年12月の落馬高官の腐敗潜伏者はトータルで83名，内訳は下記の通りである。

　　腐敗潜伏1〜5年1名，6〜10年24名，11〜15年13名，20年以上5名

　　潜伏期が最長なのは周永康：最初の不正は1988年，発覚調査は26年後。

---

2)　百度百科2024.8.9閲覧。

潜伏期間の全体の平均値は 12.9 年。

陽宝華・湖南省政治協商会議副主席の場合，腐敗潜伏期間は合計 18 年。

沈培平・雲南省副省長の場合，腐敗潜伏期間は計 14 年（リスト❺ 中国政務与情監測中心 2018；リスト❻ 蔣辛 2018）。

(2) **第二の特徴**――犯罪額が驚くべき超高額となっている。蔣辛データによれば，1 億元以上 10 名，5000 万～1 億元 10 名，3001 万～5000 万 13 名，1001 万～3000 万 38 名，501～1000 万 6 名，500 万以下 4 名，である。

事例 1：天津市公安局長の武長順：収賄額 3.42 億元で最高。全体の平均は 3881 万元 である（2009 年の平均収賄額は 1936 万元）。

(3) **第三の特徴**――量刑が大変に重く，厳罰主義で臨んでいる。

基本データのところで紹介したように，1989 年から死刑・死刑 2 年猶予・無期懲役に処せられた腐敗高官の数は多いが，2012 年からの反腐敗キャンペーンでは刑罰はより厳しくなっている。落馬高官リスト❶❷❸❹のデータを合計してみよう（**図表 4-8**）。

図表 4-8　死刑・2 年死刑猶予・無期懲役の分布

量刑	人数	％　　総数 360 名
死刑	13 名	3.6 ％
2 年死刑猶予	13 名	3.6 ％
無期懲役	39 名	10.5 ％
三者合計	65 名	18.0 ％

出所：毛里作成の落馬高官リスト❶❷❸❹から

総数 360 名中 13 名が死刑，13 名が同猶予，39 名が無期懲役というのは驚愕の厳罰である。こうした厳罰にもかかわらず，腐敗の規模も件数も増える一方なのは，結局，命を懸けてでも現世で栄華を極めたいという止みがたい欲望のゆえなのだろう。

第 4 章　比較の視座からみた中国の腐敗の特質　115

(4) **第四の特徴**――集団腐敗がとくに 2000 年代から顕著に増えている。山西帮－令計画帮（党中央辦公庁主任）は 8 名，周永康帮（政法委員会主任）は 11 名，蘇栄帮（江西省党委書記）は 6 名，遼寧賄選帮[3]（遼寧省委書記・王珉がリーダー）は 5 名，趙晋帮（天津での不動産開発にからむ不正事案）は 5 名が連座している。

2019 年から 2022 年にかけては公安・司法部門の次の「7 人組」の「派閥」に判決が下った[4]。

中心人物の一人は傅政華・司法部部長，収賄，2 年猶予付死刑，19 期中央委員。もう一人は孫力軍・公安部副部長，収賄，2 年猶予付死刑，以下 5 人を加えた「政治団伙」である。明らかな利益集団を形成して権力を私物化したとみなされた（王立科，龔道安，鄧恢林，劉新雲，劉彦平）。

(5) **第五の特徴**：2000 年代に入ると高級官僚と国営企業・民営企業トップの官商結託事案が腐敗の中心スタイルになってくる。蔣辛リスト❻のデータ解析によれば，対象とした 133 件の案件中，多くのものが土地や開発に絡む事案となっている。土地開発などが 45.1％，企業デベロッパー 29.2％，プロジェクト許認可 7％，銀行ローン 5.3％，政府補助金 4.4％などである。官僚と企業と政治家が結託した開発型腐敗が一般的になってきていることが見てとれる（蔣辛 2018）。改革開放初期（80 年代），市場化（90 年代），官商癒着の開発腐敗（2000 年代）へと，市場化の進展に合わせて腐敗の様相も担い手も替わっていく。

(6) **第六の特徴**：蔣辛のデータ解析（リスト❻）によれば，エリート官僚はほとんど着任早々から腐敗に手を染める。任期 2 年目 42.3％，1 年目 20.5％，4 年目 12.8％，任期 5 年目 7.7％だという。任官したらすぐ収賄やら職権乱用に手を着ける。周囲は知っていても放任するか，自分も不正に加わり，任官し続

---

3) 2016 年末から 17 年にかけて遼寧省人民代表大会が間接選挙で選んだ全国レベル人代代表 45 名が贈賄でこのポストを摑んだことが発覚した。省人代の 84％，523 名がこの賄選にかかわり，省人代常務委員会 62 名中 38 名が代表資格を失ったため省人民代表大会は機能麻痺，全国人民代表大会常務委員会が再建に乗り出す顛末となった。地方議会や政治協商会議でのこの種の賄選は全国に蔓延しているという（本書第 8 章参照）。
4) 百度百科 2022.9.22 閲覧。

ける（蔣辛 2018）。

5　中国腐敗要因の抽出──ロシアと中国の比較

①実験ができない社会現象は比較することでクリアになることも多い。比較はいわば自然科学における実験に相当する。腐敗研究を深めるにはどのような比較が有用だろう。状況に応じて次のような比較を適宜用いることができる。

　　──体制移行（脱社会主義）国家同士の比較──ソ連・ロシア／中国，ポーランド／ロシアなど

　　──開発途上国同士の比較；例えばインドネシア／インド

　　──非民主政と民主制国家の比較；ベトナム／台湾，中国／米国

比較の尺度をはっきりさせれば，意味のある比較を通じて対象をよりクリアに把握することができるだろう。

　前節までは筆者が集めたさまざまなデータに依拠して，量的分析，経験的考察をしてみた。その結果，とりあえず中国の腐敗現象は特殊中国的だという経験的結論 6 点を得ることができた（前節参照）。それを踏まえて，中国の腐敗現象を分析するにあたって最も意味ある比較ができるだろうロシア（とくに 1990 年代から 2000 年代までの市場経済移行期のロシア）の場合と比較検討し，その異同を摘出してみよう。特殊中国の意味がより鮮明になるにちがいない。

②中国の腐敗の特徴──ロシアと比較して

まず清廉度の国際比較をしてみよう。2010 年データである。

透明国際・清廉指数 2010 年：　　ロシア　　点数 2.1，順位 154 位

　　　　　　　　　　　　　　　中国　　　点数 3.5，順位 78 位

③次に中ロ腐敗の共通点を挙げてみよう。両者が，1980 年代後半から始まるロシアの脱社会主義，70 年代末から始まる中国の改革開放（中国式の脱社会主義）という共通の背景をもち，脱社会主義，移行期経済（経済の市場化）を目標とする社会であることを前提に考えると，両者の腐敗には以下を含めた多数の共通点が見てとれる。

a. 腐敗の範囲，領域，方式がきわめて広範かつ全面的である

b. 金額が巨額である。ロシアの贈収賄規模は国家予算の 2.66 倍（2005 年），腐敗経済規模は 6500 億ドル，GDP の半分。中国の場合 30 件の国有企業リーダーの収賄総額は 9 億元以上，1 件当たり 3109 万元と言われる。

c. 社会の暗黒勢力（マフィアなど）と結託している。

d. 腐敗の手法が二重価格制度のすきまを狙うとか，国有資産を横流しするとか，市場経済への移行期・転換期特有のものが多い。

④では，中国では顕著で，ロシアにはない現象はどうだろうか？

a. 党政機関の責任者（具体的には，省級党委員会の書記・副書記，部級党委員会の書記・副書記などのトップ。いわゆる機関の「一把手」）の腐敗事案が突出している。すでに指摘したように，落馬高官リスト❽によれば，汚職高官 88 名の全員が「一把手」の履歴をもつ（党政関係の「一把手」（書記級）が 78.4%，部の「一把手」（閣僚級）が 21.6%）（本章**図表 4-7**）。その部局のすべての権限をもって長期間そのポストを占拠していれば，不正・不法はやりたい放題である。

b. 事案の集団性が突出している。政治的な幇や派閥を作り，集団，利益同盟を作る。

c. 海外と結び国際化する傾向がある。ある調査では，外資の中国投資総額は 407 億ドルであるのに対して（2000 年），国外に非合法で移転した資金は 480 億ドルである。

d. 消費享楽型から資本蓄積，投資型に移行中である。

e. 汚職防止法など法制度の構築はロシアの方が進んでいる。2008 年末に「ロシア連邦反腐敗法」，続いて「情報公開法」，公務員の資産申告や公開などが法的に規制されるようになった。

f. ネットによる通報は中国がリードしている。

g. 中国と違ってロシアでは大統領府が腐敗の核心である（戴隆斌 2007, 2011；呂静 2015）。

　中国とロシアについては相似点と異同を注意深く検討する必要があるが，本章では指摘するだけにとどめておきたい。ただ腐敗の比較研究の要諦，とくに「腐敗と民主主義の有意な関係の有無」を考える場合，例えば中国とロシアの

歴史的経路，その地域固有の環境，文化的文脈，社会の特質，文化的伝統，人間関係のあり方（「関係^{グアンシー}」）などが肝心な要素となるということを強調しておきたい。中国の権威主義とロシアのそれを腐敗の比較から逆照射してみるのも面白い作業となるだろう[5]。

6 中国型汚職が生まれる要因——三つの仮説

最後に中国型固有の腐敗を生み出す要因を考えてみよう。なぜ，世界に類を見ない，巨額で悪質な腐敗現象がかくも中国のエリート官僚を蝕むのか，厳罰にもかかわらずなぜ止まないのか，その特殊中国的要因を摘出したい。ここで仮説的提示をして，次なる課題として設定しておきたい。以下のような仮説が成立すると考える。

仮説1　権限と権威の第一人者への集中——人事権，経理権，許認可権などで公権力を思いっきり私的に使う。いわゆる「一把手」という「隠れたルール」（半ば制度化している）が中国の腐敗を最も深刻にさせ，制度化した腐敗を猖獗させることになっているのではないか。

本章の対象は省・部級のハイランクの官僚たち（省長・省党委書記など）と中央官庁の長，巨大国有企業の総経理・党組書記などである。逮捕者が目立つのはその単位・機関の責任者，トップである。その「一把手」に単位や機関のすべての権限が集中していることが腐敗を容易にし，蔓延させ，永続化させていると思われる。落馬高官リスト❽では，88名の落馬高官の100％が「一把手」だったというから，経験的には「一把手」は中国型巨大腐敗の必要条件とも言える。だが，なぜそうなるのか，どの部局もそうなのか，いつの時期もそうなのか，などは厳密に検証してみる必要がある。

仮説2　同じ機関，職場（崗位），担当分野での在職が長い。石油腐敗の中枢人物，周永康は中国石油天然ガス集団公司のトップ（正副総経理，正副党書記）

---

5)　文化と腐敗の関連についてはクッベ（Kubbe 2018）が興味深い指摘をしている。

第4章　比較の視座からみた中国の腐敗の特質　　119

を 1988 年から 98 年まで，10 年間務めた。その前身は石油工業部副部長（1985–88 年）で，結局石油畑のトップに 13 年も君臨した。石油トップの地位を周永康から引き継いだ蔣潔敏の場合は，勝利油田・青海省石油管理局局長，党委書記を 1994〜99 年 5 年間務め，石油天然ガス集団公司の副総経理・党書記，経理を 2004〜2013 年まで 10 年間務めた。まったくの石油官僚である。最後は国有資産監督管理委員会主任としてすべての国有企業を支配下においた。このような，同じ，もしくは同種の領域で 10 年から 20 年も縦の出世を繰り返していれば，どんな官僚も腐敗にまみれよう。まして彼らは「一把手」としてすべての権限を手中にした，いわば「君主」である。巨大汚職が生じないのがおかしい。

　仮説 3　「腐敗潜伏官僚の任官・抜擢」（帯病提抜）という「隠れたルール」。
　すでに前節で詳しく紹介した「腐敗潜伏官僚の任官・抜擢」の横行，それが「隠れたルール」となり，半ば制度化してきていることである。この「隠れたルール」こそ，中国の高級官僚による巨大腐敗最大の因子だと考えられる。今後の研究では，データを収集，解析してこの仮説の検証を進めたいと考えている[6]。

おわりに

　軍政の最高幹部 400 名の汚職の分析を終え，ほっとしていたところ，2024 年 6 月 27 日に，第 12 代国防部長魏鳳和（2018〜22 年在任），第 13 代国防部長李尚福（2022 年〜23 年 10 月在任）の軍のトップ 2 名が収賄罪の疑いで党から除名，国務委員・中央軍事委員会委員，国防部長から解任された。魏鳳和はロケットと核開発のトップであり，李尚福は解放軍の装備全般の責任を担っていた。なお，新国防部長は 23 年 10 月に董軍が昇格している。
　汚職・腐敗の主役とも言える軍については本書各章で断片的に触れるにとど

---

[6]　この仮説については落馬高官リスト❺（中国政務与情監観測中心 2018）などをおもに参照した。

まっており，また，本章でも第3節で82名のハイランクの軍人13名が汚職・腐敗を罪状で死刑を宣告された，という事実にふれただけである。決定的なのは各人の情報が欠けているという事情が軍と政・経の関係を解明する場合の障害になっている[7]。ぜひとも，中国共産党の一党支配の主役たる軍・党・産複合体の実態を次の研究世代に解明してほしいと考えている。

　中国では一党支配体制がすでに70年続いている。だが，習近平政権に入ってからの強圧的内外政策によって統治の綻びが目立ってきた。北京の知識人の一部は中国共産党による統治の崩壊もそれほど先のことではない，と未来を憂慮する。2022年の20回党大会最終日でもと総書記胡錦濤と現執行部の間の醜悪な関係が全世界に露呈してしまった。

　支配の綻びから崩壊へ，三つのシナリオが想定できよう。第一は世界経済の危機と混乱の影響をうけて中国自体が経済破綻に見舞われる（19世紀後半のように），第二が農民叛乱などで権力は下から崩壊に向かう（清末のように），第三が汚職・腐敗で権力内部から自壊していく（20世紀の国民党政権のように），である。いずれにせよ，中国の腐敗を研究するとアクトン卿の格言「絶対的権力は絶対的に腐敗する」を誰もが思い浮かべる。大国中国の行く末を注意深く見守りたい[8]。

参考文献

中兼和津次（2010）『体制移行の政治経済学』名古屋大学出版会，第7章「体制移行と腐敗」

任哲（2012）『中国の土地政治——中央の政策と地方政府』勁草書房

菱田雅晴（2007）基盤研究（A）研究計画調書「現代中国における腐敗パラドックスに関するシステム／制度論的アプローチ」日本学術振興会

---

7)　参考までに，収賄罪で失脚した魏鳳和と李尚福が北京中央に入ってから失脚するまでの履歴の一端を紹介しておく。魏鳳和（1954年山東省出身，国防大学卒，12年第二砲兵司令員，12年中央軍事委員会委員，18年国務委員，国務院党組メンバー，国防部長）。李尚福（1958年江西省出身，国防科技大学卒，13年，解放軍総装備部司令部参謀長，14年解放軍総装備部副部長，18年中央軍事委員会委員，国防部長，23年3月中央軍委装備発展部部長）。

8)　中国のレジーム変容については毛里（2021）終章参照。

毛里和子（2021）『現代中国 内政と外交』名古屋大学出版会

崔民（2014）「周永康案的反思与建言」『炎黄春秋』2014 年 11 月号
戴隆斌（2007）「中俄腐敗比較研究」『当代世界与社会主義』2007 年第 1 期
戴隆斌（2011）「「従比較的」視角看中俄両国腐敗的特点」『社会科学研究』2011 年 3 月
何増科（中共中央編訳局）（2002）『反腐新路』中共中央編訳出版社
蔣辛（2018）「官員任期与腐敗関系問題的実証研究──基于 133 名省部級以上落馬官員的考察」武漢紡織大学修士論文
呂静（2015）「新時期中俄腐敗治理比較研究」『理論月刊』2015 年 7 月
魏徳安（ウィードマン）他（2017）「習近平的打虎行動──反腐敗運動還是派系清洗？」『当代中国研究』第 24 巻第 7 期
余雅潔他（2017）「省級高官変“老虎”的紀律及其治理──基于 18 大以来落馬高官的実証分析」『探索』2017 年第 3 期
中国政務与情監測中心（2018）「18 大以来落馬高官分析報告」『領導決策信息』2018 年 1 月，第 4 期

Abed, G. et al.（2000）Abed, G., and Hamid Davoodi, 2000, *Corruption, Structural Reforms, and Economic Performance in the Transition, IMF Working Paper*, No. 132

Johnston, M.（2008）"Japan, Korea, The Philippines, China: Four Syndromes of corruption." *Crime Law Soc Change*, No. 49

Kubbe, I.（2018）"Corruption and the Impact of Democracy," *Crime, Law and social Change*, No. 70

Mauro, P.（1995）"Corruption and Growth," *Quarterly Journal of Economics*, Aug., 1995, Vol. 110: No. 3

Wedeman A.（2012）*Double Paradox: Rapid Growth and Rising Corruption in China*, Cornell University Press

第5章

中央巡視組の「回頭看」

第一期習近平政権の巡視制度と幹部管理政策の新展開

諏訪一幸

はじめに

「強さ」を信奉する習近平（あるいは習近平政権）は，中国共産党統治の絶対化と永続化，そして自らの保身を最大の使命と位置づけ，その実現のために必要な社会の安定と国家の安全確保に全力をあげている。

中央に十分な権力基盤を持たなかった習近平は，総書記就任直後からさまざまな方策を講じ，権力の安定化を目指した。本論が取り上げる反腐敗闘争こそ，その嚆矢である。展開次第では敵を増やすことにつながりかねないにもかかわらず，習近平は手を緩めることなくこれを実行に移し，大衆の支持も獲得しつつ，見事に所期の目的を達成した。

ところで，反腐敗闘争に関する数多の発言，報道，そして研究成果のなかで，筆者が強い関心を覚えたのが巡視組，とりわけ中央巡視組の派遣に関するものである。例えば，楊暁渡・中央紀律検査委員会副書記によると，「第18回党大会以降，中央紀律検査委員会が立件審査した中央管理幹部（党中央が管理する各分野の幹部で，概ね副部長・副省長級以上）のうち，その60％以上が巡視過程で明らかになった問題を手がかりに，取り調べし，処分した」（中国共産党新聞網1）。また，「2019年4月までに組長を担当した67名のうちの3名が中央紀律検査委員会・国家監察委員会の指導的ポストに，8名が国務院の部や委員

123

会の指導的ポストに，4名が省・自治区・直轄市（以下，省区市，あるいは省級）党委員会・紀律検査委員会の指導的ポストなどに抜擢された」（李莉他 2020：85）。

　これらは，習近平の権力基盤強化，党内風紀の是正，新たな秩序構築にとって，また，幹部の新たなキャリア・パス構築にとって，巡視制度が重要な意味を持っていることを示唆している。本論は，第 18 期（第一期習近平政権。2012年から 2017 年）中央巡視組による「回頭看」（再巡視）を対象に，反腐敗闘争において巡視制度の持つ意義を幹部管理（解任と昇任）の視点から実証的に明らかにしようというものである。

1　巡視工作の制度化と実践

　習近平時代の巡視工作を語るためには，その前の時代，すなわち，鄧小平時代（1980 年代初から 2012 年）の巡視工作の制度化と実践に関する考察から始める必要があるだろう。なんとなれば，習近平政権が喧伝する同政権の数々の「功績」なるものも，それまでの成果を基礎として形になったものに他ならないからである。なお，鄧小平時代は，狭義の鄧小平時代（1980 年代初から 1992年）とそれに続く広義の鄧小平時代（1992 年から 2002 年までの江沢民時代と2002 年から 2012 年までの胡錦濤時代）に分けて考える必要がある。

（1）鄧小平時代

　この時期は，「巡視工作制度構築期」と位置づけられよう。ただし，巡視の実践という点では，狭義の鄧小平時代に特段の成果はなかったようだ。中央紀律検査委員会作成の巡視工作史が，1938 年の「各級党部の工作規則と紀律に関する決定」の次の項を 1990 年 3 月の「党と人民大衆の関係強化に関する党中央の決定」としていることが如実に物語る。前者では「上級党委員会は下級党委員会に巡視員を派遣し，その見解を伝えねばならない」ことが，後者では「党中央と省区市党委員会は，必要あらば，各地，各部門に巡視工作小組を派遣し，必要な権力を与え，関係する問題に対して検査を行う」ことが規定されたにすぎない（中央紀律検査委員会・国家監察委員会網 1）。実際，当時の巡視工

作の「実践」を取り上げた研究成果や公式報道は見当たらない。こうしたことから，本節での考察は広義の鄧小平時代に焦点が当てられる。

❶江沢民時代──初歩的制度構築期

1996 年は「巡視制度構築元年」と言えるだろう。

そのきっかけは，1995 年に起こった王宝森・陳希同事件[1]である。1996 年 1 月 24 日から 27 日にかけて，第 14 期中央紀律検査委員会第 6 回全体会議が開催され，スピーチを行った総書記の江沢民は，王・陳事件に言及しつつ，「党内監督，とりわけ高中級幹部に対する監督は依然として脆弱なものだ。指導的機関，指導的幹部であればあるほど，厳格な党内監督が必要だ」と述べた（鐘龍彪 2014：64）。

これを受けて 3 月 13 日，中央紀律検査委員会弁公庁の名義で，「巡視制度構築に関する中央紀律検査委員会の試行弁法」が通達される。これによると，前出の第 6 回全体会議では，「工作上の必要性に基づき，部長級幹部を選出し，地方と各部門に巡視派遣する」ことが定められた。この「部長級幹部」については，「すでに指導的ポストを離れた正部級幹部および例外的に副部長級の幹部の中から選出する。年齢は 70 歳以下で，高い社会的評価を得ている老同志」とされ（一.１），「具体的人選は中央紀律検査委員会弁公庁が同幹部室と協議の上，候補者リストを作成し，中央組織部の意見を求めた後，中央紀律検査委員会常務委員会で研究確定する」（一.２）。そして，巡視の対象と任務は，「省区市および党中央，国家機関の部と委員会の指導グループとそのメンバーの政治紀律執行状況と廉政状況の把握」（二.１および 2）とされた（上海電力大学網）。

実際，この通達直後の 4 月，中央紀律検査委員会は初の巡視組を広西チワン族自治区，四川省，遼寧省，石炭部に派遣している。さらに，江沢民時代最終盤の 2001 年 5 月から 2002 年 10 月にかけて，中央紀律検査委員会と中央組織部が二つの合同巡視組を遼寧省，雲南省，河北省，安徽省，河南省，広西チワ

---

1) 1995 年 4 月，王宝森・北京市常務副市長が自殺し，陳希同・同市長（同党委員会書記，国務委員，中央政治局委員）が引責辞任した事件。陳には 1998 年 7 月 31 日，汚職等で懲役 16 年の実刑判決が下される。https://www.chinacourt.org/article/detail/2003/10/id/85600.shtml

ン族自治区の6省区に派遣した（中国共産党新聞網2）。

❷胡錦濤時代──制度構築期，初歩的実施期

2002年11月に開催された第16回党大会では，「党の紀律検査体制を改革改善し，巡視制度を構築改善する」旨提起される。これを受けて，2003年5月，党中央は，中央紀律検査委員会と中央組織部に巡視組と巡視工作弁公室を設けることを批准。翌2004年には，31の省級行政区と新疆生産建設兵団の党委員会に巡視担当部署が設置された（宮玉壽他2016：86）。

2003年12月31日，「党内監督条例」（試行）が施行される。この条例（試行）では，「党内監督の重点対象は，党の各級指導機関と指導的立場にある幹部，とりわけ各級指導グループの主要責任者」（第3条）であり，「党内監督の重点内容は廉潔自律と党風廉政建設状況」（第4条（七））であるとされている。こうした大枠の下，党内監督制度の一構成要素として，「巡視」（第6節）が設けられた。第27条は，「党中央と省区市党委員会は巡視制度を設け，関連規定に基づき，下級党組織の指導グループとそのメンバーに対する監督を行う」としている。そして，この条例（試行）に基づいて行われた巡視によって，徐国健（江蘇省党委員会常務委員，組織部長。2006年，収賄で死刑（執行猶予2年）），李宝金（天津市検察院検察長。2007年，収賄および公金流用で死刑（執行猶予2年）），陳良宇（上海市党委員会書記，中央政治局委員。2008年，収賄および職権乱用で懲役18年），杜世成（山東省党委員会副書記，青島市党委員会書記。2008年，収賄で無期懲役）等，高級幹部絡みの不正案件の手がかりが発見される（李成言2008：10）。

2007年10月の第17回党大会では新たな党規約が採択されたが，そこには「党中央と省区市党委員会は巡視制度を行う」（第13条4項）との一節が追加された（この文言は第18期も同じ）。そして，これを受け，中央巡視機構は同期に，全国すべての省区市と新疆生産建設兵団，33の国有重要中核企業と金融企業，二つの中央が管理する大学への巡視を行うとともに，14の省区市と一つの中央が管理する金融企業への再巡視を行った（中国広播網）。

2009年7月2日，党中央は「党巡視工作条例」（試行）を施行する。これは，いまだ試行段階ではあるものの，巡視工作を専らの対象とした初の党内規定で

ある。

　中央紀律検査委員会責任者によると，条例（試行）の起草プロセスは以下のようになっている。2007年9月，中央紀律検査委員会と中央組織部が合同起草グループを立ち上げ，現地調査，座談会，意見聴取（対象は省級党委員会，同紀律検査部門や組織部門）などを実施する。そして，こうした一連の作業を基に作成された草案は，中央組織部部務会議，中央紀律検査委員会常務委員会会議，中央党建設工作領導小組会議，中央政治局常務委員会の順で審議された後，中央政治局会議で審議，正式採択された（中共河南省紀律検査委員会網）。

　そこで，本条例（試行）の具体的規定に目をやると，第一の特徴は，「党中央と省区市委員会は巡視工作領導小組を設け，それぞれ，中央と各委員会に責任を負い，工作報告する」（第5条）と，巡視のヘッドクォーターを設けたことだ。これを受け，2009年11月，中央政治局常務委員会は中央巡視工作領導小組の設置を決定するとともに，中央紀律検査委員会，中央組織部巡視組および巡視工作弁公室の名称をそれぞれ「中央巡視組」と「中央巡視工作領導小組弁公室」と改めることを決定。これ以降，省級および新疆生産建設兵団の党組織内にも巡視工作領導小組が設立される（前出，中央紀律検査委員会・国家監察委員会網1）。この点に関し，中央紀律検査委員会書記の王岐山は2015年8月，「中央紀律検査委員会，中央組織部の巡視組は，中央巡視組に昇格した」と述べている（中国軍網）。しかし，このことは，この二つの中央組織それぞれの権威を上回る新たな組織としての中央巡視組が誕生したことを意味しない。なぜならば，「巡視工作領導小組は，巡視組の提案に基づき，課題解決のための見解を研究決定し，巡視組を派遣した党組織にこの決定を伝える」（第24条1項）としていること，また，「中央紀律検査委員会，中央組織部は，本条例に基づき，実施細則あるいは単独の規定を制定できる」（第45条）としていることから，中央巡視組とは，中央紀律検査委員会と中央組織部のそれぞれが組織した巡視組に，党中央の権威が与えられたものであることが分かる。

　第二に，中央巡視組の巡視対象が「省区市党委員会と同級政府党組指導グループとそのメンバー」（第10条（1）），「省区市人代常務委員会，政協委員会党組指導グループとそのメンバー」（同（2））とされていることだ。つまり，党中央直属機関や国務院を構成する部や委員会は除外されたのである。これは，

第5章　中央巡視組の「回頭看」　　127

派遣先が地方に限定された点で，この時期の巡視工作方針が江沢民期よりも後退していること，あるいは一歩進めて，胡錦濤政権そのものの脆弱性を意味しているのかもしれない。

第三に，巡視工作の進め方に関する問題がある。まず，巡視にあたり，巡視組は事前に，「巡視対象先と同級の紀律検査監察機関，組織，人事，会計，陳情受付（信訪）などの部門」から関連情報を入手することが求められている（第15条）。我々はこの点から，幹部に対する廉潔性評価基準が大衆からの評価を含む広い分野に及んでいることを知ることができる。また，「巡視を受ける地区は，現地の主なメディアを通じ，巡視工作の監督範囲，日程，巡視組との連絡方法等関連情報を公表する」（第19条）としていることは，巡視の透明性を高め，大衆の関与を保証する措置といえよう。ところが，その一方で，巡視工作領導小組弁公室は，業務日数計算で10日前には巡視組を派遣する旨，派遣先に書面をもって通知することになっている（第17条）。これは，巡視受け入れ機関に対し，巡視開始前に一定の準備「工作」期間を与えることを意味する。このような「温情」規定は，巡視の効果を下げることになりかねない。第15条，第19条と第17条のベクトルは異なる方向に向かっているように思われる。

第四に，巡視組の任務は実態調査にとどまり，何らかの処理を行う権限までは有していない点である（第12条，第20条）。巡視組は巡視終了後，報告書を作成し，巡視工作領導小組に状況説明し，入手した重要な状況や問題について，処理に関する提案を行うこと（第23条）とされている。

2010年4月1日，中央紀律検査委と中央組織部による「中央巡視組工作規則（試行）」が施行された（北京工業大学網）。これは，前年に施行された条例（試行）の実施・補充細則である。条例（施行）第10条で規定された巡視対象については，各巡視組任期中に1回から2回の巡視を行うこと，そして，これらに加えて，中央金融機構の党委員会指導グループとそのメンバーに対しても5年ごとに，また，党中央が管理する国有企業中の最重要企業の党組（党委員会）指導グループとそのメンバーに対しては「選択的，重点的に」巡視を行うとされた。

（2）第一期習近平期（第 18 期。2012 年〜2017 年）

　広義の鄧小平時代，とりわけ胡錦濤時代に積み重ねられた経験と実績を基礎に，この時期は巡視工作が全面展開された。

　2012 年 11 月に総書記ポストにつくや，習近平は反腐敗闘争に打って出る。習は，「腐敗問題が深刻化すれば，党と国家が最終的には滅亡することを大量の事実が物語る。警戒が必要だ」との危機感を抱いていた。そこで，巡視制度では官職売買，選挙をめぐる不正行為，突然の昇任など幹部任用をめぐる不正行為および腐敗行為の発見に努めるよう檄を飛ばした（習近平 2015：3, 108）。

❶制度構築

　この時期の主だった出来事は**図表 5-1** のとおりであり，そのうちのとくに重要と思われる事項について，以下で考察する。

図表 5-1　習近平時代の巡視工作

日　時	事　項
2013 年 4 月 25 日	中央政治局常務委員会，巡視工作の展開について研究
2013 年 5 月	中央巡視組の派遣開始
2013 年 11 月 12 日	18 期 3 中全会決定，「地方，部門，企業事業単位すべてをカバーする巡視を行う」と言及
2015 年 8 月 3 日	「党巡視工作条例」施行
2015 年 8 月 21 日	王岐山，「中央巡視工作領導小組は中央政治局常務委員会に工作報告を行う」と言及
2016 年 10 月 27 日	18 期 6 中全会，「党内監督条例」を採択。党中央が「一任期内ですべてをカバーする巡視を実現する」ことを党内文書として初提起
2017 年 7 月 1 日	「改正党巡視工作条例」施行

注：各種資料を基に，筆者作成

　2015 年 8 月 3 日，「党巡視工作条例」が施行される。これは，胡錦濤期に制定された試行版を修正し，正式な条例として公布されたものだ（共産党員網）。

　ここで確認できる第一の特徴は，「全国すべてをカバーする巡視を行う」としたことだ（第 2 条 1 項）。それは，中央が管理する党組織の指導グループと

そのメンバーすべて，すなわち，試行で定められた省レベル機関以外に，「党中央の各部・委員会指導グループとそのメンバー，中央国家機関の各部・委員会と人民団体の党組（党委員会）の指導グループとそのメンバー，中央が管理する重要な国有基幹企業，金融企業，事業単位の党委員会（党組）の指導グループとそのメンバー」なども中央巡視の対象に加えられたのである（第13条（二）（三））。もっとも，対象「領域」は確かに大幅拡大したものの，いわゆる「副国級」，すなわち副総理級以上の「格」をもつ高級幹部は原則対象外となっている。例えば，収賄等で解任された全国政協副主席の蘇栄は副総理級の大幹部だが，全国政協「委員会」には巡視が入っていないので（一般党員を対象とした全国政協「機関」党組は巡視対象），副主席時代の汚職はあくまでも前職の省党委員会書記時代までの行いの延長線上にあるとの位置づけである（蘇栄については第2節で言及）。

　第二に，巡視の目的は「党風廉政建設と反腐敗闘争に焦点」があてられた（第3条）。この関連で，第15条では「発見に努める」べき事項として，政治面での紀律や政治規則違反の具体例として面従腹背や派閥行為，廉潔面での紀律違反行為として権力の私物化，汚職賄賂等が列挙されている（第15条）。

　第三に，巡視工作領導小組トップの組長について，「同級の党紀律検査委員会書記が務め，副組長は一般的に同級党委員会組織部長が務める」とされた（第5条2項）。ただし，各級巡視工作領導小組の手足であり，その「欽差大臣」（習近平 2015：107）として現場に乗り込む巡視組トップの巡視組長の資格要件について，条例は何らの規定も設けていない。王岐山によれば，2013年には「巡視組長データベース」が設けられたという（王岐山 2014：729）。個々の略歴を基準に組長を分類した調査報道もあるが，それとても，明確な資格や選出プロセスは明らかにしていない（中国経済週刊網）。この不透明さに，筆者は，自身への権力集中を進める習近平の思惑を感じとる。

　第四に，事前通知に関する事項がある。巡視組が，派遣先の関連部門から事前情報収集を行う点に，試行版からの変化はないが，試行にあった「業務日数計算で10日前」の事前通知は今回削除されている（第22条）。また，メディアを通じた広報規定も削除された。急襲性と隠密性の強化と理解できよう。

　2017年7月1日，制定からわずか2年で「改正党巡視工作条例」が施行さ

れた。

　その第一の特徴は,「習近平化」の推進だ。「巡視工作は,習近平同志を核心とする党中央の権威と集中的統一指導を断固,動揺することなく擁護する」（第3条）とされた。もっとも,巡視工作にみられるこの習近平化は,条例施行前年の2016年10月に開催された18期6中全会で,習近平が党の「核心」としての地位を手に入れた直後から進んでいた。本論の第2節が扱う「再巡視」時のフィードバック発言や巡視を受けた党機関作成の報告書を読めば,その傾向は一目瞭然だ。例えば,重慶市党委員会書記の孫政才は,2017年2月11日の再巡視フィードバック時に次のように述べて,習近平への忠誠を誓った。「習近平同志を核心とする党中央と,思想,政治,行動面において高度な一致を断固保持し,党の核心に向けて断固右に倣い,習近平同志を核心とする党中央の権威と党中央の集中的統一的指導を断固維持する」（中央紀律検査委員会・国家監察委員会網2）。それにもかかわらず,忠誠表明から半年を待たずして,孫は解任された。

　第二の特徴は,「全面性」のさらなる強化だ。「党中央と省区市委員会は,一期の任期中に,所管する地方,部門,事業単位の党組織に対し,全面的巡視を行う」とされ（第2条1項）,原則5年内に一度は巡視を行うことが明示された。

　第三に,巡視組が「発見に努める」べき問題として,「党指導の弱体化,党建設の失敗,党管理党統治の軟弱さ」などが追加された（第15条）。

　こうした一連の措置が中央権力の強化と習近平個人への権力集中を目指したものであるということに疑う余地はなかろう。

❷ 18期中央巡視の実施

　初回巡視は2013年5月から始まった。新政権誕生からわずか半年後のことである。開始時点では規定されていなかったにもかかわらず,中央巡視は,確かに5年間で全面実施を成し遂げた。

　巡視は「三部構成」だ。まず,文字通りの巡視が行われる。中央巡視工作領導小組弁公室責任者と中央巡視組長,そして,巡視を受ける党組織（党委員会,党組等）の書記ら幹部が一同に会して行われる「動員大会」を皮切りに,巡視組は約2か月間にわたって巡視工作を展開する。王岐山によると,過去の巡視

では実施対象，評価内容ともにあまりに広範に及び，焦点が絞り切れていなかったため，18 期巡視は作風，紀律，腐敗および人事の 4 分野に限定されて行われた（前出，中国軍網）。2009 年の条例（試行）第 20 条によると，巡視組は巡視を受ける地区や組織の党委員会あるいは党組に工作報告を求め，当該党組織指導グループやそのメンバーの問題点に関して記された手紙に目を通し，電話を受け，来訪者の対応を行う。また，対象者の個人略歴（档案）の閲覧が認められている。2015 年の条例には，指導幹部の個人報告書に書かれた事項に偽りがないか抜き取り調査を行う（第 17 条（四））などの事項も加わった。巡視が終わると，工作組は北京に戻り，具体的提案を含む報告書を作成。これを中央巡視工作領導小組（組長は中央政治局常務委員で，中央紀律検査委員会書記の王岐山）にあげ，中央政治局常務委員会の検討と最終決裁を得る。

そして，巡視組は，巡視工作の第二ステップとして，再度被巡視先に乗り込み，正すべき問題を列挙した「神の声」を伝える（「フィードバック」段階）。これは，一種の儀式のような性格のものであろう。

そして，フィードバックを受け，被巡視組織は約 2 か月にわたって，中央の要求に沿って採った是正措置と今後の方針を報告書にまとめる。この報告書は，中央巡視工作領導小組弁公室経由で担当巡視組に送られ（条例（試行）第 26 条），中央紀律検査委員会のサイトで公表される。これで，第三段階が終わり，動員大会以降，半年以上にわたって行われてきた巡視工作が一応終了する。ここで「一応」とするのは，この時点からすでに次の巡視を受け入れるための実質的準備作業が始まっているからだ。なお，こうした一連のプロセスを含む詳細は，中央紀律検査委員会の HP ですべて公開されている[2]。

次に，「全面的」展開の特徴だが，次の二点が重要だと思われる。

第一に，巡視を受ける対象の数の多さと領域の多様さである。省区市，党中央機関と国家機関，主要国有企業，中央金融単位および中央が管理する大学の党組（党委員会）など計 277 機関で実施された。具体的進捗状況をみると，2014 年の第 4 回巡視までに，地方（31 の省区市と新疆生産建設集団）を対象と

---

2) 中央紀律検査委員会・国家監察委員会網。https://www.ccdi.gov.cn/special/zyxszt　なお，本章でこれ以降言及される再巡視に関わる事実関係は，特段の但し書きがない限り，すべてこれに拠る。

した巡視が完了。2015 年の第 7 回までに，55 の中央企業が完了。同年の第 8
回までに，中央金融単位が完了。2016 年の第 11 回までに，党中央機関と国家
機関が完了。そして，2017 年の第 12 回で，中央が管理する大学に対する巡視
がなされ，すべてが終了する（前出，中国共産党新聞網 2）。

　第二に，本論が以下の第 2 節で考察対象とする再巡視（回頭看）の実施だ。
再巡視は 2016 年に行われた第 9 回巡視から最後の第 12 回巡視にかけて行わ
れた。この再巡視実施の必要性につき，習近平は 2014 年 10 月 16 日，次のよ
うに述べている。「「再巡視」を強化する。31 の省区市は巡視を終えたが，一
度行えば終わりということではなく，意表をついて「突然の反撃」を行い，安
心している連中をつねに震え上がらせておく」（前出，習近平 2015：115）。そし
て，この発言から 1 年半を待たずして，省級地方党委員会を対象とした習近平
の「反撃」が始まったのである。

2　第 18 期中央巡視の「回頭看」

　第 18 期再巡視は，2016 年から 2017 年にかけて，31 省市区中の 16 省市区
党委員会を対象に，4 回に分けて行われた。時系列で記すと，遼寧省，湖南省，
安徽省，山東省（以上，第 9 回），江西省，湖北省，河南省，天津市（以上，第
10 回），広西チワン族自治区，重慶市，北京市，甘粛省（以上，第 11 回），雲南
省，陝西省，吉林省，そして内モンゴル自治区（以上，第 12 回）である。

　再巡視するからには，その理由があるはずだ。しかし，これらの地方が選ば
れた理由を説明する当局の資料を筆者は目にしていない。再巡視の全体像を明
確にするためには，実施の必然性を説明しうる，何らかの基準を設ける必要が
あるだろう。

（1）再巡視の必然性

　紀律検査部門の発表や先行研究から導き出される「再巡視の必然性」を説明
しうる要因としては，以下のようなものがあげられよう。

　第一に，16 省区市のいずれにおいても，初回巡視で副省級幹部が汚職を理
由に解任されている。しかし，31 省区市のほぼすべてで類似の事例があるこ

図表 5-2　第 18 期再巡視（回頭看）一覧表

巡視地	初回巡視期間と組長氏名（回－組）	初回巡視期間中および終了後の被解任者（副省級以上）氏名，審査開始公表日等関連情報	再巡視期間と組長氏名（回－組）	再巡視期間中および終了後の被解任者（副省級以上）氏名，審査開始公表日等関連情報
1 重慶市	2013.5.29 〜 2014.2.21 徐光春 （1-5）	譚栖偉（市人代副主任）。2014.5.3。収賄。懲役 12 年	2016.11.6 〜 2017.4.24 徐令義 （11-11）	孫政才（市党委書記。中央政治局委員）。2017.7.14。収賄。無期懲役
2 北京市	2014.3.31 〜 同年 10.10 徐光春 （3-2）	呂錫文（市党委副書記）。2015.11.11。収賄。懲役 13 年	2016.11.6 〜 2017.4.24 徐令義 （11-11）	
3 天津市	2014.3.28 〜 同年 10.10 王明方 （3-5）	1. 武長順（市公安局長）。2014.7.20。収賄等。死刑(執行猶予 2 年) 2. 楊棟梁（前副市長）。2015.8.18。懲役 15 年	2016.6.29 〜 同年 12.26 叶青純 （10-3）	1. 尹海林（副市長）。2016.8.22。紀律違反。行政処分 2. 黄興国（市党委代理書記）。2016.9.10。収賄。懲役 12 年 3. 王宏江（市党委統戦部長）。2017.7。深刻な紀律違反。党内観察 1 年。降格
4 湖北省	2013.6.2 〜 2014.2.21 杜徳印 （1-2）	1. 陳柏槐（省政協副主席）。2013.11.19。職権乱用，収賄。懲役 17 年 2. 郭有明（副省長）。2013.11.27。収賄。懲役 15 年	2016.6.30 〜 同年 12.27 叶青純 （10-3）	劉善橋（省政協副主席）。2017.6。収賄，懲役 12 年
5 陝西省	2014.7.30 〜 2015.1.28 劉偉 （4-7）	1. 祝作利（省政協副主席）。2014.2.19。収賄。懲役 11 年 2. 孫清雲（省政協副主席）。2015.11。深刻な紀律違反，党内観察 2 年。降格	2017.2.26 〜 同年 8.26 徐令義 （12-11）	1. 魏民洲（省人代副主任）。2017.5.22。収賄。無期懲役 2. 趙正永（省党委元書記）。2019.1.15。収賄。死刑（執行猶予 2 年) 3. 陳国強（副省長）。2019.3.29。収賄。懲役 13 年

初回，再巡視時の党委書記氏名	再巡視終了後の党委書記氏名（2022年1月末時点でのポスト）	再巡視の目的	特記事項
いずれも孫政才	陳敏爾（市党委書記。中央政治局委員）	習近平案件（書記解任，腹心（陳敏爾）の配置）	組長を務めた徐令義は18期再巡視のキーパーソン
いずれも郭金龍	蔡奇（市党委書記。中央政治局委員）	習近平案件（腹心（蔡奇）の配置）	1. 蔡奇は，呂錫文解任約1年後，再巡視直前に副書記着任。党大会直前の5月に書記就任 2. 郭金龍は，2017.5に中央精神文明建設指導委員会副主任に転出
初回は孫春蘭。再巡視時は当初は黄興国，フィードバック以降は李鴻忠	李鴻忠（市党委書記。中央政治局委員）	習近平案件（書記（代理）解任，習近平イエスマン（李鴻忠）の配置）	1. 「初回巡視で手がかり入手」 2. 黄興国が代理書記時の2015.8.12，大爆発事故発生 3. 初回巡視で解任された楊棟梁は，党による取り調べが公表された時点では国家安全生産監督管理総局（局長）に転出済み。なお，同総局に中央巡視組（10-10）が入ったのは2016.6.30
初回は李鴻忠。再巡視では動員大会時が李，フィードバック時が王暁東（副書記，代理省長），検討結果公表時が蒋超良	蒋超良（全人代農業農村委員会副主任委員）	習近平案件（天津市と連動）	1. 李鴻忠は，再巡視動員大会終了後，天津市党委書記に転出 2. 初回巡視報告書によると，整頓改善工作専門班トップは李鴻忠ではなく，省党委紀律検査委書記の侯長安
初回は趙正永。再巡視時は婁勤倹	胡和平（中央宣伝部副部長，文化旅游部長）	習近平案件（本籍地。自身の指示を無視した前書記の解任）	1. 趙正永は2016.4，全人代内務司法委員会副主任委員に就任 2. 胡和平は2015.4に副書記，2017.10に書記就任

6 遼寧省	2014.3.30～同年 10.11 陳光林 (3–11)	陳鉄新（省政協副主席）。2014.7.24。収賄。懲役 13 年 9 ヵ月	2016.2.27～同年 8.25 叶青純 (9–3)	1. 王珉（省党委前書記）。2016.3.4。収賄，職権乱用等。無期懲役 2. 王陽（省人代副主任）。2016.3.16。収賄，選挙破壊。懲役 16 年 6 ヵ月 3. 蘇宏章（省党委常務委員，政法委書記）。2016.4.6。贈収賄。懲役 14 年 4. 鄭玉焯（省人代副主任）。2016.8。選挙破壊，収賄。懲役 3 年 6 ヵ月 5. 李文科（省人代副主任）。2017.2.28。贈収賄，懲役 16 年
7 湖南省 (衡陽市)	2013.11.1～2014.6.17 陳際瓦 (2–10)	1. 童名謙（衡陽市党委元書記）。2013.12.18（ポストは省政協副主席）。職務怠慢。懲役 5 年 2. 陽宝華（省政協元副書記。衡陽市出身）。2014.5.26。収賄，懲役 11 年	2016.2.27～同年 8.26 桑竹梅 (9–5)	1. 李億龍（衡陽市党委前書記）。2016.4.8（ポストは省農村工作領導小組副組長）。収賄，職権乱用，出所不明な巨額資産等。懲役 18 年 2. 張文雄（衡陽市党委元書記）。2016.11.8（ポストは省党委宣伝部長）。収賄，出所不明な巨額財産。懲役 15 年
8 雲南省	2013.10.30～2014.6.18 徐光春 (2–5)	1. 沈培平（副省長）。2014.3.9（党内取り調べ開始等の公表日）。収賄（容疑）。懲役 12 年 2. 張田欣（昆明市党委書記）。2014.7.12。紀律違反。降格 3. 白恩培（省党委前書記）。2014.8.29。収賄，出所不明巨額財産。死刑（執行猶予 2 年） 4. 仇和（省党委副書記）。2015.3.15。収賄。懲役 14 年 6 ヵ月 5. 曹建方（省党委常務委）。2015.12。紀律違反。降格	2017.2.26～同年 8.26 徐令義 (12–11)	秦光栄（省党委前書記）。2019.5.9（自首）。収賄。懲役 7 年

初回は王珉。再巡視時は李希	李希（広東省党委書記。中央政治局委員）	特定案件処理（省レベルでの選挙不正。前書記の解任，習近平腹心（李希）の配置）	1.「初回巡視で手がかり入手」 2. 王珉の解任時ポストは　全人代教育科学文化衛生委員会副主任委員 3. 李希は2014.4に副書記として着任，2015.4に書記就任
いずれも徐守盛	杜家毫（全人代財政経済委員会副主任委員）	特定案件処理（市レベルでの選挙不正）	1.「初回巡視で手がかり入手」 2. 杜家毫は2013.3，副書記として着任 3. 徐守盛は2016.9，全人代農業農村委員会副主任委員に就任
初回は秦光栄。再巡視時は陳豪	陳豪（全人代民族委員会副主任委員）	初回巡視での前書記解任を受けた綱紀粛正（後任書記の解任）	1. 白恩培の解任時ポストは全人代常務委内務司法委員会主任委員 2. 秦光栄は解任時，すでに退職 3. 秦光栄の後任は李紀恒（2014.10～2016.8。その後，2016.8～2019.10は内モンゴル自治区党委書記等） 4. 陳豪は2014.10，省党委副書記着任

第5章　中央巡視組の「回頭看」　137

9 江西省	2013.5.27 〜 2014.2.21 王鴻挙 (1-8)	1. 陳安衆（省人代副主任）。 2013.12.6。収賄。懲役 12 年 2. 姚木根（副省長）。 2014.3.22。収賄。懲役 13 年 3. 趙智勇（省党委常務委員）。 2014.6.3。紀律違反。降格 4. 蘇栄（省党委前書記）。 2014.6.14。収賄，職権乱用， 出所不明の巨額資産。無期懲 役 5. 許愛民（省政協副主席）。 2015.2。深刻な紀律違反。降 格 6. 劉礼祖（省政協副主席）。 2015。深刻な紀律違反。降格	2016.6.30 〜 同 .12.29 徐令義 (10-11)	
10 甘粛省	2014.3.27 〜 同年 10.10 楊松 (3-1)	陸武成（省人代副主任）。 2015.1.23。収賄。懲役 12 年 6 カ月	2016.11.8 〜 2017.4.24 傅自応 (11-3)	1. 虞海燕（常務副省長）。 2017.1.11。収賄。懲役 15 年 2. 王三運（省党委前書 記）。2017.7.11。収賄。 懲役 12 年
11 吉林省	2013.10.30 〜 2014.6.8 項宗西 (2-4)	1. 徐建一（省党委元常委）。 2015.3.15（ポストは中国第 一汽車集団公司董事長）。収 賄。懲役 11 年 6 カ月 2. 谷春立（副省長）。 2015.8.1。収賄，懲役 12 年	2017.2.27 〜 同年 8.30 叶青純 (12-2)	周化辰（省人代副主任）。 2017.7.12。深刻な紀律 違反
12 内モン ゴル自 治区	2013.6.3 〜 2014.2.21 薛延忠 (1-4)	1. 王素毅（自治区党委 常務委員，統戦部長）。 2013.6.30。収賄。無期懲役 2. 潘逸陽（自治区常務副主 席）。2014.9.17。贈収賄（贈 賄は令計画に）。懲役 20 年 3. 趙黎平（自治区政府副主席， 区政協副主席，公安庁長）。 2015.3。殺人，収賄，武器 弾薬違法所有。死刑 4. 韓志然（自治区政協副 主席，全国政協常務委員）。 2015.6。深刻な紀律違反， 党内観察 2 年。降格	2017.2.26 〜 同年 8.30 叶青純 (12-2)	1. 白向群（自治区政府 副主席）。2018.4.25。 収賄，汚職，インサイ ダー取引。懲役 16 年 2. 邢雲（自治区人代副 主任）。2018.10.25。収 賄（人民元換算で 4.49 億元）。死刑（執行猶予 2 年） 3. 雲光中（自治区党委 常務委員）。2019.6.11。 収賄。懲役 14 年

初回は強衛。再巡視時は鹿心社	鹿心社（全人代農業農村委員会副主任委員）	初回巡視での前書記解任を受けた綱紀粛正	1. 「初回巡視で手がかり入手」 2. 蘇栄は 2013.3 に全国政協副主席に就任
いずれも王三運	林鐸（全人代華僑委員会副主任委員）	王岐山案件（前書記の解任，王岐山腹心（林鐸）の配置）	王三運は 2017.4，全人代教育科学文化衛生委員会副主任委員に転出
初回は王儒林。再巡視時は巴音朝魯	巴音朝魯（全人代環境資源保護委員会副主任委員）	解任された党委書記経験者（蘇栄，王珉），間もなく解任される同経験者（孫政才）らの関連情報収集	1. 王儒林は 2014.8，山西省党委書記に転出 2. 巴音朝魯は 2014.8，書記就任
初回は王君。再巡視時は李紀恒	李紀恒（民政部長）	初回巡視時と終了後に複数の副省級幹部が解任されたことを受けての綱紀粛正	1. 王君は 2016.9，全人代民族委員会副主任委員に転出 2. 王君の前任者は胡春華（在任期間は 2009.11 ～ 2012.11。その後，中央政治局委員，国務院副総理等）

第 5 章　中央巡視組の「回頭看」　139

13 安徽省	2013.10.31〜 2014.6.9 馬鉄山 (2-7)	韓先聡(省政協副主席)。 2014.7.12。収賄, 職権乱用。 懲役16年(なお, 巡視前の 2013.6, 副省長の倪発科への 党としての調査が始まった旨 の発表あり)	2016.2.28〜 同年8.26 桑竹梅 (9-5)	1. 楊振超(副省長)。 2016.5.24。収賄, 汚職, 職権乱用。無期懲役 2. 陳樹隆(常務副省長)。 2016.11.8。収賄, 職権 乱用, インサイダー取 引, 内部情報漏洩。無 期懲役 3. 周春雨(副省長)。 2017.4.26。汚職, 職権 乱用, インサイダー取 引等。懲役20年
14 山東省	2014.3.29〜 同年10.10 張文岳 (3-4)	1. 王敏(省党委常務委員)。 2014.12.18。収賄。懲役12 年 2. 顔世元(省党委常務委員, 統戦部長)。2015.5.21。深 刻な規律違反。降格	2016.2.28〜 同年8.26 叶青純 (9-3)	楊魯豫(済南市党委副 書記, 市長)。2016.4.6。 収賄。懲役14年
15 広西チ ワン族 自治区	2014.7.28〜 2015.1.31 項宗西 (4-1)	1. 余遠輝(自治区党委常務 委員)。2015.5.22。収賄。 懲役11年。 2. 劉志勇(自治区政協副主 席)。2015年。深刻な紀律 違反。降格。 3. 頼徳栄(自治区政協副主 席)。2016.7。深刻な紀律違 反。降格(なお, 巡視前には 李達球(自治区政協副主席)。 2013.7.6。収賄。懲役15年)	2016.11.9〜 2017.4.27 傅自応 (11-3)	
16 河南省	2014.3.28〜 同年10.14 欧陽淞 (3-8)	1. 秦玉海(省人代副主任)。 2014.9.21。収賄。懲役13 年6カ月 2. 陳雪楓(省党委常務委員)。 2016.1.16。収賄, 汚職, 職 権乱用。無期懲役	2016.6.29〜 同年12.29 徐令義 (10-11)	呉天君(省党委常務 委, 政法委書記)。 2016.11.11。収賄。懲役 11年

注：各種資料を基に, 筆者作成

　　解任された者のうち下線のある者は, 省市区党委員会書記(元職, 前職, 代理を含む)

初回は張宝順。再巡視時は王学軍	李錦斌（全人代環境資源保護委員会副主任委員）	初回巡視前後に複数の副省級幹部が解任されたことを受けての綱紀粛正	1.「初回巡視で手がかり入手」 2. 初回フィードバックで，「一部の地区や部門で腐敗現象が頻発」と指摘。それを受けて，報告書では，「1〜5月，6人の局長級幹部について，腐敗事案として処理」などの成果に言及 3. 安徽省は王三運の前任地（2007〜2011年に副書記） 4. 張宝順は2015.7，全人代環境資源保護委員会副主任委員に，王学軍は2016.9，同教育科学文化衛生委員会副主任委員にそれぞれ転出
いずれも姜異康	姜異康（その後，全人代財経委員会副主任委員を経て引退）	初回巡視後に複数の副省級幹部が解任されたことを受けての綱紀粛正	1.「初回巡視で手がかり入手」 2. 初回巡視のフィードバックは，幹部管理を中心に，かなり厳しい内容。それを受けての報告書は「黄勝」案件（副省長。2011.11.24。収賄。無期懲役）に言及 3. 再巡視報告書は「楊魯豫事件」に言及
いずれも彭清華	彭清華（四川省党委書記）	初回巡視前後に複数の副省級幹部が解任されたことを受けての綱紀粛正	初回巡視フィードバック以降，彭清華は，1. 自らが率先して，巡視組の指摘した問題点を忠実に解決する努力をしたことを示し，2. 中級（地級市）から基層の幹部に対し，実名をあげつつ厳しい処遇を行ったことを強調。その甲斐あってか，2018.3，四川省党委書記に転出
初回は郭庚茂。2回目時は謝伏瞻	謝伏瞻（中国社会科学院長）	初回巡視時と終了後に複数の副省級幹部が解任されたことを受けての綱紀粛正	1. 初回フィードバック時，「賄賂」や「選挙不正」など，厳しい言い方が目立つ。実際，それを受けての報告では，紀律や法律違反をしたとして，数名の局長クラス幹部の名前があがる 2. 郭庚茂は2016.4，全人代農業農村委員会副主任委員に転出

とから，これでは必然性を説明できない（中国経済網。何家弘他 2016：3–27）。

　第二に，「改革開放期に入ると，中央は権力の下放や行政請負などを通じて地方の活性化を図ったが，地方主義による"思わざる結果"がもたらされた。つまり，地方によっては，自らの経済的利益や政治成績を追い求め，"土地財政"（地方政府がデベロッパーの協力を得て地元の土地を収用し，その使用権売却利益を財政収入とする手法）を大いに行った。その結果，初回から第 3 回までの巡視対象となった 21 省区市のうちの 20 省区市で，土地問題をめぐる腐敗が明らかになった」という（田啓戦 2020：94）。そこで，16 の再巡視対象地区に目をやると，第 4 回巡視対象の陝西省と広西チワン族自治区を除く 14 省区市がこの 21 に含まれる。したがって，14 地区すべてあるいは 13 地区において土地問題をめぐる腐敗があったことになるが，それでも，残りの 6 あるいは 7 地域に再巡視が入らなかった理由を説明できない。

　第三に，「初回巡視で事案の手がかりを得た」として，江西省（蘇栄事案），遼寧省（王珉事案，選挙不正事案），天津市（黄興国事案），湖南省（衡陽選挙破壊事案）の名前をあげる資料がある。しかし，同じ資料は，再巡視が行われなかった山西省（"芋づる式腐敗"事案）や四川省（南充選挙不正事案）でも初回巡視での手がかり入手に言及している（前出，中国共産党新聞網 2）。

　したがって，以上のみに拠るだけでは，依然として再巡視の必要性を含む全体像を描き切ることができない。そこで，筆者は，①習近平にあったであろう思惑，②初回巡視と再巡視の 2 回のフィードバックとそれを受けて省市区党委員会（党組）が作成した報告書の内容，③解任者の数と解任につながる党決定（多くが中央紀律検査委員会）の公表日時等を加味したうえで，18 期再巡視の全体像を示すべく，**図表 5–2** を作成した。

（2）個別事案の考察

　以下，**図表 5–2** に基づき，興味あるいくつかのケースについて述べる。

❶習近平案件と思われるケース（5 件）

　重慶市では，再巡視直後に書記の孫政才が解任され，習近平に近しいとされる陳敏爾が後任書記に就任した。孫は 18 期政治局委員中の最年少委員であり，

時期的に王岐山が北京市代理書記，市長を務めたときの部下だったとも言える人物だ。孫政才の書記就任は薄熙来事件を受けてのものだったが，初回巡視と再巡視を受けてのフィードバックとそれに対する検討結果報告書の内容は比較的落ち着いたものとなっている。これに加え，初回巡視での解任者がわずか一名にとどまっているという事実，そして孫政才が2回の巡視にトップとして対応していること等から判断して，孫の下で大規模な，あるいは組織ぐるみの不正行為があったようには思えない。指摘されているように，孫の収賄額が巨額だったことを考慮に入れても，再巡視先としての決定とその結果ともに意外性が強いように思われる。

　北京市党委員会に対する再巡視を担当したのは，重慶市同様，徐令義を組長とする第11組であり，巡視期間も完全に一致している。初回巡視フィードバックで，「下級幹部の巨額腐敗」が指摘されたことを受け，検討結果報告書では市内海淀区のある村の会計担当者による1.19億元の流用事案を適切に処理した等，成果が記されている。その1年後には1名の高官が解任されているが，再巡視での解任者はなかった。重慶市同様，北京市として深刻な問題は存在していなかったことがうかがえる。そして，再巡視終了直後，これも習近平に近いとされる蔡奇が，わずか半年の副書記期間を経て，首都のトップに楽々就任する。こうした経緯から判断すると，北京に対する再巡視の必然性もあまり感じられない。

　天津市と湖北省については，同一の巡視組が同じタイミングで両地の再巡視に入り，湖北省党委員会書記の李鴻忠が再巡視動員大会終了後，天津市党委員会書記に横滑り（実質的には昇格）したことから，両地の再巡視をリンクさせて考察する必要があるだろう。湖北省では2回の巡視でそれぞれ解任者が出ている。天津市についても，初回巡視および再巡視で，党委員会代理書記兼市長の黄興国を含む複数の高官が摘発された。それぞれの再巡視には一定の合理性があったと思われる。

　ところで，李鴻忠という人物は，折に触れてなかなか興味深い発言を行っている。その特徴は，省長・部長級以上の幹部のなかで，最も熱意を込めて習近平称賛の声を上げている点だ。彼はイエスマンなのである。これは，再巡視を受けるという，湖北省時代の「汚点」を払拭するための努力なのかもしれない。

例えば，習近平が「党の核心」となった18期6中全会から2か月後に公表された天津市党委員会第二回巡視検討結果報告書には，「中央巡視組がフィードバックした問題をしっかり処理することは，実際の行動をもって，全党における習近平同志の核心的地位を擁護し，核心のもつ絶対的権威を擁護することに他ならない」，「市党委員会はより自覚的に，党中央と習近平総書記に右倣えすることを明確に提起した」等，歯が浮くような文言が盛られている。また，2021年11月の19期6中全会でいわゆる「第三の歴史決議」が採択された直後，『人民日報』には次のように呼びかける李の論評が掲載された。「習近平総書記は，全党全国人民の衷心からの擁護と敬愛をかちえた人民の領袖であり，中華民族の偉大な復興実現の導き手である」，「習近平総書記は党中央の核心，全党の核心であり，中央指導集団のなかで責任を負い，最終決断を下す人物である」（李鴻忠2021）。

陝西省では，2回の巡視でそれぞれ複数の高官が収賄あるいは深刻な紀律違反を理由に解任されており，再巡視後には元書記の趙正永（2012年から2016年，陝西省委前書記，省人代主任。2016年から全人代内務司法委員会副主任委員）も摘発された。陝西省は本籍地であることから，習近平は日頃から陝西情勢に対する関心度が高かったのであろう。2014年5月以降，習は6回にわたり，「秦嶺北麓違法別荘問題」という個別案件の処理を指示した。しかし，当時の省党委員会書記である趙正永はこの件を同常務委員会の審議に回すことも，現地調査することもなく，また，本件を主管する西安市党委員会書記の魏民洲も指示を等閑視し，別荘建設を推進し続けたという。そして，初めの指示から4年後，習近平が第6回目の指示を出した2018年7月，本件は問題解決に向けてようやく動き始める。その指揮をとったのが前出の徐令義だった（捜狐網）。再巡視後には，浙江省勤務経験者胡和平（東京大学で博士号取得）が書記に昇格している。

以上，5巡視地中の3か所が直轄市であり，3名の後任者はすべて習近平に近しいと思われる人物で，3名とも第19期中央政治局委員に就任している[3]。きわめて政治臭の強い再巡視だったと言えるのではないか。

---

3) 3名のうち，第20期中央政治局常務委員に昇格した蔡奇は，中央弁公庁主任と中央書記処書記を兼任することで，第三期習近平政権のキーパーソン役を果たしている。

❷特定案件（大規模選挙不正）処理のケース（2件）

　遼寧省と湖南省については，選挙をめぐる大規模不正事件を受けた再巡視との位置づけで合理性が説明できる。

　遼寧省では2011年の省党委員会常務委員選出選挙，2013年の省全人代代表選出選挙と省人代常務委員会副主任選出選挙時に大規模な贈収賄事件が発生した。初回フィードバック時，組長の陳光林が「省党委員会は選挙工作における教訓をくみ取り，賄賂を使う行為を断固取り締まり，類似問題の再発を絶やさねばならない」と発言している。この発言が再巡視の必要性を物語る。そして，再巡視開始まもなく，王珉（在任期間2009年から2015年。2015年から2016年，全人代教育科学文化衛生委員会副主任委員）が摘発される。再巡視時のフィードバックでは「小さなサークル」や「派閥活動」，「選挙での不正行為」，「ポストの売買」等が厳しく批判され，検討結果報告書では「王珉，蘇宏章，王陽らの深刻な紀律違反」等への反省が記されている。王の後任ポストには，副書記から昇格し，再巡視に対応した李希が就いている。彼は延安市党委員会書記経験者であり，清華大学で研修し，また，上海でも勤務している。陳敏爾や蔡奇同様，習近平に近い人物である[4]。

　湖南省でも，2012年12月から翌年1月にかけて，省人代代表選出をめぐる選挙不正事件が省第二の都市衡陽市で発生している。初回巡視フィードバックと報告書に「衡陽破壊選挙案」への言及と処理に関する記述がある。さらに，「関係者に対する2回目の処分は（巡視終了直後の）6月末に確定予定」とされていることが再巡視実施の必要性を示唆している。地方都市レベルでの問題だったせいか，元職，前職，現職の省委員会書記の解任はない。しかし，2回の巡視を受け入れた書記（徐守盛）の前任者の周強が，選挙不正が行われた直後の2013年3月に最高人民法院長に転出している。同職はいわゆる「上がりポスト」である。周は共青団出身で，胡錦濤や李克強に近いとされていたことから，書記在任中の不正事件発生を問われての実質的左遷なのかもしれない。

---

4)　李希も蔡奇同様，第19期に中央政治局委員，第20期には中央政治局常務委員に昇格した。また，李は第20期において，中央巡視工作を主管する中央紀律検査委員会のトップ（書記）を兼任している。

❸初回巡視で前書記が解任されたケース（2件）

雲南省と江西省への再巡視は，初回巡視直後に前書記が解任された（解任されたのは書記後のポスト）ことを受けてのものだ。

雲南省では，巡視終了直後に前書記の白恩培（在任期間2001年から2011年。2011年から2014年，全人代環境資源保護委員会副主任委員）が摘発される。再巡視時のフィードバックでは，「18大以降，雲南省党委員会は，白恩培らの深刻な紀律法律違反がもたらした教訓を分析してきたが，白や仇和らの"余毒"除去は徹底していない」と厳しく指摘されている。そして，再巡視終了後には，白の後任の秦光栄（2014年11月から全人代常務委内務司法委員会副主任委員。2018年3月リタイア）も摘発された。

江西省では，巡視終了直後に前書記の蘇栄（在任期間2008年から2013年。2013年から2014年，第12期全国政協副主席）が解任される。党による調査開始が公表された直後に開かれた再巡視フィードバックで，江西省党委員会は「政治意識が強くなく，蘇栄事案後の処理工作が速やかでない」と批判され，「同事案の政治的悪影響をしっかり取り除く」ことが求められた。それを受けて同党委員会が約3カ月後に提出した検討結果報告書は，きわめて詳細なものだった。それによると，蘇栄事案関連では43名の省が管理する幹部が処分され，うち9名が司法部門に引き渡され，さらにそのうちの7名の党籍が剥奪された。

❹その他（残り8件中の3件）

甘粛省では再巡視終了直後の2017年7月，全人代教育科学文化衛生委員会副主任委員に転出したばかりの前書記王三運（在任期間2011年から2017年）が解任される。王の後任は，北京時代の王岐山の部下だった林鐸である。

吉林省の場合，2017年8月30日に対外公表された再巡視報告書では既述の蘇栄（吉林出身。1998年から2001年，省党委員会副書記。2014年6月解任），王珉（2006年から2009年，省党委員会書記，2016年3月4日解任），孫政才（2009年から2012年，省党委員会書記。2017年7月解任）らに加え，周永康（第17期中央政治局常務委員。2015年6月11日，収賄等で無期懲役判決）への批判が繰り返されている。同省では石油をめぐる利権問題が深刻であることがうかがえる。

内モンゴル自治区党委員会が作成した初回および再巡視の検討結果報告書を読むと，同地は資源管理（石炭開発をめぐる利権問題），環境保護，党建設（局長クラス以下の腐敗），民族宗教問題等，多岐にわたる問題を抱えていることが理解できる。

（3）新たなキャリア・パス

「はじめに」で言及した通り，再巡視というきわめて限られた範囲内での考察ではあるが，巡視組長（再巡視に限定せず）ポストは，新たなキャリア・パスとなっている。主な組長（一部副組長）経験者の略歴を**図表 5-3** にまとめた（環球網）。

図表 5-3　主要巡視組組長とその略歴

名前	巡視先と期間 （回－組）	略歴
黎暁宏	中国出版集団公司（1-7。副組長。2013 年 5 月 31 日から 2014 年 2 月 19 日）	1953 年 3 月，湖北省。2005 年，北京市政府副秘書長。2007 年，北京市政府秘書長，弁公庁主任（王岐山は 2003 年から 2007 年まで北京で工作）。2010 年，北京市政協副主席。2011 年，中国証券監督管理委員会紀律委員会書記。（中央巡視組副組長）。2013 年から 2017 年 12 月，中央巡視工作領導小組弁公室主任として各地巡視
楊暁渡	国土資源部（2-3。2013 年 11 月 1 日から 2014 年 6 月 5 日）	1953 年 10 月，上海市。1998 年，チベット自治区政府副主席。2001 年から上海市で副市長，市党委常務委員，統戦部長，紀律検査委書記。（中央巡視組組長）。2014 年から中央紀律検査委副書記，監察部長，中央巡視組領導小組メンバーなど。第 19 期（2017 年 10 月から 2022 年 10 月）には中央政治局委員，中央書記処書記，中央紀律検査委副書記，国家監察委主任
侯凱	三峡集団（2-9。2013 年 10 月 31 日から 2014 年 6 月 16 日）	1962 年 4 月，遼寧省。1984 年から 2013 年まで，審計署で弁公庁主任，副審計長など。2012 年から中央紀律検査委員会常務委員。（中央巡視組組長）。2013 年から 2016 年，上海市党委常務委員。2016 年から中央・国家機関工作委員会副書記など。第 19 期には中央紀律検査委常務委員，審計署長兼党組書記

朱国賢	遼寧省（9-3。再巡視。副組長。2016 年 2 月 27 日から同年 8 月 25 日），山東省（9-3。副組長。2016 年 2 月 28 日から同年 8 月 26 日）	1964 年 9 月，浙江省。新華社(浙江分社主任,チベット分社副社長，浙江分社副社長，貴州分社社長，新疆分社社長，浙江分社社長)。(中央巡視組副組長)。2016 年から中央紀律検査委員会宣伝部部長，中央紀律検査委員会・国家監察委員会宣伝部部長。2018 年，浙江省党委常務委員，宣伝部長。第 19 期には湖南省党委副書記
陳小江	人社部,国家公務員局（9-11。再巡視。2016 年 2 月 28 日から同年 8 月 27 日）。国家外国専家局（9-11。再巡視。前者と同一日程）	1962 年 6 月，浙江省。2000 年から水利部（弁公庁主任等）。2011 年から黄河水利委員会主任。2015 年から中央紀律検査委宣伝部部長。(中央巡視組組長)。2016 年から遼寧省党委常務委員。第 19 期には中央統戦部副部長，国家民族事務委員会主任，第 24 回冬季五輪工作領導小組メンバー
陶治国	国家資産監督管理委員会（9-14。再巡視。2016 年 2 月 29 日から同年 8 月 25 日）。国家郵政局（9-14。再巡視。2016 年 3 月 1 日から同年 8 月 26 日）。その他（初回巡視）	1958 年 7 月，山東省。1999 年から 2015 年まで中央組織部（弁公庁副局長級調査研究員，弁公庁副主任，老幹部局局長，幹部監督局局長等）。(中央巡視組組長)。2017 年から吉林省党委常務委員，省紀律検査委書記，省監察委員会主任等。第 19 期には中央紀律検査委国家監察委駐海関総署紀律検査組組長
徐令義	河南省（10-11。再巡視。2016 年 6 月 29 日から同年 12 月 29 日）。江西省（10-11。再巡視。2016 年 6 月 30 日から同年 12 月 29 日）。重慶市（11-11。再巡視。2016 年 11 月 6 日から 2017 年 4 月 24 日）。北京市（11-11。再巡視。前者と同一日程）。陝西省（12-11。再巡視。2017 年 2 月 26 日から同年 8 月 26 日）。雲南省（12-1。再巡視。前者と同一日程）	1958 年 4 月，浙江省。2001 年から浙江省（省党委宣伝部副部長，省文明弁主任，省党委副秘書長，省信訪局局長等）。2008 年から国家信訪局副局長。2014 年から中央精神文明指導委員会弁公室専職副主任。2015 年から 2017 年，中央紀律検査委駐中央弁公庁紀律検査組組長。(中央巡視組組長)。2017 年から中央紀律検査委副書記。第 19 期には中央紀律検査委副書記，国家監察委副主任

注：各種資料を基に，筆者作成

　このうち，徐令義が第 18 期再巡視において果たした役割は他者の追随を許さない。

　出世という点では国家監察委員会主任の楊暁渡には及ばない。しかし，一方で，浙江省出身の徐は，同省党委員会書記習近平の下で経験を積み，習の中央入り直後に，北京に勤務地を変えている。そして，**図表 5-2** で見た通り，再巡視組長として，重慶市，北京市，陝西省等，権力基盤強化を図る習近平にと

148　　II　反腐敗（摘発，通報）──どのように捕まえるか

って重要な意味を持つ地方，あるいは懸案を抱えた地方を回り，反腐敗闘争を通じた全国的規模での「習近平化」推進に大きく貢献した。

図表 5-3 にある通り，紀律検査部門では浙江省とゆかりのある者を中心に，習近平の地方勤務時代（1985 年から福建省，2002 年から浙江省，2007 年に上海市）の部下の影響力が強いようだ。

おわりに

本論は，反腐敗闘争における中央巡視組の役割を，幹部管理政策と関連づけながら論じてきた。その結果，初歩的な考察ではあるものの，以下の点が判明したと考える。

第一に，中央巡視，とりわけ初回巡視を受けて行われた再巡視（回頭看）は，習近平が進める反腐敗闘争の有力なツールと評価できるであろう。巡視組は，党中央指導部の意向をより正確に，より直接的に，そして，よりスピーディーに地方の現場に伝えることができるという点で，1960 年代にしばしば用いられた「工作組」の現代版とも言えよう。

第二に，中央巡視組の派遣は，習近平にとって，腹心抜擢のための有効なツールでもあった。習の最側近とみられていた陳敏爾と蔡奇が再巡視直後，重慶市と北京市のトップにそれぞれ「難なく」就任し，中央指導部入りしたのが顕著な事例である。

第三に，巡視組長への登用は新たなキャリア・パスである[5]。再巡視に限定した本考察でも，**図表 5-3** にあげた複数のケースが確認された。第 18 期巡視組組長経験者のなかで最高位に上り詰めたのは楊暁渡で，彼は第 19 期（2017 年 10 月から 2022 年 10 月）において，中央政治局委員，書記処書記，中央紀律検査委員会副書記，国家監察委員会主任を務めている。組長を務めたことによって，二段飛び，三段跳びの昇進が実現するわけではないようだが，中央巡視

---

5) 習近平時代の幹部選抜任用制度全般の特徴については，拙稿「党内民主から指導者面談へ——習近平時代の幹部選抜任用制度と中央指導部選出制度」『中国 21』2022 年 11 月（Vol. 57）65–92 頁参照。

組組長経験のある中央政治局委員が今後増加する可能性はあるのではないか[6]。なお，すでに指摘したように，巡視にあたってのキーパーソンである組長の資格要件および選出プロセス，そして，再巡視実施必要性の判断基準のいずれもが不透明である点に，再巡視先の選定における指導部の恣意性や政治的思惑を感じ取ることができる。

第四に，巡視によって明らかになった部下の不祥事に関し，省級党委員会書記の監督責任が問われることはほとんどない。郭金龍（北京市），孫春蘭（天津市），李鴻忠（湖北省）をはじめとして，多くの該当者が**図表 5-2** で確認できる。こうした温情措置は，中央への忠誠心の保証や強要に役立っているのかもしれない。既述の通り，李鴻忠がその典型である。また，郭金龍は，初回巡視初日（2014 年 3 月 31 日）の動員大会で，「習近平総書記の指導核心としての地位を断固擁護する」と，その時点ではいまだ党の公式テーゼとなっていなかった「習近平核心論」をぶち上げている。

第五に，今回の再巡視の対象となった 16 省区市に，習近平の勤務経験地（河北省，福建省，浙江省，上海市）が含まれていないことだ。このことは，これらの地方で副省長級以上の高級幹部が汚職によって解任されなかったことを意味しない。むしろ，18 期期間中に，省党委員会書記を含む多く（最少でも 5名）の高級幹部が汚職等によって摘発された河北省については，反腐敗闘争の文脈から見ると，再巡視を行わないほうが不自然に映る[7]。

第六に，日常工作における中央紀律検査委員会と中央組織部間の意思疎通が不十分である点が浮かび上がったことだ。それは，全人代への転出という実質的な昇任人事と中央紀律検査委員会による取り調べ開始のタイミングがほぼ一致している王三運の事例からみてとれる。このレベルの幹部になると，昇任にしろ取り調べにしろ，その最終判断は党中央，おそらく中央政治局が下すはず

---

6) これに該当する人物としては呉海英（女。1967 年 2 月生。2024 年 4 月現在，吉林省党委常務委員），馬森述（1965 年 10 月生。同，江西省党委常務委員），苗慶旺（1970 年 2月生。同，広西チワン族自治区人民政府副主席）らがあげられる。

7) ちなみに，中央紀律検査委員会は 2015 年 7 月 24 日，中央巡視組の巡視を受けた（2014年 7 月 29 日〜9 月 25 日）際の河北省党委書記だった周本順（周永康が中央政法委員会書記を務めていた時期の同委員会秘書長）が「深刻な紀律違反と違法行為の疑いで，党の審査を受けている」旨公表した。周はその後，懲役 15 年等の実刑判決を受けている。

だ。したがって，このように相矛盾する決定が同時に下されるという事態の発生は，党中央が運営面において深刻な問題を抱えていることを意味しているのかもしれない。また，党中央への決裁文書作成に際しての中央紀律検査委員会と中央組織部（格で言えば，前者が上）間の情報共有や協議が不十分なのかもしれない。そうであるならば，このことは，本論が党巡視工作条例（試行）にみられる第一の特徴と関連して指摘したように，中央巡視工作組の「中央」が中央紀律検査委員会と中央組織部を統合，超越する「中央」を意味しないことの必然的結果と言えるのではなかろうか。

第 19 期中央巡視は 2018 年 2 月に始まった。中央紀律検査委員会によると，同期巡視では「七つの初めて」が注目されるという。具体的には，「二つの擁護」を巡視工作の政治的任務とすること，10 の副省級都市の党委員会，人代常務委員会・政府および政協党組の主な責任者も巡視対象に加えたこと，巡視期間を第 18 期の 2 か月から 3 か月に延長したことなどである（新華網）。これらから浮かび上がるのは，基層レベルに向けて「習近平化」を全面的に進めようという党中央の強い意志である。また，初回再巡視も，2019 年 12 月から翌年 1 月にかけて，「貧困脱出」をテーマに，13 の中西部省区市と 13 の中央組織を対象として実施されている（中国共産党新聞網 3）。

反腐敗闘争とその効果を高めるための中央巡視組の派遣は，これからも継続されるであろう。第三期政権入りが確実視される中，習近平はその権力基盤をさらに強化するため，中央巡視組という伝家の宝刀をさらに大きく振るい続けるに違いない[8]。しかし，こうした手法によって，党，国家および自らの身の「安全」確保を盤石のものにするという彼の思惑がその通りになるか否かについては，継続的な考察が必要だろう。

---

8) 果たせるかな，第三期習近平政権が 2022 年 10 月 23 日に誕生した。そして，同期（20期）の中央巡視工作も翌 2023 年 3 月にスタートし，直ちに成果を上げている。例えば，通常の巡視を受けることなく，直接再巡視を受けた国家開発銀行の場合，2016 年から 2022 年まで副行長を務めた周清玉が再巡視期間中の 2023 年 5 月に，同じく 2011 年から 2018 年まで副行長を務めた王用生がその 2 か月後の 7 月に，それぞれ「深刻な紀律違反と違法行為」により，紀律審査と監察調査を受けている旨報じられた。

参考文献

宮玉濤・王志瑤「党的十八大以来党内巡視制度的新発展与新特点」『理論与改革』2016年5月

何家弘・徐月笛「腐敗利益鏈的成因与阻断——十八大后落馬高官貪腐案的実証分析」『政法論壇』Vol. 34, No. 3, May 2016

李成言「巡視工作難点在哪」『人民論壇・双週刊』2008/04/A　総第223期

李鴻忠「堅決維護党的核心和党中央権威」『人民日報』2021年11月25日第6面

李莉・馬琳「制度効力的双重邏輯——十八大以来中国共産党巡視制度的創新発展」『北京航空航天大学学報（社会科学版）』Vol. 33, No. 5, September, 2020

田啓戦「新時代中国共産党巡視制度的出場邏輯」『湖湘論壇』2020年6期（総第195号）

鐘龍彪「中国共産党巡視制度的演進」『観察与思考』2014年12月

中共中央紀律検査委員会，中共中央文献研究室編『関於党風廉政建設和反腐敗闘争論述摘編』中央文献出版社，中国方正出版社，2015年

中共中央紀律検査委員会，中共中央文献研究室編『習近平関於党風廉政建設和反腐敗闘争論述摘編』中央文献出版社，中国方正出版社，2015年

中共中央文献研究室編『十八大以来　重要文献選編（上）』中央文献出版社，2014年

北京工業大学網「中央巡視組工作規則（試行）」。http://xxgk.bjut.edu.cn/xxgkqd/qt/xszfkyj/20151023/14455800952207071_1.html　2021年10月3日最終アクセス

共産党員網「中国共産党巡視工作条例（2015年修訂）」https://news.12371.cn/2015/10/28/ARTI1446018115761675.shtml　2021年11月1日最終アクセス

環球網「哪些組長参加完中央巡視被重用了？」https://china.huanqiu.com/article/9CaKrnJYymv　2021年11月22日最終アクセス

上海電力大学網「中共中央紀委弁公庁関於印発《中共中央紀委関於建立巡視制度的試行弁法》的通知」https://jijian.shiep.edu.cn/09/4f/c86a2383/page.htm　2021年11月最終アクセス

捜狐網「中紀委副書記徐令義再到陝西」https://www.sohu.com/a/274490818_114988?g=0　2022年1月12日最終アクセス

新華網「十九届中央首輪巡視的N個"第一次"」http://www.xinhuanet.com/politics/2018-07/22/c_1123161097.htm　2022年1月22日最終アクセス

中共河南省紀律検査委員会網「完善巡視制度　加強党内監督——中央紀委負責人就《中国共産党巡視工作条例（試行）》頒布実施巡視制度」http://www.hnsjct.gov.cn/sitesources/hnsjct/page_pc/lzywtj/articlef8c30d51851347d398bf6c10ff7e3c75.html?from=groupmessage&isappinstalled=1　2021年12月26日最終アクセス

中国共産党新聞網1「推動全面叢厳治党向縦深発展——訪中央紀委副主任，監察部部長楊暁渡」http://fanfu.people.com.cn/n1/2017/0829/c64371-29500091.html　2021年12月18日最終アクセス

中国共産党新聞網2「十八届中央巡視実現全覆蓋」http://fanfu.people.com.cn/n1/

2017/0621/c64371-29354457.html　2021 年 12 月 3 日最終アクセス

中国共産党新聞網 3「十九届中央巡視首次"回頭看"啓動　三大看点値得関注」
http://fanfu.people.com.cn/n1/2019/1226/c64371-31523659.html　2022 年 1 月 22
日最終アクセス

中国経済網「十八大，十九大后落馬省部級及以上高官名単　山西最多」http://district.
ce.cn/newarea/sddy/201410/03/t20141003_3638299.shtml　2022 年 1 月 6 日最終
アクセス

中国経済週刊網「十八届中央巡視組組長，副組長都来自哪儿」http://app.ceweekly.
cn/?action=show&app=article&contentid=188527&controller=article　2021 年
12 月 29 日最終アクセス

中国軍網「王岐山談党的巡視監督：寧断一指　不傷九指」。http://www.81.cn/gnxw/
2015-08/21/content_6642084_3.htm　2021 年 10 月 23 日最終アクセス

中国広播網「科学謀画　整体推進　巡視工作進入制度化規範化発展新段階──十七大
以来全国巡視工作綜述」http://www.cnr.cn/2012zt/qlzg/news/20121029/t201210
29_511243905.shtml　2022 年 1 月 15 日最終アクセス

中央紀律検査委員会・国家監察委員会網 1「大事記──中国共産党巡視工作歴程」
http://m.ccdi.gov.cn/content/d7/01/4173.html　2022 年 1 月 10 日最終アクセス

中央紀律検査委員会・国家監察委員会網 2「中央第十一巡視組重慶市委反饋巡視"回頭
看"状況」https://www.ccdi.gov.cn/special/zyxszt/dshiyilxs_zyxs/fgqg_xs11_zyxs
/201702/t20170223_94513.html　2022 年 1 月 5 日最終アクセス

第6章

網絡反腐

ネット時代の「曇花」か「利器」か

朱 建榮

はじめに——研究の意義と対象

　反腐敗——これは世界各国の共通課題であり，中国の 2000 年以来の歴代王朝が最も頭を痛める問題でもあった。中国共産党も，蔣介石政権の失敗から，腐敗による政権基盤への蝕み，「千裏之堤，毀於蟻穴」（千里の堤も蟻の穴から崩れる）の道理をよく知っている。毛沢東時代以来，見せしめ的に，もしくは「運動」（キャンペーン）方式で何度も腐敗対策を講じたが，一向に根絶しない。その根本的原因は建国以来の特権容認の制度にあると，ある学者は指摘する[1]。欧米の常識からは，三権分立，直接選挙などのチェック・監督機能がないためだとされる。しかし欧米先進国でも汚職腐敗が後を絶たないし，自称民主主義国家のインドなどの途上国ではそのような自浄の機能がほぼ働いていないも同然である。

　世界的に反腐敗の決定的処方箋がない中，中国は鄧小平時代以降，江沢民・胡錦濤政権を含め，高成長の達成という「光」の面を見せる一方，汚職腐敗問題が一段と深刻化するという「影」の部分も色濃く残した。21 世紀に入って，

---

1)　楊奎松「五十年代領導幹部的工資住房轎車待遇」，中国『南方周末』紙，2013 年 12 月 3 日。

複数の世論調査では，中国民衆が不満に思う諸問題のうち，汚職腐敗がつねにトップに上がるようになった。胡錦濤，温家宝ら指導者は，腐敗の一掃，法治と民主化の推進に意欲と緊迫感があったが，現実的には既得権益層，建国世代の長老，既存の政治と法律制度を前にして，何も突破できない無力感，焦燥感を味わったと推察される。

　ちょうど胡錦濤政権時代に，世界的なIT革命を背景に，中国もインターネット時代に本格的に入った。民間ではネットを使って汚職腐敗と不正を働く役人を暴露する一部の動きが現れた。そこで当局の容認と支持を得て，「網絡反腐」という新しい反腐敗の形態が生まれた。その背景と経過，および習近平時代の変化を本章は検証の対象とし，これを通じて中国の腐敗対策の行方についても少し展望したい。

　「網絡反腐」は中国語の表現で，インターネットの機能を使った汚職腐敗を摘発する方法・形態，という意味で，主体，主語は一般民衆である。

　その定義について，中共南寧市党校統一戦線理論教研部教師丘文栄は次のように書いている。

　　　「網民」（ネットユーザー，以下同）が，汚職腐敗の疑いのある役人をめぐって，「論壇」（チャット），博客（ブログ），微博（ミニブログ）などのネット媒体を利用してスクープするとともに，他の網民の応援，転送，大規模なネット情報捜索（「人肉捜索」という）を通じてネット世論を形成し，最終的に腐敗取り締まり機関に「容疑者役人」への追究・問責を迫る，という大衆自発型の反腐敗の新モデル[2]。

（1）ネットの発達が背景

　「網絡反腐」は大体次のようなプロセスを経て進められる。まず一人か少数の民間人が「汚職腐敗」，「不正」と判断される人物や出来事について情報と証拠を収集し，それをネット機能（チャット，ミニブログなど）を使ってスクープ

---

2)　丘文榮「新時期對網絡反腐問題的思考」，南寧市人民政府HP，2014年10月14日。
　　https://www.nanning.gov.cn/zt/lszt/2015nrdzt/xxgczzhtl/t269183.html

　156　　Ⅱ　反腐敗（摘発，通報）——どのように捕まえるか

する。ネットで注目されず、ホットな話題にならなければ自然消滅するが、ネットで広く転送・拡大され、とくに有名人（ネットの人気者、博主＝ブロガー、学者など）の一押しがあれば瞬く間にホットな話題になり、ネット世論が形成される。ネットで大騒ぎになると当局が注目して介入するか、網民がネットで暴露された証拠を当局の担当部署（党の紀律検査委員会か司法部門）に提出する。そこで当局が調査に乗り出し、訴えられた役人の多くはその結果免職、逮捕され、有罪判決を受ける。この過程全体が「網絡反腐」と呼ばれる（**図表6-1**）。

図表6-1 「網絡反腐」の流れ

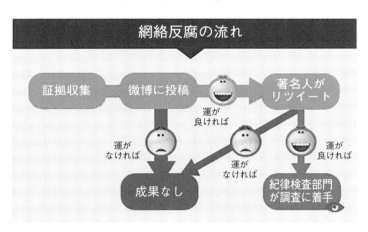

出所：図は各種中国SNSに基づき著者作成

21世紀に入って「網絡反腐」のブームが起こり、一時期、多くの不正役人を倒した社会的現象になったが、その発生背景は何だろうか。

まず挙げられるのは、中国におけるネット社会の急速な発展、一般民衆が共有するネット上のプラットフォームが出来上がったことである。

1994年、北京の物理学研究所が初めてTCP/IPに接続したことが、中国のインターネット利用の起点とされている。96年から研究機関の一般利用が認められ、6000人が登録された。その後、右肩上がりに利用者が伸びた。

中国インターネット情報センター（CNNIC）が1998年以降、毎年1月と7

図表 6-2　1997 年から 2020 年までの中国ネットユーザー数の伸び（単位：1 万人）

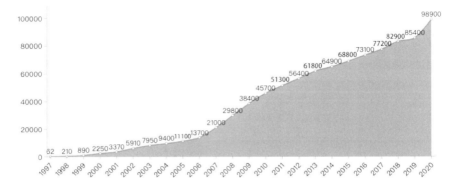

出所：新華網 2021 年 8 月 23 日記事。http://www.news.cn/video/sjxw/2021-08/23/c_1211341582.htm

月の 2 回に分けて「中国インターネット発展状況統計報告」を発表しているが，それによると，中国全土の「網民」（平均で週一時間以上の利用を基準に統計）は 2001 年 12 月時点で 3370 万人，04 年末に 9400 万人，11 年末に 5 億人台になり，14 年 6 月の時点で，6 億人に達した（うちスマホのユーザーは 9 割近く，ネット普及率は 46.9％）。それ以後さらに猛烈な勢いで伸び続け，16 年末時点で欧州総人口相当の 7.31 億人，半年後，全世界のユーザー数の 5 分の 1 を超えた。18 年 6 月，ユーザー数は 8 億人を突破し，コロナ感染症勃発後の 20 年 6 月時点で 9.40 億人に達した。さらに次の 1 年間 7000 万人以上増え，21 年 6 月時点で網民（ユーザー）数は 10.11 億人，普及率は 71.6％に上った。中国はいまや，文句なしの世界最大のネット社会である（**図表 6-2 参照**）。

　最新の数字では中国の「網民」は 24 年 3 月時点で 12.32 億人に達している。これは 10 億単位の民衆がネット，SNS というプラットフォームを共有し，互いに情報，意見を伝達するかつてないツールを手にしたことを意味する。

　西側世界では，中国のネット，SNS は当局の厳しい管理と制限下に置かれ，内外の真実の情報を伝え，意見・不満を表す土台にはなっていないと思われがちである。確かに監視，制限下に置かれてはいる。しかしネット世界は本質的に，完全にコントロールすることができない性質を持つ。「上に政策あり，下に対策あり」で制限策を突破してネットで情報や意見を伝達する方法はいくら

でもある。例えば,「天安門事件」という言葉がブロックされているとしたら,「天庵問事件」とかに書き換えると,読み手はすぐ意味が分かるが,従来のろ過装置には引っかからない。このようなイタチごっこゲームは中国ではネットが開放された当初から続いている。なお,海外の情報は,国内のプロバイダーを経由する従来の「物理的な専用線」に対し,VPN（Virtual Private Network）という「仮想的な専用回線」を利用すれば制限はほぼ不可能になる。多くの中国の大学生がVPNを使って海外の情報を入手していることを,筆者は個別に質問して確認している。

監視・制限があるが,「網民」の情報,意見共有を基本的に阻止できない,という中国のネット環境の存在が「網絡反腐」の発達する物理的背景になった。

(2) 国民の不満鬱積

鄧小平の改革開放政策が中国に経済発展と生活水準の向上をもたらした半面,一党独裁,法治の未整備などを背景に,役人の汚職腐敗問題が深刻化し,民衆がさまざまな社会問題のなかで最も不満に思う事項に上がってきた。

2010年12月,国務院新聞弁公室が初の「反腐敗白書」（全称「中国の反腐敗と廉政建設」）を発表し,汚職問題が深刻であることを認め,2003年以降,20万件以上の汚職・賄賂事件が立件されたとの「成果」を自賛した。しかし民衆の不満はむしろ一段と強まっていた。「2011年中国社会心理状態研究報告」の調査責任者で中国社会科学院社会学研究所の王俊秀副研究員（準教授）は,「当面の中国国民心理では「集団的恨み」の現象が生じ,とくに役人の汚職腐敗問題に向けられている」として次のように分析した。

　　ここ数年,政府の反腐敗と廉潔提唱の努力は絶えず強化されているが,役人の腐敗は依然として民衆が最も不満に思う社会問題の一つである。少数の腐敗官僚の存在は,政府役人に対する国民の信頼を低下させ,政府当局の信用問題にも波及している。「社会的不公平の蔓延と公権力の制約なしの濫用が,現在の社会的信頼の欠如をもたらす根本原因」と指摘する学者もいる。公権力の運営が非公開,透明性を欠くなかで,必然的に「役人イコール汚職腐

敗」という考え方が定着し，不満が高まっている[3]。

　トランスペアレンシー・インターナショナル（略称：TI　中国語名：透明国際）が 2013 年 3 月に発表した「2012 年の世界腐敗指数報告書」によれば，176 の国と地域のうち，ニュージーランド，デンマーク，フィンランドが一位に並列したが，中国は 80 位（前年は 75 位）で，廉政指数は 100 点満点の 39 点だった。
　アメリカの民間調査会社 Pew Research Center が 2015 年 9 月に発表した，中国国民の不満に関する調査レポート「Corruption, Pollution, Inequality Are Top Concerns in China」によると，同年 4 月から 5 月にかけて中国の主要都市で対面方式による世論調査（有効回答数は 3649 件）の結果，84％の人が「公務員の腐敗」を挙げ，「不満」の一位を占めた（**図表 6-3** 参照）。
　役人の汚職腐敗・不正に対する不満が高まる中，ネット社会が中国で発達し始めた。一定の制限があるものの，網民は情報を交換し，不満を吐き出すプラットフォームが現れた。この両者の結合が「網絡反腐」運動を生み出した。
　謝尚果・広西民族大学学長（当時）の論文「網絡社会反腐的法律困境与出路」は，次のように「網絡反腐」が形成される背景を分析している。

　　憲法には公民の参政権の規定があるものの，現実には，人民が批判するには門戸がなく，訴えるには道がなく，検挙摘発は報復を受ける可能性があり，民衆の政治参加の熱意は冷めたままだった。伝統的な政治参加はルートが細かく，法規範が不健全で，参加コストが高いなどの制限により，公民監督権を効果的に行使できない。（中略）
　　インターネットは時間と空間の制限を打破し，民衆に開放，平等，脱中心化の空間を提供し，民衆の政治参加のルートを広げた。ネットを利用した反腐敗は公民にとって，最も便利で効率的で，最も経済的な政治参加の手段になった[4]。

---

3)　「公衆群體性怨恨調査──不満情緒主要指向腐敗官員」『法制日報』2011 年 5 月 23 日。
4)　謝尚果「網絡社会反腐的法律困境与出路」『人民網』サイト 2014 年 3 月 4 日。

160　　II　反腐敗（摘発，通報）──どのように捕まえるか

図表 6-3　中国国民の不満

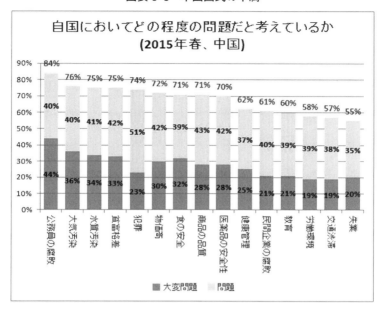

出所：不破雷蔵「中国人民最大の懸念事項は「公務員の腐敗・汚職」」，Yahoo! ニュース 2015 年 10 月 9 日

1　「網絡反腐」の発展の経緯

中国の研究者の多くは，2008 年から 13 年までの間を「網絡反腐」の最盛期と挙げるが，その発展過程は以下の 3 段階に分けられるとの分析論文がある[5]。

(1)「萌芽段階」(90 年代末から 2002 年)

1999 年，駐ユーゴ中国大使館被爆事件後，党機関紙人民日報の主催するウェブサイト「人民網」が中国初の BBS (チャット欄，後の「強国論壇」) を開設した。2001 年，社会問題を大胆に暴露することを売り物とする『南方周末』紙や CCTV「焦点訪談」番組で，民衆の投書を受けてスクープが始まり，その

---

5)　肖揚偉「中国網絡反腐發展歷程及趨勢探析」『北京社会科学』2017 年第 11 号。

うち，地方役人の汚職腐敗・不正に関する暴露が何度も行われた。なお，「新媒体」と呼ばれるネットメディア「網易」，「新浪」，「天涯社区」等のチャット欄にも暴露の書き込みが急増した。

(2)「初歩的発展段階」（2003-2007 年）

2003 年 7 月，最高人民検察院が全国向けのネット通報プラットフォームを開設した。05 年 1 月，党中央が「教育，制度，監督をともに重視する腐敗処罰・予防体系の整備と健全化に関する実施綱要」を発布し，各級の党委員会と政府は世論による監督を重視・支持すべきとし，「反腐倡廉のネット宣伝教育を強化し，そのためのサイト・コラムを開設せよ」と指示する内容も含まれた。05 年 12 月，中央規律検査委員会と監察部（後に委員会）が汚職腐敗・不正に関する通報サイトを開設した。06 年 1 月，「全国贈収賄記録検索システム（全国行賄档案査詢系統）」が設置され，摘発された贈収賄関係事件の情報が検索できるようになった。07 年末，一般民衆がネットを通じて政府部署に汚職腐敗・不正を通報するプラットフォームとなる「国家預防腐敗局網站」も開設された。

この時期に，民間主導の「網絡反腐」が始まった。03 年 10 月，「民間世論監督第一人」と呼ばれる李新徳が「中国興論監督網」を開設し，翌 04 年，山東省済寧市副市長の汚職の証拠を掲載したところ，わずか 14 日後，同副市長が解任された。それに続き，民間の「網絡反腐」サイトが相次いで誕生し，そのうちとくに有名なのは，「中国民生申訴網」「我行賄了」「万州反腐倡廉衛士」などのウェブサイトだった。

(3)「快速発展段階」（2008-2012 年）

この段階では，北京指導部の肯定・支持を得て，「網絡反腐」運動は急速に拡大した。08 年 6 月，胡錦濤総書記が『人民日報』本社を視察した際，「人民網」サイトで網民とのオンライン対話を行い，そのなかで「インターネットは思想と文化，情報の集積地と社会世論の拡声器」であり，「人民の知る権利，参加・表現・監督の権利を守るべき」と発言した。この発言に鼓舞され，運動が急拡大したため，「網絡反腐元年」と位置づけられた。

09 年 2 月，温家宝首相も網民とのオンライン交流で「大衆は政府の考えと

施策を知る権利があり，政府の政策に批判的な意見を出してよい」と表明した。

それを受けて，09年10月，中央紀律検査委員会と監察部が共同の「全国紀検監察通報サイト」を開通した。12年まで，同サイトが受理した汚職腐敗・不正に関する通報と摘発はのべ301万件に上り，同期の「信訪」（書簡や直訴による通報と摘発）総数の12％相当だった。

09年に発行された『中国党建辞典』（中央党校出版）に「網絡反腐」項目が収録され，次のように定義された。

> 網絡反腐は，インターネット時代の大衆監督の新しい形式であり，参加者が多いというネットの特徴を生かし，便利でスピーディ，低コスト，低リスクという技術的優位性をもって，世論のホットスポットを形成しやすく，行政監督と司法監督の有力な補充となっている。

この定義が中央党校発行の辞書に収録されたこと自体，「「網絡反腐」の役割が政府当局に認知された重要な象徴」と評価された。

北京指導者の呼びかけに呼応する形で多くの地方党組織と政府が「網絡反腐」に呼応・支持する動きを見せた。08年，湖南省株洲市紀律検査委員会の楊平書記が「株洲廉政」，「紅網論壇」という二つのサイトに実名で登録し，反腐敗の通報を自ら受け付けると表明し，同紀律検査委は「網絡反腐・廉潔提唱活動メカニズムの構築に関する暫定弁法」を公示した。この「暫定弁法」は中国の当局が初めて「網絡反腐」への支持・協力を表明した公式文書とされている。

続いて09年，河南省臨潁県紀律検査委も同様な「暫定弁法」を発布した。翌10年，重慶市検察院は「網絡挙報信息処置試行弁法」を公布し，そのなかで，通報を受け付ければ3日以内に回答することを約束した。

2012年，白余民・最高検察院通報担当課副課長が披露した同院の集計数字によると，全国のネットを使った通報事件数は年平均3万件以上に達し，「告発者が検察機関に手がかりを提供する主要なルートになっている」という。05年より全国初の通報サイトを開設した四川省紀律検査委員会の苦情訪問室の黄秀川主任は，「ネット上では匿名の通報者は司法部門と交流することができ，

これは伝統的な通報方式とは比較できない利点」と語った。「インターネット通報の利用率も高くなっている。とくに経済が発達している地域ではそうだ」。何延安・最高人民検察院通報担当課課長によると，江蘇省の某検察院は過去9カ月間，計12件の巨額の金額にかかわる経済案件を調査・処理したが，そのうちの8件の発覚はネットによる通報だった，という[6]。

2 「網絡反腐」の代表的事例

この間，民間主導の「網絡反腐」が絶頂期を迎えた。集計によると，全国範囲で2007年の民間「網絡反腐」の事例は7件だったが，08年は17件，09年は43件，10年は42件，11年112件，12年は182件に上った。

中国で「網絡反腐」と言えば，まず連想されるのが陝西省の「表叔」事件である。

事件の経緯はこうだ。12年8月26日，陝西省延安市で大型バスとタンクローリーが衝突し，36人が死亡した重大交通事故が発生し，省規律検査委員，省安全監督局党書記兼任局長の楊達才が現場で事故処理を指揮したが，焼かれたバスを背景に，本人がにこにこと笑うスマホ写真が取られた。この「微笑写真」が匿名でネットにアップされ，瞬く間に広がり，全国的な怒りを引き起こした。

網民たちはさっそくネットを通じて楊氏関連の情報を根掘り葉掘りで探し，8月31日（事件発生後5日目）まで，楊がさまざまなイベントに出席した際に腕時計を頻繁に交換しており，少なくとも11個の異なるブランド腕時計を持っていることを突き止め，その写真をネットに公表した（**図表6-4**参照）。

網民からの質問攻めに対し，楊氏はこれらの時計のうち，5個が高級腕時計で，一番高価なのは3.5万元（約6万円）で，ネットで言われた20から40万元（約350万円から700万円）のものではないと弁解し，この件を現地の紀律検査部門にも報告済みと説明し，「問題はない」ことを暗に伝えようとした。

---

6) 捜索エンジン「百度百科」の「網絡反腐」項目による。https://baike.baidu.com/item/%E7%BD%91%E7%BB%9C%E5%8F%8D%E8%85%90/10330259

図表6-4　ネットユーザーによって公開された「表叔」の複数の腕時計写真

出所：「陝西表哥楊達才事件始末回顧」「捜狐滾動」サイト　2013年1月21日

　しかし網民たちはさらに，楊のズボンベルトと眼鏡にも注目し，9月5日（事件後10日目）まで，彼が少なくとも四つの異なるブランド眼鏡を使っており，10万元（160万円）以上の高価なものも含むとして写真付きで暴露した。彼が使っている高価なベルト，腕輪も写真で公表され，「体中が宝物」と揶揄された。

　楊はこれらの私物はすべて合法的収入で購入したと弁解したため，湖北三峡大学在校生の劉艶峰が陝西省財政庁に政府情報公開申請書を送付し，楊の前年度給与の公開を申請した。

　これで現地当局が調査に乗り出し，楊は「重大な規律違反」があるとして9月20日（事件発生の25日後），すべての職務からの解任が発表された（後に14年の懲役を言い渡された）。

　「腕時計」は中国語で「手表」と言い，「表」と略称するので，楊氏が「表叔」「表哥」と皮肉って呼ばれるようになり，この事件は「表叔事件」とされ，「表叔」はまた腐敗役人の代名詞にもなった。

第6章　網絡反腐　　165

（1）有名な網絡反腐事件と研究論文

　ある中国の学者は一連の「網絡反腐」事件のうち，全国の網民に広く注目された代表的な事例を列挙して分析を行っているが，前出「表叔事件」以外の彼が引用した事例を紹介する。

事例1：不動産価格の高騰を擁護した発言の事件

　発言者の南京市江寧区不動産局長が，高価なたばこ，ブランド腕時計，高級車の使用を暴露され，免職・逮捕に追い込まれた（後に懲役11年の有罪判決を受けた）。

事例2：世界遺産の敦煌莫高窟での勝手気ままな行動

　新疆建設兵団の医院党書記（女性）が見学中，勧告を無視して壁画に触り，止められて逆上し，ガイドを殴ったため，ネット世論が起こり，その「公務車両の不正使用」を暴露され，庇った夫とともに免職された。

事例3：少女に猥褻行為をした深圳海事局党書記兼副局長の暴言

　暴言を吐いた映像がネットにスクープされても開き直った同氏に怒った網民がその数々の悪事を暴露し，停職処分に追い込んだ。

事例4：会議中の居眠り事件

　湖南省衡陽市軽工業総公司党書記兼総経理ら6人が重要会議中に居眠りしている写真がネットに公表されたのをきっかけに，その不正も暴露され，それぞれ免職，懲罰などの処分を受けた。

事例5：徐州市泉山区党書記の汚職・不正と女性問題

　被害者の依頼を受けて大学助教授が暴露の文書を整理し，ネットに公表したところ，網民の声援を受けて，当局が調査に乗り出し，本人はついに免職・逮捕され，有罪判決を受けた。

　同研究者は「ネットスクープは中国の網民層の急速な拡大にともなって近年

現れた新しい現象」とし，一連の事例を挙げた上で「網民・メディア・当局三者の間の「良性互動（よいインタラクティブ）」，社会的進歩を見た」と評価した。同時に，それが党や政府役人に対する大衆からの監督強化につながるとともに，「ネット暴力」，「プライバシー侵害」という問題ももたらしているという「諸刃の剣」としての性格も指摘した[7]。

「網絡反腐」事例を収集し，分析を行った論文が多数出ている。筆者が集めたいくつかの好論文をリストアップしておく。

① 「中国網絡反腐現状及其対策研究——基于 10 个典型網絡反腐案例分析」（10 の典型事例に基づく網絡反腐の現状と対策の研究）　作者：袁希（重慶大学法学院），『重慶大学学報（社会科学版）』2014 年，総 20 号，153–159 頁。

② 「"渉官" 網絡輿情中政府回応速度差異与影響因素分析——基于 136 个案例的実証研究」（136 の事例に基づく役人関連のネット世論における政府対応の分析）　作者：原光，曹現強，『情報雑誌』2019 年第 8 号，130–139 頁。

③ 「網絡公共事件政府回応的現状，問題与策略——基于 2007–2014 年 102 个案例的実証分析」（102 の事例の実証分析に基づくネット公共事件における政府のリアクションの現状，問題と対策）　作者：許揺鑫，『情報雑誌』2016 年第 7 号，80–85 頁。

④ 「網絡反腐事件中的政府回応及其影響因素——基于 170 个網絡反腐案例的実証分析」（170 の事例の実証分析に基づく網絡反腐事件における政府のリアクションと影響要因の分析）　作者：文宏，黄之玦，『公共管理学報』2016 年 13 号，21–30 頁。

⑤ 「網絡行政問責的特征与效果：一个比較的視角——基于 406 个案例的実証研究」（406 の案例の実証分析に基づくネット行政対応の特徴と効果に関する分析）　作者：姚莉，『電子政務』2017 年第 2 号，50–56 頁。

⑥ 「網絡反腐 5 年 39 个案例梳理　3 成落馬官員渉性丑聞」　作者：李顕峰，『京華時報』2012 年 12 月 12 日。

---

7) 「網絡反腐成功案例」，「豆丁網」サイト，2011 年 5 月 18 日。https://www.docin.com/p-204836431.html&s%3D1300087A8A1B0B9463F188111EB7DC90

なお，「網絡反腐」関連の修士学位論文も複数発表されており，集めた四つ
を紹介する。

① 「地方網絡輿情変遷中的政府治理——基于 S 市 2005-2014 年数拠的実証
分析」（地方のネット世論の変遷における政治のガバナンス—— S 市の 2005-
2014 年のデータに基づく実証分析），袁欣，蘇州大学修士学位論文，2015 年
9 月 20 日。

② 「網絡監督在規範権力中的作用，問題和対策研究」（権力の規範におけるネ
ット監督の役割，問題と対策の研究），鄒騰，山東理工大学修士学位論文，
2016 年 6 月 6 日。

③ 「新形勢下的網絡反腐困境与対策研究」（新情勢下の網絡反腐のジレンマと
対策の研究），蘇中山，西北大学修士学位論文，2018 年 12 月。

④ 「従網絡反腐看草根媒体時代的伝播自由」（網絡反腐から草の根メディア時
代の伝播の自由），郝集光，吉林大学修士学位論文，2018 年 5 月 30 日。

(2)「網絡反腐」をめぐる賛否両論

網絡反腐は，政府機関が中心で主導するという反腐敗のパターンから，民間
も参加し，一定の条件下では主導的役割も果たすようになっているという変化
を見せ，中国社会に激震をもたらした。その進行に伴って賛否両論の論争が湧
き上がり，「網絡反腐」による「プラス効果」と「マイナス効果」に関する研
究成果も多く出された。

プラス効果について，前出の謝尚果論文は三つ挙げた。

① ネットワークの開放性，包容性と低コスト性は，さまざまな階層，さまざ
まな年齢層の広範な民衆をそのなかに参加させ，政治参加の人数を増やし，
政治参加の範囲を拡大し，反腐敗を大衆化の方向に導いた。

② ネットワークの匿名性，リアルタイム参加性とインタラクティブ性は，市
民の政治参加の意欲を高め，政治参加の懸念を軽減した。これにより，大
胆に自分の観点を発表し，自分の訴えと主張を表現することができ，社会
階層と身分背景を超えた異なる情報の交流と伝播を実現し，とくに伝統的
なメディア主導の下では周縁に位置していた情報が広く伝わり，公民の政
治参加の影響力を強めた。

③ネットはこれまでの情報疎通の制限を突破し，社会における情報の非対称性を打破し，政府役人の情報独占の余地と能力を弱め，公民の知る権利，監督権などの関連権益を保障し，その参政権の実現を確実なものにした。それは，権力によって権力を制約する伝統的な監督の仕組みの弱点を克服し，民衆による権力の制約によって，ボトムアップの社会的監督と大衆的監督を実現した，広範な民主主義である。

「百度」捜索エンジンには次のような専門家の肯定的意見が紹介された。

①大衆の参加。一台のコンピュータさえあれば，一般庶民，社会人，在校生，退職幹部ないし現職官僚などが匿名で積極的に参加できる。摘発対象者に知られて報復される恐れも少ない。

②情報と意見の伝達が通常の通報や告訴よりも迅速でパワフルで，関係部門を動かす力になる。例えば，雷政富（元重慶市北碚区党委書記）の 12 秒間の猥褻行為映像はネットに投稿されてからわずか 1 時間でクリック率は 100 万に達し，社会的な注目の的になり，現地政府はすぐに対応せざるをえなくなった。ついにはほかの罪も摘発され，本人が 13 年懲役の有罪判決を受けた[8]。

また，別の学者は，それを社会と時代の進歩と結びつけて，「プラスの効果」を指摘している。

①ネットの腐敗撲滅は隠蔽性が強く，通報者を比較的に保護できる。

②開放的な特徴があり，ネットの伝播ルートは多様化している。

③ネット情報が広く速く伝播され，公衆の関心を迅速に得られ，ホットスポットを形成することができる。

④ネットの強力な検索機能は，「悪事」を摘発する新たな方法を提供している。

⑤公民の政治参加度を高めている。

とくに⑤について，作者は次のように分析した。

---

8) https://baike.baidu.com/item/%E7%BD%91%E7%BB%9C%E5%8F%8D%E8%85%90/10330259

ネットは時空と階層を超えるという特徴があり，異なる地域・時間帯・社会身分を越えてネット上で共存し，交流し，同じ事件に共通の関心を持ち，各自が得た情報を速やかに交流・発表することができる。網絡反腐において公民が腐敗撲滅の主力軍となっている。網民の間で横断的な交流が得られるだけでなく，また政府と公民の間の「溝」を打ち破り，政府と公民の間にネットを通じてコミュニケーションの架け橋をつくり，相互の情報伝達，交流・コミュニケーションを強化している。これまでの公民の腐敗行為通報の不便を突破し，通報行為を便利にし，報復される懸念も軽減した。同時に政府が腐敗行為を獲得するルートを拡大し，腐敗関連状況の把握にプラスで，政府自身の清廉度向上，公信力強化に役立っている[9]。

　一方，そのマイナス効果について，複数の学者は，①不確定性（長期的で有効な反腐敗メカニズムにならない），②主体としての網民の限界（野次馬心理，言論の過激化に走りがち），③超法規的（プライバシー侵害，デマを拡散，社会の安定に不利）などを並べている。ある学者も3点のマイナスの影響を指摘している。

　①他人の名誉権やプライバシー権を侵害する恐れがある。

　②ネット情報は真偽がわかりにくく，無法者による怨念，攻撃の道具になりやすい。

　③犯罪情報が早期に露呈し，容疑者が対策を打つのに余裕を与えてしまいかねない[10]。

　確かに「網絡反腐」は両刃の剣であるが，中国の政治体制，法の未整備，発展段階に鑑みれば，国民から支持・評価され，社会的な意義があったと評価できよう。その後の発展は紆余曲折を辿るが，その絶頂期にまかれた種が今後も絶えることはない。

---

9)　王小平・龐俊峰「新媒体時代“网絡反腐”的利弊浅談」『中外企業家』2013年第62号，239-240頁。

10)　楊金衛『网絡：一種新的反腐利器——网絡反腐的制度規范与机制創創研究』山東人民出版社，2012年。

3 習近平時代の軌道修正

2012年秋に習近平が党総書記に，翌年3月には国家主席に就任した。新政権は「反腐敗闘争」の徹底に関する決意を表明し，実際に党・政府・軍各界の多くの大物を汚職腐敗・不正の罪で摘発した。

中央紀律検査委による2021年6月28日付記者発表によると，12年秋の18回党大会以来，立件審査の調査をした党中央の直接管轄幹部（次官級以上）は453人，汚職腐敗で摘発・処罰された党政幹部は408万人だった。ほかに中央8項目規定の違反で62.6万件のケースが調査され，形式主義，官僚主義の問題でも21万7千件摘発され，32万2千人が処分を受けた。「黒勢力」（マフィア）と結託し，その「保護傘」になったケースも9万3千件摘発され，8万4千人が処分された[11]。

中国のネット上には，「胡錦濤時代の中央軍事委（最高軍事指揮機関）メンバーは胡錦濤一人を除いて全員失脚」との写真が広く流れた。実際は許其亮（現軍事委副主席），張又俠（同），魏鳳和（国防部長）ら数人が「生き残った」が，100人以上の将軍が摘発・処分を受けたのは事実だ。

13年春以降，民間主導の「網絡反腐」を政府主導に転換し，網民がネットで自由に摘発する方式から，不正情報をネットで直接に党と政府の担当機関に通報するようにという「網絡挙報」方式が奨励されるようになった。

2013年4月，中央紀律検査委監察委が「人民網」「新浪網」などの人気サイトで「網絡監督」コラムを設置すると，一日平均300件の通報を受けるようになった。13年9月には，中央紀律検査委監察委の「五網合一」（分散された窓口の一本化）新サイトが開通し，一日平均760件の通報を受けていると報告された。15年1月，同サイトのスマホアプリが使用され，16年1月，微信（WeChat）公衆号（公式アカウント）も開通した。

---

11) 「党的十八大以来立案審査調査中管幹部453人」，中央紀律検査委・国家監査委網站，2021年6月28日。

2014 年，全国の紀律検査と監察部門が合わせて 249 万件の通報・訴えを受理したが，うち「網絡挙報」が 46.69 万件で，約 2 割を占めた。

(1) 民間「網絡反腐」の失速

それに伴って，民間主導の「網絡反腐」は失速した。というより，「失速させられた」と表現したほうが正確かもしれない。

まず，民間人が運営する「網絡反腐」のサイトが相次いで閉鎖された。2013 年 7 月初めの発表によると，それまでの 20 日間，中国国家インターネット情報弁公室は計 107 の「違法サイト」を閉鎖した。そのなかには，権利擁護，反腐敗，廉政，監督などの文字が名前に含まれているものが多かった。

「反腐倡廉第一網」を名乗った「中国廉政建設網」も閉鎖された。閉鎖理由として，「虚偽の情報を出し，企業への脅迫や企業や個人への恐喝の疑いがあると通報された」などが挙げられた。

2003 年に最初の「網絡反腐」サイト「中国與論監督網」を創設した李新徳が 19 年末に逮捕され，20 年，「非合法経営罪」で懲役 5 年が言い渡された。

2013 年夏以降，「網絡反腐」を政府の管理下に置く方針がはっきりしたのである。同年 9 月，習近平主席は全国宣伝思想工作会議で「インターネットはすでに世論闘争の主戦場になっており，ネットにおける世論工作を宣伝・思想工作の最重点とせよ」と語った。同 9 月，最高人民法院，最高人民検察院が「情報ネットワークを利用した誹謗中傷等刑事事件の法律適用に関する若干の問題の司法解釈」を公布し，ネットを使った誹謗・強請などの行為を取り締まることが法的に規定された。同年末に国務院が公布した「国務院機構改革和職能転変方案」で，情報ネット実名登録制の実施が義務づけられ，少なくとも当局に対して「匿名」は不可能になった。

2016 年 11 月，全人代で「網絡安全法」が採択され，公民がネットを使って国家や他の公民の合法的利益を侵害することを禁止した。

この時期について前出肖揚偉論文は，「網絡反腐」の発展と制度化模索の両立段階（2013 年から現在まで）と位置づけ，根拠として，以下の三つを挙げた。

①「網絡反腐」は引き続き中央の上層部から高度に重視されている，という。

習近平総書記は 2016 年，サイバーセキュリティと情報化活動座談会で，

「庶民がネットに上がれば，民意もネットに上がる。ネットを，人民民主主義を発揚し，人民の監督を受ける新たなルートにする」と語った。

②中央政府は「ネット監督」エリアを開設し，政府が主導し，大衆の通報を受け入れるというネット反腐敗のメカニズムが基本的に形成された，という。また「国の法律制度の健全化と網民の素質向上に伴い，「網絡反腐」の熱意が減退した」として，2013年度では全国の最も注目度の高い20件のイシューのうち4件を占めた「網絡反腐」の事例が，15年は14％に，16年はさらに6.5％に減少したことを根拠にしている。

③「網絡反腐」のなかの不法行為が取り締まられた，という。

もっとも，「「網絡反腐」の熱意が減退した」との分析は，結果として当局の締めつけの強化で件数が減ったことを指すと思われるが，網民たちは依然，民間人が活発に発言し活動した「網絡反腐」に期待が強いようだ。2013年夏にネットに掲載されたアンケート調査の結果（調査方法は不明）によると，「一番参加したい反腐敗のルート」について，75.5％は「網絡反腐」を選んだ。ほかに「挙報（通報）」を選んだのは58.2％，「メディアの暴露」は53.8％，「情報公開」は48％だった。

(2) さらに頑強に伸びる中国のネット世界

今でも新聞とテレビを主な情報源と見ている日本国民の大半は，中国に関しても，新聞やテレビが「党の喉舌」と位置づけられているため，一般民衆が自由に情報を入手し発言することはできないと考えがちである。

しかし実際は，新聞・テレビが国民の「喉舌」になれない分，ネットの発達を背景に，ネットニュース，ネットテレビ，SNSなどの「新媒体」が民衆にとって情報入手，意見発表の主要舞台になっている。中国の研究者の調査によると，「情報は主にどの媒体から入手しているか」の質問に対し，複数回答だが，75.25％は微信（WeChat）から，39.02％は中国版TIKTOKから，26.61％は「今日頭条」サイトから，20.03％は微博（ミニブログ）から情報を取得していると答えている。そして紙媒体（新聞雑誌）を挙げたのは0.68％，老人を中心にテレビを挙げたのも6.56％にとどまり，残りの4.24％は食卓，会議，家

第6章 網絡反腐 173

族等を挙げた（「光傳媒」サイト 19 年 11 月 29 日）。中国人社会にとっての情報ソースは，9 割以上がネットに依存しているのだ。

当局もその大きな流れを承知しており，中央政府から各地方当局まで各級機関に「網弁」（ネット対策室）が設置されている。「監視」という役目もあるが，実は民衆は何に不満を持っているかの調査が主な内容で，それに基づいて先手を打って対策を講じるようにしている。そのうち，10 億人以上が使う「微信」（WeChat）を民衆の最も重要な情報源，発信源と見なし，不都合なものを削除する一方，そこに現れる民衆の集中した意見や不満を「網情」（ネット世論）として随時に党と政府部門に報告することになっている。

だから，今日の中国では，個別の政府不満の言論（反体制活動家を含め）はより多く抑え込まれるが，「大衆世論」というマグマになると，当局が柔軟に対応し，引き下がったり，謝罪したりする現象も多く見られるようになった。

（3）武漢封鎖の間の 3 回の大炎上

このような特徴は新型コロナウイルスが最初に発生・拡大した武漢で端的に現れた。その間に少なくとも 3 回の世論「大炎上」が発生し，そのつど，当局が当初の方針を修正した。

1 回目は有名な李文亮事件（2020 年 1 月から 2 月）。武漢の眼科医李文亮が「新型 SARS が再発したらしい」情報を友人グループ（微信群）に転送したところ，1 月中旬，警察から訓戒され，過ちを認める文書に署名させられた。2 月 7 日の李の死去を契機に，彼への追悼とともに，現地政府の対応のまずさ，発言の制限への不満がネットに殺到した。しかしネット管理部門に全部削除された。

それに対し，網民は一斉に反抗し，反発の書き込みが何倍も膨らんだ。1 週間後，中央政府の対応が急変し，「李文亮事件」の調査チームを派遣し，間もなく李は「烈士」と追認・表彰された。それ以後，彼を記念する意図をもって不満や嫌味を示す書き込みも削除しなくなった。

この騒ぎの直後，『環球時報』の胡錫進前編集長は，「李の病死直後，世論（反発）の「津波」が発生し，これが政府による調査を推し進めた」とし，民衆によるネットでの突き上げが社会の進歩につながると肯定的に評価した。

2回目は,「謝恩」事件（3月上旬）。武漢市党書記に新たに任命された王忠林が3月6日, 全国からの医療関係者の支援を受けて, 感染拡大に一定の歯止めをかけられたのを受けて,「武漢人民は総書記と共産党に「感恩」すべき」と発言した。それに対し,「湖北省の6000万人が1か月以上隔離され, いまだに苦しんでいるのに, 当局への「感恩」は何事だ」と, ネット世論は再び一斉に怒り出した。

　直後, 現地党機関紙『湖北日報』社説は「いや, まず武漢人民に感謝する」と言い直し, 習近平主席が3月10日に現地を訪れた際, 何度も「人民に感謝」を口にした。3月14日付『人民日報』にも,「民衆に「感恩」を求めるのは（封建時代の）皇権思想が祟っているため」と批判する評論文が掲載された。

　3回目は暴露記事をめぐる一斉反抗（3月中旬）である。

　習主席の武漢訪問当日の3月10日, 武漢の女性医師艾芬が, 李文亮に情報を伝えたのは自分で, 同じように厳しく叱られたと告発した「發哨子的人」（警笛を配った人）と題するインタビュー記事を掲載した月刊誌『人物』20年3月号が発売されたが, 直後に削除された。

　それに対抗して, 同インタビュー記事は少なくとも33種類の言語と表現によって全国の津々浦々から再掲載された。網民たちはこの日を,「微信が誕生して以来最も「ブラックユーモア」に富む一日」と呼んだ。その猛烈な反発を受けてわずか1日後, ネット審査の管理部門は, 削除した同記事の掲載を復活させた。

（4）ネット世論は抑えられないものに

　当局は, 民衆の通報をネットでの拡散ではなく, 直接に政府のネット受理窓口へと呼びかけ, 同時に民間主導の暴露サイトを相次いで閉鎖したが, その傍ら, ネット利用人口は21年6月時点で10億人を上回った。ネット社会は本質的には完全制御が不可能であり, イタチごっこを通じて, 近年も「網絡反腐」すなわち民間主導のスクープは相変わらず突発的に起きており, 当局はそのつど後始末に追い回されている。

　21年6月以降の全国的に有名な「網絡反腐」事件の代表例を紹介する。

　6月22日, 人気女優が論文を書いていないのに教授職になったことには

「裏」があるとしてネットで騒ぎだし，1か月も立たないうちに，職が解かれた。

　7月3日，湖南省の有名病院の副院長が接待相手の異性をベッドで死なせたことがネットで暴露され，間もなく免職された。

　とくに有名なのは，古参科学者を殴打した高官の解任事件。6月6日，中国航天科技集団所属企業の党書記兼董事長張陶が二人の古参科学者に国際宇宙航空アカデミー（IAA）会員（「院士」）への推薦を依頼したところ拒否され，腹いせに二人を殴打し重傷を負わせた。ネットで6月中旬にスクープが相次いだが，航天科技集団は「デマ」，「調査中」を理由に一向に対処しなかった。そこでネット世論が一層盛り上がり，ついに張氏は7月4日に停職，翌5日，北京市公安局に逮捕された。

　最近の例は西安に発生した。22年1月，ゼロコロナ政策を採る中国で，北京冬五輪を控え，厳戒態勢が敷かれるなか，コロナ感染が数十件発生した西安市で妊婦が陰性証明の期限切れを理由に診療を拒否されて死産するという，不幸な事件が起きた。これをめぐって中国のネットがまた大炎上し，現地政府への批判が噴出しただけでなく，中央政府の対応にも不満が現れた。2日後，現地責任者と病院責任者が解任され，衛生政策を担当する孫春蘭副首相が「ひどく心を痛め，深く恥じている。政策の不備があらわになった」と謝罪した。中国の副首相級の謝罪はきわめて異例なことだ。

展望——社会民主化の起点になるか

　「網絡反腐」はネットの発達と，はけ口のない民衆の不満の鬱積が結合して始まった。胡錦濤政権2期目の数年間，社会的なムーブメントとして注目され，当局を震撼させるものもあった。ただし，その追究は中級クラスの「狐」級の汚職腐敗の事例と人間を摘発できても，上層部の「虎」には及んでいなかった。

　習近平時代に入り，反腐敗運動はすべて「党の指導下」に押し込まれ，民間主導の「網絡反腐」は一時期，下火になった。しかしマグマは消えず，ネットのさらなる発達と民衆の権利意識の向上を伴っており，その新しい動向をもっと注視する必要がある。

　ネット世論はもはや抑え込むことができない時代になっている。その過程で，

民衆の権利意識がネットを通じて発露され，中産階級の政治行動のパターンにも挙げられる「横の連携」がネットを通じて広まっているように見受けられる。

政権側は，新しいネット世論に対し，政府批判につながる個別の動きを抑え込むが，集団的・連携的動向になればある程度の譲歩も見せ，社会的な事件・運動へと広まらないよう対処方法が変化しているようにも見受けられる。

ネットでのイタチごっこは依然として続いているが，かつては個々の政策や地方の役人に向けられていた「なぜもっと自由に表現できないのか」という不満が全国的な政策や統治方法にも向けられる動向が現れている。2021年後半に発生した復旦大学教師による党書記殺害事件，有名ピアニスト李雲迪の買春事件（北京）などでは，ネット世論はいずれも疑念と不満を政府に向ける傾向を見せており，社会意識の変化が見受けられる。

2030年までには，中国の経済力がアメリカに並ぶ可能性が注目される中で，中国国民の権利意識が一段と向上し，それがネットの力を借りてさらにどのように政治に影響していくか，一段と注目していく価値がある。

その意味で，おそらく胡錦濤時代に活発化した「網絡反腐」は「曇花一現」に終わることはないだろう。中国語の「曇花」は仏教用語から来ており，優曇華（ウドンゲ）が3000年に一度だけ咲き，咲いたらすぐ萎むという想像上の花を指す。「網絡反腐」はそのような「曇花」に終わってほしくないし，萎むことはもはやないだろうと信じる理由がある。中国におけるネット社会の発達は完全制御が不可能と当局も認めざるをえない域に来ている。とくに中国民衆の権利意識は近年著しく台頭し，「コロナ騒ぎ」を通じて社会や政治を動かすマグマになりつつある。「網絡反腐」は今後も一つの手がかりとして，一般民衆が情報社会において政府や役人に対して監視・監督を行うある種の鋭い「利器」になること，汚職腐敗・不正にメスを入れるだけでなく，中国社会の民主化にとっても堅実な土台を積み重ねていく一環になることを期待したい。

第6章　網絡反腐　177

III

腐敗空間——どこで起きているのか

　序章で示した「腐敗の構成要件」に敢えてもう一つ加えることとするならば，それは「腐敗はどこで生まれているのか」である。本セクションは，こうした腐敗の発生場所，領域を俎上に載せる。まず，第7章「「微腐敗」対策——農村における腐敗空間の生成と行方」（南裕子）は農村の微腐敗を研究対象として，その要因や対策を分析している。「微腐敗」とは民衆の身近で発生している小さな腐敗を指し，この農村の微腐敗対策は，それまでの村の運営，地方政府と村との関係のあり方を変え，今後の農村のガバナンスのあり方を変化させる可能性を持つ。また，逆に，腐敗を招いた要因も農村のガバナンスと関連づけてたどることができるとして，南は，人民公社解体以降の農村ガバナンスにより「灰色空間」が生成され，それが「腐敗空間」へと転化するメカニズムを指摘した。

　続く第8章が取り上げる腐敗の発生場は，地方人民代表選挙である。2012～13年にかけて全人代，湖南省人代をめぐる大型の選挙買収（賄選）事件がおきたが，第8章「選挙における腐敗と中国共産党の支配——選挙制度にある「曖昧な空間」の利用」（中岡まり）はこれに関わる衡陽市人大での間接選挙を取り上げ，選挙における腐敗の原因とメカニズムは何かと問うている。中岡は，代表候補を推薦・決定する段階と投票行動を指導する際に，党が予定した候補を正式代表候補を当選させるための「意図的に隠され，曖昧にされている」作業段階があることを指摘し，ここから党が選挙制度を通して体制内エリートにポスト分配するために利用してきた

「曖昧な空間」が，その曖昧さゆえに贈賄者となった企業家や党政領導幹部らと収賄者となった人民代表と選挙工作者たちに利用されたことを論証している。

　なお，第9章「**国共内戦下の末端幹部腐敗と建国後における都市行政のあり方**」（橋本誠浩）が取り上げる腐敗発生の時間と空間は，1946年以降の第二次国共内戦時期であり，新たに占領した都市において行政機構を立ち上げるべく都市の接収管理の一環として進められた行政機構建設という場面である。橋本は，都市接収管理を現場で担った末端幹部たちの腐敗実態を検討した上で，これが中華人民共和国の都市末端行政の形成に与えた影響を見出そうとしている。

第7章

「微腐敗」対策

農村における腐敗空間の生成と行方

南 裕子

はじめに

「微腐敗」とは，民衆の身近で発生している小さな腐敗を意味する。省や中央の党政機関の要職にある幹部による大きな権力の大きな腐敗に対しての言葉である。習近平は，2016年第18期中央紀律検査委員会第6回全体会議で，微腐敗は民衆に直接かかわる利益を損ない，民衆の「獲得感」を徐々に侵食し，基層における大衆の党に対する信頼を失わせるものであり，「微腐敗でも大きな災いをもたらす」と警告している。微腐敗を叩くことの実践的意味はここに集約されていると言える。

一方，農村の微腐敗を研究対象として，その要因や対策を分析することは，農村のガバナンス問題へのアプローチとして有効性をもつだろう。農村の微腐敗対策は，それまでの村の運営，地方政府と村との関係のあり方を変え，今後の農村のガバナンスのあり方を変化させる可能性を持つと考えられるからである。また逆に，腐敗を招いた要因も農村のガバナンスと関連づけてたどることができるだろう。こうした観点からの農村微腐敗論が，本章の問題関心となる。

農村の微腐敗をめぐっては，地方政府の報告資料や研究論文が，すでにその実態や手口について多くの情報を提供し，さらに要因分析や対策の政策提言がなされている。要因については，後述するように中国の村の幹部の特殊な立場

181

や村内での監督の諸制度の形骸化の問題がよく議論されている。ただ，このような問題を，腐敗学の理論的アプローチや分析枠組みから分析する傾向は，全体的には希薄である。そのような中，Wu と Christensen は，腐敗学の枠組みを中国に用いて，農村の貧困扶助ガバナンスにおける腐敗の分析をしており注目される（Wu & Christensen 2020）。また，微腐敗対策の現状や評価については，政策効果を測るには時期尚早ということなのか，まとまった議論は少ないようである。

　本章では，この Wu と Christensen の議論を敷衍する形で，既存の農村腐敗研究を農村ガバナンスとの関連を軸に整理，再構成して，農村微腐敗の要因分析を行う。それは，人民公社解体以降の農村ガバナンスから生じた「灰色空間」の生成，そしてそれが「腐敗空間」へ転化するメカニズムを解明することとなる。その際に，農村微腐敗の事例にしばしば垣間見られる，「もう一つの農村秩序」の問題も議論に組み込む。その上で，微腐敗対策の現状を明らかにする。それは，一つの政策パッケージの形で存在するのではなく，農村ガバナンス改善のさまざまな措置のなかから見出していく作業となる。以上を踏まえて，最後に今後の灰色空間および腐敗空間の行方を考察する。

1　農村部の微腐敗の概況

（1）微腐敗案件の経年変化

　農村微腐敗を計量的に把握した研究はいくつかあるが，本章では，データの年数の幅，腐敗の分類が詳細であることから，周健宇（2018）に依拠して微腐敗案件の経年変化を見ることとする。

　周は，中国裁判文書網，中国審判法律応用サポートシステム，人民検察院案件情報公開網，各種メディアの報道，周自身が司法業務に従事したときに接した判例を情報源として，1997 年〜2018 年に判決（実際の犯罪活動は 1993 年 1 月〜 2017 年 12 月）のあった 1936 件の村幹部[1]による職務犯罪ケースの起訴状，

1）　原文では「村官」。村の党組織，村民委員会，共青団支部，婦女代表会，経済組織等の責任者を指している。以下，本章においても村幹部はこれらの人々を指す。「官」とあるが，村は自治組織であるため，公務員ではない。

判決文，ニュース報道の分析を行った。周によれば，収集できたケースは，司法プロセスに入った職務犯罪の2%足らずと推計され，しかも，実際に発生した職務犯罪に相当する行為のすべてが司法プロセスにまで至っているわけではない。このため，以下は，そのデータの代表性の点では留保付きの議論となる。

図表7-1は，1936の案件とそれに含まれる計7132回の犯罪活動の経年変化である。1993年から2000年の間はきわめて少ない。その後，2001～2006年，2007～2012年，2013～2017年の三つの段階があるように見えるが，周は，2013年からの上昇については，習近平の反腐敗取り締まりの強化によるものと見ている。

図表7-1 職務犯罪案件の新規増加数，職務犯罪活動回数

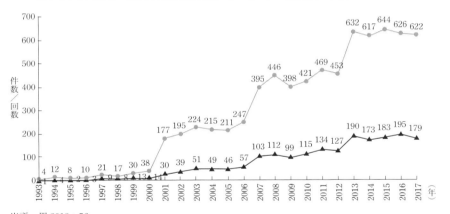

出所：周2018：56

図表7-2は，職務犯罪の手口の構成比を三つの時期別に示している[2]。図の棒グラフの各柱が示す職務犯罪の手口は，左から順に下記の通りである。

①村の集団所有財産[3]の横領（私的利用，売却による利益取得）

---

2) 劉・蔣（2014）も，期間やデータの出所は異なるが，農村の腐敗を統計的に分析し，同様の時期区分を行っている。
3) 代表的なものは土地（農地，林地，宅地など）である。中国では農村の土地は国有ではなく，村やその下位のユニットの村民小組による集団所有である。

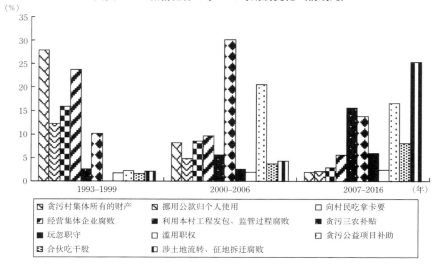

図表7-2 職務犯罪の手口の時期別変化（構成比）

出所：周2018：60　　　　　　　　　　＊凡例の日本語訳は本文を参照のこと

②公金横領

③事務手続きの際の村民への賄賂要求

④集団企業の経営，請負，企業資産の譲渡の各プロセスでの汚職，不当な利益取得（以下，「集団企業の経営プロセス等における汚職」とする）

⑤村の公共事業の発注，監督プロセスでの汚職

⑥三農政策（＝農業，農村，農民にかかわる政策）に伴う補助金の横領，詐取，私的分配（食糧補助，農機具補助，農村道路整備，メタンガス池設置など）

⑦職務怠慢による国家財産，集団財産，村民の利益の侵害

⑧職権濫用による国家財産，集団財産，村民の利益の侵害（例：立ち退きプロジェクトにおいて，世帯人数や建物・付帯施設面積で虚偽の報告をして補償金を詐取）

⑨国家公益事業の補助金の詐取（例：退耕還林，災害救済，ダム移民）

⑩職権を利用して他人と共同経営事業を立ち上げ，出資せずに配当金を受領

⑪土地の使用権譲渡，収用，立ち退きにからんだ収賄，汚職（以下，「土地がらみの汚職」とする）

図表7-2からは，時期ごとに特徴が比較的明確であることがわかる。各時期の上位3項目を以下に示す。微腐敗の誘因となる財物が，どのような形で村内に存在しているのか，そのあり方が時期によって異なることが反映されている。

① 1993～1999年：「集団所有財産の横領」，「集団企業の経営プロセス等における汚職」，「事務手続きの際の村民への賄賂要求」

② 2000～2006年：「三農政策関連の補助金の横領，詐取，私的分配」，「国家公益事業の補助金の詐取」，「集団企業の経営プロセス等における汚職」

③ 2007～2017年：「土地がらみの汚職」，「国家公益事業の補助金の詐取」，「村の公共事業の発注，監督プロセスでの汚職」

紙幅の関係で①と②の時期の詳細は省略せざるをえないが，2000年代に入り，中央の政策が三農問題の解決に大きくシフトし，農村への事業費投入が増加したことは重要な点である。本章の議論が念頭におくのは，③の時期（から現在まで）の状況である。都市化が進展した時期であり，その影響で2010年代に入ると土地収用面積は一層拡大している[4]。公益事業関係では，2006年に大中型ダム移民後期サポート政策が開始され，2008年には四川大地震による災害援助，災害対策が始まった。また，2006年からの第11次5ヵ年計画では，その目玉の一つが「新農村建設」であった。これにより，三農向けの中央財政支出も一層拡大し，生産，生活インフラの整備事業が行われた。これが「村の公共事業の発注，監督プロセスでの汚職」の増加をもたらしたと考えられる。

以下，本章では，公権力との関係性がより強い微腐敗，具体的には，土地関係や政府事業費をめぐる腐敗を主たる対象として議論する。地域的には，土地収用の場合，全国で均質的に生じるのではなく，都市近郊や大型公共事業の対象となる地域など偏りは見られるであろう。だが，政府事業の場合は，農村振興の各種事業は全国的に展開されているほか，近年は貧困支援政策が重点的に行われていたため，内陸部もカバーする議論となる。

---

4) 土地収用面積の変遷については，国家統計局データベースで確認できる。https://data.stats.gov.cn/easyquery.htm?cn=C01&zb=A0B02&sj=2023（2024年7月24日最終アクセス）

（2）具体的な手口

❶土地関係

【事例1】土地収用の補償問題

　土地収用にまつわる腐敗については，Yanan Song らによる研究が非常に詳細にその過程を追っている（Song ほか 2016）。調査地は山東省都市近郊の村で，新たな中心業務地区建設に伴い，2006 年からは農地収用，2008 年からは宅地収用が行われた。問題になったのは，村書記（村民委員会主任も兼任）による恣意的な補償金の取り扱いや補償措置，そして土地収用に関する情報の悪用である。

　まず，農地と農地付着物への補償金について，村民と村の間の規定の分配比率を越えて村が多く留保していた。この留保分は，書記自身や関係する地方政府官僚，その他の関係者（「関係戸」）へ分配されたという。宅地の補償金も，本来ならば村民には4万元／畝とされていたが，一切支払われず，合計 1000 万元は書記と地方幹部に渡ったとみられている。また，宅地収用にともなう移転先の住宅分配も恣意的なものであった。

　さらに，書記は公表前に土地収用の情報を得ていたことを利用して，非本村人 100 戸に宅地使用許可を独自に発行した。その際に，購入者は書記個人に「疏通費（斡旋費用）」（1〜10 万元）を支払う必要があった。その後の立ち退きの際には，これら非本村人も補償を得ることができた。

　こうした村の書記の一連の行動はなぜ可能となったのか。まず，他の村幹部は，利益を供与される関係にあり，これを黙認していた。一方の村民は，本来自分たちに補償されるはずの金額や待遇についてよく知らない。しかし，噂話や近隣の村との比較で疑問や不満も生じ，一部村民は，地方政府への陳情，抗議活動を行った。しかし，地方政府は積極的に対応しなかった。Song らは，区政府が書記の経営する会社に頼って土地収用事業を実施していること，区政府の役人と書記の間に個人的なつながりがあることが理由であると指摘している。さらに，村民による抗議運動に際して，村の書記は区の書記に金銭を渡してこの問題の処理を依頼した模様である。

　結局，2009 年に市政府の介入により，村民は本来の補償金の大部分を取り戻すことができた。さらに 2014 年，反腐敗の検査チームが中央から山東省に

入ることになり，問題発覚を恐れた書記が村民に釈明するとともに，残額を自主的に返済した。

【事例2】虚偽の報告による土地収用補償金詐取[5]

青海省西寧市の坂東村の主任，書記，会計の3名は，土地収用工作組の職員3名に2度にわたり計15万元贈賄し，村民に気づかれぬよう，測量済みの土地を再度測量してもらった。それにより，工業園区建設による土地収用として，自身あるいは親戚の名義で7畝分を虚偽申請し，補償金33.634万元を不正受給し，3人で分けた。腐敗発覚後，これら村幹部には，党籍剝奪のほか，10年〜12年の懲役判決が下された。

❷補助金・事業費関係

【事例3】貧困支援養豚事業資金の不正使用[6]

2013年，河北省広宗県の董里集村に貧困世帯50戸分として20万元の事業費が支給されることになった。村民委員会主任は，村の書記の同意を得て村幹部会議を開催し，この資金で主任個人の会社（畜産経営）の設立を決定した。主任は，村民のための事業であるとして，50人の村民から身分証を集め，信用社でカード発行の手続きを行った。その後，各口座に県財政局から貧困支援事業資金が振り込まれたが，主任がその金を引き出し，自らの会社の経営に使用した。2014年にも同様の行為を行い，貧困世帯の虚偽報告も行っていた。

2016年の県規律検査委員会監察局の調査期間に自ら村民に返納した。主任は党内厳重警告処分，書記も党内警告処分となった。

【事例4】村の汚水事業費の不正受給[7]

本件は，浙江省開化県の紀律検査員会と監察委員会が，民衆からの告発文を

---

5) 「青海農村基層干部違紀違法典型案例啓示録」（2015年）。http://fanfu.people.com.cn/n/2015/1013/c64371-27693514.html（2024年7月23日最終アクセス）

6) 「扶貧惠農資金不能成為"唐僧肉"」（中央紀委監察部HP） https://www.ccdi.gov.cn/yaowenn/201604/t20160401_53856.html（2024年7月23日最終アクセス）

7) 「4次談話后 他終于節出了真相」（中央紀委監察部HP）https://www.ccdi.gov.cn/yaowenn/202102/t20210220_85078.html（2022年1月31日最終アクセス）

もとに，2020年に粘り強く調査を進めて摘発したものである。まず問題の一つは，材料輸送関連の業務を，主任の一存でその弟に請け負わせていたことである。さらに大きな問題は，人件費が突出していたことである。5000元以上の労務報酬を受領していた55人への再調査の結果，22名分がカラ支出で，計24.39万元を不正受領していたことが判明した。この資金の一部は村の債務返済に充てられ，村民委員会主任個人では1.57万元を着服していた。結果，党籍剥奪と村民委員会主任罷免処分となった。

　以上，農村の微腐敗の概況から浮かびあがるのは，村民と政府の「間」で，村幹部が，さらには村幹部と結託した地方幹部が，職権を利用して利益をかすめ取るという構図である。腐敗につながる空間の存在をここに見ることができる。以下では，これを「灰色空間」の形成とその「腐敗空間」への転化（転落）としてとらえてみたい。

2　微腐敗発生のメカニズム

　まず，本章では「灰色空間」を，村幹部が個人の裁量で村内の資源や村民の利益にかかわる問題をコントロールできるあいまいな領域・余地としてとらえて議論を進める。これは，合法であるとは言えないが，非合法でもなく，ここから私的利益を得ることも可能となる空間である[8]。WuとChristensenは，貧困治理システムは，村と郷鎮の幹部に，そのポジションを利用して多くの資源への接近を可能にしており，それは公益のために使われることもあれば，私利のためとなることもあったと述べている（Wu and Christensen 2020 : 7）。まさにこのような余地を，ここでは灰色空間と呼ぶのである。

（1）道具的アプローチと文化的アプローチ
　WuとChristensenが用いた腐敗の分析枠組みは，道具的アプローチと文化

---

8)　この概念は，肖琳（2020）の「灰色利益空間」から着想を得ている。肖の場合は，村幹部がかかわる利益に灰色のものがあり，その利益を分かち合う人々の広がりを空間として議論している。

的アプローチである。道具的アプローチは，組織論に基づいて，公共組織の構造的特徴，そして個人の自己利益に関する合理的思考と行為の2点から分析を行うものである。後者について，WuとChristensenの場合は，コストと利益の比較によって，さまざまな腐敗手口の中からある手口を選択することを議論している。だがここでは，それ以前の段階，つまり，灰色空間にいる者が，腐敗行為を行うかどうかを選択する際のコストと利益の問題として議論したい。

一方の文化的アプローチは，歴史的伝統，経路依存，インフォーマルな価値や規範といった観点からの分析である。

(2) 灰色空間の生成

灰色空間の生成を，道具的アプローチのうちの腐敗を招来するような公共組織の構造的特徴から説明してみよう。それは，中国の地方の統治構造，周少来の言葉を借りれば「"県，郷鎮，村"行政一体化のガバナンス構造」（周 2018：117）に由来する。地方政府は，政策遂行，行政事務の実施のために，一部権限を村幹部に移譲する。このとき，村幹部は業務を課されるとともに，自身の裁量で資源を動かす余地も与えられ，地方政府の役人と村幹部との間には相互依存の協同関係が形成される。ここに灰色空間が生じるのである。また，村は官僚機構の末端ではなく制度上は自治組織であり，そのためむしろ，権限移譲に融通が効くことになるともいえるだろう。

例えば，土地収用を伴う経済開発プロジェクトで，地方政府は村幹部の行為を黙認することがある（肖 2020：85）。立ち退き拒否や立ち退き条件に難題をふっかける厄介な人々の問題を片づけ，土地収用業務を順調に進めるため，地方政府は村幹部に権限を与えて問題を処理させる。その際に，村幹部が便宜的なあるいは強引な方法を行使すること，さらに時にはこのプロセスで経済的な利益を得ることも地方政府は黙認するという。

(3) 灰色空間の腐敗空間への転換

地方政府幹部と村幹部との間の「相互依存の協同関係」は，随時，「共謀する腐敗関係」に転換してしまうという（周少来 2018:117）。灰色空間が私的な利益のために使用されて腐敗空間となることが生じるのである。灰色空間にい

る人間がこの空間をどのように使うのかが問題となる。

　灰色空間の腐敗空間への転換については，道具的アプローチの2点目である個人の自己利益に関する合理的思考と行為，そして文化的アプローチの二つの側面からの分析が可能であろう。

　まず，個人の自己利益に関する合理的思考と行為の観点から，この問題を考えてみよう。これは，腐敗のコストと利益の問題となる。腐敗発覚のリスクの高さは，発覚防止のために相応の手段を講じることを必要とするため，腐敗のコストとなるだろう。また，発覚の際の処罰もコストと言えるだろう。以下で明らかにするように，これまで中国農村では，腐敗の誘引システムの働きがより大きかったと言える。

　腐敗が低コストである要因の一つは，灰色空間における幹部への監督が緩いことにある。村内での監督に関しては，村民委員会組織法の条文をはじめとして制度は存在する。だがその実効性に問題があることがしばしば指摘されている。

　制度がなぜ実働しなくなるのか。いくつかの原因が指摘されているが，まず，基層における情報の非対称性の問題がある。上述のように，官僚ではないものの地方政府から一部権限を委譲されている村幹部は，政府の代理人である一方で，本来は自治組織のリーダーという村民の代理人の両方の立場にたつ。このことにより，村幹部は村民および地方政府の双方に対して情報の優位性を持つことになり，内外からの監督が有効に行われにくくなる（扈 2019；周少来 2018；周 2015 など）。この他に，周少来は村民委員会の行政化や農村部の近代化による農村社会の従来の自治力の低下（周 2018：118–119），扈映は監督者と被監督者が同じ利益共同体にある状況下での監督の限界を指摘する（扈 2019：84）。

　次に，腐敗が発覚，摘発されたときの処罰について見てみよう。村幹部の場合，官僚ではないため，国家公務員に適用される行政処分の対処にならず，刑法上の職務犯罪に該当するケースも限られる。党による政治的な処分も党員でない場合には適用外となる。鄒東升と姚靖は，中央規律検査委員会・監察部のホームページの公表情報をもとに，広東省，湖北省，甘粛省の村幹部腐敗事例の処分状況をまとめている（鄒・靖 2018：8-9）。それによれば，腐敗財物が

1000 元以下の場合は，最も厳しい処罰は党内警告と財物の清算返還，1 万元以下の場合はほとんどが，財物の返還あるいは上納後に警告または厳重警告処分，3 万元までは基本的には党籍剝奪までの処分であり，司法案件になるケースは少ない（8.7％）。また，調査の前に自ら返還，清算すれば，ほとんどが警告処分で済んでいるという。

　腐敗発覚のリスクを下げる要因としてさらに指摘しておきたいのは，農村にはびこるもう一つの秩序の存在である。それは，地域の暴力団や反社会的な性格をもつ勢力（以下，「黒悪勢力」）が，村や地方官界に入り込んで形成する秩序である。そうした組織・勢力のリーダーは，農村では「村覇」と呼ばれ，「村あるいは一定の地域内で，力を頼み勢力を後ろ盾に弱い者を虐げ，つねにもめ事を引き起こし，農村社会の治安秩序を深刻にかき乱す」という（冀2017：90）。村に存在する経済的利益に目をつけて侵入し，独占をはかろうとした結果，村覇が村幹部になったり，逆に村幹部が村覇に変質したり，その他に村の公式の管理体制を無力化させて村政を乗っ取るような事態も発生している[9]。

　重要な点は，これが村の中だけのことではなく，村覇である村幹部の背後には往々にして，「保護傘」と呼ばれる地方の党政幹部が存在することである。保護傘は文字通り，官の立場を利用して村覇の悪事を庇う。こうして村民は，村覇の持つ暴力，威圧を前に，腐敗行為があったとしても意義申し立てをすることを恐れ，また，政府に陳情したとしても，保護傘にもみ消されたりして，十分な対応を得られないことになる[10]。

　一方，腐敗空間への転換の要因を文化的アプローチで探ることもできる。まず，腐敗の組織文化がある。Wu と Christensen は，中国農村の貧困支援ガバナンスでの腐敗において，個人での腐敗のほうが集団（＝組織ぐるみの）腐敗よりも一貫して数が多いことが，インフォーマルに存在する腐敗の組織文化の

9）　村覇等の農村の黒悪勢力についての実態報告や比較的まとまった分析がなされているものに，彭新林・張靚（2018），石富光（2019），袁智超（2020）などがある。

10）　こうした黒悪勢力の存在が，全国的にどの程度一般性をもつのかは断言しがたいが，次節で示す取り締まり数のデータからは，決して個別特殊な事例ではないことがわかるだろう。

存在を示しているという（Wu and Christensen 2020 : 8）。村と鎮の幹部は，官僚組織内では自己の利益と効用の最大化を求めるものであるとつねに意識しており，それが，個人単位での腐敗を導いているという説明である。この点については，Wu と Christensen の議論が，新制度学派の枠組みに立つ腐敗論をベースにしていることを踏まえれば理解しやすいだろう。腐敗は，規範と実践のインフォーマルなシステムとして構造化され，こうした構造が個人の戦略的思考と行動を形成するとされる（Hellmann 2017 : 148）。個人は構造化された腐敗の環境（＝腐敗の組織文化）に置かれることで，腐敗行為を逸脱というよりも，合理的なこと，ものごとの普通の処理の仕方と認識するため，個人的行為としての腐敗が発生するのである。

　次に，村民による幹部への監督制度がなかなか実働しないことについては，村社会に内在する規範・文化から説明することも可能だろう。代々顔見知りで，血縁，地縁関係が絡み合うムラ社会において，幹部を告発したり異議申し立てをすることで，幹部やその周囲の人々の恨みを買い，その後の村落生活に禍根を残したくないという村民の心情である。楊明らのインタビュー調査によれば，村民は，たとえ村のことに疑問があっても，あるいは自分が理不尽な不利益を被ったときでも，「目立つことは避けたい」，「ほかの人たちが言っていないのに，なぜ自分が出て行って相手の恨みを買わなければならないのか」というのが大多数の反応となるという（楊 2019 : 56）。また，高崇は，北京郊外の農村調査から，村には「怕」文化という，村内で村民同士が直接の衝突を避けたり，自身の利益の損失への敏感さに基づくような行動規範が存在することを明らかにしている（高崇 2016）。これも，村民の監督の参加の消極性に通じる村の文化と言えるだろう。

　そして，黒悪勢力とそれが地方の官界を侵食することについても，そうした存在自体は共産党政権が解放前後から闘争してきた歴史的なものであると言える。そしてこのような集団，勢力を支えているのが，宗族ネットワークや「関係」（人脈・コネ）であり，これらは中国文化を論じる際にしばしば登場する。

　ただし，文化的なアプローチによる議論には難しさもある。文化や歴史性，経路依存といった問題を議論する際には，対象の個別性や地域性の問題は避けられない。したがって，中国農村の腐敗問題に普遍的・一般的に適用可能な議

論をすることは難しい。ここでは，地域によっては腐敗の誘因システムの構成要素となりえる文化的な要因を指摘したにとどまる。

3 微腐敗対策

　農村の微腐敗問題に対しては，2011 年 5 月に中国共産党中央弁公庁・国務院弁公庁より「農村基層幹部の廉潔な職責履行の若干の規定（試行）」（農村基層干部廉洁履行職責若干規定（試行））が出された[11]。郷鎮の指導層，村幹部がしてはならないことが網羅的に記載されている。その後，村務の監督について，2017 年 8 月に「村務監督委員会を設立，整備することについての指導意見」（关于建立健全村務監督委員会的指導意見）が出され，村務監督委員会の構成や権限等について具体的な規定がある。

　一方，2010 年代になると，農村のガバナンスの強化・改善が強く求められるようになり，腐敗対策もそのなかに位置づけられている。2019 年 6 月の「郷村ガバナンスの強化と改善に関する意見」（关于加強和改進郷村治理的指導意見）で提起された主要任務のなかにも，農村腐敗に関連する事項がある。村幹部の健全化（前科者，村覇および暴力団関係者，邪教関係者などの問題ある人物を村幹部から排除する），村レベルの事務の透明化，微腐敗の処罰強化である。

　以下では，村幹部の健全化，村の事務の透明化，監督の問題に対応する措置をいくつか具体的に見てみよう。

（1）村幹部の健全化──村覇，保護傘の排除

　村覇排除の動きは，上述 2019 年の通達以前から存在していた。2017 年 1 月には最高人民検察院が，「検察の職能を充分に発揮し，村覇と宗族の悪性勢力による犯罪を法により懲罰し，農村の調和と安定を積極的に維持することについての意見」（关于充分発揮検察職能依法懲治"村覇"和宗族悪勢力犯罪積極維護農村和諧穏定的意見）を発出している。この意見では，保護傘もターゲットで

---

11)　以下，本節で言及する通達は，とくに記載のない限りは中国共産党中央弁公庁・国務院弁公庁による。

あるほか，農村の党支部，村民委員会の幹部選挙に対する指導と監督を強化することも求めている。

また，2018年1月には，中国共産党中央，国務院から「「掃黒除悪」の特別闘争に関する通知」（关于开展掃黒除悪専項斗争的通知）が出され，「掃黒除悪」（＝黒悪勢力を社会から追放，一掃すること）が，本格的に全国展開されている。この通達ではさまざまな分野の「掃黒除悪」を目的としているが，そのなかで「掃黒除悪」を反腐敗，基層での「蠅叩き」と結びつけ，とくに保護傘を取り締まり，打撃を与えるよう求めているのは注目される。

この闘争は，2018年から3年間，集中的な運動として展開された。その後，2021年には「「掃黒除悪」への闘争を常態化し，特別闘争の成果を固めることについての意見」（关于常態化开展掃黒除悪斗争巩固専項斗争成果的意見）が発出された。ここでは，「掃黒除悪」の取り組みが，運動的なものから通常モードの日常的なものに転換しており，引き続き村覇等の黒悪勢力による農村基層組織の運営妨害，侵食を防ぎ，黒悪勢力に処罰を加えると記載されている。また，同年4月に中国共産党中央，国務院から発出された「基層のガバナンスシステムとガバナンス能力の現代化建設を強化することに関する意見」（关于加强基層治理体系和治理能力現代化建設的意見）においても，自治制度の健全化の項目のなかに同様の記載がある。

村覇を村幹部から排除する方法は，不法行為の摘発強化の他に，選挙段階での排除がある。郷鎮，県の2段階で，党組織部が検察，公安，司法，規律検査，陳情等の部門と連携して候補者の審査を行い，承認された者のみが候補者になることができる制度が各地で実施されている[12]。

全国的に展開されてきた上記の運動の成果が窺える数字をいくつか見てみよう。「掃黒除悪」の特別闘争の開始年の成果を振り返る記事によれば，2018年10月までに，全国一斉の検査により，5万1000の弱体化した，あるいは緩んだ村党組織を立て直し，黒悪勢力と関係のある村幹部1141名を速やかに更迭した[13]。

---

12) このやり方は，「"両委"班子人選聯審机制」などと呼ばれている。

13) 「讓人民群衆帯着満満的安全感決勝全面小康——全国掃黒除悪専項斗争开局之年綜述」
　　 https://www.ccdi.gov.cn/yaowen/201812/t20181227_185883.html（最終アクセス日 2024

また，2020 年 11 月には，共産党中央政法委員会（「掃黒除悪」弁公室を管轄）からの情報として，10 月までに，全国で 1175 の暴力団関係組織を壊滅し，村覇 3727 人を法により処罰し，問題のある村幹部（＝前科のある者，村覇や黒悪勢力関係者）4 万 1700 人をその職から追放したことが報道されている[14]。

　2021 年 12 月 27 日には，共産党中央政法委員会が，「掃黒除悪」の成果についての記者会見を行った。そのなかで，村の党支部，村民委員会委員の改選の際の条件審査により，9 万 3000 人の候補者の資格を取り消し，村覇や黒悪勢力等の問題がある者を排除したことを明らかにした[15]。

（2）村の事務の透明化，監督

❶一枚のカードでの一貫管理

　これは補助金の申請，支払いにかかわるものである。2020 年 11 月に財政部，農業農村部，民政部等の 7 部門から，「恵民恵農財政補助金“一卡通”管理をさらに強化することについての指導意見」（关于进一步加强惠民惠农财政补贴资金“一卡通”管理的指导意见）が出され，農業農民向けの財政補助金は，2023 年までに一枚の金融カードによって，対象となる個人・世帯へ直接振り込むとされた。同時に，補助金を整理統合し，支払いの統一プラットフォームの構築や補助金に関する政策や情報の公開も進めることが指示されている。

　この取り組みは，一部の地域ではすでに存在していた。しかし，前述のように，村幹部が村民の代理でカードを作成・管理して補助金を横領することや，補助金申請の過程で虚偽の報告を行うなどの不正問題が発生していた。2020 年のこの通達は，関係する部署が経験を持ち寄り，こうした問題に対処しようとしたものである。

　年 7 月 23 日）

14）「4 万名村干部被清除出隊伍，中国式“村霸治村”背后」（『中国新聞周刊』総第 975 期，2020 年 12 月 7 日）https://www.chinanews.com.cn/sh/2020/12-03/9353057.shtml（最終アクセス日 2024 年 7 月 23 日）

15）ただし，この 9 万 3000 人には，村覇や黒悪勢力以外の条件で不適格となった候補者もいると考えられる。http://www.chinapeace.gov.cn/chinapeace/c100007/2021–12/27/content_12578393.shtml（最終アクセス日 2024 年 7 月 23 日）

❷村幹部の権限のリスト化と業務の透明化──「小微権力清単制度」

　上述の1枚カードでの管理方式でも，村幹部と地方政府および村民の間の情報の非対称性の問題の克服が必要であった。農村微腐敗の根源的な要因ともいえるこの問題に対処しようとするのが，「小微権力清単制度」（微小権力のリスト化・目録制度）である。2019年に，共産党中央農業弁公室と農業農村部が，全国から農村ガバナンスのモデルとなる経験事例を収集したが，浙江省寧海県の小微権力清単制度はその一つであった[16]。

　寧海県は2014年に全国で初めてこの制度を実施し，近年，それは他地域にも広がっている。その特徴は，a. 村組織・村幹部がかかわる村内業務（村幹部の権力・権限）をリストアップして明確化，b. リストアップされた村内業務の実施方法をフローチャート化，c. 村務監督体制および違反行為への処罰にかかわる規定の整備，d. 制度の実施を保障するため，県，鎮の党政府の監督責任の明確化，にある。以下では，他地域の取り組みも参照しながら，上記の各点について詳細に見てみよう。

　業務のリスト化に関しては，浙江省寧海県では**図表7-3**の通り，19（公共権力事項）＋17（住民サービス事項）の合計36項目がリストアップされた。また，他地域では農業関連の手当・補助金が含まれているケースもある。

　フローチャートの例として腐敗の多発する土地収用を見ると，江蘇省射陽県では**図表7-4**のようになっている。

　監督体制は，寧海県では「一網一線」の監督システムを形成している。これは，郷鎮の職能部門，村務監督委員会，大衆の監督のネットワーク（網）＋県の紀律検査委員会から村の村務監督委員会までの監督のライン（線）を意味する。

　また，監督体制については，同様に小微権力清単制度を実施している湖南省永州市零陵区の「村務監督月例会」も見てみよう。これは，中国社会科学院による『反腐倡廉藍皮書』の2018年版で紹介され評価を得ており，モデル的な性格をもつものと考えられる。

---

16)　中央農弁辦・農業農村部『全国郷村治理典型案例』（2019年6月）　http://www.moa.gov.cn/gk/tzgg_1/tfw/201906/P020190827518569435956.pdf　（2024年7月23日最終アクセス）

Ⅲ　腐敗空間──どこで起きているのか

図表 7-3　寧海県微小権力リスト 36 項目

1．村の重大な意思決定事項	(1) 村の重大事項の「五議決定法」（党支部の提議，三委会での協議，党員会議での審議，村民代表会での決議，民衆の評議）
2．村の調達にかかわる事項	(2) 物資，サービスの調達，(3) 超小型プロジェクト，(4) 小型プロジェクト，(5) 法定規模以上のプロジェクト
3．村の財務管理事項	(6) 財務支出の領収書の審査と認可，(7) 現金引き出し（振替），(8) 村幹部以外への報酬・手当の支給，(9) 接待費
4．村で業務を行う人の任用にかかわる事項	(10) 民兵連幹部と設立準備中の民兵連党支部メンバーの任用，(11) 治安・調停担当人員の任用，(12) 文書係，出納（会計）の任用，招聘，(13) 臨時の任用
5．村務の明朗化	(14) 党務公開，(15) 村務公開，(16) 財務公開
6．村の集団資源と資産の処理にかかわる事項	(17) 集団の資源性資産（土地，水面など）の処理，(18) 財産（物資財産）の管理，(19) 集団の土地の収用および収用金（補償金）の支給
7．村民の宅地申請にかかわる事項	(20) 宅地の審査と認可
8．村民の救済，災害支援金申請にかかわる事項	(21) 最低生活保障（五保）申請，(22) 救済，災害支援金・物資の支給，(23) 土地を収用された農民の基本生活保障保険加入登録の事務手続き，(24) 生活困難者の救助申請，(25) 障碍者の二つの補助金申請，(26) 党内「関愛（思いやり）基金」への申請と受領
9．公印を使用する村民管理事項	(27) 公印管理，(28) 戸籍移動，(29) 戸籍の分離（独立），(30) 埋葬管理，(31) 水道，電気の開通
10．計画出産サービス事項	(32) 流動人口の婚姻と出産の証明書発行，(33) 計画出産家庭奨励補助金の支給
11．村民サービスのその他の事項	(34) もめ事の仲裁，(35) 党員の所属党組織の異動，(36) 党員リクルート業務

出所：中央農弁・農業農村部『全国郷村治理典型案例』p. 85

図表7-4 江蘇省射陽県 農村土地収用，収用補償金分配業務にかかわるフローチャート

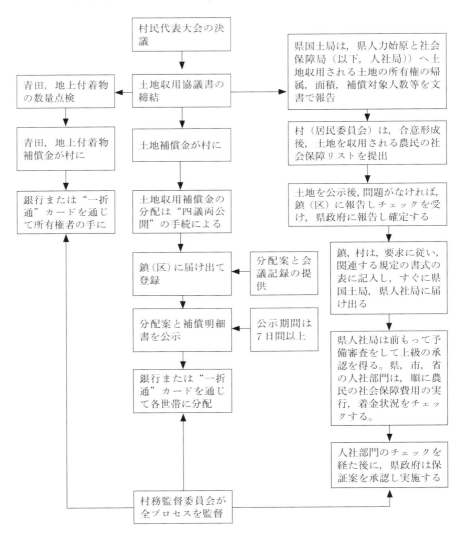

出所：「射陽県関与規範村級"小微権力"的実施意見（試行）」（2018年4月4日）添付資料[17]

17) 射陽県HPより。https://www.sheyang.gov.cn/art/2018/5/1/art_31052_3692294.html （2024年7月23日最終アクセス）

村務監督月例会は，村の党支部と村民委員会の幹部，村務監督委員会メンバー，村民小組長，村民代表から構成される。また，郷・鎮・街道の指導幹部（各村には「連絡領導」と呼ばれる担当の指導幹部が配置されている），規律検査委員会委員，村駐在幹部が現場で指導，監督にあたる。月例会では，村主任が前月の「恵民政策」（国の発展による恩恵を民衆が享受して，生活水準や所得の向上をはかるための一連の政策）の実施状況，公益事業の推進状況を報告し，帳簿担当者は前月の村の収支状況を報告し，それらについて質疑応答，承認の可否決定がなされる。

　この制度で注目されるのは，郷・鎮・街道，区の関与である。月例会の確実な実施のために，区共産党委員会により村務監督月例会工作領導小組が組織され，区委書記が主任，区規律検査委員会書記が弁公室主任を務め，組織間の調整を行う。そして，規律検査委員会系統がその実務を中心的に担い，区，郷・鎮・街道の紀律検査委員会が，担当の村・社区をもち，村務監督委員選挙，会議招集と陪席，監督検査等を行い，月例会の常態化，規範化，持続化を促す。さらに，区の規律検査委員会の責任者と郷・鎮・街道の担当者に対しては，村務監督月例会の展開状況が年度考査の項目になっている。

　永州市零陵区では，さらにインターネットを利用した情報公開も行っている。村務のすべて，村の支出についても一つひとつの領収書がインターネットで公開され，「一村一微信群」によりWechatグループで共有される。そして，公開事項は，区・郷・村のそれぞれのレベルでデータベースとして保存される。この他に，重大な村務の審議と決議，重要な財務の支出に関する討論などは，録画し保存することが求められている。幹部の不正告発を簡便にするように，ORコードでの通報方法も用意されている。

　以上のような村務監督の会議体やフローチャート化された村務・公共事業実施のプロセス自体が新しいものかどうかは，別途検証が必要であり，これまでの制度の運用で可能であったかもしれない。しかし，村に出入りする，村民の利益にかかわる物・財・情報を網羅的に把握できるよう制度化した点には新しさがある。また，地方政府が制度の実施を担保するよう細かく指導・監督する仕組みになっていることや，ITが活用されることも相まって，腐敗を企てる幹部にとっては，腐敗の隠蔽の難度が上がり，発覚のリスクも上昇し，腐敗の

コストは確実に高まっていると言えるだろう。

おわりに

　人民公社解体後の農村のガバナンスの基本的な特徴は，村レベルを自治組織にして，村幹部を官僚制の枠組みの外に置いたことにある。地方政府は，非官僚である村幹部に裁量を与え，村の運営を委ねていた。ここに官とも民ともつかない，合法とも非合法とも言い難い曖昧な空間＝灰色の空間が生じることとなったのである。

　これは，党・国家からすれば，低コストの農村統治の方法であった。しかし同時に腐敗の高リスク体制にもなった。灰色空間にいる村幹部に対する監督を，村民自治制度として，村の自治に委ねた時点で監督の実効性は保たれ難かった。また，上からの恒常的な監督で制度の実効性を担保することもなされてこなかったのである。それでも農村への財政投入が少ない時期には，このやり方には一定の有効性があったと言えるだろう。「自力更生」的に村の安定と活力を引き出すことができたのである。

　しかし，2000 年代半ば以降は，農村への財政投入が増加し，都市化による土地収用も拡大するなど，大量のモノ・金が村に流れ込む時代へと転換した。それに伴いこれまでのガバナンスの有効性に陰りが生じた。むしろ，事業費の流失，党・政府への不信，上訪による社会不安など，腐敗の高リスク体制のマイナス面が顕在化したのである。

　こうしたことから，微腐敗対策は，農村のガバナンス改革と同時進行せざるをえないものであったと言えるだろう。低コストだが腐敗高リスクの農村ガバナンスの時代は終焉し，IT の力も活用しつつ，党・国家が金と手間をかけ続ける農村ガバナンスへの転換である。このことは，自律性を欠いた「自治」の制度の強化というアンビバレントな状況ももたらしている。

　では，微腐敗対策によって，これまでの農村ガバナンスが生み出した灰色空間はどうなるのであろうか。政府からの各種補助金の支給の際に村幹部を通さないなど，灰色空間自体を縮小する動きはある。しかし，それは，今のところ限定的と言えるだろう。むしろ，自由裁量の空間は与えるが，その自由が恣意

的にならないように，すなわち，腐敗空間への転落とならぬよう，村幹部の行動が捕捉されるシステムが整備されつつあるととらえるほうが適切であろう。

最後に今後の検証課題をあげておきたい。習近平指導部による反腐敗政策，反腐敗運動によって，農村部の腐敗は持続的にコントロール可能なものとなるのだろうか。さらには，一部農村に見られる，村覇・保護傘によるもう一つの農村秩序を解体させることができるのであろうか。

中国以外の社会を見ても，腐敗の根絶は難しいのが実情であるが，上に政策あれば下に対策ありと言われる中国においてはなおさら，反腐敗のさまざまな措置，制度がどこまで持続的に実働するのかには疑問も呈される[18]。Melanie Manion は，習近平時代の反腐敗には，中央レベルにおいては良いガバナンスへの実行が予測されるコミットメントを見出すことができ，これまでとの質的な違いが存在することを指摘している（Manion 2016）。これが，地方および基層の幹部，民衆の反腐敗へのかかわり方をも変えることになるのかが問われるだろう。

また，腐敗を分析社会学的観点から考察した Peter Graeff は，腐敗抑止のための監督メカニズムは腐敗の減少をもたらす一方で，これまで腐敗関係にあった人々のつながり・信頼を強化し，新たな腐敗行為を引き起こすことを論じている（Graeff 2016：62）。そうなると，人々の相互行為のありようを，意識や規範のレベルで変えうる微腐敗対策が求められるのではないだろうか。

こうした点については，香港の廉政建設の成功要因として，社会中心主義のガバナンスの存在が指摘されていることが示唆的である。香港では，上からの反腐敗の強力な取り組み（国家中心主義）に加えて，人々の間で腐敗を許さない文化の形成，積極的に告発に加わる行動が定着したという（岳 2016：131）。その背後には，人々の腐敗への不満や怒り，腐敗摘発への参加で得られる利益，市民社会が成長していったことなどが指摘されている（李 2015）。

本章の文脈で言えば，これは，腐敗抑制システムとして機能する「廉政文化」の形成という文化的アプローチの問題とかかわるだろう。現行の微腐敗対

---

18) 前節で紹介した「村務監督月例会」についても，メンバーの積極的な参加を得られているとは言い難く，議事が不活発であるなどの問題が指摘されている。

策は，廉政文化形成への道筋をつけることができるのだろうか。そして，この
ことは，個々人がどのように社会とかかわり，社会を形成していくのかという
問題とつながるだろう。

参考文献

楚向紅（2019）「近几年来農村腐敗呈現的新態勢及其治理対策」『中州学報』2019 年第
　　2 期，13-19 頁
高崇（2016）『超越血縁——礼村冲突溝通中的"怕"』中国農業大学出版社
扈映（2019）「行政化与村民自治能否兼容？—— 一个基于"内部人控制"理論的分析
　　框架」『中共宁波市委党校学報』2019 年第 2 期，81-87 頁
冀承陽（2017）「村官変"村霸"現象暴露郷村治理困境」『人民法治』2017（02），90-
　　91 頁
刘啓君・蒋艶（2014）「農村基層組織人員腐敗演変実証分析」『広州大学学報（社会科
　　学版）』13（5），11-18 頁
李莉（2015）「社会中心主義視角下的腐敗治理——基于香港廉政公署年度報告（1974～
　　2013）的解読」『経済社会体制比較』2015 年第 5 期（総第 181 期），81-91 頁
彭新林・張靚（2018）「農村黒悪勢力的現状，成因及对策」『知与行』2018 年第 5 期
　　（総第 34 期），76-80 頁
石富光（2019）「村霸問題及其治理——基于 77 个案例的分析」『成都理工大学学報（社
　　会科学版）』27（6），115-120 頁
肖琳（2020）「私人治理与規則之治：村民自治的実践困境及其出路」『中共福建省委党
　　校（福建行政学院）学報』6，81-89 頁
徐加玉・左停（2016）「村級权力規范化中的治理動力問題——基于浙江 N 県的分析」
　　『南京農業大学学報（社会科版）』16（4），53-59 頁
楊明（2019）「制度与実践：農村民主監督的新進展——基于全国 263 个村庄 3844 戸農
　　戸的跟踪調査」『中共成都市委党校学報』2019 年第 1 期，87-91 頁
袁智超（2020）「"村霸"型黒悪勢力侵蝕農村基層政权的認知与防控——以苑道功涉黒
　　案為例」『江西警察学院学報』2020 年第 3 期（総第 223 期），53-58 頁
岳磊（2016）「正式制度，文化観念与信息伝播对反腐敗社会参与的影響——基于对河南
　　省居民調査数据的実証研究」『中国社会科学院研究生院学報』2016 年第 1 期（総
　　211 期），130-134 頁
中国社会科学院中国廉政研究中心編（2018）『中国反腐倡廉建設報告 No. 8』社会科学
　　文献出版社
周建宇（2018）「村官職務犯罪的演変与治理探析——基于 1993-2017 年案例的研究報
　　告」『政治学研究』6，53-66 頁
周慶智（2015）「关于"村官腐敗"的制度分析 —— 一个社会自治問題」『武漢大学学報

（哲学社会科学版）』68（3），20–30 頁

周少来（2018）「中国郷村治理結构轉型研究——以基層腐敗為切入点」『理論学刊』2018 年第 2 期，114–121 頁

鄒東升・姚靖（2018）「村干部"微腐敗"的様態，成因与治理——基于中紀委 2012–2017 年通報典型案例」『国家治理』2018 年 Z1 期，4–12 頁

Graeff, P.（2016）"Social Mechanisms of Corruption: Analytical Sociology and Its Applicbility to Corruption Research," *Analyse & Kritik*, 01/2016, pp. 53–71

Hellmann, O.（2017）"The historical origins of corruption in the developing world: a comparative analysis of East Asia," *Crime Law and Social Change*, 68（1–2），pp. 145–165

Manion, M.（2016）"Taking China's anticorruption campaign seriously," *Economic and Political Studies*, 4（1），pp. 3–18

Song, Y., M. Y. Wang and X. Lei（2016）"Following the Money: Corruption, Conflict, and the Winners and Losers of Suburban Land Acquisition in China," *Geographical Research*, 54（1），pp. 86–102

Wu, S. and T. Christensen（2021）"Corruption and Accountability in China's Rural Poverty Governance: Main Features from Village and Township Cadres," *International Journal of Public Administration*, 44（16），pp. 1383–1393

第8章

選挙における腐敗と中国共産党の支配

選挙制度にある「曖昧な空間」の利用

中岡まり

問題の所在

　2012～13年にかけて全国人民代表大会（以下，人民代表大会は人大と略す）と湖南省人民代表大会の代表をめぐる大型の選挙買収（賄選）がおこった。遼寧省選出の全人大代表45名が贈賄で当選無効となり，彼らを選出した遼寧省人大代表619名のうち523名が収賄に関与したとされ，454名が職務を停止された。そのなかには108名の遼寧省人大常務委員会（以下，常委会と略す）委員が含まれていた（第一財経2016.9.18）。また，湖南省衡陽市から省人大代表に当選した76名のうち，56名が計1.1億元余の贈賄を行い，衡陽市人大代表527名のうち518名と大会工作関係者68名がこれを受け取っていた（人民網2013.12.28）。これらは関与した者が全人大代表や副省長など高位の人物で，しかも大規模な贈収賄であり，これにより遼寧省人大，湖南省人大，衡陽市人大が機能不全に陥るなど影響が大きかったことから重大な問題となった。

　では，なぜ中国の人大間接選挙において買収が起こるのか，選挙における腐敗の原因とメカニズムは何か，というのが本章での主な問いである。中国では選挙買収事案について，その原因ではなく，結果と影響を問題視していた。共産党はこの大規模選挙買収事件を，人大制度と社会主義民主政治と国家の法律および党の規律に対する挑戦であると規定している（人民網2013.12.28）。中国

205

での主な学問的関心は選挙買収の過程とその結果に対する選挙法や組織法[1]の問題点や選挙買収に対する処罰の主体が中心であった（莫 2014ab；李 2014；王 2014；李 2017）。こうした中，人大間接選挙において買収が起こった原因について触れている先行研究は，以下の 5 点を指摘している。第一に推薦制度の閉鎖性，第二に候補者間で正当な競争が行われないこと，第三に監督機能がないこと，第四に処罰メカニズムが不完全であること，第五に企業家による政治への接近である。

第一の推薦制度の閉鎖性については，選挙法は代表候補の推薦は党派・団体推薦と選挙民あるいは代表 10 名の連名の推薦としているが，実際には選挙民や団体による推薦は重視されず，上級の鶴の一言で決まると指摘している（王 2014：22；黄・姚 2019：30）。また，この過程が公開性と透明性に欠けることを指摘している（張 2015：11–12；唐・梁 2017：83）。

第二の候補者間で正当な競争が行われないことについては，地方では候補者が定数より多い差額選挙は形式的なものとなっており，上級の意図が明確な「当て馬」候補が設定されていて，その得票数が 0 のこともあるとしている（王 2014：22）。李月軍は正当な競争が行われえないがゆえに，代表当選を目指す個々人が等しく利用できる金銭という資源を使うという「理性的」な選択をした結果，大規模な贈賄事件に発展したと指摘している（李 2014：13）。唐皇鳳らは，選挙買収は資本と権力を使った異形な政治参加の一つであると指摘している（唐・梁 2017：83）。

第三の監督機能がないことについては，選挙を管轄する組織が同級人大常委会であることから，党政幹部同士で面識があるなど，独立性と代表性，専門性の点で問題を挙げ，実質的な監督が機能しないことを指摘している（唐・梁 2017：84）。また，選挙民や選出した単位の監督意識の低さを指摘するものもある（張・劉 2016：15, 16；李 2017：70）。

第四の処罰メカニズムが不完全であることについては，刑法 256 条と選挙

---

1) 本章では選挙法は「中華人民共和国全国人民代表大会和地方各級人民代表大会選挙法」，組織法は「中華人民共和国地方各級人民代表大会和地方各級人民代表政府組織法」を意味する。2012~13 年の事例を扱うため，ここでは 2010 年選挙法と 2004 年組織法を用いる。

法第55条に規定があるが，それぞれ「3年以下の刑に処する」「法に則り処罰する」という曖昧なもので，しかも選挙買収については贈賄者のみが処罰の対象となるため，抑止力として機能していないことが指摘されている（王 2014：23）。

第五の企業家たちによる政治への接近を指摘するものは，選挙買収をめぐる腐敗の原因を，地方の党機関と政府との関係を強化し，事業展開を有利に進め，社会的地位を向上させようとする企業家たちに求めている（馬 2016；劉 2014）。

筆者は，とくに先行研究の推薦制度の閉鎖性と候補者間で正当な競争が行われていない点を取り上げたもののなかで，選挙買収が起こる原因として指摘されていない，あるいは意図的に除外されている部分があると考える。それは，代表候補を推薦・決定する段階と投票行動を指導する際に，党が予定した候補を正式代表候補とし，これを当選させるための「意図的に隠され，曖昧にされている」作業段階があることである。ここでは，湖南省人大代表選出に関わる衡陽市人大での間接選挙を取り上げ，党が選挙制度を通して体制内エリートにポスト分配するために利用してきた「曖昧な空間」が，その曖昧さゆえに贈賄者となった企業家や党政領導幹部らと収賄者となった人民代表と選挙工作者たちに利用されたことを論証する。

1 選挙買収の事案の概要

(1) 人大間接選挙の制度 ── 「曖昧な空間」の存在

まず，選挙法に基づき，県レベルより上の人大代表選出に際して行われる間接選挙について説明する。中国の行政区分は，中央─省級（省・直轄市・自治区）─県級（県，市轄区，自治県，市）─郷級（郷・鎮・民族郷）に分かれている（憲法第30条）。県級以下の人大はそれぞれ直接選挙で，選挙民の投票により選出される。全人大と省級人大はそれぞれ一級下の省級人大と県級人大の人民代表の投票による間接選挙で選出される（選挙法第2条）。投票者は人民代表に限られるため，選挙買収を行う際には，買収対象者が直接選挙よりも大幅に少なく，買収は容易になる。選挙管理の側面からみると，省級以上の人大の選挙は，同級の人大常委会が主催する（選挙法第8条）。つまり，人民代表候補の対

象者が，自身が選出される選挙を主催，管理し，第三者の監督が入らないため，不正が容易になる。

　間接選挙の過程において重要なのは推薦と投票の段階で，贈収賄はこの二つの段階で起こる。本章ではとくに推薦と投票の段階に設けられている意図的な「曖昧な過程」について指摘しておきたい。代表候補の推薦については，各政党・団体による推薦と選挙民あるいは人民代表 10 名以上の連名による推薦を行うことができる（選挙法第 29 条），と規定されているのみである。しかし，秦前紅によると，実際の過程は以下のようになっている（秦 2014）。候補の選出方法には 3 種類ある。第一に省党委員会（以下，党委と略す）組織部と省党委統一戦線部（以下，統戦部と略す）が省人大常委会に諮った後，指定する特殊な身分の代表候補がいる。第二に市党委組織部と市党委統戦部が市人大常委会に諮ってから推薦する候補，第三に法に定められた人数の市人民代表たちが連名で推薦する候補者である。通常は選挙を秩序立てて進めるため，人大主席団と換期領導小組はさまざまな組織を利用して前二者が順調に当選するよう確実にするための措置をとる。その措置とは，人民代表のなかで党員会議をひらくことや，各代表団で協議に先立ち組織の意図を伝えること，各代表団の代表工作委員会が具体的な技術を伴う措置を取り，組織の意図を貫徹することを含む（秦 2014）。これは党委にとっても組織の力を使って非公式の影響力を駆使して完成させる非常に政治性の高い任務である（唐・梁 2017：84）。

　この推薦と検討の過程は人大常委会と人大常委会の下部組織である選挙任免連絡工作委員会（以下，連工委と略す）が関わるブラックボックスとなっている（湘陰県人大 2016）。この過程がブラックボックスという「曖昧な空間」として設置されているのは，人大の代表構成を共産党がすべてコントロールするためである。人大は単なる議会ではなく「国家権力機関」であり，人民がその国家権力を行使する場であるため，代表には共産党・人民政府の各部門，司法，検察の指導者などが含まれる必要がある。また，選挙法第 6 条は代表に適切な数の基層の代表，とくに労働者・農民・知識分子を含むよう規定している。一定の代表性を備えた人材と，各地方の政権運営に必要な党政領導幹部を代表として当選させること，これを党がすべて指導して各地方の政治・社会・経済エリートへのポスト配分を行うことは，地方での共産党権力の浸透に必要不可欠

である。このため，選挙制度の推薦・協議・決定の段階と投票への働きかけの段階に党が自由に干渉できる「曖昧な空間」が設定されている。

選挙法によると，推薦・協議（選挙法第31条）の後，人大主席団から代表候補者名簿とその基本状況が代表全体に配布され（選挙法第33条），代表全体で協議・討論し，定数の1.2〜2倍の正式代表候補の名簿を確定し，代表が無記名投票を行う（選挙法第38条）。当選が確定した後は，代表資格審査委員会が設立され，代表の選挙が合法であったかを審査する（組織法50，51条）。当選を目指して贈賄する側からみると，第一の関門は正式候補の確定であり，第二の関門は人民代表による投票となる。よって，推薦・正式代表候補確定の段階で贈収賄が行われ，贈賄者が正式代表候補に確定されれば，次は投票の段階で当選を目指した買収が行われる。

（2）湖南省人大選挙での選挙買収

本章で具体例として取り上げる衡陽市人大で起こった湖南省人大代表選出の選挙での選挙買収の事案を見ていこう。第12期湖南省人大786名の代表は，13の市と軍がそれぞれ代表団を形成して投票し，衡陽市は76名の湖南省人大代表を選出した（中国共産党新聞網2013）。選挙法第8条によれば省人大代表を選出する選挙は省人大常委会が選挙管理を行うとされるが，60名余の常委会のメンバーはほとんどが兼職で選挙管理工作を行う余裕もないため（湖南省人大網2022），実質的な選挙工作はそれぞれの市人大常委会が行うことになる。2013年10月末に中央巡視組の査察により，衡陽市人大での選挙での贈収賄が明らかになった（林2014）。当選した76名の省人大代表のうち56名が総額1.1億元余の金銭を贈り，食事代なども負担することにより票を買収していた。衡陽市人大代表527名のうち518名が総額1億元余を受け取り，選挙工作員68名が1000万元を受け取っていた（劉2014）。その結果，贈賄側の湖南省人大代表56名が当選無効となり，収賄側の衡陽市人大代表512名が資格を停止された（人民網2013）。衡陽市党委書記で市人大換期領導小組組長として選挙工作を指導する立場にあった童名謙は懲役5年，衡陽市人大常委会主任であった胡国初は懲役5年6か月の判決を受け，紀律検査委員会書記，組織部部長をはじめとして衡陽市で処分されたものは500名近くにのぼった（劉2014）。

衡陽市人大での選挙買収の特徴は二つある。第一に，選挙管理を行う側である市人大の連工委が収賄側に回り，買収に加担していたことである。市人大常委会の下部組織である連工委が関与することで，贈賄側と収賄側の連絡が恒常化され，選挙買収が「制度化」されたため，500名を超える収賄側への金品の配布も確実に行うことができたのである。第二に，買収側が企業家だけではなく，市・区政府も部署ぐるみで買収を行った点である。通常，市・区政府の指導幹部のポストは省人大代表の枠をあらかじめ割り当てられており，買収を行う必要はない（唐・梁 2017：82）。買収を行うのは専ら自らの事業や財産を守り，社会的地位の向上を目指す企業家である。しかし，衡陽市では，買収された56の省人大の議席のうち，30議席は私営企業家であったが，35.7％にあたる20議席は市および区レベル以下の幹部で，しかも買収資金は所属部署が提供していたのである（張鷺 2014）。選挙買収が単に個人の資質や道徳心の問題ではなく，衡陽市では組織的かつ計画的な腐敗が起きていたといえる。

(3) 選挙買収の問題点——侵害される共産党によるポスト分配の権力

　前述したように共産党自身は衡陽市人大での選挙買収を，人大制度と社会主義民主政治と国家の法律および党の規律に対する挑戦であると規定していた（人民網 2013.12.28）。

　問題点としてさらに指摘したいのは，選挙買収が党の支配を侵食する点である。すなわち，選挙買収により，従来，共産党が権力により独占してきた議席の配分が，金銭の力で変動する事態が起こり，省人大代表という重要なポストの配分において，党の権力よりも金銭が力を持つようになっていた。これは党の支配を揺るがす事態であった。そしてその結果，代表構成は党が求めていたものと異なり，人民代表大会ではなく「官商代表大会」と揶揄されるものになっていた（張鷺 2014）。

　通常，選挙工作を担当する部門は，前述したように「指定された代表」を当選させるために強い指導を行い，予定していた人事を貫徹する（秦 2014）。これにより，党は党の内外の人々に共産党がポストを分配する，すなわち権力を分配する力を持っていることを誇示し，党に忠誠心を持つメリットを知らしめる。衡陽市でも「指定された代表」のうち，国家・省レベルの党政幹部と市人

大・市党委の高位の指導者たちは党からのポストの分配を信じ，買収を行っていない。しかし，従来は党による「指定された代表」であるはずの市政府の各部門の幹部と区県レベルの指導者計20名が部署ぐるみで贈賄を行った[2]。買収に関わったのは衡陽市たばこ専売局・地税局・電業局・人的資源と社会保障局・交通運輸局・国土資源局の局長，区長2名と県長2名らで（彭2014），これらの組織では上級党組織の権力よりも金銭の力の信頼性が勝ったと考えられる。共産党による権力分配のシステムが金銭の力で歪められたことが，党の支配の影響力が限定的になっていることを示している。

2 選挙買収が可能になる理由──共産党の支配のための「曖昧な空間」

本節では，前節で指摘した「曖昧な空間」を実際に贈賄側と収賄側がどのように利用したかを説明し，衡陽市人大において大規模な買収が成立した理由を，制度的側面とアクターの動機から考察する。

（1）どのように利用したのか──制度的側面

第1節第1項で述べたように，人大間接選挙においては，推薦・協議・決定の段階と投票の段階が贈収賄の舞台となる。いずれの段階においても贈賄側は当選を目指す党政幹部や企業家であるが，収賄側が段階により異なる。推薦・協議・決定の段階では衡陽市人大代表と連工委ら選挙工作人員が対象となり，投票の段階では衡陽市人大代表が対象となる。

❶推薦・協議・決定段階

この段階に前節で述べた「曖昧な空間」がある。候補者の推薦は第1節第1項でみたように①省レベルからの指定，②市党委と市人大常委会の協議による推薦，③市人大代表の連名による推薦の3種類に分かれる（秦2014）。当選するには，まずいずれかの方法で推薦され，正式代表候補者に選ばれることが肝

---

2) 組織ぐるみで贈賄を行う際の資金集めの手法は四川省南充市党委をめぐる選挙買収を記録した「四川南充換届賄選案全記録」に詳しい（羅家梁）。

第8章 選挙における腐敗と中国共産党の支配 211

要である。買収によって影響力を及ぼすことができるのは，市レベルで関与できる②・③の推薦方法である。

　候補者推薦と正式代表候補者決定の段階は選挙法第31条で「代表候補者の推薦・協議にかかる日数は2日以下であってはいけない。当該級の人大主席団が代表候補名簿と代表候補の基本情報を印刷して代表全体に発出し，代表全体で協議・討論する。推薦された者が規定の差額の範囲内であれば，そのまま投票を行い，超えていれば予備選挙を行い，その得票数順に正式代表候補名簿を確定し，投票を行う」と規定している[3]。つまり，最短では3日で推薦・協議を終えることができ，実際の工程を見ると形式的なものと考えられる。張鷺（2014）によると，党派・団体による推薦名簿は推薦段階では封緘された状態で人大主席団に渡され，人大主席団が名簿として公表するまでの過程はブラックボックスである。衡陽市では2008年までは人大あるいは人大が党委組織部門と連絡を取り，候補者を審査し，代表の構成についても厳格な要求をしていた。しかし，2008年選挙以降，組織部門が単独で候補者の審査を行うようになり，組織部門の人員に限りがあるため，しっかりと審査ができなくなったという。名簿が公表されて，投票者である市人大代表たちは初めて省人大代表候補者を知ることになるが，候補者の状況を紹介する印刷物は多くは略歴の紹介だけで，しかも印刷部数が各代表団に数部と少ないため[4]，代表たちは検討する際にも回覧するしかない。よって候補者についてよく分からないままに適当に投票することになる（張鷺 2014）。

　推薦のブラックボックスの過程を担当し，市人大常委会とともに②と③の推薦の際に大きな役割を果たすのが市連工委である。市連工委の構成員は市人大常委会により任命され，主任1名，副主任1名，委員9名程度である（長沙市人大 2021）。連工委の主な職責は，市から選出されているあるいは工作・居住している全国・省・市人大代表との連絡を取ること，大会閉会期間中の代表たちの視察活動などを組織すること，人大代表の異動に伴う任免・補選に関わる

3）　予備投票は結果をコントロールするのが難しく，コストもかかるため，実施されることはとても少ない（唐・梁 2017, 83）。

4）　最も代表数の多い耒陽市は71名，最少の衡山県で28名であるため（紅網 2014），数部では明らかに足りないことが分かるだろう。

工作などに加えて，人大代表間接選挙に際して具体的な工作を行うとともに，人大代表候補推薦の事務的手続きを行うことである（湘陰県人大 2016；桃江県人民政府 2020）。市連工委は市に関係するあらゆる階層の人大代表と連絡が取れるため，推薦の過程に関与するだけではなく，贈賄側と収賄側の橋渡しもできる。

②の推薦段階で，市人大常委会が市党委と協議により推薦を行う際に，市連工委はこれに関与できる立場にあるため，当選を目指す企業家たちはアプローチをかける。

贈賄側のアプローチは選挙の年の年初から始まる。林金氷（2014）の記事を中心にその過程を紹介する。雑誌『財新』の取材に対して，ブローカーであるＫは以下のように答えている。選挙の年に鍵になる段階は三つある。年初に企業の宣伝を行い，年半ばに関係を築き，年末の投票時に金銭を贈り買収する。買収工作の対象となるのは地方の党の機関刊行物，連工委，党委統戦部，市人大代表である。まず広告費を支払ってその企業に関連する記事を地方の党の機関紙に掲載し，党政指導者や投票者，大衆の認知度を上げる。次に関係構築の段階に入る。Ｋ曰く，地方人大連工委主任はきわめて重要なキーパーソンで，「最も多く広範囲の人大代表と接触し，工商業と党政それぞれの領域でどの代表が最も影響力を持っているかを知っている人物」である。連工委は知らない人物からの金品は受け取らず，よく知る人物からのみ受け取るが，Ｋは強い関係を作り，贈賄対象となる市人大代表の氏名・職業・住所・電話番号が掲載された名簿を金銭と引き換えに連工委から入手した。連工委との関係を作ることで，②の推薦段階に関与でき，さらに③の推薦にも働きかけやすくなる。

③の代表たちによる推薦の段階についてみてみよう。衡陽市はその下に五つの区と二つの市，五つの県があり，衡陽市人大の代表たちは選出母体となった区・市・県ごとに代表団を構成している。加えて駐屯部隊も一つの選出単位となっているため，衡陽市人大には合計 13 の代表団がある（紅網 2013）。これらの代表団も③の推薦に関与できるため，衡陽市人大代表たちは代表団単位で買収の対象となる。張鷲（2014）によると，2012 年 11 月に省人大代表候補を県レベルで検討していたときに，ある候補者は県まで行き，県人大主任と県連工委主任に対して宴席を設け，金銭を預けて県連工委主任から代表に配ってもら

った。各県の代表団が宿泊しているホテルに赴き，各県連工委主任に「資料」と称して金銭を預けて配布を依頼した例もあった。こうして各代表団による推薦にも贈賄者たちの働きかけが行われた。代表候補者の検討の際にも，贈賄は行われた。代表団のなかの有力者に多めの金銭を贈り，代表候補検討の際に依頼者について明らかに多く言及してもらうことにより，代表団のなかで選ぶべき人という雰囲気を作るという。この方法は「市党委書記よりも有効」だという（林 2014）。

このように，本来は党が議席というポスト分配を設計通りに行い，権威を高めるために設置されている推薦・協議・決定というブラックボックスの「曖昧な空間」が贈賄者によって利用され，市人大主席団と市・県連工委，影響力のある市人大代表を買収して目的を達成するスペースに転換されているのである。

❷投票段階

中国の選挙での投票用紙は日本のものと大きく異なり，あらかじめ投票用紙にすべての正式候補の氏名が名字の画数の少ない順に記載されている（百度文庫 2016）。衡陽市での湖南省人大選挙では定数 76 名に対して 93 名の正式候補者（澎湃新聞網 2014）が画数順に投票用紙に記載されており，投票者はその中から定数以下の人数を選び，氏名の上の欄に○をつける。買収者は投票者に氏名を確実に覚えてもらい，100 名近い候補者のリストから探して○をつけてもらわねばならないため，仮に日本で同様の買収を行った場合よりも相当に難易度が高い。

衡陽市での選挙買収は 56 名が 518 名に対して一人に約 20 万元を現金で配った[5]。56 名対 518 名で現金の受け渡しをするのは難しいため，働きかけと金銭の授受は代表団単位で行われ，それを取り仕切るのが市連工委と県連工委であった。

投票が行われる人大大会の 1 週間ほど前から投票のための買収工作が始まる

---

5) 案件として取り上げられ処分されたのは省人大に当選した 56 名だが，この他に金品を贈ったが当選できなかった候補者が十数名いた。事件発覚後，彼らは人大が金を出すよう言ったが，1 人あたり 100 万元以上使った挙句，落選し，金も戻らなかったとメディアに暴露している（張鷟 2014）。

（以下，林 2014）。Kは連工委に電話し，宿泊先にいる工商業界の人民代表の大物を呼び出してもらい，一緒にいる人数を聞き，大物が答えた人数分の「ご祝儀」を渡す。連工委は市人大の会議の後に宴席を設定することもできた。会食後にKが買収者の企業名と氏名を記した「ご祝儀」と酒やたばこを配り，中心的な人物が買収者の宣伝をする。宴会の和んだ場で，テーブルの上の「ご祝儀」を全員が受け取るため，心理的抵抗は少ないという。

　衡陽市人大での選挙買収が大事件となったのはその買収額の多さからである。相場は一票あたり 4000～7000 元（劉 2014）で，当選するには約 300 万元かかった（張鷟 2014）。近隣の邵陽市人大代表が受け取ったのは収賄者 1 人あたり 1～2 万元で，衡陽市人大代表の 20 万元とは大きな差があった。衡陽市で相場のつり上げを図ったのは連工委だったと贈賄者は語っている。彼らは湖南人の負けず嫌いの性格を刺激して「この社長は 200 万元出し，あの社長は 300 万元出した。あなたも当選したいなら追加を出さないと」と互いを焚きつけていった（張鷟 2014）。こうした相場のつり上げは投票日当日まで続き，贈賄者は追加し続けていった（劉 2014）。本来，指定された候補を当選させ，当て馬を予定通りに落選させるよう投票前に指導していた党のための「曖昧な空間」が，贈賄額のつり上げのために利用されたことになる。共産党があらゆる段階を管理し，指導するこの選挙制度は，人大常委会や連工委が腐敗すると一気にすべての系統が腐敗することが分かる。

（2）なぜ利用したのか──アクターの動機

　人大間接選挙の過程のなかで，党が結果をコントロールするために設けている「曖昧な空間」はすべての人大間接選挙に設置されているが，すべての地方人大でこれほど大規模な贈収賄事件が起こったわけではない。衡陽市の贈賄側，収賄側，本来監督するはずだった側のアクターたちはそれぞれどのような動機をもってこの「曖昧な空間」を利用したのかを本項では説明する。

❶贈賄側

　贈賄側は企業家と政府機関の幹部に分けられ，それぞれ動機が異なる。
　企業家，とくに私営企業の経営者たちは，社会的ステータスを得ること，党

政幹部との関係を得ること，これにより自分の事業展開を有利に進めること，自分の身と財産を守ることを目的としている。企業家は弱者であり，その地位は低い。権力のサークルに入るには経済的利益を提供することが最も重要な出発点になる。人民代表の身分を得ることで，政府の関係者とのつながりができ，企業の発展に有利な提案や政策決定に影響力を及ぼすこともできる。政府が管轄する事業への参入も可能になり，投資を呼び込むにも有利になる（林 2014；唐・梁 2017：81-82；李 2014：11）。また，人民代表の身分により，人大常委会の許可なしに逮捕および刑事裁判にかけられないこと（組織法第 35 条）から，「護身札」として重視する者も多い（秦 2014）。

　他方，政府機関の幹部や指導者たちは企業家たちの買収行為の影響を受けて仕方なく贈賄に踏み切った。「指定された議席」を確保しているはずの市の直属機関の幹部たちは当初贈賄をしようとはしなかった。しかし，企業家たちが買収に乗り出したため，彼らが自分たちの議席を奪うことを恐れて仕方なく贈賄に手を染めた（張鷺 2014）。もちろん，政府機関の幹部や指導者にとっても省人大代表の地位は魅力的である。市レベルを超越して省レベルの指導者と面識を得る機会となり，異動や昇進に大きく影響する（李 2014：11）。個人的な動機に加え，「自分たちの部署から代表を送り込みたい」という部署・単位の考えもあり，単位からの資金を贈賄に宛てていた（張鷺 2014）。

❷収賄側

　収賄側も市連工委・県連工委らの選挙工作人員と市人大代表の二つに分けられ，それぞれ異なる動機を持つ。

　連工委らの選挙工作人員にとっての動機は短期的な経済的利益である。1 人あたり 14.7 万元という金額は市・区・県レベルの幹部にとっては大金であった（李 2014：11）。通常は人大常委会・連工委・市党委は「指定した候補」が確実に当選するよう，動員して指導を行わねばならないが，これに比して収賄は仕事が軽減され利益も得られる一石二鳥の行為となる。また後述するように監督機能が麻痺していたため，処罰される可能性が低かったことも，不正行為に対して抑止力が働かなかった要因であろう。

　市人大代表にとっての動機は，短期的な経済的利益とその裏にある「元を取

る」という事情がある。2000年代に入ってから衡陽市では選挙買収が常態化しており，2007~08年の衡陽市人大代表選出のための県人大での選挙では1議席の相場は20万元程度であった（黄2008）。2012年の時点での衡陽市人大代表のなかには2008年選挙で贈賄して市人大代表の地位を手に入れた者もいた。彼らにとっては，2012年の湖南省人大選挙は「投資を回収する場」であり，自ら省人大候補者に賄賂を要求する連絡を入れる者もいた（澎湃新聞網2014）。仮に受け取りを拒否しようとしても同調圧力が働き，断ることは難しく，また「みんな受け取っているので大したことではない」という意識もあった（劉2014）。

❸監督側──市党委・政府

2012年2月から衡陽市党委書記となったばかりの童名謙は衡陽市換期工作領導小組組長でもあり，選挙工作を監督する立場であった（張2015：10）。選挙工作が始まった頃，幹部のなかには童に対して選挙買収を取り締まる提案をした者もおり，巨額の贈賄を迫られた省人大代表候補が市党委組織部などに報告をしたり，中には贈賄の圧力を理由に候補を辞退するケースもあった。しかし，衡陽市でのキャリアは1，2年で次に副省級のポストへの異動が期待されていた童は「聞かず，関わらず，調べず」と対処しなかった（澎湃新聞網2014；李2014：12）。ここで衡陽市の幹部を敵に回せば，次の昇進の際に投票してもらえなくなるとの考えもあった（褚・王2017：20）。衡陽市だけではなく湖南省の指導部も中央巡視組の調査が入るまで大事にしようとはしなかった。地方の幹部たちは地方と自分たちの利益を守るために腐敗を隠蔽するのである（李2014：14）。結局，衡陽市の幹部としては党委組織部部長兼統戦部部長，紀律検査委員会書記，人大常委会主任らも後に職務怠慢・選挙破壊の罪に問われた（四2017：9）。童の前任者で当時湖南省党委常委・宣伝部部長に昇進していた張文雄が重大な紀律違反で逮捕されたことが示すように，童の着任前から衡陽市では腐敗が蔓延していた[6]（四2017：9）。前任の紀律検査委員会書記の任

---

6) 選挙買収で処分された企業家の一人は張の在任中は毎年100万元を新年のご祝儀として渡していたと証言している（龍2017：44）。

期内に8名の領導幹部の子女が任用試験なしに紀律検査委員会に「異動」して
きていた（澎湃新聞網2014）。このため，2012年当時の衡陽市では紀律検査委
員会による監督機能は失われていたといえる。前任者からすでに腐敗が浸透し
ていた衡陽市には内部からこれを監督し，浄化しようとする力はなかった。ま
た，選挙不正を糺す最後の砦としては，県級以上の人大に設置される資格審査
委員会がある（組織法第50, 51条）。しかし，11名の省人大資格審査委員会で
786名ほどの湖南省人大代表の資格審査を行うことは難しく，実質的には各市
人大常委会からの申請を信じるほかない。市人大資格審査委員会は人大常委会
主任会議が常委会のメンバーから選出するため，実際には機能しなかった。

結　語

　中国の人大間接選挙における腐敗の特徴は，共産党が自らの指導を貫徹させ
るために選挙制度のなかに設けていた「曖昧な空間」が，その曖昧さゆえに党
内からも党外からも選挙買収のために利用された点にある。従来，党の定めた
構成に従った人大を作り上げるために，党は党の指導する人大常委会と連工委
が支配する「曖昧な空間」を推薦・協議・決定の段階に設け，さらにこれを確
実に実施するために投票を促す段階で「非公式」に党委や各人大代表団の代表
工作委員会を使って組織の意図を貫徹させてきた（唐・梁2017：84）。予定し
ていた人物を当選させ，代表構成を守ることは，すなわち，共産党が省人大と
いう高位のポストを体制内のエリートに分配する権力を独占していることを意
味する。

　しかし，湖南省人大代表の選挙をめぐる衡陽市人大の事案は，「曖昧な空間」
と「非公式」の投票指導が党政幹部まで含む贈賄者と市連工委などの仲介者に
利用され，その結果，党が持っていたポスト配分の権力を金銭で奪ったことを
示している。共産党にとってはこの腐敗は，党の重要な権力の源泉の一つであ
るポスト配分機能を損なうものであり，本来党の指導を強固にするための装置
が，逆に党の権力の源泉を奪った点が重要である。

　党の権力によるポスト配分が機能せず，金銭で議席が買収された結果，衡陽
市選出の湖南省人大の構成は歪なものになった。労働者の枠で当選した15名

のなかに労働者は1名もおらず，すべて経営者であり，農民枠で当選した13名のうち3名は村党支部書記で，残りは企業経営者であった（張鷺 2014）。この後，2014年1月に補選が行われ，資格喪失した衡陽市選出の湖南省人大代表56名に代わって新しい代表が選出された。その結果，村支部党書記，教師，病院の医師，環境衛生所の労働者など基層からの代表が明らかに増えた（張鷺 2014；彭 2014）。

　衡陽市での選挙買収がこれほど大規模になったのは，制度に設定された「曖昧な空間」と「非公式」なやり方の存在に加えて，市連工委と県連工委が党の指示通りにポストを配分することを放棄し，金銭の授受を優先したことも大きな要因である。同時期の全人大の各省代表の代表構成に関する張海涛（2014：9）の研究は，労働者・農民などの基層労働者の割合は大幅に減少し，官僚・企業家・知識分子が代表の三大供給源であり，専業の人大工作者の割合も比較的高いことを指摘している。全人大においても選挙法第6条に規定されている第一線代表，とくに労働者・農民・知識分子を多く含むことは難しい要求であることが分かる。もともと党と国家が求める人民代表構成の難度が高く，実現が難しいことも，選挙工作を行う現場の選挙工作人員が職務を放棄し贈収賄の仲介に走った要因の一つと推測される。

　2012〜13年の大型選挙買収案件を踏まえて，2015年選挙法では資格審査委員会を県級以下にも設置することになり，2020年選挙法では選挙工作に対する党の領導が明記されるなど，党の管理・指導は強化されている。しかし，選挙制度における「曖昧な空間」と選挙工作員への過重な要求は依然として存在し，公開された競争がないままに権力サークルへの参入を狙う企業家や党政幹部がいる限り，選挙買収はいつでも再発しうる。選挙における競争を公開すれば，そのリスクは低下するが，それは共産党がポスト配分の権力を手放すことを意味するというパラドックスを共産党は抱えている。

参考文献

百度文庫（2016）「人民代表大会代表選票」（2016.6.20）　https://wenku.baidu.com/view/f63a894b6bec0975f565e252.html（2024.7.28 アクセス）

長沙市人大網（2021）「長沙市人大選挙任免聯絡工作委員会機構成員」 http://www.
　　csrd.gov.cn/web/category/41（2022.2.12 アクセス）

褚朝新・王露暁（2017）「衡陽三任市委書記縁何連続落馬？」『党的生活（黒龍江）』
　　2017 年第 1 号，19–21 頁

第一財経（2016）「遼寧省第十二届人民代表大会第七次会議籌備組公告」（2016.9.18）
　　https://m.yicai.com/news/5105544.html（2024.5.20 アクセス）

湖南省人大網（2022）「湖南省人大常委会組成人員」 http://www.hnrd.gov.cn/
　　channel/16155.html（2022.2.11 アクセス）

黄峰・姚桓（2019）「構建新時代地方人大選挙的新生態——以“衡陽賄選案”為例」
　　『中共杭州市委党校学報』第 2 期，28–34 頁

紅網（2013）「資料：衡陽十四届人大代表名単　共 529 人」（2013 年 12 月 28 日）
　　https://m.sohu.com/n/556295393/?_trans_=000014_baidu_ss&v=2（2022.2.12 ア
　　クセス）

李雷（2017）「完善人大代表間接選挙制度的思考——以遼寧賄選案為起点」『時代法学』
　　第 15 巻第 3 期，62–70 頁

李月軍（2014）「理性選択制度主義視覚下的“衡陽賄選省人大代表案”」『人大研究』第
　　6 期，9–20 頁

劉長（2014）「衡陽賄選挙報者——給 300 多人送紅包仍落選人大代表」鳳凰網
　　https://news.ifeng.com/mainland/special/dlzzhy/（2024.5.20 アクセス）

龍在宇（2016）「張文雄——被衡陽賄選案余波撃倒」『廉政瞭望（上半月）』2016 年第
　　12 号，42–44 頁

羅家梁「四川南充換届賄選案全記録」網易新聞 http://view.163.com/special/nan-
　　chongcorruption/（2017.10.17 アクセス）

馬亮（2016）「中国人大代表賄選与政企関係陥阱」『聯合早報』2016 年 10 月 5 日，中
　　国人民大学国家発展与戦略研究院網 http://nads.ruc.edu.cn/xzgd/be0cff0bc00d
　　42dabf9d9a0fd82cef53.htm（2024.5.20 アクセス）

莫紀宏（2014a）「程序制度建設視角下的我国人民代表大会制度体系的完善——基于湖
　　南“衡陽賄選事件”的制度風険分析」『法学論壇』第 3 期第 29 巻，23–31 頁

莫紀宏（2014b）「直面“三個挑戦”——衡陽賄選事件的法理透析」『法学評論』2014
　　年第 2 期，1–12 頁

彭凱（2014）「湖南省十二届人大代表名単及職務（768 名）」 http://blog.sina.com.cn/
　　s/blog_a3f2f5990101ghcz.html（2017.9.28 アクセス）

澎湃新聞網（2014）「湖南衡陽賄選調査——花銭当県市人大代表回報高」（2014.8.19）
　　http://news.sohu.com/20140819/n403562450.shtml（2024.5.20 アクセス）

秦前紅（2014）「衡陽賄選案顛覆伝統選挙叙事」正義網（2014.1.6）

中国社会科学網 http://www.cssn.cn/fx/fx_rdty/201401/t20140106_936754.shtml
　　（2021.8.9 アクセス）

人民網（2013）「湖南省厳粛査処衡陽破壊選挙案件」（2013.12.28） http://politics.
　　people.com.cn/n/2013/1228/c1001-23967201.html（2024.5.20 アクセス）

四賓（2017）「這些年我們身辺的賄選大案」『検察風雲』2017 年第 2 号，9–11 頁

唐皇鳳・梁玉柱（2017）「我国人大代表賄選的制度和生態分析——基于遼寧和衡陽賄選案的案例研究」『江漢論壇』第9号，81–87頁

桃江県人民政府（2020）「県人大常委会選挙任免聯絡工作委員会主要職責」 http://www.taojiang.gov.cn/26840/25089/34974/34976/content_1309231.html?pphd-bimglnoppphl（2024.5.20アクセス）

王連花（2014）「従衡陽賄選看地方人大選挙制度的改革与完善」『人大研究』第6期，34–39頁

湘陰県人大（2016）「選挙任免聯絡工作委員会工作職責」（2016.3.15）湘陰県人大網 http://www.xiangyin.gov.cn/rd/61988/61990/content_1763236.html（2022.2.4アクセス）

張海涛（2014）「従"衡陽賄選案"論現階段"代表構成"和代表的"代表性"問題」『人大研究』2014年第3期，8–11頁

張傑英・劉艶梅（2016）「従"衡陽破壊選挙案"談我国人大代表選挙的監督機制」『領導之友』第14号，15–17頁

張鷺（2014）「衡陽競選黒金——一些企業主百万仍落選　銭不退」『財経』2014年6号

張卓明（2015）「民主機制完善之道：湖南衡陽人大賄選案的啓示」『中国法律評論』第5期，10–14頁

中国共産党新聞網（2013）「湖南省第十二届人民代表大会代表名単」2013年1月23日，http://cpc.people.com.cn/n/2013/0123/c87228-20293352.html（2024.5.20アクセス）

「中華人民共和国全国人民代表大会和地方各級人民代表大会選挙法」（2010年）　中国法院網　http://www.chinacourt.org/law/detail/2010/03/id/141019.shtml（2024.7.28アクセス）

「中華人民共和国全国人民代表大会和地方各級人民代表大会選挙法」（2015年）　中国法院網　http://www.chinacourt.org/law/detail/2015/08/id/148435.shtml（2024.7.28アクセス）

「中華人民共和国全国人民代表大会和地方各級人民代表大会選挙法」（2020年）　北大法宝網　https://law.pkulaw.com/chinalaw/7e4a467b09d142f0bdfb.html（2024.7.28アクセス）

「中華人民共和国地方各級人民代表大会和地方各級人民政府組織法」（2004年）　中国法院網　https://www.chinacourt.org/law/detail/2004/10/id/96100.shtml（2024.7.28アクセス）

「中華人民共和国憲法」（2004年修正）　中国法院網　https://www.chinacourt.org/law/detail/2004/03/id/91499.shtml（2024.5.20アクセス）

第9章

国共内戦下の末端幹部腐敗と
建国後における都市行政のあり方

橋本誠浩

はじめに

　本章では，1946 年以降の第二次国共内戦において都市の接収管理の一環として進められた行政機構建設に従事した中国共産党末端幹部の腐敗の実態およびそれが中華人民共和国の末端都市行政のあり方に与えた影響について論じる。

　1946 年から始まった第二次国共内戦において，それまで農村を中心に占領地域を拡大していた中国共産党は，新たに占領した都市において行政機構を立ち上げるという課題に直面した。中国共産党中央の指導部（以下，中央の指導部）は，行政機関や企業を接収管理し，それらを自らの統治機構として再建する「接管工作」を担う幹部を工作隊として組織し，全国各地の都市へと派遣した。各都市に派遣された幹部は，市以下に設定された末端行政区画の「区」や「街」（街道）のレベルにおいて在地の幹部とともに新政府を樹立する。

　本章で腐敗の行為者となるのは，このような接管工作を現場で担った末端幹部たちである。以下では，国共内戦の文脈において，末端幹部のどのような腐敗がどのような背景から生み出されたのかを論じた上で，それらが中華人民共和国の都市末端行政の形成に与えた影響を論じる。

1 東北・華北地域の都市における末端幹部の収奪行為と戦時動員体制

(1) 国共内戦期における都市末端幹部の腐敗蔓延

　第二次国共内戦が勃発して3年目の1948年，中国共産党が最初に広範囲にわたって占領に成功した東北・華北地域において，都市の接管工作にあたった末端幹部の腐敗が広く存在していたことは，三つの中央レベルの通達文書から読み取れる。

　1948年2月19日の「中央工作委員会の石家庄奪回に関する都市工作の経験」は，1948年以降における都市の接収管理方針を新たに決定した文書として知られているが，同文書の冒頭には以下の記述がある。

　　　一，我々および阜平中央局は，部隊と民兵，民夫，後方機関が物資を手当たり次第没収し，機器も手あたり次第持ち出し，それゆえ工業に致命的な破壊の経験をもたらした井陘（河北省），陽泉（山西省）等の重要工業区の奪回と，指導機関が都市に移動するや否や，多くの幹部が一斉に都市へ向かい，物を手当たり次第没収したり買い漁ったりし，腐敗も起こり（貪汚腐化），農村工作を放置し，かつ兵士と農村幹部の不満をもたらした経験のある張家口（河北省）の奪回に鑑み，このたび，石家庄に攻め入る前および侵攻過程において，部隊および民兵の幹部に対して，機械用品とすべての建築物の保護に注意し，破壊を許可せず，自由に物資の徴発をすることを許可しないよう訓令を出した。[1]

　1948年6月10日の「新しく奪回する都市の保護に関する中共東北中央局の指示」においても東北軍区において「過去に奪回した都市では，一部の例外を除いて党の都市政策と工商業政策に違反する行動が広範に発生した」と述べられている。無論，東北軍区を指導する人民解放軍や中国共産党の指導者たちは各地方党委員会および都市攻撃部隊に指示を出し，改善を求めた。それでも東北軍区では，現在の遼寧省および吉林省の行政区画に位置する四平市，鞍山市，

---

1) （ ）内は筆者追記。

吉林市などに中国共産党が進駐した際，都市接管工作を担う末端幹部による都市政策・工商業政策違反があったとして，以下の4点を例として挙げている。

①都市に侵攻する某部隊が自分の都合のいいように物資の没収を行っていた。
②某部隊の後方支援隊員が，軍用と理由をでっち上げ，蔣介石政府や敵の物資を没収し生産設備を壊していた。
③某後方機関単位の生産人員は，自分の部隊の利益だけ顧み，新しい都市を占領すると物資を我先に買い漁ったうえ，売買をして金融物価を乱した。
④戦争終結の機会に乗じて違法な経済活動をして利益を上げた貧民たちの行為をやめさせないどころか放任した。

また，1948年8月4日に通達された「中共中央社会部による東北都市公安工作経験に関する通報」では，都市に進駐した当初，各機関の部隊がいつも混乱に乗じて，ほしいままに物資を没収したり，投機行動に走ったり，売春，賭博，その他政策・軍規を壊すような行為を行っており，人民解放軍の守衛部隊では統制できないと記されている。

以上のように1948年において東北・華北地域の各都市を占領し始めた中国共産党は，複数の都市で接管工作を現場で担った末端幹部による収奪や不正売買という腐敗行為を問題視し，是正を求めていた。

（2）末端幹部の腐敗顕在化とその政策的背景
このような腐敗行為が蔓延する下地は，実は中国共産党中央の方針そのものにあった。1946年以降，東北・華北地域で国民党と激しい戦闘を行っていたなかで，中央の指導部は，占領した都市や村落に幹部（工作隊）を派遣し，地主や経営者，国民党政府幹部などから財産や土地を収奪し，それを労働者や貧困者に分配し，大衆の中国共産党に対する支持と政権作りへの参画を引き出すという接管工作の方針を打ち出していた。

都市の接管工作では，まず区や街レベルに派遣された幹部たちが，地主，企業経営者，漢奸（民族の裏切り者とされた人）の摘発を行った。そのうえで，幹部たちは彼らから財産の没収を行うための批判・粛清大会を開き，大会に積極

的に参加した住民を構成員として住民組織（貧民会）を組織した。そして，そのなかでより積極的な貢献を見せた住民を街政府の幹部として登用し，中央政府機関や市政府から降りてくる政治・行政タスクに従事させていた（大沢2002）。

1947年中ごろ，中央の指導部は，農村における徹底した地主や村幹部からの収奪と貧雇農への均等な財産・土地分配の方針を決定した。この方針が都市にも波及し，都市幹部たちによる急進的な地主の商工業資産の没収，分配，破壊を後押しするようになった（田中 1996：325）。このような方法に基づく政権基盤の確立は，中央の指導部が地域や国家にとっての経済的秩序よりもあくまでも政治的秩序の確立を優先したゆえの産物であった。

ところが，都市接管工作に従事した幹部の収奪行為は，上記の三つの通達文書で見たように，腐敗行為や違反行為あるいは「左傾化」として中央の指導部から批判されることとなった。

その理由は，1947年末頃，第二次国共内戦の情勢が中国共産党の勝利へと傾きはじめ，占領地域が東北・華北地域から全国へと拡大しつつあったなかで，中央の指導部にとって前線への人や物資の供給に不可欠な都市の経済生産力の確保が喫緊の課題となったからであった。それまで末端幹部が都市で行っていたような地主や経営者に対する収奪や不正売買は，単に都市の地主や経営者に損失を与えるのみならず，戦争の長期化で発生していたインフレを助長し，さらには都市の治安秩序を喪失させることにつながりかねなかったのである。

収奪を伴う政府建設では戦時体制の維持ができないという認識を共有した中央の指導部は，都市接管工作の方針転換を指示し，都市の秩序と生産力を確保するため，企業経営者や地主から収奪することを禁止し，彼らに対して占領前の都市で行われていたのと同様の経済活動を許した。1947年12月に毛沢東もこれを「新民主主義の経済方針」ならびに「都市革命の左傾化の是正」として中国共産党中央委員会に指示した後，全国各地に向けて通達した（毛1961：1243-1262）。

ただし，先の複数の資料で指摘されていた1948年の広範な腐敗現象の蔓延状況からも明らかなように，最高指導者の方針転換は，都市の接管工作を現場レベルで担っていた幹部から理解を得られなかった。あるいは，受けいれられ

るまでに時間を要した。ケネス・リバソールによれば，こうした方針転換は末端幹部や労働者のみならず，各都市で政策指導を担う上級幹部の多くからも理解を得られず，1947年12月から1948年9月までの9カ月もの間，中国共産党の機関紙には都市接管工作の方針転換が理解されない現状を中央の指導部が嘆く記事が掲載され続けていたという（Lieberthal 1971 : 502）。

2　末端幹部の腐敗対策としての行政再編案

（1）公安による街政府への内部統制強化案

　末端幹部の腐敗行為に対して，中央の指導部は末端行政組織を再編することによって具体的な対策を講じようとした。以下ではまず，先述の三つの中央レベルの通達文を手がかりに検討を行う。

　1948年6月10日の「新しく奪回する都市の保護に関する中共東北中央局の指示」では，収奪や不正売買を行っている住民，またそれを放任していた末端幹部の腐敗行為への対応として，1948年後半以降に都市を占領した際に軍事管理制度（軍事管制）を強化するという命令が出された。中国共産党人民解放軍（人民解放軍）は，軍事管理委員会を設置し，都市へ入った幹部の統制を図るとともに，各都市に従前から存在する在地の党組織の責任者を中央集権的な指揮命令系統に吸収しようとした（中央档案館 1992 : 209-215）。そして，都市の秩序が安定したところで市政府に都市管理の権限をすべて委譲させることで，中央指導部―都市の指導者―末端幹部の三者間の間で統一的かつ上意下達な指揮命令系統を確立しようと試みた。

　これに関連して同時並行で行われていたのが，公安組織を基軸とした末端行政の再編であった。1947年11月，河北省石家庄市でも，東北地域の各都市と同様に住民組織（貧民会）と街政府が組織されたのだが，経営者や地主への財産没収や批判・粛清大会が急進化し，死者を出すまでに至った。石家庄では，この混乱を収めるため逮捕と財産没収を行う権限が政府と公安（警察）に限定され，貧民会も解体された。

　中央の指導部は，1948年2月19日の「中央工作委員会の石家庄奪回に関する都市工作の経験」の通達文において，各都市で任務を遂行する幹部に対して

石家庄におけるこの経験を踏襲し、接管工作を行うよう指示を出した（中央档案館 1992：54）。これを受け、哈爾浜市では、治安維持と人口調査の業務が一律に公安局の業務とされた。区レベルの公安分局から指導を受ける街レベルの公安派出所も設置されることとなった。そして、街政府や住民組織は、批判・粛清活動を行うことを禁じられた（大沢 2002：71-72）。つまり、街政府と貧民会の権限が縮小された一方で公安の権限が拡大され、中国共産党政権の内部統制を強化することにその重きが置かれたのである。

1948 年 8 月 4 日の「中共中央社会部による東北都市公安工作経験に関する通報」では、哈爾浜市での公安強化の経験を踏まえて、実力のある幹部を選抜して都市公安機関の統一的な運営を行わせることで、末端幹部による収奪や破壊活動の取り締まりと抑制を強化するという行政の人員配置と機構整備が全国で普及するよう提案された（中共中央政策研究室 1949：541-544）。加えて、街道を単位として新たに公安派出所（分駐所）も設置し、下級の警察官には大衆ではなく旧国民党政府下の警察官を留用することで、治安維持を図る指示も出された。

軍事管制終了後、市区人民政府に都市管理権限が引き継がれても公安機関は残るため、接管工作における公安機関強化には内部統制を制度化する側面があったと理解できる。つまり、1948 年を通じて中国共産党の中央指導者は、街政府と公安派出所の二つの組織を基盤として末端行政秩序を確立し、国共内戦期における都市の秩序と生産力の確保を図ろうとしたのである。

（2）大都市接管の課題と保甲制

しかしながら、上記のような公安機関を軸とした末端行政は、中国共産党の占領地域が華北地域の北平市[2]や天津市といった大都市に及んだ際、複数の問題に直面した。このため、これらの大都市では公安機関を軸とした末端行政を速やかに確立することができなかった。

問題となったのが大都市の接管工作を担う幹部数の不足であった。1949 年1 月に接収管理された北平市と天津市の人口は、それぞれ 200 万人程度であっ

---

2) 中華人民共和国建国後、北京市に改称。

たのに対して，両都市において中国共産党の活動を展開していた在地の党員ならびに共産党シンパの学生は合計数千人程度であった。共産主義の原理に従えば中国共産党の支持者として新政権の主要な構成員となるはずの労働者や貧困者の多くは，同党に対して無関心であった（Yick 1995）。

　加えて，接管工作のため都市の外から来た中国共産党幹部も，そのほとんどが都市工作経験に乏しく，頭数も足りなかった。それゆえに中国共産党政権は，社会秩序を維持し，都市運営を回復するために国民党政府の人員を多数留用せざるをえなかった。

　ところが，北平市と天津市における接管工作指導者にとって，国民党政府の人員を留用しなければならないという条件は，治安維持体制を速やかに確立するための障害ととらえられていた。

　先に見た 1948 年 8 月 4 日の「中共中央社会部による東北都市公安工作経験に関する通報」などに基づき，中央の指導部からは国民党政府下の警察官を積極的に利用し，都市の秩序を確立する指示が両都市の指導者にも出ていた。

　とはいえ，同通報で中共中央社会部が国民党政府下の警察官を「毒」と呼称していたように，現場レベルで接管工作にあたった各都市の中国共産党幹部も国民党政権下で暴力行使を担っていた警察官を信頼して接管工作に従事させることはできなかった。そうした様子は，北平市党委員会書記の彭真の発言からも読み取れる。彭真は 1949 年 5 月 28 日の報告で，「公安は国民党の手先として信用できず，また労働者（工人）も組織化できていない状況において，北平市では解放直後に国民党政府が整備した区以下の末端行政制度の保甲制の管轄区域と人員を基盤として街政府を建設し，主にこれに依存して接管工作を進めるしかなかった」と述べていたという（黄 2018 : 103）。

　そして，この彭真の公安機関に対する判断は，中央の指導部にもある程度支持されていたようである。というのも，中国共産党中央は，1949 年 1 月 3 日に「中共中央による保甲人員の暫時利用問題に関する通知」によって，北平市と天津市を占領する直前に，中国国民党統治下で市・区レベル以下の末端行政を構成していた保甲制を接管工作の初期段階に利用するよう通達を出していたのである（中共中央政策研究室 1949 : 141–143）。

　保甲制は，国民党政府期に都市で整備され，居住区において戸（世帯）を基

礎単位とし，十戸程度で一甲，十甲で一保の住民集団を組織し，選挙で選ばれた保甲長にさまざまな行政タスクを担わせる最末端行政組織であった。先の通知の主意は，保甲制度を「国民党反動統治の基層機構」として必ず廃止すべきとしつつも，治安維持のために接管工作のなかで一時的に利用せよというものであった。

同通知は保甲制度を「人民を抑圧していた国民党統治の道具」として，運営を担っていた保甲長は罪人であり，そのなかでも大きな罪を犯したものは逮捕されるべきであると説明している。しかしながら，保甲長に対して罪を償うチャンスとして，従来，公安が担うことを期待されていた都市に潜伏する落伍兵および国民党特務（スパイ）の摘発や武器弾薬・軍用品（国民党政府から許可を得た民間人のものも含む）の摘発，公共施設（建物，機関，学校，工場など）に対する破壊および略奪の有無の報告，各家庭および旅館への人の往来に関する報告を担わせようとした。

以上のように，中国共産党は，北平や天津では，保甲制を利用することで公安機関を一定程度代替する末端行政組織と人員を都市占領直後に確保しようとしたと思われる。

（3）街政府の存在意義に対する疑問符

1949年1月3日の「中共中央による保甲人員の暫時利用問題に関する通知」は，保甲制を基盤に街政府を建設することを指示していた。同通知では，保甲長を一定期間治安維持のために利用した後，批判・粛清大会を開き，住民の前で過去に「違法行為」を行ってきた保甲長を糾弾することとされた。そして，大会への動員を通じて住民に保甲制が批難・廃止されるべきものであるという認識を植えつけたうえ，大会のなかで積極的な態度や反応を見せた住民を末端幹部として登用し，保と同じ管轄区域に街政府の建設を目指すこととされた。

ところが，中央の指導部は，北平市と天津市を奪取した1949年2月以降，都市の経済生産力の向上によって，戦争とそれに伴う経済不況で悪化した都市住民の生活水準を引き上げる指示を東北・華北地域における各都市の政府に出した。それによって，新政権への支持を獲得し，華東地域の上海市や杭州市などを目指してさらに南へと進軍する人民解放軍への物資支援の確保をしようと

したのである（Lieberthal 1980：40）。

　それゆえに，このような大衆運動によって設置が目指された北平市や天津市の街政府は，東北・華北地域の他の都市で見られたのと同様の都市の経済生産力向上には結びつかないとされ，中央の指導部のなかで廃止すべきとの意見が出るようになっていた。

　天津市では，街レベルの幹部が，労働者に対して経営者への過剰な賃上げ要求をするよう迫ったり，貧困者に対して裕福な住民への社会正義の執行を迫ったりするような，その生産力の向上を妨げている工作状況について問題視されていた（Lieberthal 1980：41）。北平市でも，街レベルの幹部の主要な動員，工作の対象となった「貧困者（苦力，貧農，零細労働者，小商販，失業工人）」は，組織化が難しく生産動員に結びつかなかったことが問題となっていた（黄2018：66）。

　とくに，「貧困者」に対する大衆運動を伴う動員や組織化は，中央の指導部からすると，統制することのできない「左傾化」の兆候，すなわち東北・華北地域の他の都市でそれまで見られたような収奪を伴う混乱状況を招きかねないともものと考えられていた。それゆえに，1949年4月に中央指導者の劉少奇が，北平市と天津市に自ら赴き，街政府による区域の包括的管理を廃止し，治安や民政などさまざまな政策を市政府の各部門によって担わせる指示を出した（Lieberthal 1980：41–42；中共北京市委党史研究室・北京市档案館 1993：125；黄2018：68）。

3　南方都市で生じた末端幹部腐敗と都市行政

（1）南方都市へ受け継がれた腐敗対応としての街政府廃止の方針

　ここまで検討してきたように，東北・華北地域の都市接管工作のなかで生じた末端幹部の腐敗行為は，国共内戦の拡大に伴い，都市行政の安定化と前線に物資を供給する経済生産力の確保に対する障害と認識されるに至った。こうした認識に基づき，中央の指導部は，公安機能の強化や街政府の廃止など複数の都市末端行政組織の再編に関する方針を段階的に示し，末端幹部の腐敗行為を是正しようとした。

北平市や天津市において現場レベルで接管工作にあたった指導者たちは，先の彭真の発言からも分かる通り，国民党政府下の警察官を多く抱えていた公安機関を信頼できない一方で，街政府の建設を直ちには中断できなかった。その証拠に，北平市では1949年6月までに市内すべての区で街政府が樹立された（黄2018：92）[3]。

　しかしながら，1949年4月初旬に劉少奇らによって出された街政府廃止の方針は，同時期に占領が進んでいた南方の都市での接管工作において開始当初から明確に貫徹されていた。このことは，各都市の接管工作に従事した幹部に通達された保甲制の一時利用に関する通達文に表れている。

　華東地域の各都市における接管工作の準備は，1949年4月1日の「華東局による江南都市の接管指示」が通達されたことによって始まった[4]。この指示命令のなかでは，占領開始後の都市の治安を維持するため，「中国共産党中央が発出した旧保甲長の一時利用に関する通知に基づき江南の各大都市では保甲人員を一時利用することができる」と記されている（毛2018：23）[5]。

　東北・華北地域の都市における保甲制の一時利用に関する通知が「中共中央による保甲人員の暫時利用問題に関する通知」であることは前述の通りである。

　これに対して杭州市や上海市を含む華東地域の接管工作に従事する指導者や幹部らに対して発出されたとされる保甲制の一時利用に関する通知は，タイトルがやや異なる「中共中央による保甲人員処理方法に関する指示」である。この通達文では，発行者（中国共産党中央）と発行日（1949年1月3日）が東北・華北地域の通達文と同一であり，内容もほとんど一致している。

　ところが，両者を見比べてみると，東北・華北地域の都市に対する通達文の末にあった「保甲制度の暫定利用は治安維持を目的とするのみであり，その間に人民を組織する時間を確保する。人民が初歩的な組織を有し，積極分子を得た後，区，街人民代表会議を招集し，区，街政府を選挙する」と記された箇所

3）　後述の通り，その直後6月30日には，北京市軍事管制委員会の決定により廃止される（黄2018，92）。
4）　江南とは，長江下流域の浙江省，江蘇省，上海市のある地域を主に指す。本章では江南都市という場合に，華東地域の都市と言い換える。
5）　圏点は筆者による。

232　　Ⅲ　腐敗空間——どこで起きているのか

がすべて削除されていた。

　ここまで議論をしてきた接管工作の方針転換を踏まえると，中央の指導部が華東地域の都市接管工作に従事する幹部に出した「中共中央による保甲人員処理方法に関する指示」は，少なくとも 1949 年 4 月以降に「中共中央による保甲人員の暫時利用問題に関する通知」を修正して再発出されたものであることは明らかであろう[6]。

　では，大衆運動や街政府の建設を排し接管工作が行われることとなった華東地域の都市において，末端幹部の腐敗と末端行政建設はどのような様相を見せたのであろうか。

(2) 華東地域の接管工作に動員された幹部

　1948 年 9 月，中国共産党は華東地域北端に位置する山東省の主要都市である済南市を占領した。これにより中国共産党は。中央指導部が予想していたよりも早く東北・華北地域より南へと進軍することが決定的となった。

　このとき問題となったのも幹部の数が足りないことであった。南方の都市での接管工作においても，東北・華北地域で行ってきたように，各地の農村や都市で在地の党員や労働者などから直接幹部を徴用することも考えられなくはなかった。しかし，華東地域の上海市や杭州市では，在地の中国共産党組織が国民党によって徹底的に破壊されていた。党組織が破壊された後も秘密裏に活動を続けていたという党員（地下党員）たちには，その素性が怪しいものも含まれており，1948 年 2 月 19 日の「中央工作委員会の石家庄奪回に関する都市工作の経験」にも言及されてあるように，統制がとれず無許可の収奪や暴行を行う可能性もあると中央の指導部は考えていた（Gao 2004：16–18）。

　そこで，中央の指導部は，華北地域や山東省において幹部をリクルートし，新しく設立した党校などを通じて一定の訓練を施した上で，南方都市の接管工作に派遣することを決定した。こうして 5 万 3 千人の幹部が中国共産党中央

---

6)　「中共中央による保甲人員の暫時利用問題に関する通知」が収録されている『一九四八年以来政策彙編』も 1949 年 3 月に中共中央政策研究室で編集されていることから，「中共中央による保甲人員処理方法に関する指示」は 4 月以降に修正版として再通達された可能性が高いと考えられる。

第 9 章　国共内戦下の末端幹部腐敗と建国後における都市行政のあり方　　233

政治局の指示によって準備され，そのうち1万5千人の幹部が華東局の指示で1949年3月までに山東省の各地から集められ，華東地域の各都市に派遣されることが決定された。これらの幹部は，一般的に「南下幹部」と呼ばれている。

　1949年4月1日に中国共産党中央華東局によって「江南都市の接管に関する華東局の指示」が通達され，南下幹部たちを華東地域の各都市の指導者として接管工作を行う準備が本格的に進められた（毛2019：23）。華東地域では新たに接収する人口5万人以上の都市に軍事管制が敷かれることとなり，人民解放軍の各部隊と接管工作にあたる幹部および在地の党政軍民機関の人員のすべてが，軍事管制委員会の統一指揮に従うこととされた。また，同指示では「都市秩序の良し悪しは，まず入城部隊の規律の良し悪しによって」決まるとされ，接管工作にかかわるあらゆる機関の幹部は，都市に入る前に規律を守るよう教育を受け，都市の経済生産を保護し，無許可の物資・武器の没収・収集ならびに暴力行使や拿捕を禁止するための規律を守ることが義務づけられた。

　そして，中国人民解放軍の第三野戦軍および南下幹部が長江を渡り江蘇省南京市を占領した後になって，上記の規律は，1949年4月25日に中国人民革命軍事委員会主席毛沢東と中国人民解放軍総司令朱徳の連名で「中国人民解放軍布告」，通称「約法八章」として簡略化され，接管工作にあたる幹部らへの周知を徹底するよう指示が出された（毛沢東1961：1459–1461）。

　このように中央の指導部たちは，東北・華北地域で経験した収奪を伴う接管工作を再び起こさないために南下幹部たちに対策を施そうとしていたことが分かる。ところが，それでも問題は発生したのである。

　中国共産党中央華東局は，1949年5月5日発行の『華東局の都市政策教育を深めることに関する決定』の冒頭部分において「近頃，各地へ入城した部隊および幹部が幾度も入城規律違反を犯し，都市政策を破壊するような行動を起こしており，4月2日に各兵団，各区党委員会，各市委員会に対して出した華東局発布の「江南都市接管に関する指示」に関し，広く周知と教育が行われていないようである」と指摘していた（毛2019：49）。また，杭州市の接収管理にあたった第三野戦軍第七兵団が1949年5月14日に出した「杭州解放以降に関する各党委員会への指示」には，南下幹部が山東省から長江を越えた後展

開された華東地域の都市での接管工作において，軍と幹部の規律統制が緩み，上級機関と下級機関の間の報告制度が形骸化し，中には禁止されていた無許可の物資と財産の没収やインフレ禍における貨幣の乱用などを行う幹部も少なくなかったと記されている（杭州市档案局 2009：59）。

　断片的ではあるが，これら二つの文書からは，末端幹部に対する統制が不十分であったとわかる。

　では，華東地域における接管工作に従事した末端幹部の間では，どのような腐敗現象がみられ，それらは都市行政にどのような影響を与えたのか。以下では浙江省杭州市に着目して検討をしていく。

　杭州市を取り上げる理由は，浙江省杭州市が中華人民共和国建国後に初めて都市居住区の管理を担う居民委員会を組織し，市－区－居民委員会という都市末端の行政秩序を形成した先行事例であるからである（韓 2006：35）。ここまで論じてきたように，東北・華北地域の都市末端幹部の腐敗が街政府の廃止につながる要因であったことから，華東地域の都市末端幹部の腐敗もこうした建国後に形成される末端行政組織形態に何らかの影響を与えているのではないかと思われる。

(3) 杭州市の末端幹部腐敗とその背景

　浙江省杭州市は，1949 年 5 月 3 日に人民解放軍第三野戦軍第七兵団によって占領された。省の中心都市を奪回したことで，他の人民解放軍兵団や南下幹部たちも続々と浙江省に入っていき，接管工作が展開されていった（包 2021：96）。

　華東地域の都市の接収管理過程では，東北・華北地域と異なり，国民党軍との大きな戦闘がなかった。国民政府首都の南京市が占領された直後に接管工作が開始された杭州市では，国民党の落伍兵など残党勢力の活動が活発であったものの（韓 2006：34），5 月 3 日に人民解放軍が都市に入ったときにはすでに国民党軍や政府の重要人物の多くが逃避しており，都市内に残った国民党軍関係者の多くも無傷のまま武装解除され捕虜にされた。

　杭州市の接管工作では 683 人の南下幹部が各々の行政組織や企業組織で指導的地位についた（中共杭州市委党史研究室 2013：18）。彼らは，在地の党員

386 人（杭州市档案局 1999：1）や学生などの中から新たにリクルートした幹部とともに，杭州市の行政機関や企業の施設等を原状のまま接収し，都市の秩序を維持しながら生産事業回復と発展に努めることとされた。

　杭州市が解放された直後は，末端幹部による収奪行為などは起こらなかったと言われている。当時の杭州住民も，国民党政府職員たちが頻繁に汚職をしていたのと対照的に中国共産党員や人民解放軍は規律正しかったととらえていたようである（Gao 2004：70–71）。

　とはいえ，杭州市占領から 4 日後の 1949 年 5 月 7 日の杭州市軍事管制委員会成立大会において，浙江省軍事管制委員会兼杭州市軍事管制委員会主任に任命された譚震林は，幹部たちが市内で接収管理を進めるなかで，「都市運営に必要な技術ではなく，堕落した生活を学び，それに染まることを危惧していた」と述べている（毛 2019：52）。そして，その心配の通り，1949 年末まで杭州市における幹部たちの腐敗が深刻であったことが確認できる。換言すれば，前述した 1948 年 8 月 4 日の「中共中央社会部による東北都市公安工作経験に関する通報」で指摘されたようなことが杭州市でも発生したのである。

　浙江省および杭州市の中国共産党の内部報告書などを用いて杭州市の接管工作の体系的分析を行ったジェームス・ガオによれば，杭州市の公安局では，18 人の優秀幹部が慎重に選抜されたのであるが，杭州市の中国共産党宣伝委員会がこの 18 人全員の腐敗を指摘していた（Gao 2004：104）。同委員会の報告によると，18 人のうち 13 人が職務怠慢であり，3 人が汚職を行い，1 人が職務放棄し，1 人は女性と不適切な関係にあった。

　浙江省の中国共産党委員会の報告によれば，杭州市税務局の事務員は，集めた税金を使い，銀貨市場への投資を行い，私的な利益を上げていた。他にも杭州市の観光名所である西湖の岸辺で上級幹部を接待するための施設の整備と運営を任された南下幹部が，それらの施設を使い，賄賂や売春といった腐敗行為を行っていたという報告もあった（Gao 2004：104–105）。

　杭州市の中国共産党宣伝委員会は，市公安局で慎重に選抜されたはずの優秀な幹部たちが腐敗している理由について，公安局は市街地に位置している一方でその幹部の収入は低く，商業化された都市生活に影響されてしまったからだとしている。

これらの報告を踏まえて，ジェームス・ガオは，収入が低いことで起こる腐敗は，とくに南下幹部に当てはまったと指摘している。というのも，都市が中国共産党に接収された後も，毛沢東らの指示によって南下幹部は質素な生活を送るよう指示され，その待遇は，供給制による一定量の物資割り当てと少額の現金支給と決められていたからだ。

　ただし，腐敗行為を起こす原因は単に収入が低いからというだけではなかった。杭州市が中国共産党に接収された後，それまで都市で国民党や資本家が保有していた財産や権限が不均等に分配されたことにも原因があった。杭州市政府のリーダーたちは，市内の西湖ほとりの邸宅に住み着き，車を保有したり，召使を雇ったりと，ありとあらゆる贅沢な特権を享受したのに対して，ほとんどの南下幹部は，杭州市政府に引き続き残った旧国民党政府職員よりも低い待遇で工作に従事していたという。旧国民党政府職員は，通常の給与に加えて戦後も続くインフレへの補助として月に2000元も与えられていたのに対して，南下幹部は供給制によって食糧と少額の金銭しか与えられなかった（Gao 2004：103-104）。

　つまり，杭州市における末端幹部の腐敗は，譚震林が危惧したように，接管工作後に権限を持った南下幹部が，都市の堕落した生活に染まり，都市の贅沢な暮らしを得たいがために起こしたというふうに表面的には捉えられがちだが，実際は中国共産党の施策が招いた統治体制内の構造的格差によって生じたものであったと言える。

（4）占領直後の末端都市行政建設への影響

　では，杭州市の接管工作を担った幹部たちの腐敗行為に対して，杭州市の党指導者たちはどのような反応を見せ，末端都市行政建設にどのような変更を加えたのか。

　この点について指摘できるとすれば，それは杭州市内の末端行政建設の遅延を促進させたことである。以下では，その背景となった杭州市における接管工作の展開状況から説明をしていく。

　杭州市が中国共産党に占領された1949年5月以降，杭州市軍事管制委員会が接管工作においてまず解決すべき課題となったのは，東北・華北地域の都市

と同様に前線に物資を供給するための経済生産力の回復であった。華東地域の主要都市は，国民党との大きな戦闘もなく中国共産党に占領されたとはいえ，浙江省内の舟山諸島では国民党が根強く抵抗を続けており，浙江省より南では福建や台湾海峡での戦線が後方からの支援を必要としている状況であった（毛2018：84）。杭州市は，それらの前線に最も近いところに位置する都市として重要な後方拠点であった。

　しかしながら，杭州市の生産回復は難航した。人民解放軍が杭州市へ入った5月は，繊維産業で必要な蚕の収穫シーズンであった。繊維産業は杭州市民の10〜15万人が生産・販売にかかわる杭州の主要産業であったため経済状況改善のチャンスであったのだが，国共内戦前までのシルク生産のための材料調達先は日本などの外国であったため，生産回復のためには材料調達の代替先を確保しなければならなかった（中共浙江省委党史研究室・中共杭州市委党史研究室1996：28, 58–59）。

　そこで，浙江省中国共産党委員会と杭州市中国共産党委員会の幹部たちは，杭州市周辺の農村地域を新たな材料調達先として選択した。ところが，浙江省全体をみれば，無血開城された杭州とは打って変わって，中国共産党の統治基盤は非常に脆弱であった。

　実は，1945年から49年の国共内戦期の経済不況や食糧難に呼応して，浙江省の農村では反動会道門と称される民間宗教結社の一貫道が普及拡大し，中国共産党政権に対するデマや恐怖を民衆に対して煽っていた（孫2007：493；中共浙江省委党史研究室・中共杭州市委党史研究室1996：194–198）。加えて，農村地域では匪賊がさかんに略奪・殺戮を行っていた。匪賊は，人民解放軍が浙江省全域に進軍した1949年の後半においても，農村幹部や中国共産党支持者（積極分子）1165人，郷レベル以上の政府幹部350人を殺害しており，さらに1949年7月20日の浙江省衢州開化県では，匪賊が県城を包囲し，略奪を行った記録もある（包2021：150）。このように，杭州市が接収された後も，浙江省内の農村地域では中国共産党の統制の行き届かない地域が多かった。

　また，1949年の杭州周辺の地域は，夏季に激しい暴雨に見舞われ，農村の生産基盤が大きな損害を受けていた。工業生産のための材料に加えて，食糧生産確保も喫緊の課題となったため，1949年6月に中国共産党浙江省委員会は，

同年9月まで全省内の工作重点が農村にあると宣言した。この宣言に基づき，中国共産党浙江省委員会は，まず農村地域を武力平定した上で都市に原材料や生産品を供給しうる農村の統治基盤の形成を目指した。その方策の一つが，譚震林が人民解放軍幹部に出した，農村に潜んでいる（とされた）3万5千人の匪賊と国民党の残党に対する掃討命令であった。それに加えて，食糧や原材料の生産力を回復するために，都市にいた多くの中国国民党職員や中国共産党の幹部，その他都市住民を農村に派遣し，長期間，生産活動に従事させようとした（Gao 2004：100；包2021：150）。

　農村に動員された人員には，杭州市内の接管工作過程で腐敗行為を働いた幹部たちも含まれた（Gao 2004：104）。このほかに，杭州市が中国共産党に占領された後で接管工作を担う幹部として採用されたばかりの学生たちや，都市の労働者も含まれていたのであるが，こうした人員も押しなべて，中国共産党の上からの動員や政策方針に従わない人員たちであった。

　つまり，これらの農村動員は，都市の生産力を回復させるという名目に加えて，浙江省・杭州市党委員会の幹部や労働者に対する規律統制力の強化という名目もあった。動員された都市の人員は，一貫して，農村で政治運動と生産活動に動員させられ，中国共産党の命令と思想の統制に従うよう「再教育」された。

　ジェームス・ガオによると，1949年6月から段階的に合計で杭州市内の4分の3もの中国共産党政府役人や党員労働者が農村に派遣された。1949年5月の時点で人口53万人ほどいた杭州市では，そもそも派遣された南下幹部や在地の党員幹部の数が少なく，接管工作を進めることが困難だったにもかかわらず，この農村派遣が行われた（Gao 2004：102–105, 108）。こうした背景から，杭州市内の幹部の数は非常に限られ，中国共産党統制下における行政の再編も遅れたことは十分に想定される。

(5) 建国後も杭州市で維持された末端行政の在り方

　杭州市における行政再編の遅れは，公安機関でも顕著に見られた。先に見た通り杭州市でもその指導的地位にいる幹部の多くがその腐敗を指摘されていたように，公安は接収管理当初から再編に困難が伴ったと思われる。

実際に，1949年後半における杭州市公安局の工作を総括する報告書においても都市内に潜伏する国民党特務（スパイ）の偵察を担当した幹部の腐敗行為の存在とさらなる政治教育の必要性が強調され（中共浙江省委党史研究室・中共杭州市委党史研究室 1996：180），1949年7月に市内で71個の設置目標を定められた公安派出所は12月までに43個しか設置されていなかった（中共浙江省委党史研究室・中共杭州市委党史研究室 1996：177；毛 2018：125）。さらに設置された公安派出所も，配置場所が交通治安に偏重したものになっており，市内の人口管理や治安を十分に維持できるまでの整備は1949年10月1日をまたいでも完成されていなかったようである（政協杭州市上城区委員会 2013：55）。

　杭州市でも占領当初から公安機関が十分に機能しなかったため，華東区軍事管制委員会が5月24日に杭州市人民政府の成立を布告した際に，市レベル以下の行政区画についても国民党統治期のものを踏襲し，区委員会と区人民政府を設置し[7]，下部組織として保甲制度が再利用されることとなった。区と保甲制の末端行政秩序を活用して，市内の不審人物や組織の摘発に加えて，都市の生産力回復や前線への物資供給に関わる動員・徴発工作を行ったのである（韓 2006：34；杭州市民政局 1998：57, 65）。

　杭州市で区公所が設置された直後，劉少奇による街政府廃止の指示を受けて，北京市（6月22日）と天津市（6月30日）では，市政府に権限を集中させ行政効率を上げることを名目に，意思決定機能を有していた区人民政府が市政府出先機関の区公所に改められた。そして，区公所は公安派出所に民政幹事を1～2人派遣し，これを通じて住民の組織化と動員を市から末端までトップダウンで行う行政秩序が構想された（郭 2006：51）。つまり，1949年6月に，東北・華北地域において再び公安派出所を主軸とする末端行政の再編が進められていたのである。

　杭州市でも，この流れを受けて，1949年8月に市街地の面積が広い五つの

7）　杭州の人口は1948年中ごろで53万5953人であり，都市の中心地であり城壁内の南から一，二，三区にそのうちの63％（7万1121戸・世帯）が集中し，残りの農村を含む郊外区の四から八区に37％が住んでいた（杭州市档案局 1999：12）。一から三区は，それぞれ上城区，中城区，下城区，四から八区は西湖区，江幹区，艮山区，筧橋区，拱墅区と名称は変更された（陳 2008：413）。

区（上城区，中城区，下城区，西湖区，江幹区）に区人民政府に代わる区公所が設置された。区公所は市政府民政局の指導の下，人口管理やその他の行政活動を行うとされた。しかしながら，幹部の数が少なかった杭州市公安局は市内に十分な数の公安派出所を設置できていなかったため（毛2018：124；政協杭州市上城区委員会2013：55），杭州市では引き続き区公所が保甲制を直接運用しながら杭州市の接管工作は進められた。

　1949年10月1日に中華人民共和国が建国されると，杭州市でも一時利用が許されていた保甲制の廃止とそれに代わる末端行政組織として居民委員会の設置が議論されるようになった。その具体的な検討は，10月11日〜12月1日にかけて4回開催された全市各区区長合同会議で行われた（中国社区建設中心2011：26-29, 31–36, 40–43, 55–58）。

　同会議では，市長，区長，市政府秘書長に加えて市・区レベルの公安トップも参加したのだが，公安組織の不完全な整備や警察官の質の低さなどから，保甲制の廃止と居民委員会の設置は市民政局と各区の区公所が主導的に進めることとなった。

　その結果，居民委員会の機能には，1949年10月1日の中華人民共和国建国前後における市民政局および区公所の重点的な任務，すなわち国共内戦の前線への物資供給と生産力回復のための住民動員および組織化が強く反映されることとなった（毛2018：108–110）。

　以上のように，杭州市の接管工作過程に見られた末端幹部の腐敗行為は，同市での中国共産党による都市の行政再編を遅らせることとなった。とくに公安機関の整備が遅れたことは，杭州市政府が中央の指導部の考案した公安派出所を基軸とした末端行政秩序の再編という方針を実行することを難しくした。その結果として，区公所と居民委員会による末端行政秩序の形成が促進された。この杭州市で末端幹部の腐敗をきっかけとして形成された区公所と居民委員会の上下関係は，現在の区人民政府と居民委員会の上下関係の原型となったと考えられる[8]。

---

8)　1950年6月から1952年11月まで，杭州市内では，公安機関の人員が訓練を経て十分な数が揃ったことを理由に公安派出所が居民委員会を指導すると同時に，区公所も廃止された。これは，本文でも見た通り中央の指導部の指示に基づき1949年6月以降に東

おわりに

　本章では，1946年以降の第二次国共内戦期に見られた都市接管工作に従事した末端幹部の腐敗行為が中華人民共和国の都市末端行政秩序の形成に与えた影響について論じた。

　東北・華北地域では，末端幹部による都市の経済生産力と秩序に悪影響を及ぼす収奪行為などの腐敗行為が中央の指導部によって当初掲げられた街政府構想を頓挫させた。

　街政府の設置を接管工作開始当初より計画していなかった華東地域の杭州市においても，末端幹部の腐敗行為が深刻だった。興味深いのは，南北を問わず，そういった都市における腐敗行為が，戦時という不安定かつ流動的な社会状況に加えて中国共産党が作り出した制度設計にも起因していたことである。

　そして，杭州市に見られた幹部の腐敗行為が，杭州市政府の指導者たちによる一連の対応の結果，現代にいたる末端行政組織の上下関係を作り出すきっかけとなった。概していえば，中国共産党政権による腐敗対応は，都市における行政秩序のあり方を決定するうえで看過しえない作用を発揮したといえるのである。

北・華北地域でまず実施された公安派出所を主軸とする行政再編の影響を受けた措置と思われる。ところが，公安派出所によって居民委員会および居住区の管理体制を敷いた杭州市では，公安派出所が賄賂や住民からの不適切な徴発，不適切な男女関係などの腐敗行為を数多く行っていたことが報告されている。そのような公安派出所の実態を一つの重要な理由として，杭州市政府内では区人民政府再設置が議論され，区人民政府と居民委員会の上下関係が回復されることとなった（中国社区建設展示中心 2011, 151, 162, 175）。それゆえに，本章でジェームス・ガオの分析を基に議論した1949年の杭州市における公安の腐敗状況も，農村派遣を経ても改善されないほど深刻であり，末端行政秩序に相当な影響を与えていたことが窺える。

242　　Ⅲ　腐敗空間——どこで起きているのか

参考文献

大沢武彦（2002）「内戦期，中国共産党による都市基層社会の統合——哈爾浜を中心として」『史学雑誌』第 111 編 6 号

孫江（2007）『近代中国の革命と秘密結社——中国革命の社会史的研究』汲古書院

田中恭子（1996）『土地と権力——中国の農村革命』名古屋大学出版会

Gao, James Z.（2004）*The Communist Takeover of Hangzhou: The Transformation of City and Cadre, 1949–1954.* Honolulu: University of Hawai'i Press

Lieberthal, Kenneth（1971）Mao versus Liu? Policy towards Industry and Commerce, 1946–49. *The China Quarterly.* No. 47

Lieberthal, Kenneth（1980）*Revolution and Tradition in Tientsin, 1949–1952.* Stanford, California: Stanford University Press

Yick, Joseph K.S.（1995）Making Urban Revolution in China: The CCP-GMD Struggle for Beiping-Tianjin 1945–1949. New York: Routledge

包晨嵐（2021）『中共入浙南下幹部研究——従老区到新区』華齢出版社

陳国燦（2008）『浙江城鎮発展史』杭州出版社

郭聖莉（2006）『居民委員会的創建與変革——上海市個案研究』中国社会出版社

韓全永（2006）「新中国第一個誕生始末——建国初期城市居民組織的発現及掲示（之一）」『社区』5 号，34–36 頁

黄利新（2018）『人民共和国初期北京城区基層政権建設（1949–1954)』安徽人民出版社

中共政府資料

杭州市档案局（1999）『杭州概況——解放前夕杭州社会情況調査』

杭州市档案局編（2009）『杭州解放——档案文献図集』中国档案出版社
　　第三野戦軍第七兵団党委員会（1949 年 5 月 14 日）「関於解放杭州以降給各党委的指示」，59 頁

杭州市民政局編（1998）『当代杭州民政』杭州出版社

毛丹編（2019）『中国城市街道與居民委員会——档案史料選編（第一冊）1949–1950』浙江大学出版社
　　（1949 年 1 月 3 日）「中共中央関於処理保甲人員弁法的指示」，3–4 頁
　　（1949 年 4 月 1 日）「華東局関於接管江南城市的指示」，20–25 頁
　　（1949 年 5 月 5 日）「華東局関於深入城市政策教育的決定」，49 頁
　　（1949 年 5 月 7 日）「譚震林在杭州市軍管会成立大会上的講和」，50–52 頁
　　（1949 年 8 月）「譚震林在杭州市第一届各界代表上的報告」，83–87 頁
　　（1949 年 12 月 1 日）「杭州市人民政府関於取消保甲制度建立居民委員会的工作指示」，108–110 頁
　　（1949 年 12 月）「杭州市政権部門状況報告（節録）」，124–128 頁

毛沢東（1961）『毛沢東選集　第四巻』人民出版社

毛沢東（1947年12月25日）「目前形勢和我們的任務」，1243–1262頁

毛沢東（1949年4月25日）「中国人民解放軍布告」，1459–1461頁

政協杭州市上城区委員会編（2011）『新中国第一個居民委員会紀実』西冷印社出版社

中央档案館編（1992）『中共中央文件選集』第十七巻，中共中央党校出版社

（1948年2月19日）「中央工委関於収復石家庄的城市工作経験」54–59頁

中共杭州市委党史研究室編（2013）『南下杭州』中共党史出版社

中共浙江省委党史研究室・中共杭州市委党史研究室編（1996）『城市的接管與社会改造　浙江（杭州）巻』当代中国出版社

「杭州城市接管与社会改造的机点経験」，23–28頁

（1949年5月11日）「省委関於進入杭州一星期後総合状況報告」，58–59頁

「杭州市公安局1949年下半年総結報告」，176–188頁

（1950年12月31日）「杭州市取締反動道会門工作報告」，194–198頁

中共中央政策研究室編（編集1949年3月，印刷1949年10月）『一九四八年以来政策彙編』中共中央華中局印刷

中共中央（1949年1月3日）「中共中央関於暫時利用旧保甲長問題的通知」，141–143頁

中共東北中央局（1948年6月10日）「中共東北中央局関於保護新収復城市的指示」209–215頁

中共北京市委党史研究室・北京市档案館編（1993）『北平的和平接管』北京出版社

劉少奇（1949年4月3日）「劉少奇関於北平接管工作中一些問題的報告要点」，122–131頁

中国共産党中央社会部（1948年8月4日）「中共中央社会部関於東北城市公安工作経験通報」，541–544頁

中国社区建設展示中心編（2011）『中国城市街道與居民委員会档案史料選編（二）』内部資料

（1949年10月11日）「杭州市第一次各区局長聯席会議」，26–29頁

（1949年10月24日）「杭州市第二次各区局長聯席会議」，31–37頁

（1949年11月15日）「杭州市第三次各区局長聯席会議」，40–43頁

（1949年12月1日）「杭州市第四次各区局長聯席会議」，55–58頁

（1952年）「杭州市下城区東街路派出所東二居民区居民委員会工作調査報告」，150–160頁

（1952年7月18日）「杭州市中城区岳王路派出所下興忠巷居民区調査報告」，160–168頁

（1952年9月18日）「杭州市上城区柳翠井巷居民区調査報告」，171–177頁

IV

腐敗磁場——何が起きているのか

　本セクションは，「腐敗はどこで生まれているのか」に加えて，「どこで，どのような腐敗が生まれているのか」を分析しようとするもので，「腐敗の構成要件」の「❺ Do what 何をする」をさらに展開しようとするものと言ってもよい。具体的には，対外援助，教育，建築業界等ビジネスの現場を腐敗の磁場として検討している。

　ビジネスの現場として，第 10 章「**対外援助と腐敗——日本の ODA 腐敗経験から見た "一帯一路：廉潔之路"**」（岡田実）が取り上げるのは中国の公共調達と対外援助場面である。日本が戦後復興から "新興ドナー" として台頭する過程で発生した腐敗事案を「行政と市場の接点」の視角からレビューし，日本の事案から腐敗の誘因と制約要素を析出し，中国ケースとの比較検討を進めた。日中の共通点として，岡田は，「行政と市場の接点」では，一種の "利益共同体" が形成されたこと，また発展途上国での事業という特殊性が腐敗リスクを高めた点を上げる。他方，腐敗の「制約」については，公共調達関連法令等による制度整備が進んでいる点を共通点とする一方で，メディア・第三者機関の役割，情報公開，相手国側との連携の面では異なる相貌を呈していると論じ，日中が直面する共通の課題は少なくないと結んでいる。

　また，学歴社会化が進行する現代中国にあって，不公正な手口で高学歴を取得する「学歴腐敗」も蔓延している。とりわけ党校が行う通信教育や全日制大学が開設する役人向けの大学院クラスの「研究生班」を分析対象に据え，学歴腐敗の実態を描き出し，その時代背景や発生メカニズムを検

討したのが，第11章「**幹部「四化」方針下の学歴腐敗**」（厳善平）である。幹部「四化（＝革命化，若年化，知識化，専門化）」方針を受けての成人教育の急速な発展と高学歴化の状況を概観した上で，中央党校を頂点とする党校システムにみられる学歴腐敗の制度化および大学院教育における「権学交易」，「銭学交易」の実態が分析されている。厳は，高学歴を持つことで，高い官職に就く可能性が高く，また高学歴で昇任を果たした結果として，権力を悪用する場合にも，学歴の低い者に比べ，より大きい腐敗が発生すると指摘している。ただ，社会の学歴腐敗を見る目は必ずしも厳しいとは言えないとも指摘，学歴腐敗の大衆化によって役人の学歴腐敗が矮小化された一面も否めないとも嘆いている。

　中国の農村地域における腐敗・搾取現象の代表例が建築業界の請負関係であり，その中心の「包工頭」制度と建築会社等との間に「権銭交易」が成立している。第12章「**中国建築業界における利益分配構造と「腐敗」・「搾取」の背景――「包工頭」の役割を中心に**」（大島一二・刁珊珊）は，この建築業界における利益分配構造と腐敗・搾取の実態を分析し，農村における「悪役」として，しばしば搾取・搾取の象徴と語られる「包工頭」の現実の姿を検証した。「包工頭」とは，「関係（guanxi）」を基礎として，農村地域において農民工を組織し，都市地域の建築会社等から建築作業を請け負う業者であるが，「包工頭」＝悪役論を超えて，建築会社等からの支払いの遅延に自らが苦しむ中間管理者として，「被害者」という別の顔も有しており，「被害者」と「加害者」の両方の性格を有していることを明らかにした。大島・刁は，その結論として，中国における腐敗の特質の一つである《銭・権ネットワーク》が農村地域においてはこの「包工頭」制度に集約されていることを論じている。

第10章

対外援助と腐敗

日本の ODA 腐敗経験から見た "一帯一路：廉潔之路"

岡田 実

はじめに

2019年4月，北京で開催された第2回 "一帯一路" 国際協力ハイレベルフォーラム廉潔シルクロード分会において，「廉潔シルクロード北京宣言」が発表された。

同宣言は，「"一帯一路" の協力プロジェクトに対する監督管理，公共資源交易の規範化，プロジェクトの入札，施工建設，運営管理等の過程における厳格な関連法律法規の遵守，権力のレントシーキング空間の削減努力，ビジネス環境の規範化と法治化強化」を各方面に呼びかけ，「廉潔リスクの防止とコントロール，廉潔文化の育成，廉潔ルールの制定，商業賄賂行為の断固とした阻止，"親しく，清い" という新型政商関係を作り共同で維持する」ことを謳っていた。

同宣言は，"一帯一路" 沿線国で発生するおそれのある腐敗の阻止に全力で取り組むことを，内外に向け宣言したものと捉えることができよう。

翻って，日本が戦後復興から "新興ドナー" として台頭する過程では同様の腐敗問題に直面しなかったのだろうか？

日本は1954年にビルマ，1956年にフィリピン，1958年にインドネシア，1959年にベトナムとの賠償協定を締結し，生産物供与とインフラ工事を中心とした賠償を開始する。また1954年は，日本がコロンボ・プランに加盟し政

247

府ベースの技術協力を開始した年でもあった。1960年代以降，日本の政府開発援助（ODA）が本格化し，1980年代には，世界第2位のODA大国となる。そしてその間，いくつもの腐敗の「疑惑」と不祥事に直面し，その解決を迫られてきた事実がある。

では，タイムラグがあるとはいえ，日本と中国がそれぞれ"新興ドナー"として台頭していく過程において，腐敗の誘因と制約に関し，日中は共通点を有していたのだろうか。有していたとすると，それは中国の反腐敗にとって「他山の石」となるのだろうか。

本章は上記の問題意識から出発し，日本のODAの発展過程で発生した腐敗事案を「行政と市場の接点」の視角からレビューし，中国の公共調達と対外援助における腐敗の誘引と制約要素との対比を通して，「"一帯一路：廉潔之路"に，日本の"失敗"経験は活かせるか？」を考察することを目的とする。

以下，まず第1節で戦後から今日に至る腐敗発生の推移を押さえたうえで，第2節で日本のODA史における四つの主要な事案をレビューする。次に第3節で日本の事案から見出せる腐敗の誘因と制約要素を析出し，第4節で中国の公共調達と対外援助における腐敗の誘因と制約要素を検討する。最後に，日本の"失敗"経験が，中国に示唆するところを整理してみたい。

1　汚職逮捕／検挙数の推移をめぐる日中比較

中国における汚職贈収賄（中国語：貪汚賄賂）逮捕承認・決定件数が中国統計年鑑で明らかにされたのは1998年度以降である。**図表10-1**で示すとおり，概ね年間1万2千〜1万6千件で推移していた同件数は，2019年度には2千件を割り込むまでに急減している。

他方，日本の贈収賄検挙件数は，1998年度以降だけで見ると多い年でも100件台，2018年度は25件であり，絶対数では中国より二桁以上少ない状況で推移してきた。

しかし**図表10-1**は，日本の戦後復興から高度成長期にかけて，夥しい数の汚職事件が発生していたことも示している。日本の1949年度の贈収賄検挙数は9千件を超えていた。

248　　IV　腐敗磁場──何が起きているのか

図表 10-1　賄賂汚職検挙件数推移　日中比較（絶対数）

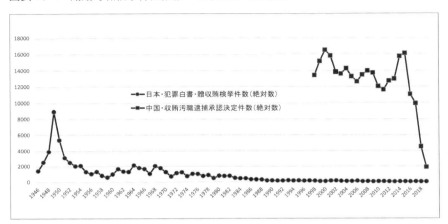

出所：中国の件数は，国家統計局『中国統計年鑑』各年度版より，日本の件数は，法務省『犯罪白書令和 2 年度版』より筆者作成

図表 10-2　百万人あたりの賄賂汚職検挙件数推移　日中比較

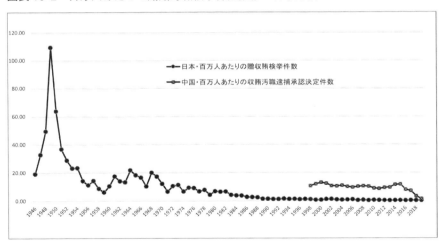

出所：中国の件数は，国家◻︎◻︎局『中国統計年鑑』各年度版より，日本の件数は，法務省『犯罪白書令和 2 年度版』より筆者作成

第 10 章　対外援助と腐敗　249

さらに，日中の人口規模がまったく異なることに鑑み，百万人あたりに換算して比較をしたのが**図表 10-2** である。1949 年度の日本の贈収賄検挙件数は百万人あたり 109.4 件となり，戦後直後の日本では，いかに汚職が猖獗を極めていたかが窺える。

他方，中国における百万人あたりの件数は，2015 年まで概ね 10 件台で推移してきたが，2016 年以降急減し，2019 年は 1.37 件となった。習近平体制下で一気に日本の約 30 年分の規模で減少させたとみることもできよう。

2 日本の ODA 史における四つの “失敗”

本節では，日本の ODA 史に発生した四つの代表的な腐敗事案をレビューし，その背景と原因，事案発生後の改善措置について整理していきたい。

(1) 第一の “失敗”：戦後賠償をめぐる腐敗——インドネシア賠償疑惑

定義上，賠償は ODA に含まれないが，賠償は ODA の原型形成に大きな影響を与えており，腐敗の原型も賠償の過程に見出すことができる。

インドネシアとの賠償協定が発効した 1958 年 4 月，スカルノ大統領が来日する。その際，岸信介首相と親しい小規模商社が多額の資金を費やして大統領を接待し，その結果，賠償の「目玉」であった船舶 51 隻の供与を同商社がほぼ独占受注した等の醜聞が流布した（高野 1993：120-121）。

なぜ大手の商社ではなく同商社が受注したのか。同社のインドネシア駐在員だった人物は，「具体的に受注につなげるには，スカルノ大統領のサインやメモがあれば十分だった。それを得るにはジャカルタにいて付きっ切りでスカルノ大統領にアプローチするのが一番効果的だった」と証言している（倉沢 2011：233）。また同社社長の人脈が，政財界の要人につながっていたことが背景にあったとされる（久世 1980：233-234）。

しかし，インドネシア賠償をめぐる国会での追及は不発に終わり，疑惑のままに終わる。そのことは，求償国政府が発注者として入札を実施し，日本の民間企業と直接契約をするという「直接方式」の影響があったことは排除できない。調達の実施責任と権限は求償国政府にあり，外国政府と民間企業の私契約

250　Ⅳ　腐敗磁場——何が起きているのか

をめぐる汚職を取り締まる法体系は，当時の日本には存在していなかったからである。

　管見の限り，その後賠償をめぐる疑惑に対し正面から改善を図った形跡を確認することはできない。むしろ以下の点は「衣替え」してその後の ODA へ継承されていったと考えられる。

　第一に，相手国政府からの要請に基づき年度実施計画を策定・合意し実施するという「要請主義」である。実際は日本の民間企業が形成したプロジェクトがそのまま要請されることが少なくない状況であった。

　第二に，前述の「直接方式」を採用したことである。

　第三に，日本の外為銀行を介在させることにより，日本国内で相手国側に支払われるという方式である。これにより資金の流れが透明化され，日本企業が確実に遅滞なく対価を受領できた反面，日本政府側は入札・契約プロセスについては直接関与しないという立場であった。

(2) 第二の "失敗"：円借款をめぐる腐敗——マルコス疑惑

　1986 年 2 月のフィリピン政変のなかで米国に逃亡したマルコス前大統領が携行し，米国税関が押収した書類のなかに，日本企業の手数料支払を報告したとみられるリストが含まれていたことから，円借款をめぐる腐敗の事実が明るみになった。同リストには，1973 年 12 月から 1977 年 9 月の間に日本企業計 20 社が請け負った円借款事業約 70 件が記載され，例えば 20 社のなかで一番多い 27 件，124 億円にのぼる契約をした日本企業は，18 件，合計 13 億 4 千万円の手数料を支払っていたのである（朝日新聞 1986 年 3 月 22 日）。

　アキノ新政権側は，行政監察委員会を設け，疑惑の解明と資金回収に着手し，また日本の国会でも疑惑解明に向けた動きが活発化していった。

　疑惑をめぐる報道や先行研究を踏まえ，以下「行政と市場の接点」の視点から，事案の特徴を指摘してみたい。

　第一に，マルコス政権では，腐敗の「制度化」が進んでいた。横山は，「円借款着服統制メカニズムが公式に制度化」されリベート着服は「組織的かつ網羅的に，長期にわたっておこなわれてきた」と指摘する（横山 1994 : 96, 100）。その象徴的な存在として，円借款事業執行官（Implementing Officer）の存在が

第 10 章　対外援助と腐敗　251

あった。同執行官は，マルコスの直接指示を受けて事業の入札・契約など一切の業務を仕切っており，まさに「行政と市場の接点」に位置するキーパーソンであった。

第二に，有償援助であることから内政不干渉のロジックが強調された。「要請主義」，調達における「直接方式」，L/C 発行等の民間貿易に準じた手続きなど，賠償から継承された制度や考え方は，国会での政府側説明のなかで不透明感を強く印象づけるものとなる。

第三に，腐敗の犯罪化への高いハードルがあった。日本政府は，「疑惑」関係企業各社の代表を通産省に呼んで事情聴取を行い，その結果を国会に報告した。そのなかで明らかになったのは，日本企業が「通常の商取引」と主張したことであった。実際に日本企業が受けた措置としては，税務上の追徴だけであり，国会での追及も「政局の綱引きのなかで，竜頭蛇尾」（朝日新聞 1986 年 5 月 17 日）に収束していった。

第四に，国境を跨ぐ"利益共同体"が形成されていた。円借款の実施体制のなかに「行政と市場の接点」が埋め込まれ，そこから派生した"利益共同体"の内部に，アクター間の相互依存と結託の関係を見出すことができる。他方，日本政府と実施機関（OECF）は，資金の供給者の役割に留まり，上記の"利益共同体"から一定の距離を置くことが制度上の建付けであった。

では疑惑の後，どのような改善措置が行われたのか。山田は次の二つの改善がなされたことを指摘している。第一に情報公開であり，相手国と締結される交換公文に円借款事業に関わる契約者名（企業名）を公表するとの一文が加わり，OECF の年次報告書で公開されるようになったこと，第二に会計検査院に外務検査課が新設され，ODA に関わる検査を一元的に実施するようになったことであった（山田 2021：107–108）。

第三者機関のチェックという点では，当時の総務庁が実施していた行政監察の対象として ODA が取り上げられたことにも留意すべきであろう。1988 年の無償資金協力および技術協力に関する第一次勧告に続き，1989 年に円借款に関する政府 4 省庁への勧告がなされた。

（3）第三の"失敗"：技術協力（開発調査）をめぐる腐敗
── JICA 職員収賄事件

　次に，1986 年，マルコス疑惑の渦中，史上初めて援助機関の職員自身が収賄で逮捕された JICA 職員収賄事件を取り上げる。

　事実関係は以下のとおり整理できる。JICA 職員 A は，モロッコ王国の開発調査案件の指名業者選定等に関して便宜を図ったことの謝礼として，コンサルタント企業 B 社役員 C から現金を受け取った。また A は，パキスタン国の開発調査案件の指名業者選定等に関して便宜を図ったことの謝礼として，コンサルタント企業 D 社役員から現金を受け取った。

　さらに，JICA 職員 E は，フィリピン共和国の開発調査案件に関して，技術提案書の企画・作成について便宜を図ったことの謝礼として，B 社役員 C およびコンサルタント企業 F 社役員から現金を受け取った。

　各種報道によれば，A に対しては計 4000 ドルの現金とゴルフ・飲食などの接待，E に対しては現金 50 万円程度の贈賄であった。したがって，マルコス疑惑のように組織だった億単位の巨額の賄賂が動いたわけでなく，数十万円程度の比較的小規模の腐敗であったことがわかる。

　以上の事実関係を「行政と市場の接点」から考察して見えてくるのは，第一に行政と市場の「人事交流」が不透明な関係を生んだという点である。C はもともと農水省の職員で，出向で JICA の前身である海外技術協力事業団（OTCA）の課長を約 4 年間務めていた。A は当時の部下であり，以来 2 人は農業技術の専門家としてつきあいがあった。C は農水省を 1978 年に退官後，B 社に入社する。1983 年 4 月に A が JICA の課長代理になったことで，一緒に飲み歩き，つけを C が持つような関係になった。C は農水省（監督官庁），JICA（元上司），コンサルタント（受注者）の三つの立場で A との濃厚な接点があったことが，不祥事の背景にもなったと考えられる。

　第二に，技術面でのチェックの難しさである。報道によれば，A は賄賂を受け，報告書に空中地下水探査法を盛り込ませることで D 社が受注できるよう工作したとみられている。技術協力においては，調査を通じて現地を熟知し最も情報を保有している担当者の発言力が自ずと強まる傾向があり，チェックはかなりハードルが高い。

第 10 章　対外援助と腐敗　　253

第三に，情報公開が不十分であることが腐敗の温床となりうるということである。Eが提供した業者選定基準を定めた「評価表」は現在では公開されているものであり，当時これを「極秘資料」とすることによって贈賄の動機が働いたことに鑑みれば，情報公開の腐敗制約効果を示す好事例となろう。

　ではこの事件を経て，その後どのように改善が図られたのか。

　第一に，国会での追及と外務大臣の指示による改善案の検討である。1986年8月の職員逮捕を受けて，1988年3月までにJICAを取りあげた国会の委員会は，筆者の調べで17回を数えた。

　国会からの厳しい圧力を背景に，倉成外務大臣はJICA有田総裁に，「国際協力事業団法に基づく検討命令」を行い，また事務次官を中心とする省内の検討委員会を設置する。外務省は，(1)情報公開体制の整備，(2)監査組織の新設，(3)援助に絡むコンサルタント会社の規律の抜本的強化，(4)JICA職員のモラルと士気の維持，(5)援助適正化，効率化をめざし国・分野別に援助政策を検討するため，有識者の衆知を集める新体制の整備，の5項目からなる改革案をまとめていく。

　第二に，行政監察の実施である。総務庁は1987年4月〜9月に実地調査を行い，1988年7月，勧告のなかでJICAの調達・契約関連業務のさらなる改善を求めた。

　第三に，JICAによる改善の実行である。上述の各方面からの指示・勧告を踏まえ，JICAは業務監査室の新設，契約事務を一元的に扱う体制の整備，図書館の設置，年報や広報誌の発行，評価結果の公表などの対応を矢継ぎ早に実行していった。

(4) 第四の"失敗"：外国公務員への贈賄── PCI 事件と JTC 事件

　米国では，ウォーターゲート事件を契機に，1977年に海外腐敗行為防止法が制定された。また米国は同法によって米国企業だけが不利となることを防ぐために，腐敗防止の枠組みを国際的に構築することを提唱する。1997年には，OECDにおいて外国公務員贈賄防止条約が採択され，2016年時点で加盟34ヵ国すべてとその他7ヵ国の計41ヵ国が外国公務員への贈賄を国内法で禁止し

ていた（樋口 2016：117）。

　日本でも 1998 年に不正競争防止法を改正して外国公務員贈賄罪を導入したが，2004 年の法改正によって属人主義も併用され，日本国民あるいは日本企業であれば，国外での行為に対しても同罪が成立することとなった（樋口 2016：117）。

　そうした中，ODA をめぐり再び発生した不祥事が，2008 年の PCI 事件であった。2008 年 8 月，ベトナム「サイゴン東西ハイウェイ建設計画」（円借款 410 億円供与）のコンサルタント契約に関連して，（株）パシフィックコンサルタンツインターナショナル（PCI）の前社長ら関係者 4 名が不正競争防止法違反（外国公務員贈賄）の容疑で逮捕され，法人としての PCI と併せて起訴された事件である。日本での公判と並行して，ベトナムでも捜査が進められ，収賄を行ったホーチミン市業務管理局長は一審では終身刑となり，二審で禁錮 20 年が確定した。

　さらに 2014 年，JTC 事件が続く。日本交通技術（株）（JTC）は，1991 年にインドネシアで円借款案件を初めて単独受注し，1995 年にはベトナム，2004 年にはウズベキスタンでも，それぞれ受注することに成功した。2014 年 3 月，同社が前述の 3 カ国で鉄道事業関係者にリベートを提供していたことが発覚し，法人としての JTC および経営幹部 3 人が，不正競争防止法違反で起訴される。

　PCI 事件以降の対応として特徴的なのは，相手国側と連携した腐敗再発防止措置であった。

　2008 年 9 月，木寺外務省国際協力局長がベトナムを訪問し，フック計画投資大臣と協議を行い，ODA の不正腐敗防止のため実効性のある措置を早急に実施するべく共同で作業を行うため，「日越 ODA 腐敗防止合同委員会」を立ち上げる。その後開催された同委員会で，ベトナム側の措置として，(1)円借款事業における調達手続きの透明性向上および厳正化（公共調達庁の新設），(2) ODA 事業における個別不正腐敗案への対処策（通報制度の確立と告発者の保護を含む），(3)腐敗防止の制度・体制強化等が合意された。

　他方，日本政府側も「ODA の不正腐敗事件の再発防止のための検討会」（座

長：渡辺利夫拓殖大学学長）を立ち上げ，再発防止に向けた検討が行われる。同検討会は外部有識者等 7 名で構成され，2009 年 9 月に提出された報告書は，相手国を含む多様なアクターとの連携，共同の取り組みを強調する内容となっていた。

3　日本の四つの "失敗" における「誘因」と「制約」

次に，上述した四つの事案から，「行政と市場の接点」に着目して腐敗の誘因と制約要素を析出する。

(1) 誘因
❶行政と市場の垣根の低さと国境を越えた "利益共同体"
私的な人脈を出発点とした行政と市場の垣根の低さは，ODA の原型形成に大きな影響を与えた賠償にその起源を見出すことができる。戦後復興に向け「民間主導」の東南アジア諸国との経済協力を推進せんとした吉田茂首相が，賠償問題の研究を目的として 1953 年に設置した「アジア経済懇談会」には，原保三郎，小林中，稲垣平太郎，永野護，山際正道，河田重，石坂泰三，植村甲午郎，岩田嘉雄，久保田豊などの「大物」財界人が集った。

彼らのなかには戦前の官僚やその後大臣や公職を歴任した人物も含まれ（例えば小林，永野，植村），自ら非公式な賠償交渉を行い（例えば稲垣，永野），委員自身が私人として関わっていた案件が賠償やその後の経済協力案件として採択され実施に移されていった例（例えば久保田）も少なくなかったのである（下村 2020：35-36，山田 2021：14，吉川 1983：135）。

経済協力の原点に淵源を持つこうした行政と市場の垣根の低さは，アクター間に強い相互依存関係を育み，国境を越えた "利益共同体" とも言える構造を形成していく。「要請主義」「直接方式」など，制度のなかに国境を跨ぐ「行政と市場の接点」が埋め込まれていたことに加え，日本政府の「内政不干渉」原則は，その構造を容認する結果をもたらした。

この "利益共同体" の基盤として，戦前から東南アジア，朝鮮半島，旧「満州」で活躍してきた開発人材の存在が指摘できる。戦前の旧「満州」や朝鮮に

おける豊満ダム，鴨緑江水力発電所の建設など，「帝国日本」による植民地統治下での技術に焦点を当てた研究を行ったムーアは，戦前戦後の強い連続性，戦後日本の東南アジア・東アジアにおける ODA 事業や全国総合開発計画等にみられる戦中の遺産を指摘する（ムーア 2019：327）。

❷外国公務員贈賄に対するリスク管理意識の未成熟

JTC 事件を分析した樋口は，事件の背景事情として，(1)経営悪化に伴う海外事業への傾斜，(2)多額の先行投資，(3)ビジネス慣行としてのリベート，(4)外国企業とのリベート競争を挙げつつ，外国公務員収賄のリスクについての認識不足など日本の企業のガバナンス問題について指摘している（樋口 2016：110-113）。

「外国政府関係者に対するリベート問題に関する第三者委員会」の報告によれば，事件関係者は賄賂を「契約締結に関わる「手数料」のようなもの，そういう「商慣習」，「税金」のようなものというような理解をしていた」と証言しており，同委員会は「不当な要求に屈服させられてリベートを巻き上げられる自分たちはあくまで「被害者」であるという意識が，自らの行動の正当化につながっている」と認定している。

こうした外国公務員贈賄に対するリスク管理意識の未成熟が，上記(1)(2)のビジネス上の切実性と相俟って，腐敗の誘引となったと考えられる。

(2) 制約

❶法整備・制度整備

日本の公共調達制度の根幹となっている法律は会計法（1947 年施行）である。会計法はその第 4 章に契約の章を設けて政府調達の原則等を規定し，政令および省令でその具体的な細則を定めた。政府調達には会計法が直接適用され，JICA 等の ODA 実施機関は，会計法に準拠した内部規程を制定している。

一方，公共工事をめぐり贈収賄・談合など各種の事件が多発し，国民の信頼が揺らいでいたことを背景として 2000 年に成立したのが「公共工事の入札および契約の適正化の促進に関する法律」（適正化法）である。適正化法第 10 条は，独占禁止法の規定に違反する行為があると疑うに足りる事実があるときは，

公正取引委員会に対し，その事実を通知しなければならないこととしており，
JICA 等においても，適正化法に準拠した措置を定めている。加えて，1998 年
に不正競争防止法を改正して外国公務員贈賄罪を導入したことは前述の通りで
ある。

　日本の公務員への贈収賄に対する処罰については，刑法 197 条で収賄罪が，
198 条で贈賄罪が規定されており，刑法を直接適用できない外国公務員への贈
賄については，改正不正競争防止法が適用されることになる。

❷国会・行政・メディアによる追及と再発防止策

　日本において，不祥事が発覚し追及が行われる端緒となったのは，いずれも
メディアによる報道であった。報道によって世論が喚起され，それらを後追い
する形で国会での追及が行われたのは，既述の通りである。

　こうしたメディア・国会での追及への対応は，時代によって変遷している。
インドネシア賠償疑惑については国会での追及は不発に終わり，結果的には疑
惑のままに終わったが，マルコス疑惑以降，監督官庁（外務省）や第三者機関
（会計検査院，総務庁行政監察局）による改善指導・勧告，実施機関による具体
的な再発防止策というサイクルが回り始める。情報公開もこの過程で進み，こ
うした一連の流れが制約効果を高めていったといえよう。

❸国境を越えた連携

ODA をめぐる不祥事事案においては，収賄側が相手国行政部門であるとい
う特殊性により，日本側の対応だけでは片手落ちになる構造にあった。こうし
た課題に対し，国境を越えた連携による制約メカニズムの強化が試みられるこ
とになる。

　ベトナムの事例では，ハイレベルの対話機関の設置，公共調達庁の新設，公
益通報制度の確立と告発者の保護などの具体策が講じられた。またこれに対応
して，JICA 側に不正腐敗情報相談窓口が設置され，日本側の応札者が不正な
要求を受けた際等に同窓口に通報するよう求める文言が標準入札書類に盛り込
まれている。

4 中国の公共調達と対外援助における腐敗の「誘因」と「制約」

2002年に公布された中国の政府調達法第1条は，その制定目的の一つが「廉政建設を促進するため」であることを明記している。中国における公共調達は，その数量と金額がいかなる私的機関と比較することができないほど大きいこと，また公共部門と私的部門が最も頻繁に接触する取引のステージであることが腐敗の動機となり，多くの腐敗の機会を生み出してきた（王叢虎 2013：13）。対外援助の実施においても，公共調達によって援助物資・役務が提供されることから，公共調達の枠組みから腐敗構造を描くことができよう。

本節でも，以下「行政と市場の接点」に着目して，中国の公共調達と対外援助における腐敗の誘因と制約要素を析出していく。

（1）誘因
❶計画経済期から連続する行政と市場の一体性と"部門（系統）利益共同体"

国務院発展研究センターと財政部が2013〜14年に実施した，全国政府調達参与機構組織へのアンケート調査結果によれば，政府調達に存在する問題の本質的原因として最も多かった回答は「法規体系が不健全で，法律が過度に調達手順を強調し，政府意思の体現が欠乏していること」の56％であった（李強国・袁東明 2014：244）。

政府調達法・入札法の制定など，外形上法整備が進んでいるように見える一方，「過度に調達手順を強調」するにとどまり，「実質」的に腐敗を阻止するという「政府意思の体現が欠乏している」という，当事者の現状認識が読み取れよう。

では，「実質」的な効果を阻害しているものは何か。208件の腐敗事例を分析した国家預防腐敗局弁公室（2011）は，「談合」（中国語：囲標，串標，輪流坐庄）や「結託」が腐敗リスクのキーワードとして頻出する。そこから，入札をめぐって関係者が談合・結託し，職権を濫用して賄賂を受け取るといった構造が浮かび上がる。

第10章 対外援助と腐敗　259

その典型的事例として，2008年に発生した広州市政府調達センター事件[1]がある。同センター主任が，職権を利用して，小学校の同級生が設立した広州市正陽入札服務センターに多額の業務委託を行い，約19万元の賄賂を受け取った事件である。

王启广（2009）によれば，政府調達代理機構職員の大部分は内部関係者の家族であり，同機構は早期には基本的にはすべて，財政系統の公務員と親しい友人が関係する企業と調達契約を結んでいた。また，入札評価専門家の人選はきわめて不透明で，大部分は専門性も学歴もなく，カギになるのは財政系統との関係であった。入札評価専門家の'灰色収入'は少なくとも年間20万元以上であり，高級レストラン等での接待が常態化している状況にあったという。

ここで注目すべきは「系統（部門）」の役割である。仮説として，各地域において「系統」でつながるアクターが，それぞれ自らの権限の範囲で最大利益を追求し結託する"部門（系統）利益共同体"（**図表10-3**）の構図を描くことができよう。

公共調達における主要アクターは，「監督管理部門」「調達人／入札募集人」「集中調達機構」「入札評価専門家」「応札業者」の5者である。

腐敗を誘引・制約する内心要素として，法律を遵守した場合と違法行為を行った場合の利益とコストの比較考量があるとすれば，法の「形式」を遵守し違法行為の発覚リスクを低下させることにより，誘引が勝ることが想定できる。その場合，最も有利に働くのが，各アクターが同じ「系統」でつながり，計画経済時代からの信頼関係を共有した"部門（系統）利益共同体"が形成されている場合であろう。

こうした公共調達全般にみられる腐敗構造が，対外援助領域のみ例外とは考え難い。加えて，日本のODAとの相違点として，中国の対外援助にはタイド（調達先は中国企業に限定）条件があり，発注主体は中国側になる。したがって，調達手続きは中国側内部で完結しており，"利益共同体"効果が発現しやすい仕組みとなっているといえよう。

---

1) 中国新聞网「广州政府采购中心原主任受审 案件細節首次曝光」，2008年3月5日，http://www.chinanews.com.cn/gn/news/2008/03-05/1182643.shtml （2022年1月26日閲覧）

図表10-3 "部門（系統）利益共同体"の概念図

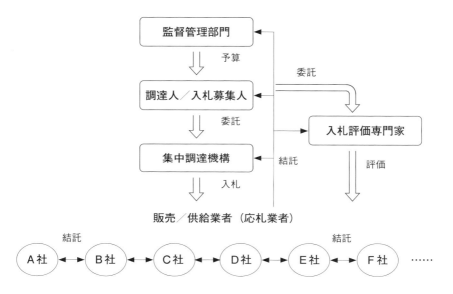

出所：公共調達関連法を参考に筆者作成

❷対外援助の特殊性──国外での活動と非公開性

❶は，中国の公共調達全般と，無償援助を念頭に置いて論じてきたが，次に，対外援助改革後，中国の対外援助のもう一つの柱となった優遇借款に着目してみたい。

優遇借款に関する規範文書としては，1996年に中国輸出入銀行が通知した「中国輸出入銀行による中国政府対外優遇貸付業務取扱暫定弁法」（弁法）がある。同弁法は，2000年に大幅に改正された（改正弁法）。

弁法第4条は，「優遇貸付は主に中国の製品・技術の購入あるいは専門家サービス料の支払いに用い」るとし，また弁法第10条第2項で「契約に必要な物資・技術あるいはサービスを中国から調達あるいは導入した部分は，契約総額の70％を下回らない」と規定して，中国製品の調達を条件づけしていた。改正弁法においても，第6条で「中国の電機製品，プラント輸出プロジェクト」を主要な借款対象として明記している。

第10章 対外援助と腐敗

では，その中国製品を調達する主体はどこか。弁法第7条は，「中国輸出入銀行は優遇貸付をその認可転貸機構あるいは現地の中外合弁企業（以下「借入人」と称する）に貸付する」としているが，この認可転貸機構は借入国側政府機関を指す。したがって，借入国側政府または中国と現地側企業との合弁企業が調達人となることを示していた。

腐敗との関係から指摘できる問題点は，この調達人がいかなるルールに則って調達を行うべきなのかが，この弁法には明記されていない点である。弁法第21条は「中国輸出入銀行および借入人はプロジェクトの具体的状況に基づき入札あるいは議定の方式を採用して貸付プロジェクトのサプライヤーを確定することを決定する」とのみ規定しており，入札等の具体的方法については記されていなかった。加えて，改正弁法では弁法第21条を含め，手続き関連条項が大幅に削除されており，調達方法に関してはまったく読み取れない内容になっている。

国際金融機関や主要ドナーは，借款を行う場合，「調達ガイドライン」に基づく調達を行うことを求めるのが一般的である。世界銀行は「調達ガイドライン」と「コンサルタント選定ガイドライン」を定め，様式のひな型として「標準調達書類」も整備している。日本の円借款事業でも，世界銀行と同様の世界標準での調達ガイドライン等を定めている。

他方，上記のとおり中国の優遇借款プロジェクトがいかなる調達ルールで実施されているか公開されておらず，中国の公共調達制度の埒外となっている可能性がある。仮にそうであれば，優遇借款の拡大に伴い国境を跨いで新たに生まれる夥しい数の「援助行政と市場の接点」において，腐敗のリスクも拡大していることが懸念される。

（2）制約
❶公共調達関連法・対外援助部門規則の整備

中国の公共調達制度の根幹となっている法律は，前述の通り2002年制定の政府調達法と，1999年制定の入札法である。両法の細目を定める行政法規として，入札法実施条例が2011年に，政府調達法実施条例が2015年にそれぞれ制定された。

一方，対外援助関連部門規則の整備も習近平政権下で急速に進んでいる。2014 年 2 月，中央第一巡視組（後述）から対外援助の管理をめぐる課題を指摘された商務部は，部門規則の整備を加速させた。その結果，**図表 10-4** で示す多数の対外援助関連部門規則が整備されている（岡田 2021b：47-48, 51-52）。

図表 10-4　中国の公共調達制度整備と対外援助改革関連法律および行政法規の構造

レベル	公共調達制度整備関連	対外援助改革関連
法律 （全人代が制定）	• 中華人民共和国入札法（1999） • 中華人民共和国政府調達法（2002）	
行政法規 （国務院が制定）	• 国務院「入札法実施条例」（2011） • 国務院「政府調達法実施条例」（2015）	
部門規則 （国務院機関・地方政府が制定）	• 国家発展計画委「国家重大建設プロジェクト入札監督暫定弁法」（2002） • 国家発展改革委員会および 10 部門共同「入札・部間調整メカニズム暫定弁法」（2005） • 財政部「政府調達代理機構資格認定弁法」（2005） • 財政部「政府調達非入札調達方法の管理方法」（2014） • 財政部「政府調達競争的協議調達方式管理暫定弁法」（2014）	• 商務部「対外援助管理弁法（試行）」（2014） • 商務部「対外援助プロジェクト実施企業資格認定弁法（試行）」（2015） • 商務部「対外援助セットプロジェクト管理弁法（試行）」改正（2015） • 商務部「対外援助物資プロジェクト管理弁法（試行）」改正（2015） • 商務部「対外技術援助プロジェクト管理弁法（試行）」（2015） • 商務部「対外援助プロジェクト調達管理規定（試行）」（2015） • 商務部「対外援助プロジェクト立案管理規定（試行）」（2015） • 商務部「対外援助契約管理規定（試行）」（2015） • 商務部「対外援助プロジェクト評価管理規定（試行）」（2015） • 国際発展協力署「対外援助管理弁法（意見募集稿）」（2018）

出所：筆者作成

しかし，こうした制約メカニズムに対し，次の点がその効果を減殺させていることが指摘できる。

第一に，対外援助の「多頭性」である。中国の対外援助業務の管理機構は，国家管理機構，部門管理機構，地方管理機構および在外管理機構の 4 層に分け

ることができる（黄梅波・胡建梅 2011 : 35-37）。国家管理機構としては，中国は伝統的に対外経済貿易担当部門が対外援助を主管してきたが，2018 年には国務院直属の機構として国際発展協力署が新設された。部門管理機構としては，外交部や国務院所属の各関係部門も，それぞれ所掌する領域の対外援助を担当しており，その数は 20 を越えると言われている。地方管理機構としては，地方政府の商務主管部門が商務部に協力して対外援助の政策，規則，制度を執行している。在外管理機構としては，在外公館の経商処等がある。

以上のように対外援助のアクターは，四つの階層，中央における 20 を越える関係部門と地方政府，在外公館の関係機関で構成され，2018 年にはさらに新設の国際発展協力署が加わったことになる。関係部門が 4 層で対外援助の公共調達に関与することになれば，それだけ援助行政側が「多頭」となり，「行政と市場との接点」もより錯綜することになる。

第二に，関連法令相互関係の「複雑性」である。中国の対外援助に関しては，法体系において高位に位置する法律および行政法規が制定されていない。**図表10-4** で示したように，公共調達関連については，法律レベルで入札法および政府調達法が全人代で制定され，行政法規レベルではそれらの実施細則を国務院が制定している一方，対外援助関連は部門規則レベルの制定にとどまっている。

部門規則は，上位法令からの委任があればその根拠が明確であり，法的安定性を保てるが，対外援助関連の部門規則については上位法が制定されておらず，また公共調達関連法令との関係性が必ずしも明文化されていない。

第三に，「特殊性」——国外での活動と非公開性であるが，4（1）❷の通り，調達ルールの埒外を形成しているとすれば，制約効果が及ばないことになる。

❷巡視組の巡視

中国特有の制約メカニズムとして，巡視組（第 5 章 : 諏訪論文を参照）による巡視があるが，対外援助についても 2013 年秋に商務部がその対象となり，厳しい指摘がなされた[2]。

2）　商務部新聞弁公室「中央第一巡視組向商務部反饋巡視情況」，2014 年 2 月 17 日，http://fanfu.people.com.cn/n/2014/0217/c64371-24377312.html（2022 年 1 月 26 日閲覧）

他方，全人代や審計署（会計検査院）のチェック機能が外部から見づらい。議会という公開の場を通じた審議や，行政部門のなかの第三者機関のチェックによる制約メカニズムがどの程度機能しているか，検証が必要であろう。

❸メディア

　日本で不祥事が発覚し追及される端緒となったのはメディアによる報道であったのに対し，中国のメディアは主に党の処分を告知すること，党の方針に従い「反腐敗キャンペーン」を担う役割であるように見える。

　他方で，第6章の朱建榮論文の通り，「網絡反腐」──ネットユーザーがネット媒体を利用したスクープ，ネット世論形成等を行う大衆自発型の反腐敗が発展し，無視できない存在となっている。

　こうして党による上からの反腐敗と，大衆自発型の下からの反腐敗が交錯しつつ制約効果を発揮しているとはいえ，基本的にはいずれも個別案件の摘発にとどまり，どこまで具体的な制度改善につながっているかは必ずしも明らかでない。

　また，対外援助領域については，個別の情報は基本的に非公開であり，不定期に発行される「対外援助白書」等を通じてその概要を把握するしかない。したがって情報公開による制約効果に課題があるといわざるをえない。

❹国境を越えた連携

　中国の対外援助の特徴として，無償援助についてはすべて調達主体が中国側にあることから，日本のODAで見られたような国境を越えた"利益共同体"が形成される必要性は乏しく，具体的な連携事例も確認できない。

　他方，前述の通り優遇借款については調達ガイドラインが公表されておらず，「行政と市場の接点」が国外に及ぶため，日本の円借款と同様のリスクに晒されている可能性がある。中国でも2011年の刑法改正により外国公務員贈賄罪が立法化されている。対外援助領域において外国公務員贈賄罪が適用された事例については確認できなかったが，引き続き注視していく必要がある。

5 "一帯一路：廉潔之路"に，日本の"失敗"経験は活かせるか？

本節では，日本の"失敗"経験が中国に示唆するところを整理してみたい。

(1) 不祥事の発生を奇貨とした制約メカニズムの強化

腐敗と反腐敗をめぐる動態を，管理過程論，政策評価における PDCA サイクルの概念を援用して図示したのが**図表10-5**である。不祥事（Scandal）の発生が状況を大きく動かしていることが顕著であったことから「S」を加えたものである。

日本の ODA 史をこの PDSCA サイクルに照らせば，一巡目（賠償）で発生した不祥事は「疑惑」のままで終わり，その構造はそのまま二巡目（円借款）に継承された。二巡目に発生した不祥事は，情報公開や第三者機関からのチェック制度により一定の改善が進んだものの，四巡目の不祥事（円借款における

図表10-5 腐敗と反腐敗をめぐる PDSCA サイクルの概念図

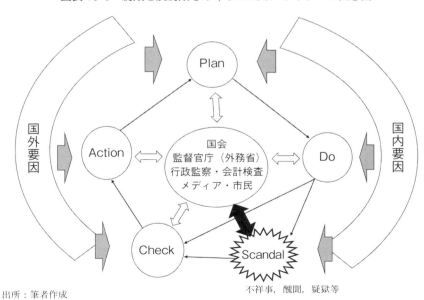

出所：筆者作成

外国公務員への贈賄）の再発を防止することに失敗している。

　三巡目（開発調査）に発生した不祥事は，前二者と異なり JICA（＝行政）が日本企業（＝市場）に対し発注する権限行使（＝接点）をめぐって発生したものであったことから，腐敗規模は小さかったがその衝撃は大きかった。二巡目と三巡目の不祥事がほぼ同時期に発生したことと相俟って，メディア，国会，監督官庁（外務省），行政監察等の「制約スイッチ」が次々と入り，強い圧力となって組織的な改善措置が行われていく大きな転換点となった。不祥事の発生を奇貨として改善につなげ，腐敗の制約メカニズムを強化した事例といえよう。

（2）「行政と市場の接点」への新たなアプローチ──不関与から関与へ

　日本の ODA において大規模な不祥事が発生したのは賠償および円借款の実施過程であったが，これは主に日本政府から相手国政府に移転した資金を原資として，相手国政府（＝行政）が日本企業（＝市場）に対し発注する権限の行使（＝接点）をめぐって発生してきたことを示唆する。ここには，立場の「強い相手国政府（行政）」による「弱い日本企業（市場）」からの収賄という，「搾取型」の構造が見えてくるが，その一方で，利益のシェア構造，すなわち国境を跨ぐ"利益共同体"が形成された側面も見逃すことができない。こうした構造の淵源は，1950 年代の賠償の制度生成に遡るものであった。

　この繰り返された失敗に対し，日本政府は積極的に相手国政府（＝行政）と日本企業（＝市場）の接点に関与していく新たなアプローチに舵を切る。この強い動因となったのも，不祥事のインパクトであった。

（3）外国公務員贈賄罪をめぐる国際潮流への的確な対応の必要性

　外国公務員贈賄に対する企業・行政側のリスク管理意識の未成熟と法整備の遅れが，腐敗の再発防止の失敗につながったことが指摘できる。発展途上国での取引という特殊な条件の下で，贈賄は「商習慣」と正当化され違法行為である意識が希薄になっていたことに加えて，日本では 2004 年にようやく外国での贈賄行為を違法とする法整備がなされた。

　国際潮流への対応の遅れと誤りは，企業にとっても国にとっても大きな代償

を払う結果となる。この面での的確な対応の必要性は高い。

おわりに

　最後に，本章の冒頭で提示した「問い」に対する暫定的な結論を示して，議論を締め括りたい。

　腐敗の「誘引」については，それぞれ異なる歴史的背景の下で「行政と市場の接点」で一種の"利益共同体"が形成されたこと，また発展途上国での事業という特殊性が腐敗リスクを高めた点で共通点を有している。

　腐敗の「制約」についても，公共調達関連法令等による制度整備が進んでいる点では共通点を有する一方，メディア・第三者機関の役割，情報公開，相手国側との連携の面では異なる相貌を呈している。また外国公務員収賄罪をめぐる国際潮流への対応では日本が先行したが，中国でも 2011 年の刑法改正により立法化され，最高人民検察院も訴追標準を定めるなど，対応を進めている点は共通している。

　今後，いかに廉潔な「行政と市場の接点」を定着させるための制度を確立・発展させていくか，いかに的確に国際的潮流への対応を行っていくかなど，日中が直面する共通の課題は少なくない。

　＊本稿は，岡田（2021a）（2021b）（2022）の研究成果の一部に大幅な加筆修正を加え，再構成したものである。

参考文献

アーロン・S・モーア（2019）『「大東亜」を建設する――帝国日本の技術とイデオロギー』人文書院
岡田実（2021a）「中国のインフラ建設プロジェクトにおける腐敗リスクと公共調達関連法」，拓殖大学国際開発研究所『国際開発研究』第 20 巻 2 号
岡田実（2021b）「中国の対外援助改革と反腐敗――公共調達制度整備の視角から」，拓殖大学国際開発研究所『国際開発研究』第 21 巻 1 号
岡田実（2022）「日本の ODA 発展史から見た腐敗と反腐敗」，拓殖大学国際開発研究

所『国際開発研究』第 21 巻 2 号

外国政府関係者に対するリベート問題に関する第三者委員会（2014）『調査報告書（公表版）』https://kunihiro-law.com/files/fm/545af31f1prabnadaago_0_0.pdf （2021年 10 月 19 日閲覧）

久世寿男（1980）「木下茂——賠償で肥え太った戦後汚職の祖型」『現代の眼』第 21 巻8 号

倉沢愛子（2011）『戦後日本＝インドネシア関係史』草思社

下村恭民（2020）『日本型開発協力の形成——政策史 1・1980 年代まで』東京大学出版会

高野孟（1993）「海外利権——賠償と ODA」『文藝春秋』第 71 巻 5 号

樋口晴彦（2016）「日本交通技術の外国公務員贈賄事件の事例研究」『千葉商大紀要』第 53 巻第 2 号

山田順一（2021）『インフラ協力の歩み——自助努力支援というメッセージ』東京大学出版会

横山正樹（1994）『フィリピン援助と自力更生論——構造的暴力の克服』明石書店

吉川洋子（1983）「対比賠償交渉の立役者たち」，日本国際政治学会編『国際政治』第75 号

王启广（2009）「政府采購灰色利益鏈調査」『瞭望東方周刊』2009 年 1 月 7 日，http://news.sohu.com/20090107/n261625386.shtml（2022 年 1 月 26 日閲覧）

王丛虎（2013a）『公共采購腐治理問題研究』中国方正出版社

黄梅波・胡建梅（2009）「中国対外援助管理体系的形成和発展」『国際経済合作』，2009年 5 期

国家予防腐敗局弁公室編著（2011）『工程建設領域典型案件剖析与予防腐敗指引』中国方正出版社

李国強・袁東明等（2014）「中国政府采購制度与運行机制研究」中国発展出版社

第11章

幹部「四化」方針下の学歴腐敗

厳 善平

はじめに

鄧小平は1980年8月の中央政治局拡大会議で，幹部選抜の際，革命化，若年化，知識化，専門化という，いわゆる「四化」方針について自らの考えを体系的に述べ，しかも，それを制度化させねばならないと強調した[1]。それを受け，第12回党大会（1982年）で採択した新たな党規約の第34条として，「幹部の革命化，若年化，知識化，専門化の実現に努める」ことが明記され，また，この箇条は第19回党大会（2017年）の党規約でもそのまま残っている。「知識化」「専門化」とは幹部の選抜や昇任の際，大卒等の高学歴を必須とすることを指す（楊1983；程・劉1986；卓2001；王2015）。

中共中央弁公庁は1995年に「党政領導幹部選抜任用工作暫行条例」を発布し，大学専科（大専）卒以上の学歴を持つことを明確に求め，なかでも省・部級の指導者（領導幹部）は大卒以上の最終学歴を持たねばならないとした。そして，2002年施行の「同条例」では地区・局長級以上の高級幹部も大専卒以上の学歴を持つべきだとし，高学歴の要求が下位組織に広がった。2006年の「中華人民共和国公務員法」の施行に伴い，修士号，博士号を持つ者を招聘す

1）　鄧小平「党和国家領導制度的改革」『鄧小平文選　第2巻』人民出版社，1994年（第2版）。

る傾向も顕著となった（余・朱 2018；林 2021）。

　幹部「四化」方針の下，高学歴者はそうでない者に比べ，出世しやすく昇任も速い。計画経済期に形成した人事制度のなかに，「工人（ブルーカラー）」と「幹部＝ホワイトカラー」という二つの身分があり，両者間に給与等の待遇がまるで異なるが，身分を決定づけるのも基本的に大専卒以上の最終学歴を持っているか否かである（孫ほか 1989）。

　学歴社会のなか，勉強して大学等に進み，高い学歴を取得しようとする人々の心理はあって当然であり，学歴をもって出世していくことはまた，公正性を重んじる現代市民社会の姿である。ところが，この間の中国では高学歴を得た者のなかに，金権を働かせて高学歴を手にした党政府機関の役人も数多く含まれる。一時，いわゆる「学歴腐敗」は全国的に蔓延した。

　ここでいう「学歴腐敗」は，不公正な手口で高学歴を取得することの中国語である。腐敗は役人が自らの権力や権限を私利のために利用する行為だと理解するなら，学歴腐敗は，役人がさまざまな手段を使って普通の人に比べ容易に高学歴を取得することだと定義できよう。この場合の学歴腐敗は主として既存制度の枠内で行われるものであり，規定違反の犯罪行為は分析の対象外とする。具体的には，共産党学校（党校）が行う通信教育や全日制大学の開設する役人向けの「研究生班＝大学院クラス」が挙げられる。この二つのどちらも公に認められた高学歴教育制度ではあるものの，入学試験，カリキュラム，授業・宿題・論文などにおいてずさんな運用が日常化し，そこから取得した学歴の中身は多くの問題を含む（李 2007）。

　「文革」後の深刻な人材不足を緩和する狙いで，全日制大学の正規教育と併行してさまざまな教育資源を動員し成人教育を拡張しようとすることと，知識化・専門化と幹部任用や昇任を結びつける幹部「四化」方針を確立し人々に勉強するインセンティブを与えようとしたことは，優れた考えだと評価できる一方，行き過ぎた学歴へのこだわりにより，学歴腐敗が広範囲に誘発されたことも紛れのない事実である[2]。

2）　高等教育学歴証書電子登録システムが本格稼働となった 2001 年頃までは，偽造の学卒・学位証書の売買も横行したが，明らかな犯罪行為であるため，本章ではそれを分析対象外とする。

学歴腐敗に関わる主体は主として党政府機関の指導者や幹部職員であり，党校や大学等の高等教育機関である。そのため，この問題を真正面から解剖することが難しい。「中国知網」を使って関連情報を探してみたところ，学術雑誌（期刊）のタイトルに「学歴腐敗」が含まれるものは，2002 年に初めて 1 件が現れ，そして，2021 年までの合計もわずか 5 件しかないことが分かった[3]。

不公正な手口で取得した高学歴を資本に昇任を果たした者が多いということは，真面目に勉強して正規の高学歴を取得した者の多くが出世，昇任するコースから排除されていることを意味する。社会的正義からみて学歴腐敗は大きな問題を内包しているといわねばならない。

本章の目的は，筆者が中国の各種公式報道から拾い集めた二次情報を整理，分析し，学歴腐敗の実態を描き出し，その時代背景や発生メカニズムを検討することである。具体的には，まず，幹部「四化」方針を受けての成人教育の急速な発展，および党政府機関，事業単位（教育機関，研究機関，病院など）における高学歴化の状況を明らかにする（第 1 節）。次に，中央党校を頂点とする党校システムの学歴教育に焦点を絞り，学歴腐敗の制度化を，事例分析を交えながら解明する（第 2 節）。続いて，大学院教育で横行した「権学交易」「銭学交易」の実態を考察しその発生要因を分析する（第 3 節）。最後に，幹部「四化」方針下における学歴教育の功罪およびその社会的影響を考える。

1　高学歴社会の形成と役人の高学歴化

（1）人口センサスにみる高等教育の虚実

図表 11-1 は改革開放時代における高等教育の発展状況を表すものである。1982–2020 年の 39 年間において，3 年制の大専，4 年制の本科および大学院生を含む「大専以上人口数」は 620 万人から 2 億 1836 万人へと 35.2 倍に増大し，15 以上人口に占める割合もわずか 0.9％から 18.9％に上昇した。

3）「学術腐敗」「教育腐敗」がタイトルに含まれる条件で「期刊」を検索したところ，それぞれが 412 件（2001–2011 年の 11 年間が 86％を占める），91 件（同期間が 73％を占める）ヒットした（2022 年 1 月 31 日最終確認）。

図表 11-1　高等学歴教育に対する普通教育と成人教育等の寄与率

人口センサス実施年	1982 年	1990 年	2000 年	2010 年	2020 年	1982–2020 年
大専以上人口数（a）	620	1,612	4,571	11,964	21,836	
大専以上人口の対 15 歳以上人口比	0.9	2.0	4.7	10.7	18.9	
大専以上人口の対前回調査増加数（b）		992	2,959	7,393	9,872	21,216
両調査期間中の大専・大学新卒者数（c）		361	753	3,415	6,961	11,489
成人教育等による高等学歴獲得者数（b–c）		**631**	**2,206**	**3,978**	**2,911**	**9,727**
増加数への大専・大学新卒者数の寄与率（c/b）		36.3	25.4	46.2	70.5	54.2
増加数への成人教育等の寄与率（[b–c]/b）		**63.7**	**74.6**	**53.8**	**29.5**	**45.8**

出所：国家統計局編『中国統計年鑑 2021 年』より作成

　高等教育が急速に拡張した背景に全日制大学の正規教育と成人教育がある（厳・薛 2018）。「文革」が終焉した翌年の 1977 年に，全国統一大学入試制度が復活し，全日制の高等教育が正常化した。学生の募集定員はその後増え続け，普通高校を卒業して大学等に進学する若者の割合は 2010 年代後半に 50％超に達している。国家統計局によれば，1982 年から 2020 年にかけて大専と大学を卒業した者の累計は 1 億 1489 万人に上り，同期間における大専以上人口の増加数（2 億 1216 万人）の 54.2％を占める（寄与率）。

　他方，成人教育等で大専以上の最終学歴を取得した者は全期間中 9727 万人であり，大専以上人口の増加数の 45.8％を占めると推計される。また，年代により成人教育等の寄与率が大きく異なる。**図表 11–1** に示されるように，2010～20 年におけるそれは 29.5％だが，1982～90 年が 63.7％，1990～2000 年が 74.6％，2000～10 年が 53.8％，と改革開放時代の前半に成人教育等は全社会の高学歴化に重要な役割を果たしたと分かる。

　成人教育等の拡張を年次別に見たのが**図表 11–2** である。同図は 1977 年以降における正規教育の進学率と，2020 年人口センサスで捕捉した生年別高学歴者数（大専・大学・大学院）と 18 歳人口数を基にした高学歴保有者割合を比

較したものである。明らかなように，全期間を通して成人教育等で高学歴を取得した者が相当数に上る。大学教育の産業化が始まった1999年までの間，大専以上人口割合と各年の進学率とのギャップは，拡大の一途を辿った（両者のギャップは1984年の5.0％ポイントから1999年の18.3％ポイントに拡大）が，それ以降は段階的に縮小し，2017年には3.9％ポイントに低下した。

　筆者が大学に入った1980年に，大専・大学への入学者数は28.1万人であり，それを同年の18歳人口数で割って得た進学率はわずか1.8％にすぎない。ところが，40年が経過した2020年には，筆者と同じ1963年生まれの7.2％（188.6万人）もが大専以上の最終学歴を持つようになった。6.7倍に増えたこうした高学歴者の圧倒的多数は，実にさまざまな形の成人教育や党校教育を通して高学歴を取得したのである。

図表11-2　大学等進学率と高学歴保有者割合の推移

出所：国家統計局編『中国統計年鑑』（各年）より作成
注：進学者は当年の大学等の募集人数（招生数），大専以上人口は2020年人口センサスにおける年齢別最終学歴別人口，18歳人口は1990年，2000年および2010年人口センサスに基づいた推計値である。

　人口センサスで捉えた最終学歴の人数は，回答者の自己申告によるものであり，実際の学歴より高いものを申告したりするケースが一定の割合を占めると

考えられる。そのため、「成人教育等による高学歴取得者数」はやや過大評価となっている可能性がある[4]。ただ、それを差し引いて考えても、全日制大学ではなく、テレビやラジオによるリモート教育（通信やインターネットも含む）で高等学歴を取得した者が多かったという特徴が指摘できる。そのなかに役人を対象とする党校教育も含まれる。

(2) 役人の高学歴化と成人教育

　中央および地方の党政府機関の役人、各レベルの人民代表や政治協商会議委員、企業経営者のなかには大卒はもちろん、修士号、博士号を持つ者が非常に多い（李 2016；徐 2016）。習近平国家主席が清華大学の法学博士、李克強前国務院総理が北京大学の経済学博士を持っていることは広く知られている事実であり、指導者や役人の高学歴化を象徴的に表している。趙・呉（2016）によれば、1980年代から2010年代までの30余年で、党中央委員における大卒以上の割合は40％程度から90％超に上昇した。第18回党大会選出（2012年）の中央委員205名を詳しく分析した劉・張（2014）によれば、最終学歴が判明できる188人のうち、8割近くも大学院修了（博士40人、修士101人）となっており、大卒者の38人、大専卒以下の9人よりはるかに多いという。また、省・自治区・直轄市レベルに関しては、2014年7月末、党委員会・行政府・人民代表大会・政治協商会議のトップリーダー、中央省庁およびその直属機構など同レベル組織のトップリーダーを務める204人のうち、修士号、博士号を持つ者はそれぞれ52％、16％を占め、大卒の26％と学歴不明の6％を大きく上回った、という報告もある（湯ほか2015）。

　上述したような職位に到達した者のほとんどが50歳代、60歳代であり、彼らが大学や大学院教育を受けた時期は改革開放直後の1980年代、90年代であった。前述の通り、その頃には大学進学率が数パーセントにすぎず、圧倒的多

---

4)　国家統計局によれば、1984〜2004年における大専・大学卒の最終学歴を取得した者（3920万人）のうち、全日制教育、成人教育・独学試験がそれぞれ44％、56％を占めた。また、2004〜2015年における大専・大学卒の最終学歴を取得した者（9774万人）のうち、全日制教育、成人教育・ネット教育の割合はそれぞれ63％、37％を占める（厳・薛 2018）。

数の若者は中学校，高校を卒業して就職した。つまり，この世代の持つ高学歴
は，彼らが社会人となった後に何らかのチャンネルを通して獲得したものとい
える。

　党政府機関等における高学歴の全体的状況について，中国総合社会調査のミ
クロデータの集計結果に基づいて分析する。**図表 11-3** は大専，大学および大
学院といった高学歴を持つ者がどのような性質の部門に勤めているかを反映し
ている。この調査が捕捉した高学歴の保有者は 5584 人を数え，全サンプルの
33.2％を占める。彼らの 49.8％は企業に勤めるが，党政府機関，教育・研究
機関といった事業単位に勤める者もそれぞれ 9.4％，28.3％を占める。

図表 11-3　都市部における勤め先の性質と最終学歴の関係性
（特化指数＝カテゴリー別構成比／全体構成比）

| | | 高学歴保有者 | | 高学歴保有者割合 (%) | 正規高等教育学歴保有者割合 (%) | 成人高等教育学歴保有者割合 (%) | 特化係数／大専 | | 特化係数／大学 | | 特化係数／大学院修了 |
		人数（人）	構成比（%）				成人教育	正規教育	成人教育	正規教育	
勤め先の性質	党政府機関	523	9.4	**64.5**	**35.1**	29.4	1.0	0.8	**1.5**	0.9	**1.2**
	企業	2,780	49.8	37.1	25.4	11.7	0.9	1.1	0.8	1.1	1.0
	事業単位	1,578	28.3	**62.4**	**35.9**	26.5	1.0	0.8	**1.4**	1.0	**1.1**
	社会団体	112	2.0	38.9	18.7	20.2	**1.6**	0.9	**1.2**	0.7	0.6
	自営業等	542	9.7	10.1	6.7	3.4	1.3	1.4	0.6	0.8	0.3
	軍隊	23	0.4	61.3	35.5	25.8	1.1	0.6	0.9	1.0	3.0
	その他	26	0.5	18.5	10.0	8.5	1.8	1.2	0.8	0.6	0.0
		5,584	100	33.2	21.0	12.2	1.0	1.0	1.0	1.0	1.0

出所：中国総合社会調査（2010–15）より筆者作成

　ここでとくに見てみたいのは，性質の異なる部門における高学歴保有者の分
布状況，および高学歴の中身（成人教育か正規教育）に関する特徴である。第
一に，党政府機関，事業単位における高学歴保有者の割合はともに 6 割超であ
り，全体平均の 3 割強を大きく上回る。高学歴化が公的機関を中心に進んでい
ることが窺える。第二に，党政府機関の高学歴化に，正規教育というよりも，
成人教育のほうが大きく寄与している。具体的には，党政府機関における両者

第 11 章　幹部「四化」方針下の学歴腐敗　277

の特化係数はそれぞれ 35.1／21.0＝1.67，29.4／12.2＝2.41，である。第三に，大専，大学と大学院を分けてみると，特化係数が比較的大きいのは，党政府機関，事業単位における成人教育（1.5，1.4），および大学院教育（1.2，1.1），となっている[5]。

　要するに，党政府機関では高学歴化がほかに比べて著しく進んでおり，その高学歴，なかでも大学や大学院というものは主として成人教育に由来した。成人教育によった高学歴者のうち，金権を利かせて学歴を得た者は何割を占めるかについては情報がないが，後述の党校教育および大学等の行う大学院通信教育に潜む構造的問題を鑑み，権力と学歴腐敗の間には強い関係性があるとみてよい。

（3）「假的真文凭」と学歴腐敗

　「文凭」とは卒業証書，学位記を言い表す中国語であり，全日制大学の正規教育を受けて取得する普通の「文凭」のほか，「真的假文凭」と「假的真文凭」という二つの表現もある。前者は偽造の証書を指し，違法性を帯びるため，今はその姿が市場からほとんど消えている。後者は，大学等の授与した正規のものだが，制度的に認められていない党校学歴や，不公正な手段で入学したり真面に勉強せずに取得した大卒等の証書を指し，今日も役人の昇任等の要件として有効性を持ち続けている。

　中央組織部等は 2002 年に，党政府機関の課長級（県級の党書記，県長および副職）以上の幹部職員，とくに成人教育で高等教育学歴を取得した者を対象に，彼らの档案[6]に記載されている最終学歴や学位を全面的に調査するキャンペーンを展開し，不正を自ら申告しなかった者に対し厳しい処分を下すとした[7]。

---

5)　厳・薛（2018）では，高卒以上の最終学歴を持つ者を対象に，彼らの属性や勤め先の性質が高学歴の取得形式にどのような影響を与えたかについて計量分析した。その結果，「共産党員という政治的身分を持つ者や，党政府機関や事業単位に勤める者はほかの者に比べ，成人教育を通して大専以上の最終学歴を取得した機会が多い」ことが分かった。

6)　個人の学歴や履歴を記載するさまざまな証拠資料，勤務機関の上司等による当人の勤務実態や思想的状況の評定記録を総称するものであり，党組織部や人事部門はそれを管理する。個人は自分の档案資料を目にすることができない。

7)　「厳禁在学歴文凭上弄虚作假」『人民日報』（2002 年 6 月 11 日付）による。

大学等の高等教育機構がいい加減に学位を役人に授与し，また，一部の役人が異常なほど高い学歴／学位を追い求め，時には手段を択ばないという社会問題を是正するためである。後に，中央組織部等は，党中央に「幹部の学歴，学位調査結果に関する報告」を提出し，幹部職員の学歴，学位に対する管理をさらに強化，規範化する意見をまとめた。全国各地の党政府機関，事業単位に勤める課長級以上の幹部職員，および中央が管轄する国有企業の経営陣など計67万人余を対象に，その学歴／学位の真偽を調査し，見つかった1万5千件余の誤記入や詐称を修正した。問題となったケースには，短期研修コースなどの経歴を正規の学歴教育と誤認したもの，働きながらの社会人教育を全日制教育と記入したもの，学位授与の資格を持たない機関が発行したもの，偽造の証書を悪用したもの，が含まれる[8]。

各地方で学歴詐称も多く報じられた[9]。例えば，浙江省温州市のある区に勤める1297名の幹部職員を対象とした調査では，通信教育やリモート教育，党校教育等で高学歴を得た者のうち，62名の学歴が認められず，2名の学歴は正真正銘の偽物であった。この調査の主な狙いは，学歴詐称（真的假文凭）の洗い出しと処分であり，党学校の通信教育や大学等の開設する役人向けの「研究生班」を通じて取得した「假的真文凭」が検査の対象から除外されている。

2　党校教育における学歴腐敗

(1) 党校教育の仕組み

学歴腐敗が蔓延する温床として党校による高等教育が挙げられる。1980年代初め，幹部「四化」方針が確立したのを受け，役人の研修を目的とする中央党校も，省・市・県級の党校からなる全国的教育システムを利用し，独自の通

---

8) 「一万五千部学歴学位有假，有関当事人已被処理」『北京青年報』（2004年7月5日付）による。

9) 「浙江甌海重新審査干部学歴62人，学歴不被承認」『中国新聞網』（2002年6月11日付），「江蘇邳州清査干部学歴，査出82名"摻水"官員」『中国新聞網』（2002年7月2日付），「我国開始清査干部学歴，弄虚作假者将被厳処」『北京晩報』（2002年9月4日付），「干部学歴打假，要厳査"假的真文凭"」『南方都市報』（2002年9月6日付），「我省開始清理干部学歴和学位」『新華日報』（2002年11月16日付）を参照。

図表 11-4　党校の通信教育（1985-2008 年）

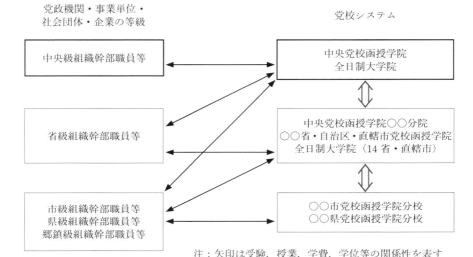

注：矢印は受験，授業，学費，学位等の関係性を表す

出所：筆者作成

信教育を開始した。中央党校は 1985 年に通信教育（函授）学院を開設し，翌年に学生の募集を始めた。1993 年に，中央党校通信教育学院は，省・自治区・直轄市党校の要望を受け入れ，省級党校のなかに中央党校の分校を設立した。1996 年に中央党校学院 - 省級分校 - 市級学区 - 県級補習所というピラミッド型教学システムが形作られた（**図表 11-4**）。学費収入は，学院が 10％，分校が 15％，学区が 20〜25％，補習所が 50〜55％，という割合で分配される。党政府機関や事業単位の幹部職員を中心に多くの社会人学生は全国統一のカリキュラムで履修登録し，所定の単位を取得した者は大専卒または大卒の証書を取得する，と党校による高等教育が制度化した[10]。

　各級党校を卒業し大専卒や大卒，あるいは大学院修了といった最終学歴を手にした者がどれぐらいいるかについての体系的な統計は見つからないが，各種報道を総合すれば概ね以下のような事実が判明できる。① 1994 年以降，全国に張り巡らせた党校システムの下，年々 20 万人余の学生が入学した，②大専

---

10)　「中央党校叫停函授学歴」『南方週末』（2007 年 11 月 29 日付）による。

または大学の通信教育を受けた者は2008年までの累計で320万人に上る，③
各級党政府機関の指導者や幹部職員の多くもそのなかに含まれる[11]。1994年か
ら2008年までの14年間で全日制大学等を卒業した者が累計で2882万人（国
家統計局）であることを考えると，党校による高等教育の役割は決して小さく
はないといえる。

　党校教育の性格や位置づけに関しては，中共中央が1983年5月に「党校教
育正規化の実現に関する決定」を公布し，省級党政府機関の主要幹部が中央党
校，県級党政府機関の主要幹部が省級党校，それ以下が市級または県級党校で
必ず研修を受けなければならないとした。また，党校は党組織部と協力し幹部
の選抜を行い，幹部の短期研修から正規の幹部育成へと党校の役割を徐々に移
行させるとも規定した。この「決定」では，学生の入学前の学歴や入学後のカ
リキュラムおよび履修科目を参考に，所定の試験に合格した者は，教育部が司
る高等教育の学歴に相当する卒業証書を取得し同等の待遇を受けられると明記
した。

　それ以降，中共中央は数回にわたり党校の活動を強化すべく通達，意見，通
知，決定を発出したが，そのすべてにおいて党校の授与する大専，大学，大院
生の学歴は教育部所管の正規教育の学歴（国民教育学歴）と同等の効力を持ち，
大専から大学への編入試験，司法等の国家資格試験，昇給，昇任に際し国民教
育学歴と同じ待遇を受けられると一貫した認識を示した。いうまでもなく，こ
の認識は幹部「四化」方針に対応するためのものであり，役人の昇任に道を開
いたものである。

　しかし，司法試験や会計士試験では党校学歴が認められず，それが原因で，
党校学歴の取得者は党校の高等教育が詐欺だと裁判を起こしたことも各地で見
られた[12]。そうした中，中共中央は2008年9月に「党校工作条例」を公布し，
党校学歴が国民教育学歴と同じ待遇を受けられるという文言を削除し，2009
年より大専，大学の通信教育を停止すると決定した[13]。

　ちなみに，2009年以降，中央党校および省級党校の持つ大学院通信教育（在

11）　同上。

12）　「媒体称党校学歴不再享受同等国民教育待遇」『南方日報』（2008年10月8日付）による。

13）　「中央党校学歴，20年的身分尷尬」『時代信報』（2005年7月13日）による。

職研生）はそのまま存続し，大学院の修了証書・学位も旧来通り教育部により認められている。2016 年に中央党校は全国各地で 22 クラス 1000 人の募集定員を設けている。ほかに，中央党校と教育部が認定した 14 省級党校の修士課程・博士課程では全国統一試験で学生を選抜し，彼らの授与される修士号・博士号は全日制大学のものと同じ扱いを受けている[14]。

（2）党校学歴の性質と問題

　党校の高等教育は四半世紀にわたって 320 万人もの高学歴者を世に送り出し，改革開放直後の人材不足を緩和し，党政府機関における専門化・知識化の実現に一定の積極的な役割を果たしたと評価できる一方，入試の不公平さや党校教育の質的低さ，人事制度における党校学歴の優遇など学歴腐敗に絡む問題も深刻であった。

　国家教育委員会は 1995 年 7 月に党校学歴の扱いに関する指針を示し，大学の編入試験や大学院入学試験の出願要件としてそれを認めないとあらためて強調した（ただし，1985 年，86 年に党校を卒業した者の学歴は当時の国家教育委員会の承認を得ていた）。背景に，党校教育に対する世間の厳しい目がある。

　党校の授与した「文憑」は往々に「五不文憑」と揶揄された。国家試験を受けず，授業に出席せず，宿題をやらず，論文を書かず，学費を自らが負担しない，というのがその中身である。党校の入学試験は全国共通ではなく，地方党校の主催するものも形式的な場合が多く，試験内容は普通の大学入試に比べられないほど容易である。党政府機関の指導者や幹部職員の場合，授業や宿題は秘書等による代行が日常化し，学費は公費で賄うことも常態化した（李 2007）。

　それにもかかわらず，人事権を握る党組織部や人事担当は，党中央の決定を梃子に党政府機関における幹部の選抜や昇任に際し，党校学歴を「四化」方針を満たす要件と認めるだけでなく，正規教育の学歴よりも重要視する傾向すらある（李 2007）[15]。

14）　中共中央党校函授教育（https://ci.ccps.gov.cn/，2017 年 8 月 17 日，最終確認）による。
15）　実際，都市部で働く者を対象とした実証研究の結果によれば，ほかの条件が同じである場合，成人教育で大専卒・大卒の学歴を取得した共産党員と普通教育の高学歴党員との間で年収格差が有意に存在せず，また，党政府機関で働く成人教育の大専卒・大卒者

（3）海南省党校学歴不正事件

　党校が政治的特殊性を持つため，党校教育の不公平さは長年正されることなく，特殊な腐敗形態に発展するに至った。全国各地で設立された党校は規程に違反し金儲けに走るものも珍しくない。一方，役人は党校入学を昇任の階段と見立て，低俗なコネづくりに力を注ぐ悪習も盛んであった。一部の党校が腐敗の現場と化したことも広く知られている[16]。

　党校の抱える諸問題は2004年7月に表面化した海南省党校学歴不正事件に端的に表れている。海南省党校はもともと大学院生を募集し大学院教育および学位授与を施す資格も能力も持っていないにもかかわらず，金儲けの目的で1999年5月に海南省党委員会に通信教育大学院の設置を申請した。許認可権を持たない海南省党委員会はまた，複雑な利権関係が絡むなか，翌6月に設置申請を認めた。それ以降の数年間，党校は各級党政府機関の役人を中心に大学院通信教育を行い，1人当たり2万元以上（公費で賄うのが一般的だ）の費用で大学院修了の証書・学位を授与した。十分な教育資源も体系的なカリキュラムもないなかで粗末な教育サービスを提供し，実質的な学位売買が数年にわたって横行した。同党校の教師による内部告発でこの問題が発覚し大きな社会問題となった[17]。

　氷山の一角にすぎない海南省党校事件を契機に，党校による高等教育への風当たりが強くなった。全日制大学の急速な拡張もあって，党校は2009年に高等教育からの退場を余儀なくされた。そうした中，より高い学歴・学位を獲得するため，党政府機関の指導者や幹部職員は，大学等の行う大学院教育に関心を移すようになった。

　　は普通教育の高学歴者よりも高い年収を得ている（厳・薛2018）。これは党政府機関で，党校や成人教育の学歴が普通教育に勝るとも劣らない効力を持つことを示唆する。

16）「党校学歴淡出，向教育公平進一歩」『南方都市報』（2008年10月8日付）による。

17）「省党校違規発文憑数千張，海南査処文憑"批発"案」『中国青年報』（2004年6月16日付），「海南省党校違規弁学案調査」『21世紀経済報道』（2004年11月21日付）による。

3　高等教育における学歴腐敗

（1）高等教育における学歴腐敗の主要形態と特徴

2000年に，河南省社会科学連合会の機関誌『領導科学』第8期に「幹部の虚偽学歴の紏しに待ったなし」という論稿が掲載され，大学等が金儲けのために分校を開設し通信教育を拡大するものの，きちんとした教育ができていない一方，そうした教育を通じて高学歴を手にした役人が非常に多いと批判した。

大学等が学歴腐敗に関与する報道が2000年代以降多く見られ，役人が権力を悪用して「在職研生」つまり社会人院生として入学し，質的保証のない学位を取得することがその典型である。大学は，学費収入を目当てに役人らを多く募集し，また，権力とのコネクションを作るために入試や授業で便宜を供与したりもする[18]。例えば，名門の南開大学では，2001年以降MBA課程に入学した1320人のうち，17％に当たる225人ももともと受験資格を持っていなかったことが後の外部調査で判明した[19]。以下，各種報道を総合し，高等教育における学歴腐敗の主な特徴を整理する[20]。

第一に，学歴腐敗が制度化している。役人の取得した修士や博士は普通の大学院ではなく，彼らのための特設クラス（研生班）のものが多い。中身は疑わしいが，制度上とくに問題もない。当該分野の基礎知識すら持っていなくても，この「假的真文凭」さえ持てば，昇任に必要な学歴要件が満たされる。

第二に，学位の中身に問題があるというのも研究指導ができなかったためである。本職に追われ授業すら出席しない役人が多く，秘書が代わりに授業に出て宿題をやり，ほかの人が論文を代筆することも珍しくない（李2007）。中央

18）　劉富勝「堅持零容忍，打撃官員学歴腐敗」（『検察日報』2014年4月8日付）による。

19）　「高校搞文凭腐敗被査処，発出去的不合格文凭怎么弁？」（新華社『半月談』2018年5月）による。

20）　「江蘇副書記痛斥"学術腐敗"，要求杜絶権学交易」『楊子晩報』（2002年1月16日付），「政協委員：官員攻読学位存在"権学交易"歪風」『中国新聞網』（2002年2月23日付），「走様的干部知識化："干部文凭"成為另類風景」『新華網』（2002年3月7日付），「用職権換取文凭：媒体指"権学交易"的根子即腐敗」『中国新聞網』（2002年3月18日付），「権力和金銭換文凭？"官員文凭腐敗"必須遏制」『人民網』（2002年4月18日付），「評論：警惕新的腐敗現象："権学交易"」『法制日報』（2002年4月28日付）を参照。

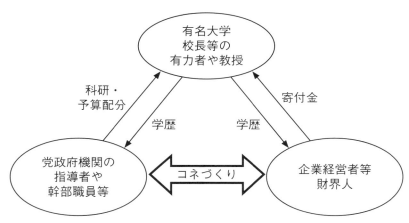

図表 11-5　学歴腐敗の構図

出所：筆者作成

から地方までの各級党政府機関や人代代表大会，政治協商会議の主要幹部の学歴，経歴を調べて分かるように，彼らの大学院に在籍する期間と重責を務める本職の期間が重なるケースが多く，多忙な本務をこなしつつ研究活動をきちんと行えるはずもない。

　第三に，学歴腐敗の背景に「銭学交易」「権学交易」がある（図表 11-5）。大学は大型予算や研究費を獲得するために，関係部門の役員とコネを作っておく必要があり，また，役人を弟子に持つことを自慢する大学関係者もいる（馬 2019）。

　第四に，「位子＝昇任」，「票子＝カネ」ばかりでなく，「面子＝虚栄心」にこだわる社会的心理は，高等教育における学歴腐敗の蔓延を促している。中身や必要性はともかく，高学歴を持つことが格好いいという歪な意識を持つ人が多い。

（2）学歴と腐敗の関係

　学歴腐敗が役人のイメージを悪化させ，党政府の公信力を失わせてしまうという指摘[21]は正しくその通りであり，一部の幹部が高学歴・学位に熱中するこ

---

21)　「官員読博，假多真少」『中国青年報』（2010 年 3 月 8 日付）参照。

とが彼らの幹部「四化」方針に対する歪んだ理解に起因したという中共中央組織部研究室の分析（『領導科学』2002 年 12 月号）も頷ける。一方，幹部の選抜や昇任に際し，学歴要件が欠かせず，給料も学歴と連動する以上，高学歴への追求自体は理に適っている。また，中国の大学は教育研究機関であると同時に，党政府に依存し，権力に従わざるをえない場合も多い。

　近年の反腐敗キャンペーンのなかで，収賄や横領の経済犯罪，党の規律違反が原因で逮捕，起訴された高官は数えきれないが，学歴腐敗で職を失った者はほとんどない。しかし，学歴と腐敗は無関係ではない。李・陳（2018）によれば，第 18 回党大会（2012 年）後の数年間に摘発された省・部級高官 142 人の学歴は全体として高い（博士 48 名，修士 66 名）だけでなく，大学と修士と博士の専門分野がまったく異なるケースも全体の半部以上を占める。例えば，天津市政治協商会議の元副主席 W は 40 年余公安畑の仕事を離れたことがなかったのに，有名大学の授与した本物の経営学修士，工学博士および高級技師（教授相当）の肩書を持つ。

　金（2019）は，全国検察機関が公開した 2016 年の汚職・賄賂罪 8133 件の起訴書類を分析し，学歴（中学校以下，高校，大専，大学，大学院）と容疑内容との関係性を計量分析した。その結果，学歴の高い役人ほど，収賄を働く傾向が強い，単独犯が多い，罪名が多い，収賄の金額が多い，初犯時の年齢が若い，初犯から摘発までの期間が長い，犯罪行為を継続する期間が長い，といった統計的事実が判明した。

　2009 年から 2015 年にかけて摘発された局長級以上の高官 50 人を研究した鄧・李（2017）でも，腐敗役員と学歴の関係性が指摘されている。50 人の最終学歴別構成は大学 32%，修士 54%，博士 14%であるが，大学院学歴を持つ者の多くはいわゆる「在職研究生」，党校等の通信教育を通じて得られたものである。

　以上の分析結果は，起訴された役人を対象とした限定的なものであり，世間一般には通用しない可能性もあるが，腐敗分子のなかに高学歴で昇任を果たし，権力や権限を私利の獲得に悪用するという構図が見え隠れする。すなわち，高学歴を持つことで早く出世し高い官職に就くことの可能性が高く，また，その権力を悪用する場合，学歴の低い者に比べ，より大きい腐敗が発生する，とい

うことである。

おわりに

「文革」後，経済発展を中心とする改革開放に合わせ，党政府機関における
指導者や幹部職員の選抜，昇任の要件も変わった。「四化」方針の下，大卒等
の高学歴が重要視された一方，大学の教育資源が限られたため，高度人材の十
分な供給ができていなかった。こうした需給ギャップを埋めるべく全日制教育
と併行して，党校教育，さまざまな形の成人教育も推奨された。一時の人材不
足がそれにより緩和されたことは，幹部「四化」方針下の党校教育および成人
教育の大きな成果だといってよい。

ところが，人事政策における学歴への過度な重視を背景に，権力やカネと学
歴の癒着に起因した制度的な学歴腐敗も深刻な問題である。党政府機関で「假
的真文凭」を資本に昇任した役人が多く，そうした原罪が消えない限り，現行
行政の正当性も疑われざるをえない。

学歴腐敗は，大学という学問の府を汚し，学位に対する信用危機をもたらし
ただけでなく，普通の院生に比べ，役人の学位取得は公正性を著しく欠いたも
のである。

にもかかわらず，社会の学歴腐敗を見る目は必ずしも厳しいとは言えない。
中国では，学位論文は原則一般公開となっており，誰でも中国知網から修論や
博論をダウンロードすることができる。党政府機関の指導者や幹部職員の学位
論文はアクセスのできないものが多いが，あまり問題視されてはいない。庶民
の世界でも中高卒を大専卒，大専卒を大卒，大卒を大学院修了にしようとする
風潮があった。学費さえ払えば通信教育等を受けてより高い学歴の卒業証書を
取得でき，また，それを就活や就職のなかで利用することは誰でも知っている
事実である。学歴腐敗の大衆化によって役人の学歴腐敗が矮小化された一面も
否めない。

時間が経つにつれ，学歴腐敗に手を染めた役人も徐々に表舞台から退場する
が，その期間はまだ相当の年月に上ると予想される。その日の到来を待たねば
ならないというのが今日の中国の実態であろうか。

参考文献

厳善平・薛進軍 (2018)「中国における成人高等教育の拡張および就業者収入増への効果——普通高等教育との比較分析を中心に」『アジア経済』第 60 巻第 1 期

李慧敏 (2016)「現代中国における非全日制教育のシステムと評価——「成人高等教育」を中心に」(同志社大学修士論文)

程争鳴・劉海涛 (1986)「浅談按 "四化" 標准選抜領導干部的新趨勢」『求実』第 5 期

鄧崧・李目文 (2017)「中国省部級官員腐敗問題研究——以 2009-2015 年 50 箇案件為例」『北京航空航天大学学報 (社会科学版)』第 1 期

金鴻浩 (2019)「高学歴領導干部腐敗的十大特征与廉潔教育建議」『領導科学』第 19 期

李松 (2007)「慎防官員学歴造假反弾」『瞭望新聞周刊』第 45 期

李亜楠・陳暁波 (2018)「不是博士就是教授，貪官拏文凭咋就這么容易?」『雲南教育』2 月号

林蓉蓉 (2021)「中国干部選任制度化進程——基于首次干部代際更替的歴史考察」『理論与改革』第 4 期

劉俊生・張鵬 (2014)「中共十八届中央委員従政路径及影響因素分析」『領導科学』6 月号

馬振清 (2019)「貪官学歴速成背后的 "権学同謀" 利益鏈」『人民論壇 (人民日報社)』第 4 期

孫世路・方敬・易濱 (1989)「成人教育的回顧与思考」『華東師範大学学報 (教育科学版)』第 3 期

湯俊・邢晨・崔雯燕・楊姫妮 (2015)「我国正部級領導幹部学歴，専業与晋升関系研究」『領導科学』3 月号

王蕾 (2015)「新時期干部隊伍 "四化" 方針的形成」『当代中国史研究』第 2 期

徐豪 (2016)「上半年 230 名省部級官員履新，6 省份調整 "一把手"」『中国経済周刊』2 月 8 日

楊小岩 (1983)「保証四化建設的一項重大戦略方針——学習鄧小平同志関于実現干部革命化，年軽化，知識化，専業化的論述」『武漢大学学報 (人文科学版)』第 5 期

余緒鵬・朱林 (2018)「改革開放以来党政干部学歴特征変化分析——以近六届中央委員為観察視角」『中共天津市委党校学報』第 4 期

趙書松・呉世博 (2016)「中国文化背景下政治精英代際衍化研究」『中南大学学報 (社会科学版)』第 22 巻第 2 期

卓漢容 (2001)「新時期干部隊伍建設的戦略方針——学習鄧小平関于干部 "四化" 標准的論述」『社会主義研究』第 3 期

第**12**章

中国建築業界における利益分配構造と「腐敗」・「搾取」の背景

「包工頭」の役割を中心に

大島一二・刁珊珊

はじめに

(1) 課題の設定

　中国の農村地域において代表的ともいえる「腐敗」・「搾取」現象は，菱田雅晴（1990）が指摘した「関係（guanxi）」（市場の有効な作用が限定的ななかでの非市場手段への依拠を指す）を基礎にした，建築業界の請負関係であり，その中心に位置する「包工頭」制度（「包工頭」を中心に機能する建築請負組織）の存在が大きく関与していると考えられる。

　「包工頭」とは，「関係」を基礎として，農村地域で「農民工」（農村出身出稼ぎ労働者）を組織し，主に都市地域の建築会社等から建築作業を請け負う業者の総称である。一般に「包工頭」は，都市では，「関係」を構築するために，建築会社等の関係者にたいして金品（賄賂）を贈り，建築作業等を請け負う。菱田雅晴（1990）を引用すれば，まさに「包工頭」と建築会社等との間に「権銭交易」が成立していることになる。この一方で，「包工頭」の地元農村においては，「農民工」を地縁・血縁を媒介に組織することで[1]，傘下の「農民工」

---

1)　任樹正・江立華（2017）によれば，建築業における「農民工」の総数は 2015 年で約 5800 万人，「農民工」総数の 21.1%に達するとされる。

との「関係」を構築する。こうして，都市・農村の両地域で構築された二つの「関係」を基礎に，特徴的な経済活動を進めている。

　しかし，この特徴的な経済活動は，現在の中国社会では徐々に非合法なものと位置づけられるようになった。それは，前者の都市における金品の贈与を媒介とした「権銭交易」による「関係」の構築が，まさに現代の民間における「腐敗」現象の典型であり，さらに後者の農村における「農民工」との「関係」構築の目的が，「農民工」の賃金の一部または大部分を搾取する「中間搾取者」として活動することにあると考えられているためである。この両者の位置づけから，「包工頭」を，現在の中国農村社会における「悪役」（＝「搾取の首謀者」および「腐敗の象徴」）とする論調が増加している[2]。こうした論調を背景に，2005 年に中国建設部は「包工頭」との呼称を「労務帯頭人」と改称する通達を発した（任樹正・江立華 2017）[3]。

　こうした「包工頭」＝悪役との一面が強調されるのは，近年，中国の建築業界において，「農民工」にたいする権利侵害が重大な社会問題として存在するためである[4]。なかでも大きな問題は，賃金の遅配と欠配問題である[5]。これが深刻な経済・社会問題となることによって，「三農問題」[6]対策を重視する中国政府の対応が強化されている[7]。この対策の一つとして前述の「包工頭」名称

---

2)　「農民工」の賃金を支払わずに逃亡する悪徳「包工頭」や，何らかの理由（遅配等）で逃亡せざるをえなくなった「包工頭」が現実に存在することは事実である。例えば，「安徽一包工頭拖欠農民工工資被逮捕」『新華社』2018 年 12 月 27 日，「不給農民工発工資？這個包工頭被判刑！」『大衆日報』2021 年 6 月 3 日など。

3)　任樹正・江立華（2017）によれば，この通達後，建築現場では新名称は定着せず，相変わらず「包工頭」，「老板」等と呼称されているという。

4)　こうした論調は，（独）労働政策研究・研修機構（2019），季衛東（1997）など多い。

5)　前述の「安徽一包工頭拖欠「農民工」工資被逮捕」，「不給農民工発工資？這個包工頭被判刑！」などは，いずれも「農民工」の賃金の「包工頭」による横領事件を報じたものである。また，建築会社の不法行為を指摘する研究も多い。例えば，殷洛・古阪秀三（2009）等。

6)　農業の低生産性問題，農村のインフラ整備の遅滞，農民の低所得問題などを主内容とする「三農問題」については，大島一二（2011）で検討している。

7)　直近では，2017 年には「治欠保支（賃金不払い問題の管理と支払いの保障）三年行動計画（2017-2019）」が中央政府から発せられ，賃金の遅配・欠配問題への対応と企業等への罰則が強化されている。

の改称，さらには「包工頭制度自体の廃止」を提起する報道が増加しているのである。

　しかし，こうした社会的評価の一方で，実態として，中国の建築業界において「包工頭」制度が厳然として存在し，維持されていることは明らかである。今回の山東省青島市における現地調査の成果によれば，「包工頭」自身の多くが，かつて自らも農村出身で建築業に従事していたことが確認された。また，農村出身であるがゆえに，傘下の「農民工」と地縁・血縁で緊密に結ばれており，現在の「農民工」が直面する生活苦，低所得，限定された就業機会にたいして深い理解を有し，建築会社等からの賃金の遅配に際しては立替を行うなどの行為もみられた[8]。また，「包工頭」は，金品の贈答を媒介とした「権銭交易」による密接な「関係」を構築し，利益を得ていることは事実であったが，後述するように，しばしば建築会社等からの支払いの遅延に自らが苦しむ中間管理者でもあり，「被害者」という別の顔も有していた。はたして「包工頭」の実像とはいかなるものなのか。

　そこで，本章では，「包工頭」制度を中心にみた，中国の建築業界における利益分配構造と「腐敗」・「搾取」の実態について明らかにする。具体的には，農村の建築労働組織の実態，都市の建築会社等との関係，農村における「農民工」との関係について，現地調査および先行研究等から明らかにし，農村における「悪役」，搾取・腐敗の象徴として語られる「包工頭」の現実の姿を明らかにしたい。

(2) 現地調査の概要

　本章に関わる現地調査としては，山東省青島市の「包工頭」D氏を対象としたヒアリング調査，「農民工」を対象としたアンケート調査などを中心に3回にわたって実施した。

---

8)　こうした立替行為が，「包工頭」の農村の貧困および就業難などに根差した一種の「善意」によるものなのか，あるいは「包工頭」自身が自ら構築した「関係」に逆に拘束され（一種の自縄自縛状態と考えられる），その後の出身地農村での活動に支障があると判断したためなのか，あるいはその両者の判断によるものなのかの解明については，さらなる現地調査が必要となろう。

第 1 次調査は，2013 年 2 月に青島市 J 県で実施し，主要な調査内容は，①
「青島市 A プロジェクト」[9]における「包工頭」の役割，「包工頭」と建築会社・
「農民工」との関係，労働組織等の調査，および，②D 氏傘下の J 県農村出身
者 30 名を対象としたアンケート調査である。第 2 次調査（2018 年 8 月），第 3
次調査（2021 年 5 月）も J 県で実施した。調査対象は，D 氏を対象とした追加
ヒアリング調査である[10]。なお，チョウサンサン（2014）は，この第 1 次調査
の調査結果に基づいた研究の第一報であり，現在さらにこの追跡調査を継続し
ている。

　また，この青島市における調査結果に一定の客観性をもたせるため，張旭梅
（2007）による，北京市の建築企業 A・B 社の調査結果を引用，比較している。
この A・B 社はそれぞれ傘下の江蘇省等の労務会社が「農民工」71 名[11]を雇
用しており，この 71 名が調査対象者である。

1　「包工頭」制度の歴史的展開と変遷

(1)「包工頭」制度の歴史的展開

　現在の農村における「包工頭」制度の歴史的な形成過程を，その成り立ちか
らみると，大別して以下の歴史的な経緯があると考えられる。

❶解放前の「把頭制」または「把頭包工制」の残滓

　中国の建築業界の歴史的過程においては，建設労働者の伝統的な雇用形態と

---

9)　「青島市 A プロジェクト」とは，青島市城陽区において，2008 年 12 月に建築会社が落札，
　着工し，翌年の 2009 年 12 月に完工したプロジェクトである。D 氏は A プロジェクトの
　マンションの内装業務と付帯する公園整備部分の一部を請負い，J 県農村出身の労働者
　を雇用して，約 1 年間で一連の請負作業を完成した。
10)　なお，第 3 次調査は，新型コロナウィルスの感染拡大により，オンラインで補充調査
　を実施した。
11)　河北省 21 名，河南省 24 名，江蘇省 21 名，安徽省 2 名，湖南省 1 名，貴州省 1 名，陝
　西省 1 名の合計 71 名。

して，清朝期から民国期に存在した「把頭制」[12)]，「把頭包工制」[13)]を無視できない。この制度では，把頭（親方）は多くの労働者を組織し，搾取を繰り返した。

こうした制度を基礎として，1980年代の中期以降，中国の建築業の発展とともに，労務請負として，類似した成り立ちを持つ「包工頭」が生じたとする説もある[14)]。ただ，本章で述べるように，確かに現在の「包工頭」制度は，賃金の一括受け取りなどの現象面での類似点がみられるものの，解放後の経済の社会主義改造の展開を考慮すれば，前世紀の労働制度と直接に関連があるとは考えにくい[15)]。よって，本章では，「包工頭」の形成については，以下の❷と❸の形成過程によるものが有力であると考える。

❷国有建築企業を「下海」[16)]した自営業者からの転身

これは，主に都市側からの働きかけによって「包工頭」が形成されたプロセスである。1978年の改革開放政策の実施による経済の自由化と国有企業の独立採算制の強化は，国有企業からの大量の「下海」労働者を生み出した。彼らの一部は建築関係の自営業者となったが，その後に，もともと築いてきた建築関係の人脈を活用して建築作業を請け負い，「農民工」を雇用し，「包工頭」への転身を遂げたと考えられる。

❸農村の大工棟梁階層からの転身

❷の一方で，農村に形成された「包工頭」が存在する。建設部政策研究中心課題組（2007）によると，現在の「包工頭」を形成するもう一つの重要な部分は，農村の大工の棟梁階層（「領場師傅」または「木匠師傅」と呼称される）出身

---

12) 王紅艷（2015）によれば，把頭制は，民国期の炭鉱，土木建築，港湾荷役などにみられた労働請負制度であり，包工制，包身制ともいう。把頭（親方）は，経営者から請け負った作業に従事させる労働者を同郷関係などのルートで集め，一括して賃金をうけとった。多くの場合把頭は賃金の中間搾取を行っていたとみられる。また戦前の日本においても中村孝俊（1944）の「把頭制」についての研究がある。

13) 馬学軍（2016）などが代表的研究としてあげられる。

14) 前掲，季衛東（1997）等。

15) しかし，この暫定的な結論には不明点も多いため，この間にどのような請負制度の転変があったのかについて，さらに研究を進める必要があろう。

16) 国有企業を退職して自営業者となること。

者であるとされている。一般に中国農村では，自宅の建築時に農民が自ら建材を準備し，建設作業を大工の棟梁に委託する習慣があった。当初は，大工の棟梁は農村で建築作業を請け負い，労働者を雇用して建築業務を実行していたが，1980 年代に入ると，都市の経済発展とともに建築需要が増加したことに伴い，大工の棟梁が国有建築企業から一部の労務作業の請負を開始した。こうして大工の棟梁に率いられた農村出身建築集団が作業を請け負い，都市の建築会社と関係を構築し，ある程度の成功をとげた者が「包工頭」と称されるに至ったとされている。

(2)「戸口制度」下における「包工頭」制度の役割

　周知のように，1978 年の農村における改革開放政策の実施は，大量の農村余剰労働力を顕在化させ，この余剰労働力が建築業の主な労働力供給源となっていった。こうして，❷および❸の過程で形成された「包工頭」は，「農民工」を雇用し，業務を拡大していったと考えられる。

　こうした状況のなかで，注意を要する点は，中国の「戸口制度」による都市・農村交流の制約である。1980 年代以降，徐々に規制が緩和されたとはいえ，「戸口制度」の制約により，「農民工」の都市における求職には多くの障害が存在し[17]，求職は容易ではなかった。また，逆に都市の企業が農村で求人することも，現地農村の労働事情に精通しておらず，容易ではなかった。この両者の間隙を埋めるのが「包工頭」制度であったと考えられる。

　このように，「包工頭」制度は，中国特有の「戸口制度」により都市と農村が経済・社会的に隔離されるなかで，前述の❷および❸の過程で形成された「包工頭」が「農民工」を組織化し，都市の建築会社との「関係」を構築することを通じて形成された制度であると考えられる。つまり，「包工頭」制度は長い期間，中国の「戸口制度」で隔てられた都市と農村を結節する，一種の黙認された制度として存在してきたのである。

---

17)　とくに 2000 年代までは，都市地域における農村出身者向けの職業紹介はほとんど存在せず，多くの場合，地縁・血縁を利用した就業機会の斡旋が主要なルートであった。

(3) 建築業の発展と「包工頭」問題の発生

　現実には，1980 年代の改革開放政策実施当初は，「包工頭」制度は国家政策のなかで奨励された経緯があり，この時期の奨励が「包工頭」制度の発展を促進したと考えられる。

　つまり，1984 年，国務院の公布により，建設工事の下請け責任制が推進され，建築企業における雇用制度が改変された。この時期，国有建築企業は固定従業員を削減し，労働契約制を推進して，契約社員比率を高める政策が実施されている。つまり，1980 年代には，建築業において「包工頭」を中心とする請負制は公認されており，それによって発展を遂げたのである。その後，建築業の請負制は急速に普及し，建築業従業員数も，1985 年 1728 万人，1998 年 3327 万人[18]，2005 年 4580 万人と急激に増加した[19]。2005 年数値では，このうち「農民工」が 3653 万人と，79.8％と大部分を占めている[20]。

　その後，1990 年代後半から 2000 年代に入ると，建築業における請負制の実施によるさまざまな弊害（とくに賃金の遅配・欠配問題）が報道され，その弊害を引き起こす元凶として，「包工頭」制度が社会の注目を受けることとなった[21]。張邦輝・陳燚（2010）によれば，2007 年末の建築企業における「農民工」賃金の未支払額は 367 億元と，「農民工」一人当たり 1000 元余に達したという。こうした状況の下で，当時の政府が「農民工」賃金の遅配問題を問題視したことをきっかけに，「農民工」の権利侵害問題が表面化した。

　この結果，建築業における請負制を規制する法制度改定が進められた。中国の「建築法」第 29 条では，「下請け業者は再下請に出すことができない」と規定されているが，この制度改正も，この時期に進められたものである[22]。この改定時期に，中国建設部は 2005 年より 3 年間かけ，規範的な建築労務請負制度の確立を図る計画を示した。この際に，前述の「包工頭」名称の改称も提

18）　張興野（2001）。
19）　殷洛・古阪秀三（2009）。
20）　なお，「2019 年農民工監測調査報告」（2020）によれば，2019 年の建築業に従事する「農民工」数は 5437 万人に達している。
21）　「農民工」賃金の遅配・欠配問題については，張邦輝・陳燚（2010）の他にも，亓昕（2011），李海明（2011）等が詳しい。
22）　李月・古坂秀三・金多隆・吉田義正（2004）。

起している。さらに建設部は、「農民工」は建築企業等に直接雇用されるべきで、「包工頭」による下請けを禁止する意向と伝えられたが、いまだ完全な実施には至っていない[23]。これは、建築業界における「包工頭」の役割がかなり大きいため、その存在を禁止することは容易ではなく、禁止すれば建築プロジェクトの停滞、中止に直結するからであろう。

　その結果、中国政府による規制の対象は「包工頭」制度自体ではなく、むしろ直接的に賃金の遅配・欠配問題の解決を優先するものとなり、不動産開発ディベロッパーや建築会社を規制の対象とするものになりつつある。前掲、独立行政法人労働政策研究・研修機構（2019）で述べられているように、2017年には「治欠保支（賃金不払い問題の対策と支払い保障）三年行動計画（2017～2019）」が中央政府から発せられ、賃金の遅配・欠配問題への対応と建築企業等への罰則が強化されている。

2　建築会社等から「包工頭」への請負代金の配分
——青島市現地調査を中心に

　さて、ここまで「包工頭」制度の歴史的形成過程についてみてきたが、つぎに、主に調査事例から、「包工頭」と建築会社等との間に結ばれた「権銭交易」と「関係（guanxi）」の実態について検討していこう。この調査からは、建築会社→労務会社→「包工頭」への請負代金の流通と、その逆方向の金品の流れ（賄賂）が明らかになった。

(1) 青島市Aプロジェクトにおける請負代金の配分

　D氏によれば、Aプロジェクト関係の請負代金は約180万元で、そのうち、原材料費は約126万元（70％）であり、労働者の賃金部分は約54万元（30％）である。D氏が直接に受け取る部分は、労働者賃金の部分からに限られている。事例地域では、建築会社からD氏に支払われる請負代金は以下の3方法で支払われる。

　これは小切手による支払い（短期①と長期②）、および③現金支払い、である。

---

23)　建設部政策研究中心課題組（2007）。

①は，1週間以内に現金化できるものであり，「包工頭」にとって好ましい受け取り方法である。もう一つは，②の現金化に一定の期間を要するものである[24]。現実に請負代金の支払いとして，どの方法が用いられるかは，「包工頭」と建築会社の力関係（あるいは「権銭交易」の実態）によって決まる場合が多い。D氏のこれまでの経験では，①・②・③の比率はそれぞれ約20％，30％，50％であったという。

　今回の場合では，D氏は約8万元を受け取り（事例地域では賃金総額の約15％を「包工頭」が受け取る慣例がある），残額の約46万元を傘下の労働者に賃金として支払っている。請負代金は，春節などの重要な祝日前に，「包工頭」の請求に基づき，建築会社から「包工頭」に支払われる。D氏はこの年の労働節に14万元，中秋節に10万元，春節に30万元の合計54万元を請求した。しかし，結果的に実際に手に入ったのは37.5万元のみであった。これには以下の理由がある。

　(1)リベートの支払いのため。事例地域では賃金の支払いの際に，建築会社の上司に10万元ごとに5000元をリベートとして渡す習慣があり，この支払いにより，将来にわたっての請負関係を維持する習慣がある。まさに「権銭交易」の実像といえるだろう。現地の建築業界では，こうして構築した「関係」を強化するため，関係者への金品の贈答（現金，健康食品，たばこ，酒，茶，商品券等）は常態化しているという。

　(2)建築会社からの請負代金の遅配のため。(1)の贈答慣習以外に，建築会社からの請負代金の遅配による要因が大きい。この遅配により，D氏は中間管理者として苦しい立場となり，傘下の「農民工」との関係維持のため，やむなく自己資金から「農民工」への支払いを行ったという。この支払いによって，D氏は資金的に苦しい状態に陥った。前述のように，新聞等で労働者に賃金を支払わず，夜逃げする悪徳「包工頭」の実態がしばしば報道されているが[25]，こうした事例には，建築会社からの請負代金の遅配によって，傘下の「農民工」に

---

24)　一般的に，②は入金には2〜3カ月，長い場合は5〜6カ月を要する。この場合，建築会社は利子部分を手にでき，また資金繰りが楽になるため，②を選択する建築会社は多い。

25)　前掲「不給農民工発工資？這個包工頭被判刑！」『大衆日報』2021年6月3日など。

賃金を支払うことができなかった事例もあったのではないかと考えられる。

　こうして，建築会社からの請負代金の遅配は，「農民工」を苦しめるだけでなく，多くの「包工頭」も，この遅配のため被害者として苦しむことになった。つまり，建築会社と「包工頭」との間の「権銭交易」の実態は，つねに上位の建築会社に有利なものであり，平等な関係ではなかったといえよう。

(2) 労働者賃金の支払い方法

　つぎに，Ｄ氏から労働者への賃金支払いについてみてみよう。労働者賃金の支払い方は主に(1)日払いと(2)年末決算の二つの方法に分かれる。

　(1)賃金の日払いは煩雑なため，一般的な支払い方法ではない。しかし，労働者不足への対応のために雇用する短期臨時工の場合は，日払いで支給するのが一般的である。

　(2)現地の事例では，建築現場ごとに「包工頭」によって，監督（「包工頭」の補助者，作業日誌管理を担当する）が１名配置される。監督は「包工頭」の親戚である場合が多い。仕事は現場で建設工事を監督するとともに，労働者の勤務時間を記録する。

　Ｄ氏は，毎年春節直前を目途に，建築会社から受け取った賃金を持ってＤ村（Ｄ氏はＤ村出身）に戻る。傘下の労働者たちを全員Ｄ氏の家に集めて，監督が記録した労働時間[26]に基づいて賃金を現金で配分する。なお，2021年の第3次ヒアリング調査によれば，現在，中国農村でもスマートフォンアプリ決済が一般化しているため，こうした支払いに現金を用いることはなくなったという。

　このように，労働過程において，現実には「農民工」と会社との間に直接的な接触はほぼない。労働者は「包工頭」に頼り，賃金を得る。会社も「包工頭」を通じて，賃金を分配する。このように「包工頭」制度は両者をつなぐ，重要な役割を果たしているといえる。

---

26)　調査地域の建築業界における勤務時間の計算単位は「工」という。1日分の労働にたいして「1工」が付与される。傘下の労働者は現場監督とそれぞれの記録を照合し，毎月の勤務時間を計算，確認する。労働した「工」数が明確になると，日給単価を乗じて総額を計算し，これから前払い金（月に300〜500元程度）を控除して，1年分の実支給額が算出され，その場で支払われる。

3 実態調査にみる労働組織の実態

続いて、農村地域で「包工頭」と労働者の間に構築された「関係（guanxi）」の実態を、青島市Aプロジェクトの労働組織の分析からみてみよう。

(1) 青島市Aプロジェクトの労働組織

図表12-1は青島市Aプロジェクトの労働組織図である。この図に示すように、D氏はQ建築会社の下に位置するX労務会社から作業を請け負うシステムである。前述したように、1990年代以降、中国全土で賃金遅配・欠配問題が深刻化したことにより、「農民工」は労働企業、建築企業に直接雇用されるべきとの方針が提起されたため、「包工頭」は正式に請負を行うことが困難となった。そのため、D氏はX労務会社の名義を借り、請負を実施するシステムと

図表12-1　青島市Aプロジェクトの労働組織図

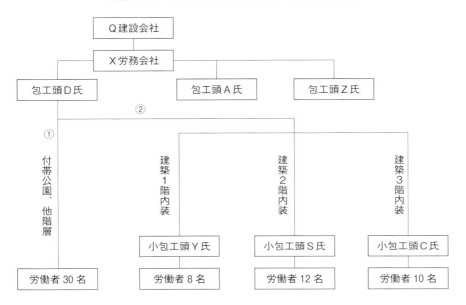

資料：D氏を対象としたヒアリング調査結果から作成

なっている。この際，労務会社に 1.5〜2％の手数料を支払っている。

(2)「包工頭」直接雇用型組織

D氏からのヒアリング結果によれば，一般に「包工頭」は建築会社から請け負った作業を二つの方法で完成させる。青島市Aプロジェクトの場合は（**図表12-1中の①②参照**），①のD氏による直接雇用型組織と，②の労務作業の小包工頭への下請け型組織（「小包工頭」による又請け型組織）により完成されている。

この組織における「農民工」の賃金は，基本的に市場動向と労働者自身の技能に応じて決められる。この各「農民工」の賃金水準については以下のとおりであった。傘下の労働者は「雑用工」，「普通工」，「技能工」に分かれる。このうち「雑用工」の 90 元／日（2013 年の調査当時の金額，以下同様）の 2 名は相対的に年齢が高く，建築現場の衛生管理・雑役を担当していることからやや賃金水準は低い。最も多い「普通工」の賃金は 110 元／日（15 名）と 120 元／日（12 名）で全体の 90％を占め，技術レベルによって賃金格差が存在する。「技能工」である 140 元／日を得る 1 名は建築現場で作業日誌管理業務を行うため，賃金が最も高い。呉書安（2013）によれば，江蘇省 5 市の建築業に従事する「農民工」の賃金は 2011 年当時で「普通工」が 87.1 元，「技能工」が 141.5 元であるので，青島市調査事例との比較でほぼ同レベルかやや高い水準であることがわかる。

なお，近年，建築業界の過酷な作業環境により，建築業就業を希望する若年層が徐々に減少し，建築現場での人手不足と高齢化問題が顕在化している。そのため，短期臨時工を雇用する場合が増加しているが，一般的には臨時工の賃金は普通の労働者の 2 倍程度と高く，コスト上昇の要因となっている。

(3)「小包工頭」への再下請け型組織

この①の「包工頭」直接雇用型以外に，方法②として，「小包工頭」への再下請け型組織がある。一般に，労務作業の請負について，「包工頭」は一つのプロジェクトに専念して，それが終了してから他のプロジェクトを請け負うのではなく，いくつかのプロジェクトを同時に請け負う場合が多い。しかし，「包工頭」が直接率いる労働者の人数は①のように限られており，すべてのプ

ロジェクトを同時に進行することが困難なため，「包工頭」は請け負った小規模な労務作業をさらに下の「小包工頭」に再下請けさせ，「小包工頭」はそれぞれ労働者を雇用して仕事を完了させるのである。

青島市Aプロジェクトの事例では，D氏の下の「小包工頭」はY氏，S氏，C氏の3名である。この3名の小包工頭は，全員農村出身の中学校卒業程度の学歴で，学歴はやや高い。また，3名とも20年以上にわたって建築業に従事しており，豊富な経験を有している。

この青島市Aプロジェクトの場合，各労働者は基本的に青島市Aプロジェクトの専任となり，異なるプロジェクト，異なるチームの間の人員流動はほとんどみられない。これは前述したように，「包工頭」（または「小包工頭」）と傘下の「農民工」の間に強い地縁・血縁関係があるためである。なお，「包工頭」が「小包工頭」に下請けさせた場合には，「小包工頭」が請け負った代金の2〜3％を「包工頭」が徴収するシステムである。

(4)「包工頭」傘下「農民工」のフェイスシート

この青島市Aプロジェクトにおける2種の労働組織のうち，組織①のD氏による直接雇用型とは，具体的には以下のようなフェイスシートを有した労働者から構成される（今回，組織②の再下請け型の「農民工」のフェイスシートは調査できなかった）。この調査結果と，前掲，張旭梅（2007）で実施された調査結果を比較したものが，**図表12-1**と**図表12-2**の「農民工」のフェイスシートである。

まず，**図表12-1**は，フェイスシート中の年齢構成を示したものである。この表からは，青島市の事例の農村出身労働者は若干年齢層が高いことがわかるが，これは張旭梅（2007）の事例が北京市の大手建築会社を対象としたものであり，全国から雇用する大企業であること，それとの比較で，青島市の調査事例は限定された地域内での求人であることが影響していると考えられる。

なお，前掲の呉書安（2013）によれば，江蘇省の5都市で実施された建築業に従事する「農民工」の実態調査（サンプル数4774人）によれば，調査対象者の平均年齢は44.7歳であり，近年江蘇省でも建築労働者の高齢化が著しいと報告されている。この点から推測すると，張旭梅（2007）の事例より，むしろ

図表 12-1　青島市調査と張旭梅（2007）の調査対象者のフェイスシートの比較（年齢構成）

青島市調査対象者			張旭梅（2007）の調査対象者		
年齢階層	人数（人）	構成比（%）	年齢階層	人数（人）	構成比（%）
20 歳未満	0	0.0	20 歳未満	2	2.8
20 歳代	6	20.0	20 歳代	31	43.7
30 歳代	6	20.0	30 歳代	26	36.6
40 歳代	12	40.0	40 歳代	12	16.9
50 歳代	9	30.0	50 歳代	0	0
60 歳代	3	10.0	60 歳代	0	0

資料：D氏を対象としたヒアリング調査結果，および張旭梅（2007）から作成

図表 12-2　青島市調査と張旭梅（2007）の調査対象者のフェイスシートの比較（学歴）

青島市調査対象者			張旭梅（2007）の調査対象者		
学　歴	人数（人）	構成比（%）	学　歴	人数（人）	構成比（%）
非識字	12	40.0	非識字	0	0.0
小学校卒業程度	15	50.0	小学校卒業程度	15	21.1
中学校卒業程度	3	10.0	中学校卒業程度	44	62.0
高校卒業以上	0	0.0	高校卒業以上	12	16.9

資料：D氏を対象としたヒアリング調査結果，および張旭梅（2007）から作成

青島市調査のほうが実態に近いとも考えられる。

　この年齢構成の相違は，婚姻状況において，青島市の調査事例では既婚者比率が93.3%，張旭梅（2007）の事例では62.0%と，両事例とも既婚比率は比較的高い。

　また，**図表 12-2**は学歴を示したものであるが，これも平均年齢の相違が影響しているものと考えられる。中国農村では一般に1980年以前と，それ以降の学歴の相違が著しいことが知られている[27]。具体的には，1980年以前生まれ

---

27)　大島一二・山田七絵（2020）の第5章では山東省莱陽市における農家調査結果から，そうした年齢（生年）と学歴の関係を述べている。

では非識字・小学校卒業程度が多いのにたいして，それ以降は，中学校卒業・高校卒業程度と急速に学歴が高くなっている。

　前掲の呉書安（2013）に掲載された江蘇省の調査によれば，「非識字」と「小学校卒業程度」の合計が42.3％，中学校卒業程度が47.5％，高校卒業以上が10.2％であったので，青島市調査と張旭梅（2007）の調査のほぼ中間に位置する結果であった。いずれにしても，建築業に従事する「農民工」の学歴は小中学校卒業程度に集中していることがわかる。現在の中国の都市地域において，賃金の高い職業に就業するには一般に難しい学歴である。

　なお，青島市の調査事例30人全員は建築業界で10年以上の勤務経験があった。これにたいして若干平均年齢の低い張旭梅（2007）の事例では，建築業界勤務経験において，5年未満が28％，5〜10年が55％，10年以上が17％と，若干の相違がある。なおD氏自身は建築業界で30年以上の経験を有している。つまり，青島市の調査事例の労働者はほとんど「第一代農民工」[28]であり，これにたいして張旭梅（2007）の事例には若年層も含まれており，出稼ぎにたいする考え方もやや異なるものと推察される。

(5)「包工頭」と傘下の「農民工」との関係

　建築関係の出稼ぎ労働者の大部分は主に都市で働いているが，張旭梅（2007），李叡（2021）などによれば，彼らの生活は，基本的に地縁・血縁関係を基礎とするネットワークの範囲に留まっているとの指摘がある。さらに，蔡禾・賈文娟（2009）によれば，「同一の（建築）班の中で，同一村出身の労働者は平均20％程度であり，「包工頭」と班長，班員との地縁・血縁関係は近い。例えば，班長の8％は「包工頭」と親戚関係にあり，27％の班長と「包工頭」は同郷である。27％中，同村が7％，同郷（鎮）20％である」と報告しており，「包工頭」と労働者はきわめて近い地縁・血縁関係で結節していることがわかる。また，李叡（2021）によれば，彼の調査結果からは，「農民工」は「包工

28）「第一世代農民工」とは，1980〜90年代前後に出現した「農民工」の総称である。中国では1980年代以降，経済発展の必要から規制が緩和され，農村戸籍のまま都市部で就業する「農民工」が一気に増加した。この時期の出稼ぎ労働者を「第一世代農民工」とよぶ。現在の出稼ぎの担い手は，その子弟世代である「第二世代農民工」である。

頭」を選択する際，必ずしも賃金水準によって選択するのではなく，地縁・血縁によって選択する場合が多いと述べている。このほか，程士強（2014）では，地域外出身者の多い地域である北京市海淀区E鎮において，河北省Y県出身の張氏が1996年に北京市を訪れ，内装業を営みながら1997年に独立し，「包工頭」として親族・親戚との関係を基礎として次第に経営を拡大していく過程が詳細に述べられている。このように，出身農村の地縁・血縁関係を基礎とする「包工頭」ネットワークが，都市における「包工頭」・「農民工」グループの業務の中心であることがわかる。

　今回の青島市調査によると，調査対象者30名も，D氏と深い地縁・血縁関係を有していた。D氏傘下の労働者は，すべてJ県出身者であり，このうち，F鎮D村出身者が12名（姓はいずれもD），F鎮N村出身者は5名（姓はいずれもY），W鎮G村出身者は6名（姓はいずれもW）であり，他の7名はJ県内のD村，N村，G村以外の村の出身であった。このように，ごく狭い範囲の出身者から構成されていることがわかる。さらに，30人中6人はD氏と親戚関係にあり，他も出身地域での知人，あるいは親戚の知人であるという。こうしたことから，まさにごく狭い範囲での地縁・血縁を媒介とした組織が形成されており，前述した張旭梅（2007），蔡禾・賈文娟（2009），程士強（2014）の指摘と符合している。

まとめにかえて

　以上，先行研究および青島市での調査事例をもとに，「包工頭」制度が中国の建築業界で果たしている役割と問題点を具体的に明らかにしてきた。以下要点をまとめてみよう。

　（1）これまで長期にわたって，「農民工」は「包工頭」を通じて，建築業界の仕事を獲得し，所得を得てきた。また，建築会社は現地の建築作業と労働組織の管理のほとんどすべてを「包工頭」に委託し，建設工事を完成させ，労働者に賃金を配分してきた。こうしたシステムは厳然として存在しており，現時点では，中国政府の意向にかかわらず，「包工頭」制度が都市地域の建築会社等と農村における「農民工」の両者の間で欠かせない橋渡し役を演じているこ

図表 12-3 中国の建築業界各階層における加害者と被害者関係

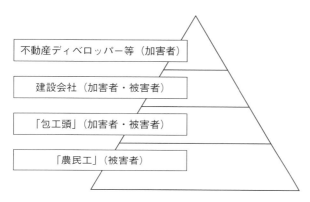

資料：調査結果および張旭梅（2007）を参考に筆者作成

とが明らかになった。

（2）近年の建築業界における大きな課題である「農民工」賃金の遅配と欠配問題にかんして，いくつかの事実が判明した。「包工頭」は，遅配・欠配発生の張本人である場合も確かに存在するが，彼自身もその被害者の一人であるという事例も存在している。このことは，すでに述べたように，「包工頭」が傘下の労働者と地縁・血縁で強固に結ばれた関係であるがゆえに，仮に建築会社による「包工頭」への請負代金の遅配と未払いが頻発すれば，まず傘下の「農民工」の利益を保護せざるをえなくなり，中間管理者として苦しい立場に陥るからである。しかし，「包工頭」の資金も決して豊富ではないため，傘下の「農民工」賃金の立て替えを十分に行うことはできない。こうした事態から，新聞等で報道される「悪徳包工頭」がしばしば生まれることになる。今回の調査や先行研究からは，建築業界における「包工頭」制度を仲介とする下請け制度自身が賃金の遅配と未払い問題の温床であることがわかる。

この点について整理したものが図表 12-3 である。この図のように，建築業界の関係者を賃金遅配・欠配の「被害者」と「加害者」という視点から仕分けると，純粋な被害者は農村出身の「出稼ぎ労働者」であり，一方で純粋な加害者は「不動産ディベロッパー等」の発注会社となる。さらに，その中間に「包工頭」などの中間階層が存在し，彼らは「被害者」と「加害者」の両方の性格

を有している。

　しかし，「不動産ディベロッパー等」も自己の利益だけを目的として加害者として存在しているわけではないかもしれない[29]。例えば，景気動向やマンションの供給過剰等による販売不振などの要因も考えられる。とはいえ，この建築業界における請負システムの最大の問題点は，業界としての不況・好況等による大きな負債が，請負における下位者に直接的に転嫁されることであり，労働者の利益が守られない構造となっていることであろう。

　次に，冒頭の本章の目的に立ち戻って，中国農村の腐敗・搾取の存在と，「包工頭」の役割について整理してみよう。

　ここまで調査結果を中心に整理してきたように，「包工頭」制度は，菱田雅晴（1990）の指摘を引用すれば，中国の「戸口制度」という都市・農村関係を隔絶させる特殊な経済・社会制度のもとで，つまり「労働市場が有効に作動しない」（＝都市地域に必要な建築労働力が市場原理では十分に供給されない）状況のなかで，「非市場的手段への依拠が」必要となり，その間隙を「関係（guanxi）」で埋める制度が形成されてきたということになろう。ただ，「包工頭」は中国農村に広範に存在することから，その既成の「関係」を維持強化し，同時に他の「包工頭」との競争に生き残るためには，建築会社関係者等への金品の贈答（「権銭交易」）が不可欠になり，「包工頭」制度は農村地域における「腐敗」の温床となったと考えられる。

　さらに，「包工頭」の行動様式は，前掲の現地調査で述べているように，農村における労働力の組織においては，「共同体原理としての血縁，地縁」を媒介にしており，さらに都市の建築会社との関係においては，「業縁，"関係ネットワーク"」（「権銭交易」）が重要な鍵となっていると評価できよう。その意味では，まさに「中国における腐敗の特質の一つである《銭・権ネットワーク》の成立」は，農村地域ではこの「包工頭」制度に集約されているといっても過言ではない。

　そして，この「包工頭」制度の長期にわたる存在は，前述した建築業界の請

29）　例えば，陳敏・徐鵬飛・張銭・郭帥鳳・王淵捷（2020）によれば，彼らの調査結果からは「包工頭」制度の制度改善をもたらす最も有効な方法は，建築会社等の資本増強などの資金力向上であると述べている。

負システムの慣習があるなか，中国の都市・農村間を隔離する戸口制度の存在が，都市と農村の間隙を埋める重要な手段として「包工頭」制度を長期にわたって容認してきた，あるいは容認せざるをえなかったためと考えられる。

とはいえ，中国政府も労働者保護の見地から，この建築業界の請負制度に徐々にメスを入れつつあり，また，中国経済の発展と自由化の進展によって「戸口制度」が緩み，都市と農村の間隙が縮小するにしたがって，「包工頭」制度も歴史的な役割を終えつつあるものと考えられる。今後，どのような建築組織が生まれてくるのか，それによって「包工頭」制度はどのように変化するのか，こうした点についてさらに実態調査を継続していきたい。

参考文献

殷洛・古坂秀三（2008）「中国の建設プロジェクトにおける元請・下請間の業務分担範囲の分析と考察」『日本建築学界大会学術講演梗概集』（中国）2008 年 9 月

殷洛・古坂秀三（2007）「中国の建設業における下請け構造と建設労働の実態」『日本建築学界大会学術講演梗概集』（九州）2007 年 8 月

殷洛・古阪秀三（2009）「中国における建設現場の建設労働者に関する研究」『日本建築学会計画系論文集』第 74 巻第 636 号，439–445 頁

王紅艶（2015）『「満洲国」労工の史的研究——華北地区からの入満労工』日本経済評論社

大島一二（2011）「中国における三農問題の深化と農民専業合作社の展開」『農業市場研究』19（4），日本農業市場学会，3–8 頁

大島一二・山田七絵（2020）『朝日緑源，10 年の軌跡——中国における日系農業企業の挑戦』農林統計出版

季衛東（1997）「中国の市場秩序における関係と法律（中国の経済発展と法（1））」『比較法学』30（2），早稲田大学，120–147 頁

チョウサンサン（2014）「中国建築業界における労働組織の研究——青島市 A プロジェクトにおける「包工頭」の役割」『農業市場研究』23（2），40–45 頁

張旭梅（2007）「出稼ぎ労働者のネットワークとリスク回避——北京建築業界のケース・スタディー」『中国研究月報』第 61 巻第 2 号，2007 年 2 月

独立行政法人労働政策研究・研修機構（2019）「「農民工」賃金不払い問題に対する政府の対策本格化」『国別労働トピック：2019 年 11 月』sshttps://www.jil.go.jp/foreign/jihou/2019/11/china_01.html

中村孝俊（1944）『把頭制度の研究』竜文書局創立事務所

菱田雅晴（1990）「"官倒"——中国における腐敗現象」『中国経済の新局面——改革の

軌跡と展望』法政大学出版局

李月・古坂秀三・金多隆・吉田義正（2004）「中国の建築生産システムの現状と問題点
　　──中国と日本における建築プロジェクトマネジメントの比較研究　その1」『日
　　本建築学会計画系論文集』第582号，101–108頁

「安徽一包工頭拖欠農民工工資被逮捕」『新華社』2018年12月27日

蔡禾・賈文娟（2009）「路橋建設業中包工頭工資発放的"逆差序格局""関係"降低了
　　誰的市場風険」『社会』2009年5号，1–20頁

程士強（2014）「聯合外出家庭── 一個包工頭家庭共同体的変遷」『華中科技大学学報』
　　第28巻第3期，114–119頁

陳敏・徐鵬飛・張銭・郭帥鳳・王渊捷（2020）「包工組織正規化影響因素研究」『土木
　　工程与管理学報』第37巻第6期

大衆日報「不給農民工発工資？這個包工頭被判刑！」『大衆日報』2021年6月3日

国家統計局「2019年農民工監測調査報告」『建築監督検測与増価』2020年第3期，
　　55–60頁

建設部政策研究中心課題組（2007）「包工頭制度的歴史成因及制度取向」『中国建設信
　　息』2007年8月

李叡（2021）「農民工選択包工頭的影響因素分析」『中国集体経済』2021年第5期

馬学軍（2016）「把頭包工制──近代中国工業化中的雇用和生産方式」『社会学研究』
　　2016年2号，102–123頁

亓昕（2011）「建築業欠薪機制的形成与再生産分析」『社会学研究』2011年5号，
　　55–79頁

任樹正・江立華（2017）「建築業包工頭‐農民工的関係形態和行動策略──基於某地鉄
　　建築工地的調査」『社会科学研究』2017年1号，115–120頁

張邦輝・陳燚（2010）「建築農民工権益保障問題研究」『安徽農業科学』38（34），
　　19748–19751頁

張興野（2001）「建築業従業人員素質分析（上）」『建築経済』2001年2月

呉書安（2013）「建築農民現状与対策研究──基於江蘇省五市建築農民工的調査」
　　『建築経済』2013年第2期，87–90頁

中国腐敗をどう捉えるべきか

　序章でも検討された通り，権力濫用は腐敗の必要条件ではあっても，必ずしもそのすべてが私利，私益の獲得を目的とする経済型腐敗とは限らない。権力濫用全般を最広義の腐敗と捉え，生命，身体，権利等を毀損する権力犯罪とも称すべき権力濫用を含め，経済型腐敗以外の腐敗を「法紀型腐敗」と捉える立場から，第13章「**中国における法紀型権力濫用――その変容と含意**」（馬嘉嘉）はその推移を詳細に検討している。

　第14章「**脱構築される習近平の反腐敗政策**」（小嶋華津子）は，習近平政権による清廉な「政商」関係（党・政府など「官」と業界・企業との関係）構築の試みを題材に，なぜ中国において腐敗の撲滅はかくも難しいのかと問う。小嶋は，社会主義体制から派生する倫理・道徳と儒教から派生する倫理・道徳が，法治による清廉な政商関係の構築を促進すると同時に，時に脱構築を促す磁力を形成しているとして，清廉な「政商」関係の構築と脱構築のせめぎ合いの構図を浮き彫りにし，その実態は両者がせめぎ合う揺らぎの空間にあると結論づけている。

　第1章で強調されているように，腐敗学の第一歩としての〈中国〉腐敗学にあっては比較の視座が不可欠である。とりわけ，社会主義という基軸からは旧ソ連，また，ポスト社会主義という文脈からはロシアとの比較衡量が重要なステップとなるが，第15章「**プーチン期のロシアにおける汚職と反汚職**」（油本真理）はプーチン期ロシアにおける汚職と反汚職を「消極的反汚職」という概念により描き出しており，中国腐敗との比較に向けての素材を提供している。

第13章

中国における法紀型権力濫用

その変容と含意

馬嘉嘉

はじめに

　中国各地の『検察誌』を開いて見ると，共産党幹部による権力濫用は大きく二つのカテゴリーに分けられている。一つは経済型権力濫用で，一般的に「腐敗」と呼ばれるものであり，それに対応する検察当局の仕事は「経済検察」，あるいは「横領・贈収賄検察」という[1]。もう一つは経済型権力濫用以外の重大な権力濫用である。改革開放以前にはこのカテゴリーは「違法乱紀」と呼ばれることが多く，改革開放以降には「瀆職・侵権」，すなわち，「公職を瀆し，権利を侵害すること」と呼ばれるようになってきた。それに対応する検察当局の仕事は「法紀検察」，あるいは「瀆職・侵権検察」と呼ばれる。本章は後者の不正を「法紀型権力濫用」と規定する。また，本報告書全体の趣旨から言うと，これを広義腐敗の一部であると見なすことができる。

　現在の腐敗研究は，改革開放後の中国社会のさまざまな側面の変化に伴う腐敗の増加に，より焦点が当てられている。この傾向それ自体にもちろん問題はない。腐敗は改革開放以来，確かに増加してきており，注目を集めている。し

---

1)　本章は「腐敗」を「私利を獲得するための公権力の濫用」という狭義の意味の用語として使用する。

かし，腐敗は共産党幹部による権力濫用の一部でしかないことも意識しなければならない。改革開放の前後で中国社会は大きく変化しており，横領，贈収賄および公金流用といった一般的な意味での「腐敗」を観察するのみでは，腐敗に対する深い理解に達することは難しいのではないかと考えられるのである。狭義の「腐敗」についての理解を深めるにあたって，この二つのカテゴリーの権力濫用は同時に注目すべきものであろう。

　改革開放前後における腐敗の変化については，多くの先行研究がある。それに関しては，大きく分けて三つの見方がある。まず，Ting Gong（1994），何増科（2002），過勇（2007）は，改革開放以降，その「改革」を通じて腐敗が急増したと主張する。彼らはいずれも，改革開放後に腐敗が急増し，この増加は「改革」そのものと密接に関係しており，具体的には改革の下での政策や制度の変化が原因となって腐敗の増加がもたらされたと主張している。第二に，Xiaobo Lü（2000）は，改革開放以降，腐敗は増加してきたが，より根本的な原因は，1950年代末期の「組織的変容」であると主張する。改革開放の前後を通じたXiaobo Lüの研究では，腐敗の根本原因は1950年代後半に共産党幹部が革命型幹部から官僚型幹部への転換に失敗したことに起因するとしている。彼は，共産党幹部の変質は1950年代後半から始まったと主張する一方で，改革開放後に腐敗が深刻化したことも認めている。第三に，王雲海（2003），王伝利（2005），Wedeman（2012）は，改革開放以前の腐敗が軽微であったと主張する。彼らの研究はいずれも，改革開放前の腐敗は比較的軽度であり，腐敗の深刻化は改革開放後のことであると主張している。着眼点の違いはあるが，改革開放後に腐敗が全体的に広まり，深刻化したという点については研究者の間で異論がないと言えよう。

　法紀型権力濫用の変容に関する研究は，管見の限りでは非常に少ない。Kilkon Ko & Cuifen Weng（2012）は，横領，贈収賄，公金流用，不法利得，脱税，商標偽造などを「経済腐敗」に，そして瀆職，職権濫用，職務の懈怠・放棄，徇私舞弊などを「非経済腐敗」に分類した上で，1998年から2012年までのデータを分析したところ，1998年から2012年にかけて，「経済腐敗」は増加し，「非経済腐敗」は減少していると結論づけた。彼らが定義している「非経済腐敗」は，本章で扱う「法紀型権力濫用」とほぼ同じ内容であると考えられる。

312　　V　中国腐敗をどう捉えるべきか

しかし，Kilkon Ko & Cuifen Weng（2012）の研究は，1998 年から 2012 年までの 14 年間しか扱っておらず，また，改革開放以前の状況にも触れていないことから，法紀型権力濫用の変容の全貌を把握できているとは言い難い。よって，本章では，研究対象を改革開放の前後にまで広げ，そのなかで法紀型権力濫用がどのように変容してきたかを解明し，改革開放前後の腐敗と中国社会についてより深い理解を試みる。

1　法紀型権力濫用の概要

「法紀検察」の対象となる「法紀型権力濫用」に関して，具体的な内容は時代とともに変化を遂げてきているが，一般的に三つのカテゴリーに分けられる。

　(1)「市民の身体的権利への侵害」（侵犯公民人身権利）：殴り殺し，死に追い込むこと，虐待，殴打，不法監禁，不法捜査，脅威・威圧による強姦，強制労働，そして個人的自由をさまざまな方法で制限すること（「勉強会」，「集中訓練」などの名義で行動の自由を奪うこと），拷問による自白強要などである。

　(2)「市民の民主的権利への侵害」（侵犯公民民主権利）：市民の選挙権・被選挙権，信教の自由，通信の自由などへの制限や侵害である。(1)と(2)は合わせて「侵権」と呼ばれる。

　(3)「瀆職」：職権濫用（濫用職権），職務の懈怠・放棄（玩忽職守），徇私舞弊，誣告陥害など，またそれらによってもたらされた各種の重大責任事故である。「職権濫用」とは，国家機関の職員が権限を超えて，自分に決定権・処理権のない事項を違法に決定・処理したり，規則に違反して公務を行ったりすることで，公共財産，国家および国民の利益に重大な損失を与える行為をいう（天津市地方志編修委員会 2000：244）。「徇私舞弊」とは，主として，司法機関，法執行機関，他にも，税務局，商業検査・検疫部門，学校などの国家職員が，私情や私利のために法律あるいは行政法規の規定に違反し，公共財産や国家利益を著しく損なう行為である。そのなかでは，司法機関と法執行機関の国家職員が主な主体となっている。ここでいう「私利」には，金銭的・物質的な利益のみならず，「行為者やその親族・友人に利益をもたらし，あるいはその敵方から

正当な利益を奪うことができる」行為も含まれる[2]。

　中国の「刑法」において，腐敗の罪名の総称は「貪汚賄賂罪」であるが，「法紀型権力濫用」の罪名の総称は「瀆職罪」である。両者ともに国家職員の権力濫用である点で共通している一方で，それぞれの特徴もある。腐敗には，私利（とくに「財物」）の獲得という顕著な特徴がある。これに対して，「瀆職・侵権」の特徴は，国民の生命・財産，公共財産あるいは国家利益に損害を与えることにある。この両者の接点は，「徇私舞弊」と言ってよい。一部の「徇私舞弊」行為のなかには，「私利」という要素も含まれるが，「徇私舞弊」行為の判定は，主に国民の生命・財産，公共財産，国家利益に損害を与えたかどうかで判断される。例えば，税務当局の職員がある納税者からの依頼を受け，5,000 元以上の財物を受け取り，不課税または過少の課税を行い，累積 10 万元以上の税収減となった場合，その犯罪行為は収賄罪および徇私舞弊罪の双方に合致するものである。最新の司法解釈によれば，この場合，二つの罪名で同時に起訴することができる（李翔 2013）。この例では，賄賂額が 5,000 元を超えていなければ，収賄罪は成立せず，その行為が国家に損害を与えていなければ，徇私舞弊罪として起訴されることもないと考えられる。

　「法紀型権力濫用」については実のところ，「腐敗」のようにによりはっきりとした目的で定義するのは難しい。幹部らはなぜ群衆に対して乱暴な行動に出たのか，なぜ群衆の通信の自由を妨害したのか，なぜ職務の懈怠・放棄を行ったのか，といった問題に関しては，その背後に共通する目的があるとは言いがたい。例えば，ある警察官が拷問行為を行うのは，単にその警察官の機嫌が悪かったという可能性も考えられる。このため，本章では，「法紀型権力濫用」を「経済型権力濫用以外の重大な権力濫用」であるとして説明する。

　中華人民共和国建国後，「法紀型権力濫用」は，「違法乱紀」や「法紀案件」と呼ばれていた。1958 年以降，人民公社化と大躍進運動の推進につれ，基層レベルでの「違法乱紀」が深刻化し，このような検察活動は「深刻な違法乱紀検察」（厳重違法乱紀検察）と呼ばれるようになった。「文化大革命」では，検

---

2)　百度百科：徇私舞弊 https://baike.baidu.com/item/%E5%BE%87%E7%A7%81%E8%88%9E%E5%BC%8A%E7%BD%AA，2022 年 1 月 11 日閲覧

察当局の活動が廃止されてしまい，公式なデータはほとんど残されなかった。改革開放後の 1979 年には，「刑法」・「刑事訴訟法」が成立・施行され，検察機関が扱う「法紀案件」として，次のように規定された。それは，「拷問による自白強要」，「誣告による陥害」，「選挙への破壊」，「不法監禁」，「不法管制・捜査」，「報復による陥害」，「不法に信教の自由を剥奪すること」，「偽証による陥害」，「犯罪証拠の隠蔽」，「通信の自由への侵害」，「国家機密の漏洩」，「職務の懈怠・放棄」，「重大責任事故」，「不当な起訴・判決」，「容疑者に対する体罰と虐待」である（陝西省地方志編纂委員会 2009：140）。

　ここで説明しなければならないのは，1979 年に人民検察院が設立されて以降，一般対象の「不法監禁・不法管制」，「重大責任事故」も，検察院が受け入れる調査範囲にカウントされていた。1997 年「刑法」・「刑事訴訟法」が改正されて以降は，国家機関の職員のみの瀆職・侵権行為を取り扱うようになり，そのために最高検察院は 2002 年に「法紀検察」の正式な名称を「瀆職・侵権検察」に変更した（鄭広宇 2007）。この点に関しては，後ほど詳しく触れる。

2　改革開放前の法紀型権力濫用

　改革開放以前，「法紀検察」の具体的な内容は定められていなかった。例えば，1960 年代初頭，重慶市の検察当局が捜査していた主な「法紀案件」には，次の九つが含まれる。第一に，恣意的に群衆集会を開き，批判・闘争を実施すること。第二に，個人の人格を侮辱すること。第三に，個人の自由を制限すること。第四に，不法捜査。第五に，勝手な監禁・拘留。第六に，自白を引き出すために縛り上げて拷問すること。第七に，勝手に罰則を定めること。第八に，勝手に勉強会を開くこと。第九に，人を殴って無理やり死なせること・死に追い込むこと（重慶市地方志編纂委員会 2005：230-231）。以下は，毛沢東時代の「法紀型権力濫用」について，実際のデータや事例を用いて検証する。

(1) 建国初期の法紀型権力濫用
　1950 年 5 月，中共中央紀律検査委員会の初代書記であった朱徳は，当時の

「違法乱紀」の深刻さを強調し、「各種の強迫命令[3]、群衆離脱[4]が非常に深刻だ」、「多くの党員や幹部、とくに基層レベル[5]の党員や幹部は、恣意的に人を逮捕したり、殴打したりしている」と述べた（中共中央文献編集委員会 1983：279-291）。

　1951 年、陝西省渭南市検察分署が、「土地改革」のなかの渭南市を含む八つの県を重点的に調査したところ、縛り上げや吊り上げ殴り、拷問による自白強要などの事件は合わせて 641 件確認され、5 人が死亡し、202 人が負傷したという。また、羅川県の検察署は、101 人の基層レベル幹部が食糧徴収のなかで 239 人を吊るしたり、殴ったり、拘束したり、監禁したりしていたという（陝西省地方志編纂委員会 2009：141）。

　1953 年 1 月 5 日、中共中央は、「反官僚主義、反命令主義、反違法乱紀に関する指示」を出し、「新三反」運動の実施を開始した（李雪勤 1993：33）。この「指示」は毛沢東本人が起草したものであり、毛がこれらの問題を重視していたことは明らかである。当時の中央組織部副部長・安子文は、「基層レベルで、一番深刻なのは官僚主義、命令主義と違法乱紀だ」とも述べた（『人民日報』1953 年 2 月 10 日）。この三つの懸念のうち、一般的に、基層レベルに行けば行くほど、「強制命令」と「違法乱紀」がより深刻となる。このため、「新三反」は、その年の 3 月～5 月に県レベル以上で「官僚主義」への検査と摘発をメインとし、6 月～9 月に県レベル以下で「命令主義、違法乱紀」への検査と摘発を重点としていた（竇効民・周富強 2009：50）。

　1953 年 1 月 30 日、新華社通信の『内部参考』は、河北省の基層レベル幹部の「違法乱紀」の深刻さを暴露する記事を掲載した。それによると、「私設法廷、拷問による自白強要、人を殴って死なせることや死に追い込むことが驚く

---

3)　「強迫命令」とは、幹部がさまざまな仕事を割り当て、群衆を強迫してそれらを完了させることである。典型的な事例を挙げれば、山東省では干ばつ対策として各地で井戸掘りキャンペーンを始めていたが、泰安や膠州などで幹部たちは農民の畑に行き、任意に円を描いて農民を強制して井戸の掘削を進めていた。民兵に警備を任せ、村民を全員集中し強迫して井戸掘りをやらせた例もあった。さらに、人手不足のために、幹部は突然市場を封鎖して買い物に来た郷民たちを強制的に井戸掘りの現場に連れていき、無償労働を強いられた事件もあった。王瑞芳（2001）。

4)　群衆離脱とは、幹部や国家職員が、群衆の立場から考慮できず、群衆と対立し、国法や党規に違反して群衆の利益や権利を損なうようなあらゆることをいう。

5)　「基層レベル」とは、一般的に県レベル以下を指す。

316　　V　中国腐敗をどう捉えるべきか

ほど発生している。景海県竹家村の民兵隊隊長である王仁武は，私怨のために，四つの村から 32 人の民兵を連れてきて，5 世帯の群衆のなかで合わせて 19 人を殺害した」，「恣意的な殴打と逮捕が非常に多い。徐水県の 34 の村の統計によると，97 人の村の幹部が村民を殴っている」（新華社通信 1953 : 499–504）という。**図表 13-1** は河北省「新三反」の摘発状況を表している。最も深刻な項目は，共産党幹部による群衆の身体的権利に対するさまざまな侵害であることがわかる。

図表 13-1　河北省「新三反」運動での摘発状況（1953.1〜10 月）

具体的な項目	案件数（件）
身体的権利への侵害	120
恐喝強要	114
「反革命」を庇護したこと	30
人を死亡させた・死に追い込んだこと	15
姦通	31
誣告陥害	5
重大責任事故	8
その他	279
合計	602

出所：河北省地方志編纂委員会（1996 : 250）より筆者作成

（2）1958 年後の「違法乱紀」

1958 年，人民公社運動と大躍進運動が本格化すると同時に，基層レベルでの「違法乱紀」が激増した。この時期のデータや事例は数多く残っているが，本節はその代表的なもののみを紹介する。

①山東省。1958 年，「五風」[6] が広まった。3 月 24 日，中央監察委員会は中国共産党中央委員会に出した報告書において，1956 年 10 月から 1958 年 1 月にかけて，山東省恵民地区では，県，区，郷の幹部ら計 8,458 人が，農民の退

6）「五風」とは，「共産風」，「誇張風」，「幹部特殊化風」，「瞎指揮風」，「強迫命令風」のことである。

社や食糧騒動に対処するために重大な違法乱紀や権利侵害を犯したと指摘する。そのなかには47人の県レベルの幹部が含まれていた，という事実も明らかにした（李雪勤 1999：56）。

②湖南省。1960年，湖南省漣源，耒陽など五つの県では，「整党整社，春季生産」運動のなかで，群衆の死亡事件（殴り殺し，死に追いやることなど）が数多く発生した。漣源，澧県，醴陵，湘潭という四つの県の書記が停職反省へと命じられた。中央調査組の調べによると，耒陽県全部の「違法乱紀」に関わった幹部は8,400人で，幹部総数の33％を占める。38,753人が殴られ，総農業人口の7％を占める（趙焱森・郭俊秀 1996：248）。**図表 13-2** は，1963年から1965年にかけての湖南省における「法紀案件」の詳細を表すものである。群衆に対する私設法廷と自白強要のための拷問が最も深刻で，全体の約半数を占めていることがわかる。**図表 13-3** から，当時の「法紀案件」の約7割が基層レベル幹部によるものであることがわかる。

図表 13-2　湖南省 1963〜1965 年「法紀案件」の詳細

年	項目	件数	比例
1963〜1965	私設法廷と自白を引き出すための拷問	792	49.04%
	不法な逮捕・拘留	142	8.79%
	不法な労働教育・集団訓練	30	1.84%
	違法な捜査・罰金	368	22.76%
	その他の権利侵害行為	283	17.57%
合計		1615	100%

図表 13-3　1964 年に「法紀案件」で起訴された人の内訳

年	起訴された人数	分類	人数	比例
1964	399	国家職員	126	31.58%
		基層幹部	273	68.42%

図表 13-2，13-3 の出所：湖南省地方志編纂委員会（1996：324）より筆者作成

③天津市。1960年に，「強迫命令，違法乱紀」は1,056件確認された。基層レベル幹部の「人を殴ったり罵ったりすること，食べ物を与えないこと，拷問

318　Ｖ　中国腐敗をどう捉えるべきか

による自白強要，死亡させることと死に追い込むことが比較的に深刻だ」と言われている。交合県1〜9月で，133件の縛り殴り事件が発生し，9人が死亡し，14人が自殺した（天津市地方志編修委員会 2000：243）。

④湖北省。1960年，湖北省宜昌県病院の連峰管理区の基層レベル幹部によって，45人が縛られ，吊るされ，勝手に懲罰され，また，合計202人が餓死させられ，死に追い込まれ，あるいは病死させられた（湖北省宜昌市人民検察院 2008：157）。

⑤江西省。1960年に，基層レベル幹部が群衆の窃盗や万引きなどに対処するための政策に違反し，党の規律と国の法律を無視し，違法乱紀を多く行っていた。各地の検察院の調査によると，基層レベル幹部1742人が，人を殴り殺したり，死に追い込んだり，障害あるいは重症に至るまで殴ったりしていたとされる。そのなかで，167人が殴り殺され，977人が死に追い込まれ，121人が障害に至るまで殴られ，527人が重症に至るまで殴られた（『江西検察志』編纂委員会 1995：140-141）。

(3) 陳情[7]から見る幹部の「違法乱紀」

1961年に，陝西省の検察院が3,401件の陳情案件を調査した結果，幹部たちの「違法乱紀」を訴えたものが一番多かった。詳細は**図表13-4**の通りである。

図表13-4　1961年陝西省の陳情状況

陳情の内容	陳情の数（件）	割合	処理・対応の結果			
			逮捕	管制	闘争批判	その他
幹部の「違法乱紀」	1472	43.3%	54	16	38	838
生産・生活の困難	917	27.0%				
刑事案件	848	24.9%	134	37	399	
異議申し立て	164	4.8%	6	2	7	52

出所：陝西省地方志編纂委員会（2009：214）より筆者作成

---

7) 中国で「信訪」と言う。信訪とは，公民，法人またはその他の組織が信書，メール，ファックス，電話，訪問などにより，各級人民政府または県級以上の人民政府の業務部門に対し，事情を述べ，提案・意見を提出し，または請求を申し立て，関連行政機関が法によってこれを処理する活動を指す。但見亮（2016）。

中央政府の調査によると，1958年から1960年にかけての各地の陳情で明らかになった事件のうち，約8割が事実であったという。問題は，政府がこれらの陳情に対して，多くの場合，群衆の申し立てを「関連部署へ転送」するという対応を取ったため，問題の早期解決どころか，告発された幹部の手に転送されたこともあり，陳情を行った群衆がひどい報復や迫害を受けた事案も少なくない。こうした中で，実名で陳情を敢行する人が減り，匿名の陳情書が増えていったという（魏明鐸 1993：147）。1960年8月，中央監察委員会の統計によれば，1959年から貴州省湄潭県，河南省潢川県など全国の30以上の県委書記や地委書記が，上級機関への情報隠蔽，あるいは陳情にやってくる群衆に報復・迫害することを行っていたという（趙焱森・郭俊秀 1996：285）。

3　改革開放前後の法紀型権力濫用の変容——時系列データを用いて

（1）陝西省の状況
　改革開放の前後においてより詳細なデータが残っている省は少なく，まずは

図表 13-5　1950年代陝西省の「違法乱紀」案件統計表

年	類別	具体的な項目	件数
1951			641a
1952			738
1953			953b
1956	権利侵害	殺人	85
		障害	211
		強姦	1,008
		虐待	290
		その他	333
	瀆職	責任事故	133
		職権濫用	12
		職務上の偽造	6
		その他	64
	合計		2,142

注：aは，渭南など8の市・県のデータ。bは1月〜10月のデータ
出所：陝西省地方志編纂委員会（2009：141-143）より筆者作成

図表 13-6　1979-1989 年陝西省法紀案件統計表

年	拷問による自白強要	誣告・偽証・報復による陥害	不法監禁	不法管制	職務の懈怠・放棄	重大責任事故	通信自由への侵害	選挙破壊	その他	合計
1979	58	19	13	1					72	163
1980	22	24	32	9	3	4	18	2	58	172
1981	1	30	44	16	2	4	9	1	16	123
1982	5	26	27	22	6		10		49	145
1983	2	19	29	24	11	11	7		18	121
1984	5	6	20	5	14	20	2	1	19	92
1985			112		33					145
1986	4	22	116	68	134	68	8		101	521
1987	1	15	100	100	71	117	9	1	83	497
1988	4	11	122	101	71	85	4	6	97	501
1989	6	11	115	86	49	90	11	2	52	422

出所：陝西省地方志編纂委員会（2009：153）より筆者作成

　陝西省のデータを用いて改革開放前後の比較をしてみる。**図表 13-5** は 1950年代の「違法乱紀」案件の統計である。改革開放前のデータには，1951/52/53年と 1956 年のデータが含まれており，とくに 1956 年については具体的な内訳が記載されている。**図表 13-5** からは，殺人，傷害，強姦，虐待などの深刻な権利侵害事件の総数が 1600 件近くに上ったことがわかる。これは，当時の幹部による法紀型権力濫用がきわめて深刻であったことを示している。瀆職のカテゴリーで最も多かったのは責任事故（133 件）で，そこには，医療事故，インフラ建設事故，工場・鉱山生産事故，農業生産事故などが含まれる。

　図表 13-6 は 1979 年から 1989 年までの陝西省の法紀案件の統計である。法紀案件の総数も 1950 年代に比べて大幅に減少している。とくに，1956 年のような深刻な「権利侵害」は，改革開放後は激減し，あるいは発生しなくなった。

第 13 章　中国における法紀型権力濫用

また，「拷問による自白強要」，「通信自由への侵害」および「選挙破壊」の件数は，おおよそ一桁となっており，誣告・偽証・報復による陥害は，減少傾向が確認できる。注意すべきは，「不法監禁」と「不法管制」の増加傾向である。これは，1979 年の「刑法」・「刑事訴訟法」の制定後，1997 年の新「刑法」・「刑事訴訟法」の改正までは，民間主体による不法監禁・不法管制が検察当局の捜査対象に含まれており，1980 年代から 1990 年代にかけては，経済・債務トラブルなどで民間人や法人が行っていた「人質型不法監禁・不法管制」が増加してきたからである。実際には，国家職員・共産党幹部による不法監禁・不法管制は全体的に減少してきた[8]。最後に，「職務の懈怠・放棄」と「重大責任事故」については，増加傾向に見えるが，全体の件数は多くない。

(2) 改革開放後の全国の「法紀案件」データ

改革開放前には，全国的な統計データがない。改革開放後の全国的なデータは，『中国検察年鑑』や『中国法律年鑑』の出版のおかげで，集めることができるようになった。以下，改革開放後の中国全体の「法紀案件」の変化について見ていく。

図表 13-7 は 1979～1997 年までのデータで，図表 13-8 は 1998～2017 年までのデータである。二つの表に分けた理由は，1997 年に「刑法」と「刑事訴訟法」が改正され，「法紀案件」の内容に主に二つの変化があったからである。

(1) 前述したように，1997 年の新「刑法」・「刑事訴訟法」の改正までは，民間人や民間の法人による不法監禁・不法管制が検察当局の捜査対象に含まれていた。1998 年以降，検察院が扱う不法監禁・不法管制の対象は国家職員に限定され，民間人や民間の法人による不法監禁・不法管制は公安当局に移管された。『中国検察年鑑 1994』によると，その時期には，「90％以上のケースが経済的・民事的な紛争を理由とした市民や法人間の不法監禁・不法管制であ

---

[8] 改革開放以前，「不法監禁」，「不法管制」の犯罪主体はほとんど幹部（政府機関と国営企業を含めている）であったが，80 年代に入ると，市場経済の導入により，民間における経済紛争が迅速に増えてきて，民間人によって行われた「人質型不法監禁・不法管制」が急増した。張智勇・夏勇（1989）によると，貴州省の三つの地方での調査によれば，1986-1987 年に発生した不法監禁案件には，犯罪者が 218 人いて，そのなかで 167 人（76％）が非国家職員である。

322　　V　中国腐敗をどう捉えるべきか

図表 13-7 1979〜1997 年中国の「法紀案件」統計

年	立案	瀆職				権利侵害				
		徇私舞弊	職務の懈怠・放棄	重大責任事故	偽証・庇い立て	拷問による自白強要	不法監禁	通信自由への侵害	誣告陥害	報復による陥害
1979	3,000 余り									
1980	16,000 余り									
1982	14,000 余り									
1984	5,400									
1985	5,800 余り									
1986	9,393									
1989	15,298									
1990		217	3,030	3,894		472	3,409	199	461	69
1991	17,184		3,189	4,102			4,338		389	49
1993	16,388	270	3,098	4,605			4,363			
1994	17,644		3,604	4,665	377	409	4,441	104		27
1995	19,732	1,298	4,234	5,052		412	4,627			
1996	21,257	1,567								
1997	16,766	1,752	6,482							

出所：1980〜2018 年『中国検察年鑑』，『中国法律年鑑』より筆者作成

る」（中国検察年鑑編輯部 1995：227）。

　（2）重大責任事故に関しては，事件の捜査は一般的に公安局に委ねられるようになった。これは改革開放と民間経済の発展に伴い，企業の職員が必ずしも国家職員ではなくなったためである。重大責任事故に関して国家職員と関係した場合，一般的には「職権濫用」と「職務の懈怠・放棄」の容疑で捜査・起訴が行われるようになった。

図表 13-8　1998〜2017 年中国の「法紀案件」統計

年	立案（件）	瀆職（件）			権利侵害とその他（件） （権利侵害）
		職権濫用	職務の懈怠・放棄	徇私舞弊	
1998	5,757	376	1,224	1,288	2,869（1,894 人）
1999	5,471	779	1,851	1,247	1,594
2000	7,930	1,620	2,625	1,791	1,894（1,682 人）
2001	8,819	2,168	2,881	2,025	1,745
2002	8,542	2,177	2,720	1,963	1,682
2003	7,609	2,049	2,545	1,509	1,506
2004	7,238	1,944	2,590	1,273	1,431（1,595 人）
2005	6,706	1,883	2,648	955	1,220（1,240 人）
2006	6,549	1,975	2,715	892	967（930 人）
2007	6,871	2,017	2,958	839	1,057（885 人）
2008	7,240	2,371	3,229	891	749（555 人）
2009	7,031	2,262	3,216	809	744
2010	7,349	2,408	3,457	736	748
2011	7,355	2,493	3,615	718	529
2012	8,079	2,960	3,812	792	515
2013	9,247	3,650	4,261	638	698
2014	9,675	3,891	4,156	827	801
2015	8,852	3,639	3,645	704	864
2016	8,060	3,210	3,337	602	911
2017	7,425	2,880	3,612	551	382

出所：1980〜2018 年『中国検察年鑑』,『中国法律年鑑』より筆者作成

　このような変化のもとで「法紀案件」に関するデータの変化を観察しておこう。まず，1998 年から民間人や民間の法人による不法監禁・不法管制が検察当局の統計に含まれなくなったため，権利侵害の件数は 4000 件台から 2000件台に急減し，その後も減少傾向が続き，2010 年頃からは数百件にとどまっ

ている。次に,「瀆職」というカテゴリーの再編後, 1998 年以前と比較できる
のは,「徇私舞弊」と「職務の懈怠・放棄」という二つの項目である。「徇私舞
弊」は 1997 年まで増加傾向にあったが, その後減少を続け, 2017 年にはわず
か 551 件となっている。「職務の懈怠・放棄」は, 1997 年の前後で明確な増減
傾向が見られない。最後に, 1997 年に出された「職権濫用」項目は緩やかな
増加傾向が見える。しかし, 1997 年以降の全体の「法紀案件」は, 2000 年初
頭で約 8000 件台となっており, 2010 年末でも約 8000 件台となっており, 明
確な増減傾向を示していない。また,「瀆職」というカテゴリーの再編によっ
て, 1997 年前後の全体のデータは直接比較することができないと考えられる。

4 まとめ

　以上のデータや事例を通して, 時代の変化とともに, 法紀型権力濫用の内容
も数量もかなり変化してきたことが分かる。全体として, 以下三つのポイント
をまとめることができる。
　(1) 改革開放以前の法紀型権力濫用は, 共産党幹部による国民の身体的権利
への侵害が中心で, その数が膨大であり, 内実も悪辣であった。改革開放後,
1997 年以前は, 法紀型権力濫用として, 徇私舞弊, 職務の懈怠・放棄, 重大
責任事故, 拷問による自白強要, 不法監禁・不法管制, 通信の自由への侵害な
どが多く, 1998 年の「刑法」・「刑事訴訟法」改正後は, 職権濫用, 職務の懈
怠・放棄, 徇私舞弊, 各種権利侵害などが多く見られるようになった。端的に
言えば, 改革開放以前は「侵権」が主だっており, それが改革開放以降には
「瀆職」へと変わってきた。また, 法紀案件の全体の件数を見ると, 改革開放
後の全国では 5 千件台から 2 万件台程度となっているが, 1956 年に陝西省で
は 2142 件があり, 河北省では 2202 件も発生している (河北省地方記録編纂委
員会 1996 : 251)。中国には 32 省級行政区 (23 省, 5 自治区と 4 直轄市) がある
ことから, 1950 年代後半の全国の法紀案件数は, 改革開放後の最高値よりも
はるかに多かったことが容易に想像できるだろう。
　(2) 法紀型権力濫用の細部を見ていくと, 改革開放後, 共産党幹部や国家職
員による深刻な権利侵害 (とくに, 殴り殺し, 死に追い込むこと, 虐待, 殴打, 不

法監禁，不法捜査，強姦，強制労働などの「身体的権利への侵害」）が大幅に減少してきた。江西省では 1961 年に幹部によって 167 人が殴り殺され，977 人が死に追い込まれ，陝西省では 1956 年に 1600 件近くの権利侵害案件が発生した。一方，「不法監禁」の 9 割以上が民間主体によるものであると計算すると，1990 年代の全国の権利侵害案件の総数は約 1000〜1500 件あまりにすぎない。2000 年頃以降，この数字も減りつつあり，2017 年には 400 件を下回った。改革開放以前は，一地方の権利侵害の件数が現在の全国の件数を上回っていたことからも，当時の事態の深刻さがうかがえる。

　（3）改革開放前後の「瀆職」案件の件数の変化については，改革開放前の体系的なデータがないため明確な結論は出せないが，観察できるのは改革開放後のデータのみである。前節でまとめたように，まず，「徇私舞弊」は 1997 年まで増加傾向で，その後は減少傾向が続いている。この項目は主に司法機関と法執行機関の職員に関するものであるため，これらの公職人員による「徇私舞弊」は 1997 年以降継続的に減少していると結論づけることができる。次に，「職務の懈怠・放棄」は，全体として 1997 年以前と以後に明確な傾向を示していないが，1997 年以降のデータだけを見ると，緩やかに増加する傾向がある。同様に，1997 年以降，「瀆職」のカテゴリーで新たに出された「職権濫用」が緩やかに増加しているように見える。これらの増加については，その理由は大きく分けて二つある。一つは経済発展に伴って重大責任事故が多発しており，そのなかで国家職員の「職務の懈怠・放棄」と関連する事故も増加したからである。もう一つは腐敗（とくに収賄）には，しばしば「職権濫用」が含まれることが少なく，これも「職権濫用」の増加を促したと考えられる。しかしながら，「職務の懈怠・放棄」や「職権濫用」が増加傾向にあっても，改革開放前にあった大量の権利侵害案件に比べれば，それほど深刻さを有していないと思われる。合理的に推測すると，改革開放以前には「職権濫用」や「職務の懈怠・放棄」が少なかったわけではなく，より悪質な権利侵害案件が数多く存在していたため，そのような比較的軽微な瀆職行為が当局の焦点から外れてしまい，詳細なデータ記録が残らなかったのだろうと思われる。

おわりに

　以上の分析から，改革開放の前後における法紀型権力濫用の変容をより詳細に把握することができた。全体の件数で見ると，改革開放前のある時期の件数は，改革開放後の最高値をはるかに上回っている。改革開放前の法紀案件の主な内容は「侵権」であったが，改革開放後は「瀆職」に変わった。1997年に「刑法」と「刑事訴訟法」が改正され，「瀆職」カテゴリーのうち「職務の懈怠・放棄」と「職権濫用」が緩やかな増加傾向を示したが，改革開放以前の侵権案件の数にはまだ及ばない。ということで，全体として，改革開放後，共産党幹部や国家職員による法紀型権力濫用の深刻さは大幅に緩和したと言えよう。

　言うまでもなく，中国で共産党幹部による権力濫用が深刻なのは，根本的な背景として彼らが党の規律や世論による限定的な監督しか受けないということがあるからである。毛沢東時代も改革開放時代も，共産党幹部は監督されることなく大きな権力を行使し，権力濫用はきわめて広範かつ深刻である。毛沢東時代には法紀型権力濫用が目立ち，改革開放時代には経済型権力濫用が目立っている。中国の腐敗が深刻だとして改革開放政策を非難する声もあるが，毛沢東時代には腐敗は比較的少なかったものの，法紀型権力濫用はきわめて深刻で悪辣なものであったことは明らかである。改革開放の前後で権力濫用の方式が変わり，その深刻さが大きく変わったとは言い難い。

　このように改革開放の前後で共産党幹部の権力濫用の方式が大きく変化したことは，彼らの行動パターンの変化を示しており，その基本的な理由は，中国が階級闘争を中心としていた社会から経済発展を中心としている社会へと徐々に変化していったからである。人々は「思想解放」を求められ，個人は素直に物質的な豊かさを追求するようになったのである。この変化は，共産党幹部のモチベーションと行動パターンを大きく変化させた。また，改革開放後は，さまざまな階級的身分が廃止され，人々が相対的に平等になり，法整備が徐々に構築されてきたことで，毛沢東時代のような法紀型権力濫用の発生が抑制されるようになったと考えられる。しかし，幹部の意識は変革されたものの，彼らが手にしている権力は大幅に弱体化されていないことを認識しなければなら

ない。

参考文献

王雲海（2003）『中国社会と腐敗——腐敗との向き合い方』日本評論社

但見亮（2016）「中国における陳情制度の改革」『一橋法学』15 (1)，35–51 頁

賽効民・周富強（2009），『新中国反腐唱廉 60 年』鄭州大学出版社

河北省地方志編纂委員会（1996）『河北省志・第 72 巻・検察志』中国書籍出版社

何増科（2002）『反腐新路——転形期中国腐敗研究』中央編訳出版社

湖北省宜昌市人民検察院（2008）『宜昌検察志』出版社不明

湖南省地方志編纂委員会（1996）『湖南省志 第六巻 政法志 検察』湖南出版社

『江西検察志』編纂委員会（1995）『江西検察志』中共中央党校出版社

過勇（2007）『経済転軌，制度与腐敗』社会科学文献出版社

李翔（2013）「瀆職犯罪罪数相関問題探析」『法学雑誌』第 12 期，77–84 頁

李雪勤（1993）『新中国反腐敗通鑑』天津出版社

李雪勤編（1999）『探索与輝煌——建国以来中国共産党紀律検査工作及其基本経験』中国方正出版社

陝西省地方志編纂委員会（2009）『陝西省志・第 57 巻・検察志』陝西人民出版社

天津市地方志編修委員会（2000）『天津通志 検察志』天津社会科学院出版社

王瑞芳（2001）「新三反運動述評」『当代中国史研究』第 11 期，13–21 頁

王伝利（2004）『給腐敗号脈——新中国腐敗頻度与控制強度相関性研究』群衆出版社

魏明鐸（1993）『中国共産党紀律検査史』河北人民出版社

新華社通信編（1953）「河北省農村基層幹部違法乱紀情況厳重」『内部参考』第 24 号，499–504 頁

焱森・郭俊秀（1996）『中国共産党反腐敗大典』湖南出版社

張智勇・夏勇（1989）「少数民族地区非法拘禁案件調査報告」『現代法学』第 1 期，67–69 頁

鄭広宇「反瀆職侵権実務検討」『国家検察官学院学報』2007（04），155–160 頁

重慶市地方志編纂委員会（2005），『重慶市志 14 巻 公安志・検察志・審判志』西南師範大学出版社

中共中央文献編集委員会編（1983）『朱徳選集』北京人民出版社

中国検察年鑑編輯部（1995）『中国検察年鑑 1994 年』中国検察出版社

Ko, Kilkon and Weng, Cuifen（2012）Structural Changes in Chinese Corruption, *The China Quarterly*, 211: 718–740

Gong, Ting（1994）*The politics of corruption in contemporary China: An analysis of policy outcomes*, Westport: Praeger Publishers

Lü, Xiaobo（2000）*Cadres and Corruption : The Organization Involution of the Chinese Communist Party,* Stanford: Stanford University Press

Wedeman, Andrew（2012）*Double Paradox : Rapid Growth and Rising Corruption in China*, Ithaca, N.Y.: Cornell University Press

第14章

脱構築される習近平の反腐敗政策

「親清な新型政商関係」の構築をめぐる政治過程

小嶋華津子

はじめに——問題提起

　中国において，腐敗の撲滅はなぜかくも難しいのか。本章では，習近平政権による清廉な「政商」関係（党・政府など「官」と業界・企業との関係。以下，政商関係）構築の試みを題材に，この問いに答えたい。

　政商関係がしばしば腐敗の温床となることは，世界各国共通の事象である。「権銭交易」（政治的権力を握る「官」が，業界や企業から金銭等の賄賂を受け取る代わりに，さまざまな便宜を供与すること。以下，権銭交易）は中国に限った話ではなく，世界の日常と言っても過言ではない。

　しかし，中国の「権銭交易」には，その歴史的経緯に即して，いくつかの内在的背景もある。第一に，企業や業界の置かれてきた状況である。古来中国の「商」は，「四民」（士農工商）の末端に位置づけられ，安定的に商売を行い利益を上げるためには「官」の庇護を受けるよりほかなかった。他方，中央財政が限られる状況下で，規定外収入の獲得を許容されていた地方官僚にも，地元の「商」を財源として活用する動機が存在した。その結果として，両者の間には共棲と庇護に基づく非公式な関係が形成されてきたという（黄 2021：17）。

　第二に，こうした状況は中華人民共和国成立以降，社会主義化の過程でいったんは解消されたものの，計画経済下で党・政府が経済政策の立案から実施に

至るあらゆる権限を掌握したことは，国家が市場経済へと舵を切って以降，財政自主権を獲得した地方の「官」と「商」との間に，共棲と庇護に基づく非公式な相互行為を再燃させることとなった。市場経済下の法に基づく商慣行が未成熟な状況において，手中に強大な権力を保持する党・政府は，あたかも企業経営者であるかのように地元の商工業者を統括し，経済発展へと邁進した[1]。

　第三に，以上のような経緯は，文化の側面に着目して論じられることもある。すなわち，政治体制や政治路線の転換を経ても変わらない儒学の伝統こそ，政商関係のあり方を規定する要因であると捉える見方である。例えば翟学偉（南京大学社会学院教授）は，儒学に基づく中国人の行動原理の特徴として，「人情」に基づく権力者との報恩関係の構築，権力者による近親者に対する権勢や財の配分を通じた「面子」の獲得を是とする伝統に言及し，これこそが汚職を生む文化的土壌だと論じる（翟 2019：199–211）。

　このように歴史的・文化的背景をもち社会に深く浸透してきたがために，汚職や腐敗については，「経済発展のために適度な腐敗は許容されるべきだ」，「腐敗は経済発展の潤滑剤だ」といった言説も，折に触れメディアに登場した。例えば，2012 年 5 月には『環球時報』の社論「反腐敗は中国社会の発展のための闘いである」を，「中国の適度な腐敗は許容されなければならず，民衆はそれを理解するべきだ」とタイトルを変えて転載したテンセント・ネットが，『中国青年報』等の批判を受けて謝罪する一幕もあった[2]。

　上記のように，中国では政商間の汚職の蔓延が，つねに深刻な問題となってきた。中国人民大学国家発展・戦略研究院政企関係・産業発展研究センターが作成した「中国都市政商関係ランキング 2017（完全データ版）」によれば，1994～2016 年に摘発された 2800 余件の副庁級以上の汚職事案の 90% が「官」と「商」の癒着によるものであった。また，汚職により捕らえられた党・政府関係者は，一人当たり平均 10 名の企業家から金品の提供を受けていた（聶・韓・馬ほか 2018）。党中央指導者と業界との癒着に伴う汚職行為も後を絶たない。

---

1)　このような統治のあり方を J. オイは「地方国家コーポラティズム（Local State Corporatism）と称した（Oi, 2011）。

2)　「騰訊網就改動『環球時報』社評標題公開道歉」http://tech.sina.com.cn/i/2012-05-31/15127198310.shtml

2013〜14 年の周永康（政治局常務委員・中央政法委員会書記）の摘発時には，蔣潔敏（元中国石油天然気集団会長・元国有資産監督管理委員会主任）はじめ周を取り巻く石油利権関係者が芋づる式に多数逮捕された。また，2014〜15 年の令計劃（中央委員・中央書記処書記）の摘発時には，令が牛耳っていた山西省の石炭産業に群がる電力閥「西山会」の関係者が軒並み逮捕された。

　こうした中，2012 年に発足した習近平政権は，当初から共産党内外の綱紀粛正と大々的な反腐敗キャンペーンに精力を注ぎ[3]，「法による国家統治」（中国語：依法治国）というスローガンの下，法治建設を推し進めてきた。徹底した反腐敗キャンペーンには，指導部内の権力闘争や国民の不満の捌け口，コンプライアンス体制の対外的アピールという側面もあるが[4]，その主たる目的は，法に基づく健全で活力ある市場を構築するところにあるだろう。

　しかし，習近平政権による清廉な政商関係の構築に向けた取り組みの過程を振り返るならば，そこに観察されるのは，構築と脱構築のせめぎ合いの構図である。腐敗が社会あるいは人々の精神に根ざした深刻な問題であると認識されているがゆえに，反腐敗キャンペーンにおいては，法治という基調に加え，意図的あるいは無意識的に倫理・道徳に関わる側面が強調されることになる。それは，一方では社会主義体制から派生する倫理・道徳であり，他方では文化的伝統とりわけ儒学から派生する倫理・道徳である。これらの倫理・道徳が，法治による清廉な政商関係の構築を促進すると同時に，時に脱構築を促す磁力を形成していると筆者は考える。そこで本稿では，清廉な政商関係の構築の一環として習近平政権が取り組んできた業界団体・商会と行政機関との「脱鈎」（切り離し。以下，脱鈎），「親清」な政商関係の提唱を事例に，法治の基調と，

---

3)　第 13 期全国人民代表大会第一回会議（2018 年 3 月）で行われた最高人民検察院報告では，習近平政権一期目の 5 年間に立件された汚職官僚は 25 万 4419 人（含：閣僚級以上の元幹部 120 人），立件によって取り戻した経済的損失は 553 億元（約 9300 億円）に達することが明らかにされた（全文は「（両会受権発布）最高人民検察院工作報告」http://www.xinhuanet.com/politics/2018lh/2018-03/25/c_1122587415.htm）。

4)　習近平政権は，フランスなど諸外国の経験を参考にしながら，国内の企業のコンプライアンスを高めることにより，アメリカ等による腐敗・汚職に関わる法の域外適用にプロアクティブに対応しようとしている（詳細は，小嶋華津子「中国の法治建設と対外関係」https://www.spf.org/iina/articles/kazuko-kojima_01.html）。

上記二つの倫理・道徳に基づく磁力が相互にどのように作用しているのかを論じ，中国の政商関係を規定する構造を浮き彫りにしたい。

1　法治と共産党の領導
──業界団体・商会と行政機関との「脱鈎」

本節では，業界団体・商会と行政機関との脱鈎の動きを分析することで，清廉な政商関係の構築過程に見られる法治と社会主義倫理との関係を論じたい。

(1) 清廉な政商関係に向けた業界団体・商会と行政機関との脱鈎

業界を舞台とした汚職を撲滅するための手段として，習近平政権は，業界団体・商会と行政機関との脱鈎を推し進めてきた。中国の業界団体は，日本の業界団体と同様に，特定の業界の企業や企業家を会員とし，業界の利益の増進を図る非政府組織である。政府と業界・企業を取り次ぐパイプとして，一面では政策の実現に協力し，他面では業界の利益を代表して意見具申をすることなどが期待されている。その数は，2014年末時点で約7万団体にのぼり，国家レベルの業界団体だけを見ても，その会員企業数は298.2万，総資産額は168.8億元に達していた[5]。

これらの業界団体が習近平政権下で反腐敗のターゲットとなったのはゆえなきことではない。そこには社会主義下の計画経済体制が残した負の遺産がある。中国の業界団体は，元国営企業を中心に国の基幹産業，業界の基幹企業により構成される中国工業経済聯合会系列の団体と，非公有制企業や私営企業家で構成される中華全国工商業聯合会系列の団体とに区分される（小嶋2023）。うち前者は，計画経済体制の下で肥大化した官僚機構が，市場経済化に伴い組織編成の大幅な縮減を求められる中で，自らの組織の一部を切り離し，看板だけを付け替えたことにより生まれた団体であり，行政機関と半ば一体化している。また後者は，経済的利益とそれを保障する政治的地位を得るために，党の統一戦線工作に積極的に応じてきた団体である。このような経緯から，中国の業界

---

5)　「民政部有関負責人解析『行業協会商会與行政機関脱鈎総体 https://news.12371.cn/2015/07/09/ARTI1436391324762802.shtml

334　　Ｖ　中国腐敗をどう捉えるべきか

団体は，自律的な市場アクターとして活動するよりもむしろ，行政機関との癒着関係を利用して複雑な許認可手続き，環境影響評価，安全性評価などの諸手続きを独占的に担い，その収入によって生き延びてきた。そして，業界団体の生み出す利権構造は，市場経済化の足枷になると同時に，腐敗の温床となった。法に基づく健全で活力ある市場の構築を目指す習近平政権にとって，これらの業界団体を行政機関から脱鈎させることは，避けられない課題だったのである。

　習近平政権が最初に業界団体と行政機関との脱鈎を提起したのは，政権が市場経済化に向けて包括的改革案を示した中国共産党第 18 期中央委員会第 3 回全体会議の「改革を全面的に深化するにあたっての重大問題に関する中共中央の決定」（2013 年 11 月）においてであった。その後，中共中央弁公庁と国務院弁公庁の「業界団体・商会と行政機関との脱鈎に関する総合方案」（2015 年 7 月）で具体的な方針とタイムテーブルが示された。そして，「総合方案」に基づいて，財務，人事，運営の各側面における脱鈎政策が整備されるとともに，政策の実施に向け，国家発展改革委員会及び民政部を中心とするワーキンググループが結成された[6]。2015 年 11 月からは，国家レベルの業界団体 438 団体について脱鈎が試行され，それを踏まえて 2019 年 6 月，国家発展改革委員会，民政部，中央組織部，中央機構編制委員会弁公室，外交部，財政部，人力資源社会保障部，国務院国有資産監督管理委員会，国家機関事務管理局の連名で「業界団体・商会と行政機関との脱鈎改革の全面的推進に関する実施意見」が発布され，民政部門の主導の下で，全面的な脱鈎工作が始動した。中央の動きに合わせ，各省でも同様に，副省級ランク以上の指導者の統括の下に，組織部門・編制部門，発展改革部門，民政部門，財政部門などで構成されるワーキンググループが結成され，省レベルの業界団体・商会と行政機関との脱鈎が進められた

　加えて，上記の政策は，ここ 10 年以上にもわたり議論されながら実現してこなかった「中華人民共和国業界団体・商会法」の制定に向けた動きを加速させることになった。業界団体・商会の自律性を確保するための立法については，

6）　ワーキンググループの指導部は，王勇（組長，国務委員），徐紹史（副組長，国家発展改革委員会主任），李立国（副組長，民政部部長），孟揚（副組長，国務院副秘書長）によって構成され，事務所は国家発展改革委員会内に置かれた。

2012 年 3 月，中華全国工商業聯合会が第 11 期政治協商会議全国委員会第 5 回会議で提案したのを皮切りに，2014 年 3 月の第 12 期全国人民代表大会第 2 回会議の会期中にも陳愛蓮（万豊奥特ホールディンググループ党委員会書記・董事局主席），胡季強（康恩貝グループ董事長）など 61 名の代表が議案を提出したが，立法過程は遅々として進まなかった。劉俊海（中国人民大学商法研究所所長）によれば，立法化の遅れの背景には，業界団体・商会が行政機関から自律的に活動するということに対する懐疑論があったが，今次脱鈎によってこうした状況はおおむね解消されたという[7]。

（2）業界団体・商会における党の領導

　しかし，ここで留意すべきは，業界団体・商会と行政機関との脱鈎が進められるのと並行して，業界団体・商会における党組織の建設が進められたことである。2015 年 7 月，党中央組織部により，「行政機関からの脱鈎後の国家レベルの業界団体・商会の党建設工作管理体制の調整に関する弁法（試行）」が発布された。これは，党中央直属機関工作委員会，中央国家機関工作委員会および国務院国有資産監督管理委員会党委員会に対し，国家レベルの業界団体・商会における党建設の計画を立て，そのための施策を講じるとともに，業界団体の党組織に対する教育，団体の主要役職の人事，清廉な政治建設の実施・監督などを統一的に領導するよう明記するものであった。すなわち，党には，業界団体内・商会内の思想面での教育のみならず，党組織の指導者自らが団体の主要な役職に就任し，団体・商会内の規律の強化を主導することが求められたのであった。

　こうした党中央の方針を受け，各地で業界団体・商会に対する党の領導を強化するための方針が打ち出された。例えば，中共深圳市規律検査委員会，中共深圳市非公有制経済組織・社会組織工作委員会，深圳市民政局による「党の領導を強め，業界が自律的に腐敗予防工作の領域の開拓を推進することに関する実施意見」（2018 年 3 月）は，業界団体・商会に対して党がどのように関与し

---

7) 「行業協会商会立法該提速了！協会商会與行政機関脱鈎改革全面推開」https://baijiahao.baidu.com/s?id=1637271277334797146&wfr=spider&for=pc

ていくかに関し，具体的な見取り図を示している。その骨子は，次のとおりである。第一に，各業界を主管する行政機関の職員あるいは退職者が，主要な業界団体の党組織に派遣され，第一書記として業界の党建設と業界の清廉化に向けた工作を担う。第二に，業界団体の党組織の建設・整備が完了した後には，その党組織の構成員が団体の指導的ポストを兼任し，党規律検査委員会書記（あるいは委員）が業界団体の監事（長）を兼任する。党書記は団体管理者層の関係会議に出席する。このようにして，団体の指導者と党組織の指導者の実質的一体化が進む。第三に，団体は党組織として，業界内の清廉化と信用システムの建設を担う「業界清廉従業委員会」ないし「業界自律委員会」などを内設し，党組織責任者自らが当該委員会の主要責任者を兼任する[8]。

（3）党の倫理に対する過信と反腐敗政策の無意味化

　以上のように，習近平政権は，政商関係の清廉化を目的に，団体と行政機関の脱鈎を進め，両者の間に法や制度に基づく新たな関係を再構築する一方で，団体の人事や運営の面における党の実質的な関与を強めつつある。この現象をどのように解釈すればよいのだろうか。習近平政権下で，「党政軍民学，東西南北中の一切を党が領導する」という方針が掲げられ，憲法第一条に「共産党の領導は中国の特色ある社会主義の最も本質的な特徴である」と明記されたこと，さらには「党の領導」を明記する方向で国家機関や主要社会組織の規約改正が進められてきたことに鑑みれば，業界団体に対し党が影響力を行使することに対する法的制約はなくなりつつある。また，憲法学者である田飛龍（北京航空航天大学人文・社会科学高等研究院副教授）が指摘しているように，政商関係に関わる制度改革はこれまで専ら規律検査委員会を中心とする党の枠組みに依拠して進められてきたが，2018 年に「中華人民共和国監察法」が制定され，規律検査を行う党の権力と国家監察権力との融合が実現したことによって，党の規範と国家の法との間に存在した規範面・手続き面での齟齬は解消されつつ

---

8)　「中共深圳市紀律検査委員会・中共深圳市非公有制経済組織和社会組織工作委員会・深圳市民政局文件　深紀発〔2018〕1 号」http://www.szpmi.org/portal/article/index/id/827/cid/73.html　本サイトの最終閲覧日は 2019 年 1 月 31 日であるが，2022 年 1 月現在閲覧できない状況にある。

ある（田 2020：123）。

　しかし，現実には，党と行政機関の幹部は往々にして重複しており，切り分けは困難である。こうした状況下で，行政機関と脱鈎した団体に，一層集中的に政治権力を握りつつある党の幹部を指導者として配するという方法は，政商関係を清廉化するための手段としては矛盾を感じざるをえない。党内の腐敗を直視し，党の規律強化と反腐敗闘争を展開しながら，他方で，その党に業界の清廉化を託すという方法はある種のトートロジーであり，そこには，党組織や党員の倫理性，廉潔性に対する習近平政権の過信があるように思われる。言い換えれば，習近平政権は，党の倫理や道徳性についての性善説的発想に依拠したがゆえに，法治という手段による腐敗問題の解決に向けた取り組みを自ら骨抜きにしてしまったのである。

2　法治と伝統的倫理——「親清」な政商関係

　法治の方針に強力な磁場を形成するいま一つの倫理に，伝統的な儒学に基づく倫理がある。本節では，習近平政権による「親清」な政商関係の推進過程をとり上げ，そこに働く伝統的倫理の磁場について考察したい。

(1) 習近平政権による「親清」な政商関係の提唱

　習近平総書記は浙江省時代からしばしば，幹部は企業家との間に「君子の交わり」を築くべきだと述べ[9]，そこに清廉さを求めてきた[10]。2015 年 3 月に開催された博鰲アジアフォーラムでは「政商関係新生態：君子之交相忘於江湖（江湖に相忘る）」分科会が開催された。しかし，2016 年 3 月，中国人民政治協商会議第 12 期全国委員会第 4 回会議の中国民主建国会，工商業聯合会委員に対する重要講話のなかで習が求めたのは，「親」かつ「清」な（親しく清廉な）

---

9)　『荘子』中の「君子の交わりは，淡きこと水の若く，小人の交わりは甘きこと醴の若し」に由来する。君子の交際は，水のように淡白であるが，その友情はいつまでも変わらない。逆に，小人物の交際は，まるで甘酒のように甘く執拗な関係であるが，長続きしないものだ，という意味である。

10)　「君子之交——“晋江経験”的政商智慧」http://www.rmzxb.com.cn/c/2018-07-12/2109797.shtml

政商関係であった。本講話のなかで習は，幹部と企業家それぞれにとっての「親」と「清」を次のように論じた。指導幹部にとって「親」とは，清廉かつ誠実に民営企業と付き合うこと，とりわけ民営企業が困難や問題に直面したときに積極的に動き，率先して奉仕し，実際の困難の解決を支援することである。また「清」とは，民営企業家との関係が清廉で，純潔で，貪欲な利己的考えを持たず，権力を用いて私益をはからず，権銭交易をしないことである。民間企業家にとって，「親」とは，各級党委員会・政府部門と積極的かつ主体的により多くの交流を持つことである。また「清」とは，自身を清廉にし，正しい道を歩み，規律や法律を遵守して企業を営み，公明正大に経営することである，と[11]。

　なぜ習近平は，「清」と合わせて「親」を打ち出したのだろうか。これについて先述の田飛龍は次のように述べる。「親」でありかつ「清」であるというのは政商関係の弁証法的な調和のあり方であり，権力の法治化や抑制に関する一般的な命題ではなく，権力の道徳的基盤，奉仕の倫理，利益との区別に関する高度な定義と要求である。権力は単に法を遵守し，法により制約されるのみならず，市場のプレーヤーと近しい関係を継続的に構築することが求められている。すなわち，新型政商関係の求める法治とは，国家法に基づく形式的な法治の論理を超越し，法規範の実質的な倫理的論理に及ぶことになる，と（田 2020：122）。形式的な法治のみならず，より実質的な倫理にまで及ぶ政策を是とする発想は，理や法（理性や条文・制度）のみならず情に配慮することこそが法の理想のあり方であるとする儒学の伝統的考え方と通底するものかもしれない（翟 2019：189-199）。実際に，「清」と「親」の内容を，儒家思想と重ね合わせて統合的に解釈する言説も数多く発表されている。例えば，毛世英（遼寧社会科学院中国の特色ある社会主義理論体系研究センター研究員）は，次のように論じる。政商関係における「親」は，儒学の仁愛思想の継承であり，父母に対する呼称を超え，「民主，和諧，自由，平等，誠信，友善」などの社会主義の中核的価値や，「全身全霊人民に奉仕する」党の宗旨，さらには「人類運命共

11）「習近平提"親""清"二字的歴史淵源」http://theory.people.com.cn/n1/2016/0313/
　　c40531-28195149.html

同体」というグローバル思考を際立たせるものであらねばならない。また「清」は，公私を区分し，義を利に優先させる儒学の義利観につながるものである，と（毛 2021：50-51）。同様に，王建均（中央社会科学院マルクス・レーニン教研部経済学教研究室教授）も，「親清」な政商関係を構築するには，政と商の双方が，儒商が行動準則としてきた誠信，および義を利に優先させる精神を十分に発揚しなければならないとする[12]。

(2)「親清」な政商関係構築の現場

❶背反する「親」と「清」

　しかし，「親」でありかつ「清」であることは論理的には成り立つものの，現場での実践にはおいては少なからず混乱をもたらしたようである。なぜなら，中国において，「親」しい付き合いとはすなわち，助け合い，便宜を図り合う関係を意味するからである。「親」であるならば，便宜を図ってこそ情に適うという社会通念の下では，自ずと人々の善悪の意識と合法性との間にズレが生じ，情と法理の境界にグレーゾーンが広がる。こうして，「親」は「清」と矛盾をきたす。中国のメディアでは，友人同士の「親」に基づく相互行為が違法行為へとエスカレートした案件が数多く報じられている。例えば，澎湃ニュースサイトに掲載された記事は，その典型的事例と言えるだろう。2020 年 10 月，馬建銘（嵊州市司法局元局長）が収賄罪で懲役 10 年 3 ヶ月の判決を受けた事例である。馬は同じ村で兄弟のように育った銭某某が独立して繊維業を興し事業を拡大していく際に，城関鎮副鎮長という立場で，土地のリースに関し所轄の村に口利きをしたり，銭が宅地開発において市の管理局と揉めた際にも市建設局局長として銭に有利な対応がとられるよう圧力をかけたりと，つねにさまざまな場で銭をサポートしてきた。これに対し，銭も，株式市場での投機に関心を持ち始めた馬のために，自らの株口座と資金を幾度かにわたって提供したほか，次第に腕時計・翡翠から家や自家用車までをも提供するようになっていった。馬は，取り調べを受けた際，「私はいつも友情というベールにばかり目を

---

12)　王建均「儒商文化與"親清"新型政商関係的構建」http://www.china.com.cn/opinion/theory/2018-03/20/content_50724608.htm

やり，兄弟のように親しい友人なのだからと自らを欺き，不適切な金銭取引すら，友人であるならば通常の力添えであると信じていた」と述べたという[13]。「親」に付随する便宜供与が報恩に基づく関係の深まりにともなって無限に拡大し，合法／違法の境界を超えてしまう事案は多い。

そして，以下に例示するように，情と法理との間に広がるグレーゾーンを前に，「親清な新型政商関係」構築の現場には，回避，逸脱等によって，当初の意図と実際の対応との間にズレ——「味変」（中国語：変味）——の生ずるリスクがつねに存在する。

❷選択的実施

一つには，「親」と「清」のどちらか一方に偏向し，もう片方をなおざりにするケースがある。例えば，あくまでも「親」に基づく便宜供与関係を維持しながらそれが露呈することのないよう，「親」の範囲を「親友圏」「同学（クラスメート）圏」「老郷（同郷）圏」などのごく狭い範囲に限定するケースがある。そうすることで，便宜供与に伴う汚職は発覚しにくくなり，政商関係が清廉さから遠のくリスクはますます高まるであろう。

他方で，清廉な関係が求められ，反腐敗の圧力が加わる中で，党・政府幹部や行政機関の職員のなかには，企業と関係を持つことを極力回避し，「親」の求める必要な協力も行わず，「不作為」を決め込む者も現れ，「不作為」がもたらす企業，とりわけ民間企業の経営環境の悪化が問題視されるようになっている[14]。

❸仔細な規則の策定

次に，「親」と「清」の両立を実践するために，きわめて詳細な規定が設けられる現象がある。「親」であることが無限大に情の世界を広げてしまう文化的状況において，法や規則によって「清」を達成しようと思えば，それは必然的に，非常に仔細に及ぶものとなる。例えば，2019年4月に山東省規律検査

---

13) 「親清不分 権銭交易披友情外衣」https://m.thepaper.cn/baijiahao_10456108
14) 「変味"親清"政商関係正滋生：給銭送礼"親"，不送"清"（https://m.thepaper.cn/baijiahao_12653409

委員会・監察委員会が発布した「政商交流を規範化し親清な新型政商関係の構築を推進することに関する工作意見（試行）」には，党・政府関係者の行動準則について，詳細なポジティブリストとネガティブリストが掲載されている。

まず，ポジティブリストによれば，党・政府関係者は，企業や業界団体・商会の主催する座談会・茶話会・年会など各種の公開商務活動，対外的な調査研究，投資や人材の誘致（中国語：双招双引），プロジェクトや製品の広報・宣伝などの活動に参加する。また，自ら企業や業界団体・商会を組織して見本市・展示会など公開の経済・貿易交流活動，さまざまな研修活動に参加させたり，政府等が主催する調査研究視察や公聴会・討論会・座談会などに参加を要請したりするが，その際には公務接待の基準に基づいて業務内の食事を手配してもよい。企業を個別訪問してサービスを提供したり調査を行ったりする際には，必要に応じて企業の提供する交通手段を利用し，職員基準に準じて企業の食堂で食事をとってもよい。企業の活動に関わる許認可事項は法律に基づいて合理化し，手続きを簡素化し，手数料を全般的に標準化し，企業の税費負担を軽減する。企業に調査協力を依頼する場合には，人身および財産に関わる権益を保障し，企業の合法的運営を保障するとともに，企業に関する情報は企業活動への影響を考慮し，慎重かつ適切な公開に留意する。

ネガティブリストによれば，党・政府関係者本人のみならず，配偶者や子女およびその配偶者など特定の関係者が企業から不正に利益を得たり，公平な公務執行に影響を与える可能性のある企業との不正な取引行為を行うことを共謀したり黙認したりしてはならない。公平な公務執行に影響を与える可能性のある企業やその経営者から，贈答品・謝礼・商品券や有価証券・株式・その他の金融商品などの財産を受け取ったり，企業との取引や仲介業務を口実に企業やその経営者から手数料などの費用を受け取ったり，その他の便宜供与を受けたりしてはならない。本人，配偶者，子女およびその配偶者，その他の特定の関係者の名義で企業から資金を調達したり，融資を受けたり，車や家屋を借り受けたり，本来所属する党・政府単位または個人が負担すべき費用を企業またはその責任者に肩がわりさせたりしてはならない。企業またはその責任者から，公平な公務執行に影響を与える可能性のある宴会や旅行，フィットネスクラブの利用，娯楽などの手配を受けてはならない。企業から違法に支給されたフィ

ットネスクラブの会員証や商品券を取得・所持・使用したり，企業やその責任
者から招待を受けたり，プライベートクラブに出入りしたりしてはならない。
本人，配偶者，子女およびその配偶者，その他の特定の関係者の名義で非上場
企業の株式や有価証券を保有したり，配偶者，子女およびその配偶者，その他
の特定の関係者が，規則に反して企業の上級ポストに就任したり給与を受け取
ったりしてはならない。職権を濫用し，市場経済活動に干渉したり，企業やそ
の責任者のために不適切に便宜を供与したり，企業の正当な権益に損害を与え
たり，企業の具体的な経営管理活動に干渉したりしてはならない。企業に対し，
闇雲に検査を求めたり，資金・物資・労力の分担を求めたり，費用・罰金・寄
付を強要したりしてはならない。許認可および監督管理，資源開発，金融融資，
業務委託，土地使用権の移転，不動産開発，プロジェクト入札などに際し，職
権を利用して供応を要求したり，賄賂を求めたりしてはならない。また，企業
や企業家との付き合いにおいて，不作為，遅滞，無秩序，虚偽など，党規約や
法規に違反するような行動をとってはならない[15]。

　ポジティブリストやネガティブリストの作成は習近平政権の推奨するところ
であり，関係者の一挙手一投足を規定するような仔細な項目もまた，法治を重
んずる習近平政権の意図に即したものと言えるのかもしれない。しかし，いか
なる規則も，仔細に定めれば定めるほど，規定外の部分の輪郭が露わとなり，
抜け道が生まれる。そして，抜け道をゆく者と，新たな規則によってそれを規
制しようとする者との間にイタチごっこが始まるであろう。

❹わかりやすいキャッチコピーの利用

　仔細な規則とは逆に，わかりやすく単純化されたキャッチコピーを用いて，
人々の倫理に訴えかけようとする動きも一部の地方に見られる。例えば，浙江
省台州市では，党・政府関係者による企業・企業家に対する「媽媽（母親）」
式サービスが推奨されている。これは，2018 年 1 月 8 日，同市党委員会書記
の陳奕君が初めて提唱したものであり，「親清な新型政商関係」を構築するた

---

15)　山東出台「関於規範政商交往推進構建親清新型政商関係的工作意見（試行）」https://
　　baijiahao.baidu.com/s?id=1631464990194330576&wfr=spider&for=pc

めの新しい考え方，新しい道筋，新しい方法を提供するものだと自画自賛され
ている。彼らは次のように述べる。「媽媽」式サービスは，以前に提唱されて
いた店員式（中国語：店小二）あるいはお手伝いさん式（中国語：保姆）のサー
ビスに比べ，より真心を込めて，無私の精神で企業に奉仕するという精神に満
ちたものである。党・政府関係者は，母親が周到に子供の面倒を見るように，
企業の生産・経営状況を包括的に理解し，企業が直面している困難を把握し，
政府に対する意見や提案を求め，提起された問題や意見を一つ一つ処理し，解
決しなければならない。また，起業時のみならず，その後の企業の発展にも気
を配り，企業の立場に立って，土地，技術，人材などの調達において優遇政策
を講じ，子供の健やかな成長を気遣うように，企業の質の高い発展に気を配ら
ねばならない。企業の誘致にあたっては，「頭皮を硬くし（難局にあっても覚悟
を決め），面の皮を厚くし（度胸を据えて，厚かましく），口の皮をすり減らし
（何度も話し），腹の皮を飢えさせ（空腹に耐え），足の皮を摩耗させ」る（足繁
く通う）「五皮精神」を発揮して，困難をものともせずに，万策尽くして，企
業の回帰駐留を引き寄せねばならない。企業の求めを受けて初めて問題を解決
するといった受動的な姿勢を改め，「つねに心にかけ，先んじて考え，前もっ
て実行する」という能動的心配モデルに切り替える必要がある。また，行政サー
ビスの質の向上と手続の簡略化，デジタル化を推進しなければならない[16]。

　すなわちここでは，政商関係の「親清」のあり方が，母親の無償の愛に置き
換えられて解釈されている（ここではあえてジェンダーの問題は問わないことと
する）。それは明らかに法治の範囲を超え，倫理・道徳に基づく行動を求める
ものであり，情と法理の境界に広がるグレーゾーンを一層拡大するリスクを伴
う。例えば，複数の党・政府関係者が，利害を異にする管轄部門の業界や企業
に対し，それぞれ困難をものともせず，万策を尽くして，母親のように対応し
ようとした場合，母親同士の競合はどのように解決されるのだろうか。また，
多くの母親が，公的正義を守るよりも自らの子供に寄り添う状況を想定するな
らば，母親によってむしろ清廉な政商関係が損なわれることもあるだろう。

16）「"媽媽式"服務構建"親清"新型政商関係」http://yhnews.zjol.com.cn/yuhuan/sys
　　tem/2018/02/05/030690343.shtml

❺共通の指標を用いた換骨奪胎

　最後に，共通の指標を設定し，普及させることで「親清」なる新型政商関係の内容が換骨奪胎されてしまう現象について論じたい。2018年1月3日，国務院常務会議は，諸外国の経験を参考に，ビジネス環境の評価メカニズムを打ち立てる方針を示した。この方針を受けて，国家規模あるいは地方レベルで共通の指標を作成し，ランキングを行う動きが生じた。なかでも，中国人民大学国家発展・戦略研究院政企関係・産業発展研究センターによる「中国都市政商関係ランキング2017」は，「親（親近度）」と「清（清廉度）」の2種類の指標から全国285都市の政商関係の健全度ランキングを示したものであり，注目を集めた。

　ここで重要なのは，本ランキングに用いられた指標である。まず，ランキングにあたっては，親近度を示す指標に60％，清廉度を示す指標に40％が配分された。そのうち，親近度を示す指標としては，A）政府の企業に対する関心を示す指標（市長・市党委員会書記による企業視察・企業家との座談の回数）に10％分，B）政府の企業に対する奉仕を示す指標（インフラ施設〔道路／管轄区面積・高速鉄道の通過回数〕，金融サービス〔年末の預貸金総額／GDP・金融業従業員数／総人口・銀行支店数／総人口〕，市場仲介サービス〔弁護士事務所総数／総人口・会計事務所数／総人口〕，行政効率およびデジタル化〔政府のオンラインサービス項目および効率・移動政府サービス効率・WeChat公衆号や政府ウェブサイト〕）に40％分，C）企業の税費負担を示す指標（企業の税収負担〔一定規模以上の工業企業主管業務税金／工業生産値・増値税／工業生産値〕）に10％分が配分された。また，清廉度を示す指標としては，D）政府清廉度を示す指標（摘発された公務員総数／国家公務員数，百度腐敗指数〔腐敗に関するニュース数〕）に10％分，E）政府透明度（行政の情報公開，財政透明度）に30％分が配分された（聶・韓・馬ほか2018）。

　以上から，次の3点を指摘することができるだろう。第一に，「親清な新型政商関係」の二つの柱——親近度と清廉度——のうち，親近度の比重が大きく設定されていることである。第二に，親近度を測る指標として，交通インフラや金融インフラの整備状況，預貸金総額，行政サービスのデジタル化など，いわば経済発展の程度を測る指標が用いられていることである。第三に，清廉度

を示す指標のうち，行財政の情報公開など一般的な取り組みに重点が置かれ，腐敗・汚職の程度に直接的に関わるであろう摘発された党・政府職員の比率や関連報道の数については，全体の10％分の比重しか与えられていないということである。それぞれの指標や比重がどのように決定されたのか，報告書からは知る由もないが，その結果から推測するに，おそらくは，経済の発展した都市から，自らに有利な指標を用いるよう働きかけがあったのではないか。あるいは腐敗に直接関わる指標を用いてランキングをすることに対して，何らかの抵抗があったのではないかと思われる。

いずれにせよ，このように恣意的に作成された指標および比重に基づきランキングが行われた結果，2017年度のランキング上位10位は，東莞，深圳，上海，北京，広州，金華，蘇州，温州，邢台，長沙となった（晶・韓・馬ほか2018）。そして，ここで用いられた指標の多くは，各地方における同様の取り組みにおいても参照され，「親清な新型政商関係」というスローガンの達成をめぐる都市間競争の基準を形成していった。それは，清廉な政商関係の構築を柱とする取り組みが換骨奪胎され，経済発展を目指す従来型の競争に吸収されてしまう過程でもあった。

おわりに——法治と倫理の交錯がもたらすもの

上に論じたように，習近平政権は，長い歴史を経て人々の行動規範に深く根ざしてきた腐敗の問題を克服することを目指し，さまざまな施策を講じてきた。その際，外在的な法という手段による秩序形成と併せて重視されたのが，内在的な人々の倫理観や社会通念に訴える手段であった。しかし，法と倫理双方に働きかける方法は，理論上は相乗効果を生み有効性を高めうるが，政策が実行される現場においては，想定通りに進んでいない。倫理観や社会通念は往々にして主観や恣意的解釈の空間を伴い，情と法理の境界にグレーゾーンを形成するからである。倫理観や社会通念に関する議論に踏み込んだ途端に，法治を基調とする反腐敗政策は，社会主義体制から派生する党員としての倫理や，儒学に基づく伝統的倫理の意味空間に足を取られ，脱構築のリスクに晒される。例えば，清廉な政商関係の構築の一環として習近平政権が取り組んできた業界団

体・商会と行政機関との脱鈎は，共産党員の倫理性への過信に基づく制度構築
によって無意味化してしまうリスクに晒されている。また，「親清な新型政商
関係」を提唱し，「君子の交わり」を引用して清廉な政商関係を構築しようと
しても，情に基づき，多少無理をしてでも便宜を図る関係こそ「親」であると
いう社会通念の磁力のなかで，大小さまざまな曲解，「味変」がなされ，逆に
情と法理の境界に存在するグレーゾーンを拡大させてしまう。さらに，こうし
た恣意的解釈空間の拡がりを利用し，「親清な新型政商関係」の測定基準を，
経済発展の論理のなかに回収しようとする磁力も働く。「親清な新型政商関係」
の実態は，構築と脱構築のせめぎ合う揺らぎの空間にあるのである。

参考文献

小嶋華津子「習近平政権と「公正で秩序ある市場構築」の試み──業界団体のあり方
　　をめぐる中国政治のダイナミクス」，21 世紀政策研究所（研究主幹：川島真）『習
　　近平政権の羅針盤──ポスト／ウィズコロナ時代の諸問題とそれへの対処』一般
　　社団法人日本経済連合会 21 世紀政策研究所，2023 年 5 月（http://www.21ppi.
　　org/theme/data/230620.pdf）
翟学偉（2019）『現代中国の社会と行動原理──関係・面子・権力』朱安新・小嶋華津
　　子編訳，岩波書店

黄毅（2021）「市場化進程中政商関係的共生庇護，尋利型変通與治理之道」『地方治理研
　　究』2021 年第 4 期
毛世英（2021）「従儒家仁義思想深入理解親清新型政商関係」『遼東学院学報』第 23 巻
　　第 1 期（2021 年 2 月）
聶輝華・韓冬臨・馬亮・張楠迪揚（人大国発院政企関係與産業発展研究中心）（2018）
　　「中国城市政商関係排行榜 2017（完整数拠版）」『人大国発院系列報告　年度研究
　　報告』総第 13 期，2018 年 5 月
田飛龍（2020）「中国模式視角下新型政商関係的法治建構」『学術界』総第 260 期，
　　2020 年 1 月

Oi, Jean C.（1992）"Fiscal Reform and the Economic Foundations of Local State Corpo-
　　ratism in China," *World Politics*, Vol. 45, No.1, October 1992

第**15**章

プーチン期のロシアにおける汚職と反汚職

中国との比較を手がかりとして

油本真理

はじめに

　中国で習近平国家主席が汚職対策を進めていたのと同じ時期に反汚職がクローズアップされた国としてロシアが挙げられる。ロシアでは2008年から4年間大統領の職にあったドミトリー・メドヴェージェフの下でも一定の汚職対策が実施されていたが，ウラジーミル・プーチンが2012年に大統領に返り咲いたタイミングでさらなる汚職対策が実施された。まず，2012年にはプーチン大統領のインナー・サークルに属する国防大臣の更迭が大きな注目を集めた。さらに翌年には公職者による海外銀行口座の保有禁止（「エリートの国家化（национализация элит）」）をはじめとした独自の取り組みも導入され，大統領府内には汚職対策の部門が新たに作られた。

　ところが，反腐敗運動が大規模かつ徹底的に行われた中国とは異なり，プーチン大統領の下で推進された反汚職キャンペーンは限界を伴うものであることが明らかになった。政権がさまざまな取り組みをした一方で，その実効性は低く，汚職は温存された。2016年には「パナマ文書」にプーチンの友人の名前が載っていたことが明らかになり，2017年には当時首相を務めていたメドヴェージェフの汚職疑惑が反体制派によって取り上げられるが，政権はこうした問題に取り合おうとはせず，反汚職に後ろ向きな姿勢を見せるようになった。

349

当初は華々しく打ち上げられた反汚職が骨抜きにされていったのはなぜだったのだろうか。この点を考えるうえで手がかりになるのが2010年代に行われた中ロの反汚職を比較したChen（2020）である。Chenによれば，中国の反汚職は「攻撃的」な性質を持っていたのに対し，ロシアにおけるそれは「守備的」であった。ロシアではメドヴェージェフからプーチンへの交代が行われた時期に政権支持率が下がっており，何らかの対処が必要とされていた。トップ層から下位層まで幅広いエリートに対して反汚職を実施した習近平国家主席とは対照的に，プーチン大統領の主眼は反汚職に取り組むポーズを見せることにあり，それゆえに実際に行われた汚職対策も限定的なものにとどまったという説明である。

　この議論は中国とロシアの違いの説明としては説得的であるが，ロシアにおける汚職対策の内容やその策定プロセスが十分に論じられているわけではない。先にも触れた通り，ロシアで実施された反汚職は政権によって強力に推進された面もあり，そうした反汚職が試みられた背景にはどのような要因があったのか，にもかかわらずそれが不十分にとどまったのはなぜだったのかはあらためて検討に値するトピックであると考えられる。そこで，本章では，政権自身のモチベーションがそれほど高くない場合（「消極的」反汚職）に汚職対策がどのような力学に基づいて行われるのかについての考察を行い，実際にこの時期のロシアで実施された反汚職政策を振り返る。本章の考察からは，ロシアにおける反汚職が，反汚職の推進を目指す方向性と，それが政治秩序を揺るがすことは回避しようとする方向性に特徴づけられていたことが明らかになる。

　以下，第1節では，消極的反汚職がいかなる力学に特徴づけられているのかについて考察する。そのうえで，プーチン期のロシアにおける反汚職キャンペーンの背景（第2節），そしてその実際の内容（第3節）を明らかにする。結論では，全体の議論をまとめる。

1　権威主義体制下における積極的／消極的反汚職

　汚職との戦いはどのような国にとっても容易ではないが，民主的なメカニズムが働きにくく，政権に対する監視の目が届かない権威主義国家においてはよ

り一層困難な課題であると言える。こうした国家ではそもそも，少数の権力者が国家の要所を押さえ，腐敗している[1]。腐敗の取り締まりは自らの首を絞めることにほかならず，場合によってはエリートの離反をも招きかねないことから，政権にとってそのようなリスクを冒すインセンティヴは弱い。さらに，抑圧的な政治体制が構築されていて反体制派や市民からの圧力もかかりにくいため，こうした政権の姿勢が黙認されやすい。

　権威主義体制下においてわざわざ反汚職が実施される動機としては主に，指導者のイニシアチヴによる積極的な汚職対策の実施と，外部からの圧力によって汚職対策を実施しなければならなくなる消極的な汚職対策の実施，の二通りを上げることができる。

　第一の積極的な反汚職の動機として挙げられるのが，反汚職そのものではなく，むしろこれを利用することで現政権の支配体制を強化しようというものである[2]。まず挙げられるのが，反汚職を口実とした敵対エリート集団の排除である。最も典型的なのは，革命やクーデタの直後に実施される反汚職である（Gillespie and Okrhlik 1991）。これは，政治指導者が反汚職を一つの理由として自らに反対する勢力を追い落とそうとするモチベーションに特徴づけられていると考えられる。また，すでに確立した権威主義体制においても，統治をさらに盤石にすることを目指して反汚職が用いられることもある。

　第二の消極的な動機による反汚職の実施は，権威主義体制のなかでも一定の競争や政権批判の余地が存在している場合によりみられやすい。その際にとりわけ重要な意味を持つのが国内からの政治的な圧力である。権威主義体制国家においては野党勢力の活動範囲が限定されているが，汚職は，政府高官らによる横暴と一般の人々の困窮を対比させる観点から使いやすいテーマである。もちろん通常時であればその政治争点化はそれほど容易ではないが，いったん盛り上がると政治体制の正統性への疑義にもつながる可能性がある危険なトピックとなる。こうした事態へと発展した場合には，政権の側に強いモチベーションがなかったとしても一定の汚職対策を実施せざるをえなくなる。

---

1)　こうした構図については，例えば，Bueno de Mesquita et al.（2017）を参照。
2)　権威主義体制下における汚職対策についての考察は外山・小山田（2023）が参考になる。カンボジア，ラオスの事例はその力学をよく示している。

このようにして反汚職が開始される場合，それはどのような経過をたどるのだろうか。積極的な反汚職の場合は比較的単純である。もちろん汚職対策を実施することに伴う一定のリスクは存在するが，それは当然織り込み済みであり，むしろ，一部のエリートを排除することが政権基盤の確立にプラスになると判断されているケースにおいてこうした汚職が実施されることになる。その場合には，指導者の権力基盤が集中していればいるほど，それを決然と遂行しやすいとの指摘もある（Carothers 2022）[3]。政権はこうした反汚職の実施を大々的にアピールし，トップダウンで敢行することになる。

これに対し，消極的に実施される反汚職は，汚職対策を実施することによるベネフィットと，それに伴うリスクとを見極めながら，非常に難しいかじ取りを迫られることになる。人々の不満を抑えるためには，単に法律を作ったりキャンペーンをしたりする見せかけだけの汚職対策ではなく，エリートにも不利益をもたらすような汚職対策の実施が必要になる。しかし，指導者のモチベーションが低いことに加え，人々の不満がたまっている状況下でエリートを刺激することは政権にとってはさらなるリスクともなりかねない。こうした力学のなかで実施される汚職対策は二面性に特徴づけられる。一方では，ある程度踏み込んだ形で汚職対策が実施される。他方，汚職の「本丸」に切り込んで政治体制を不安定化させかねないような反汚職を実施することは徹底して回避される[4]。

2 反汚職に着手された背景

(1) ロシアにおける汚職とその取り締まり

ロシアにおいて，汚職はきわめて深刻な課題であり続けてきた。その要因としてしばしば挙げられるのがポスト共産主義的文脈である（Karklins 2005,

---

3) Fisman and Golden（2017）は，権威主義体制においては，汚職の蔓延が野放しにされるケースも，また指導者が並々ならぬモチベーションでその摘発に取り組むケースもあり，その落差が非常に大きい点に特徴があると論じている。

4) これは，Gillespie and Okruhlik（1991）が「現職によるクリーンアップ（Incumbent cleanup）」と規定している力学と重なるものである。

Stefes 2006, Holmes 2006）。ソ連時代には指令経済体制の下で政治と経済が一体化しており，両者の区別は曖昧であった。ソ連崩壊後は市場経済への移行が進み，経済を政治から切り離すことが目指されるようになるが，これは容易な課題ではなく，両者の間には癒着が生じた。プーチン大統領が登場した2000年代以降は移行直後の混乱こそ過去のものにはなったが，政治と経済の間には広いグレーゾーンが残存し，汚職の温床となったのである。

　こうした構造的な問題に加え，プーチン期のロシアに特有の特徴としては，ビジネスとの関係における国家の力が強化されるようになった点が挙げられる（安達 2016）。これをよく示すのが，プーチンのサンクトペテルブルク時代からの取り巻きの人々が重要な企業の取締役会などに任命されるようになったことである。さらに，2000年代に入ると財政状況が改善したこともあって収奪の機会も増えるようになった。また，同時期には公共調達に際してのキックバック（откат）の増加が指摘されるようになった（Ledeneva 2013）。これは典型的には国家や国営企業などの調達の際に実際のコストよりも高い価格で発注し，そこから得られた利益を受注した企業側から受け取るというものである。こうしたグレーゾーンの存在は，税金の非効率な執行，そして，公職者の不正蓄財を導くことになった。

　もちろん，政権は何の対策もしてこなかったわけではない。とくに，2000年代後半にはその動きが本格化したことが知られている。その直接的なきっかけとなったのは国際規範の受容であった。ロシアは，その代表的な枠組みである国連腐敗防止条約に2003年に署名，2006年に批准した。同条約の批准により国内の法制化も進み，国際規範の受容はロシアにおける汚職取り締まりにも影響を与えたのである。そのときに大統領であったメドヴェージェフは「汚職との闘い」を一つのスローガンとし，2008年にはロシアではじめての腐敗防止法が制定された（Федеральный закон 2008）[5]。ロシアにも汚職問題に取り組もうとする機運は確かに現れた。

5）　ただし，ロシアについては国際規範に対する独自の立場が指摘されており，反汚職に関しても国際レヴェルの規範がそのまま受容されたわけではない（Mälksoo 2015：157）。後述する通り，NGO や野党からは国連腐敗防止条約を批准した際の国内法化の対象から同条約の第20条（不正な蓄財）を除外したことが問題視された。

ところが，メドヴェージェフ大統領によって推進された反汚職の試みは，結果としては不十分なものにとどまった（Wilson 2015）。メドヴェージェフ大統領時代に，汚職の温床となっていたさまざまな問題点が明るみに出たこと，また，解決の方向性が示されたことは事実であった。しかし，この時期に導入された各種の制度は実効性を担保する仕組みを欠いており，公職者がその地位を利用して利益を獲得するという状況には解決の糸口が見えなかったのである。この時期に導入された資産公開制度などの不備についてはメドヴェージェフ大統領自身も認めるところであった（Ninenko 2012）。さらなる改革の必要性は認識されていたものの，メドヴェージェフの任期が終わりに近づくにつれ，その現実味は薄れていった。

（2）汚職対策開始の背景

　プーチンが大統領に返り咲いた時期は，メドヴェージェフ大統領期の汚職対策実施などの影響もあり，汚職問題への関心が高まっていた。とくに 2010 年頃からは，こうした社会情勢を反映する形で，汚職問題がしばしば政治問題化するようになっていた。ロシアでは 2000 年代後半から反体制派グループが活発化するようになり，そのなかでも反汚職が頻繁に取り上げられた。とくに，ブロガーとして活躍していたアレクセイ・ナワリヌイは反汚職を旗印として厳しい政権批判を繰り広げたことが知られている（Lassila 2016）。2011 年春には与党の「統一ロシア」を「詐欺師と泥棒の党」と呼ぶキャンペーンが実施された。私腹を肥やすエスタブリッシュメントと一般の人々の恵まれない生活ぶりを対置させる言説は一定の広まりを見せた。

　プーチン政権の汚職批判が一層先鋭化したのは，2011 年 12 月 4 日の下院選挙後に，選挙不正疑惑に端を発した抗議運動が起こって以降のことであった。抗議運動が全国に広がり，またその規模も大きくなるなかで，反体制派のプレゼンスは増していった。汚職を軸とした政権批判が，選挙不正疑惑とも重なり合う形で政権の正統性への疑義につながりかねない事態へと発展したのである。プーチンは 2012 年 3 月の選挙で再選を決めるが，政権を取り巻く状況は改善しなかった。メドヴェージェフとポストを交換したことに対する反発は根強く，選挙後の抗議運動が終息した後も支持率は上向かなかった。さらに，反体制派

はさらに政権批判を活発化させ，政府高官の汚職疑惑を暴くことが一つのトレンドともなった。

　プーチンが汚職対策の実施を打ち出したのは，まさにこうして不満が高まるさなかのことであった。メドヴェージェフ大統領とは異なり，プーチンはそれ以前の任期においては汚職対策には熱心ではなく（Holmes 2012），この時期に始まった汚職対策は外発的な動機による部分が大きかったと考えられる。プーチンは，下院選挙から2週間後の12月19日，「エネルギー労働者の日」のイベントにおいて，国有エネルギー企業の経営陣の半数が汚職に手を染めていると発言し，オフショア取引を不可能にするため，すべての国有企業指導部の収入を管理するとの提案を行った（Казьмин и др. 2012）。この汚職対策は単なる選挙前のパフォーマンスにとどまらなかった。次に述べる通り，プーチンが2012年に大統領に就任して以降，各種の汚職対策が実行に移されることになる。

3　反汚職の諸側面

(1) 資産公開制度の改革

　この時期に行われた制度変更としては，まず，資産公開制度の厳格化を挙げることができる。資産公開制度は公職者の不正蓄財を事前に防ぐための制度として国際的に幅広く導入されている制度である。ロシアは2008年に国連腐敗防止条約を批准し，これに伴う国内法制度整備の一環として2010年に資産公開制度が導入された。もっとも，ロシアにおける資産公開制度については，申告された情報のチェック体制に不備があり，これを改革する必要性が議論されていた[6]。こうした議論のなかで，問題点を克服するための方策として注目を集めたのが，収入のみならず支出についても申告を義務づけるというアイディアであった。このアイディアについては2011年春にプーチン首相（当時）により言及されていたが，法案の準備はスムーズには進まなかった。

　同法案の策定に向けた準備が一挙に進むきっかけとなったのが2011年末の

6）　ただし，資産公開制度がまったく無意味というわけではなく，公職者の行動に一定の制約を与えているとの指摘もある（Szakonyi 2023）。

第15章　プーチン期のロシアにおける汚職と反汚職　355

抗議運動であった。この抗議運動の際に汚職批判が繰り広げられ，そのなかの重要論点の一つとして，国連腐敗防止条約第 20 条（不正蓄財の刑事罰化）のロシアへの導入が問題となったことがその背景にあったと考えられる。ロシアは国連腐敗防止条約を批准した際，第 20 条は「無罪推定の法則」に抵触するとして国内法制化の対象から除外していた（油本 2020）。この問題は国際 NGO のロシア支部であるトランスペアレンシー・インターナショナル・ロシアや野党勢力などによっても指摘されていたが，これが抗議運動の盛り上がりのなかであらためて注目されるようになったのである。一定の紆余曲折を経たのち，最終的にメドヴェージェフ大統領が任期の終わりに提出した法案が，2012 年12 月，プーチン大統領の下で成立した（Федеральный закон 2012）。この法律改正により，資産・収入に加え，過去 3 年間の収入を超える大きな支出の申告が義務づけられることになった。

　これは確かに既存の資産公開制度の厳格化を意味するものであったが，「本丸」は手つかずのまま放置された。とくに，野党の議員らから再三提言されていた不正蓄財の刑事罰化が実現されなかったことはその実効性に限界をもたらしたと言える。支出を申告対象とするというアイディアは同制度をめぐる議論のプロセスで登場し，次第に議論の中心になっていくが，支出も申告対象とすることが汚職の防止にどのように寄与するのかという点については曖昧な形でしか議論されていなかった。不正蓄財の刑事罰化をめぐってはその後も野党陣営を中心にさまざまな形で政治争点化が試みられたものの，政権・与党側はこれに応じようとはしなかった。むしろ，一度は制度を厳格化したことを逆手にとってさらなる制度変更を阻もうとした面も指摘できる。

(2)「エリートの国家化」

　2012 年の夏には，プーチン大統領による目玉反汚職政策が打ち出され，これが翌年までかかって実現された。これは，公職者が海外の銀行口座を持つことを禁止するという法律の制定であり，これは「エリートの国家化」とも呼ばれるものである（Krastev and Inozemtsev 2013）。これは，政府高官らが不正に蓄財をし，さらにはその財産を海外に逃避させているという批判を意識したものであった。プーチンが，この法案への支持を呼びかけた際に「ロシアの国家

のために働く者はロシアに自らの資金を置いておかなければならない」と述べたことは，まさにこの点をよく示している（Путин 2012b）。このような形での統制は，プーチンの大統領三期目に顕著になった愛国主義の強化という文脈とも符合するものであった。

　これは論争的な法律であったが，政権はさまざまな方法を使って改革を断行した。当初，政権は「全ロシア人民戦線（Общероссийский народный фронт）」（以下，人民戦線）[7]という組織を使って「観測気球」を出すなど，慎重に立法を進めた[8]。この法律に対しては，前大統領のメドヴェージェフを含め，一部のエリートからあまりにも締めつけすぎると公職者のなり手がいなくなるといった異論も出たが，政権は法案を通すための努力を惜しまなかった。最終的にはプーチン大統領自身が年次教書演説の際，「あなた方は気に入らないでしょうが，この法案を支持してください」と述べて支持を呼びかけた（Путин 2012b）。そして，2013 年 2 月に同大統領によって法案が提出され，5 月に連邦法が成立したのである（Федеральный закон 2013）。

　しかし，結果的に，2012 年に始まった汚職対策のなかで最大の目玉政策とされた「エリートの国家化」は制度面で多くの不備を抱えるものとなった。とくに，議論の過程で不動産の所有が認められたことが一種の抜け穴として作用した面がある。不動産を持ち続けること自体には問題がないとされていることから，結局は各種の支払いのために現地の口座が必要になり，法律の内容が骨抜きになっているとする専門家もいる[9]。また，同法が成立したことで，一部の公職者がロシアへの資金移動を発表したり，職を辞したりするケースはあったが，銀行口座を親戚の名義に変更することなども可能であった（Ведомости 2013）。「エリートの国家化」は潜在的にはエリートに対する脅しとして機能する余地はあるものの，それ以上の実効的な意味は持たなかったと言える。

---

7)　この組織は 2011 年 5 月，プーチンの大統領選挙キャンペーンの実施を主な目的として結成されたものであったが，大統領選挙終了後も活動を継続し，汚職対策をその一つの柱とするようになっていた。同組織の活動については油本（2022）を参照。

8)　以下の記述は Aburamoto（2019）および油本（2020）に基づいている。

9)　筆者によるトランスペアレンシー・インターナショナル・ロシアのメンバーからの聞き取り。2018 年 3 月 15 日。

（3） 公職者のパージ

　汚職対策が厳格化されるなかで，公職者のパージも行われた。そのなかでもとくに知られているものとして，2012 年 11 月には国防大臣のアナトーリー・セルジュコフが軍資産の売却に関わる汚職を理由に更迭された[10]。セルジュコフの更迭は，彼がプーチンの取り巻きの一員であったこともあって大きな衝撃を持って受け止められた。それ以外にも，連邦政府の大臣や数名の知事らに対する刑事訴追が行われるなど[11]，一定数の高位の公職者が，汚職に関わるさまざまな理由でパージされた（Sharafutdinova 2016, 12–13）。これは，反汚職を前面に打ち出していたメドヴェージェフ期と比較しても際立っており，プーチンが真剣に反汚職に取り組もうとしている姿勢を示すものと受け止められた。

　資産公開制度等のエリートに対する統制強化に伴うパージも行われた。この観点からとくに重要な制度変更となったのが，公職者の腐敗に関する法律違反による解雇——「信頼の失墜に伴う解雇（увольнение в связи с утратой доверия）」と規定される——を導入した 2011 年 11 月の法改正であった（Федеральный закон 2011）[12]。この理由で解雇された公職者は 2012 年から 2015 年の間で 1200 人近くにのぼった（Минтруд 2016）。さらに，2017 年にはこうした公職者が再度国家機関に職を得ることを防ぐため，解雇された公職者の名前を解雇から 5 年間はリストに載せ，公表できるようにする法改正が行われた（Федеральный закон 2017）。制度的にはさまざまな不備があり，汚職の摘発には不十分であったことは事実であるが，公職者に対する統制は強化されたのである。

　もっとも，結論から言えば，一連のパージは広がりに欠けていた。セルジュコフを除けば，プーチンのインナー・サークルに属する人々はほとんど無傷で

---

10)　セルジュコフが更迭された背景要因としては，国防大臣としてラディカルな軍改革を行ってきた経緯から，エリートに多くの敵を作っていたことが指摘されている。この点については小泉（2016）を参照。

11)　連邦大臣としては，2012 年に農業大臣のエレーナ・スクルィニクが捜査の対象となっていた。2016 年にはアレクセイ・ウリュカエフ経済発展大臣が逮捕された。また，2015 年から 16 年にかけては，サハリン州，コミ共和国，キーロフ州の行政府長官が汚職を理由として訴追されている。

12)　具体的には，利益相反を防止または解決するための措置を講じないこと，収入・資産等の申告を行わなかったり，虚偽の申告を行ったりすること，企業活動への有償での参加，外国の非営利団体への参加の場合に解雇の対象になると規定された。

あった。野党活動家らはこの間にも多くの高位の公職者の隠し財産の保有を暴くなどといった形で攻撃を継続していたが，その対象となった人々がパージされることはなかった。また，汚職に関する法律違反によって失職した公職者は2018年9月以降の累計で3079人（2022年1月12日時点）となっているが，連邦大臣など，権力の中枢にいると考えられる公職者は含まれていない（Реестр 2022）[13]。結局のところ，汚職の摘発は選択的に行われ，権力の中枢にメスが入ることはなかったと言える。

なお，公職者のパージにおいては人民戦線も一定の役割を果たした。同組織は2013年秋に「公正な政府調達のために（За честные закупки）」というプロジェクトを開始し，一般の人々からの通報をもとに疑わしい政府調達の調査を行うスキームが作られた[14]。また，よりポピュリスト的なキャンペーンとして，国営企業等での贈り物や公職者の高級車購入などの監視を挙げることができる。人民戦線は，「贅沢指数（Индекс расточительности）」という指標を作り，行政府等の調達において購入された贅沢品をランキングにして公表するといったことも行った。しかし，実際に公職者の追放にまで至ったケースは数えるほどで，これが大規模なパージにつながることはなかった。こうした別働部隊が用いられたこと自体，政権が自らの手を汚さず，ある意味では「安全」に反汚職を実施しようという配慮の表れであったとみることができる。

結 論

ここまで，本章では，プーチン体制下の反汚職の経過を振り返った。まず，プーチン政権が反汚職に乗り出したのは政権批判に対処する必要性に迫られてのことであり，まさに外発的な要請によって汚職対策が導入されたことが確認された。この時期のロシアにおける汚職対策の主要政策であった資産公開制度，

---

13) 2022年1月の段階で最も多いカテゴリーは議員で，全体の4割近くを占めるが，その多くは地方自治体レヴェルの議員である。

14) 実際にはこのスキームは反体制派勢力が実施していた反汚職プロジェクトのコピーであったとみられるが，このスキームを通じてさまざまな不正が明らかになったことが喧伝された。

第15章　プーチン期のロシアにおける汚職と反汚職　　359

「エリートの国家化」，そして公職者のパージのそれぞれの領域の検討からは，それらがいずれも「消極的」反汚職の力学に特徴づけられていたことが明らかになる。すなわち，それぞれの政策の策定にあたり，汚職対策を推進しようとする方向性と，その範囲を限定しようとする方向性がせめぎあっていたのである。その結果として，これらの改革は単なるパフォーマンスとも言い切れない内容とはなった一方，いずれも政権の中枢にメスを入れることはない中途半端なものにとどまった。

　冒頭でも触れた通り，プーチン政権下で実施された汚職対策はパフォーマンス先行であり，政権のモチベーションは低かったと考えられてきた（Chen 2020）。以上の検討からは，確かにそういった側面があったことは事実だが，同時に，反汚職をめぐる力学はより複雑であったことが明らかになった。反汚職が一定以上踏み込んで実施される以上，それは既存の政治秩序を揺るがし，エリートから反発を受けるリスクとも隣り合わせだった。実際に行われた汚職対策は，汚職対策を進めようとする政府と，それに反発するエリートとの間で一定の攻防が繰り広げられるなど，非常に微妙なバランスのなかで実施されたものだったのである。

　2010年代の中国で実施された反汚職は大きな学問的関心を呼び，権威主義体制下における汚職対策に関する議論が盛り上がりつつある（Carothers 2020, 外山・小山田 2023）。権威主義体制下で指導者がいかにして反汚職を利用し，自らの支配の強化に利用するかというテーマはこれからも多くの研究者の関心を引き続けるだろう。しかし，政権が強い意志を持ち，汚職対策を積極的に利用しようとするケースばかりではない。本章で取り上げたロシアの事例は，中国にみられたような指導者主導の汚職対策とは異なる汚職対策の類型が存在することを明らかにするのと同時に，権威主義体制下で反汚職を実施することの難しさに光を当てるものである。権威主義体制下の汚職について，今後さらなる検討が求められる。

参考文献

安達祐子（2016）『現代ロシア経済——資源・国家・企業統治』名古屋大学出版会

油本真理（2020）「腐敗防止の国際規範とロシア——公職者の資産公開制度を事例として」『国際政治』第199号，33–48頁

油本真理（2022）「プーチン期のロシアにおける反エリート主義とその限界——全ロシア人民戦線の活動に注目して」『立教法学』第106号，392–428頁

小泉悠（2016）『軍事大国ロシア——新たな世界戦略と行動原理』作品社

外山文子・小山田英治（2023）『東南アジアにおける汚職取締の政治学』晃洋書房

Aburamoto, Mari（2019）"The Politics of Anti-corruption Campaigns in Putin's Russia: Power, Opposition, and the All-Russia People's Front," *Europe-Asia Studies* 71（3）: 408–425

Bueno de Mesquita, Bruce, and Alastair Smith（2011）*The Dictator's Handbook: Why Bad Behavior is Almost Always Good Politics*, Public Affairs（『独裁者のためのハンドブック』四本健二・浅野宜之訳，亜紀書房，2013）

Carothers, Christopher（2022）"Taking Authoritarian Anti-Corruption Reform Seriously," *Perspectives on Politics*, 20（1）: 69–85

Chen, Cheng（2020）"What Is behind Anti-Corruption? A Comparison of Russia and China," *Communist and Post-Communist Studies*, 53（4）: 155–176

Fisman, Ray and Miriam A. Golden（2017）*Corruption: What Everyone Needs to Know*, Oxford University Press（『コラプション——なぜ汚職は起こるのか』山形浩生・守岡桜訳，慶応義塾大学出版会，2019）

Gillespie, Kate and Gwenn Okruhlik（1991）"The Political Dimensions of Corruption Cleanups: A Framework for Analysis," *Comparative Politics*, 24（1）: 77–95

Holmes, Leslie（2006）*Rotten Stated? Corruption, Post-communism and Neoliberalism*, Duke University Press

Holmes, Leslie（2012）"Corruption in Post-Soviet Russia," *Global Change, Peace & Security*, 24（2）: 235–250

Krastev, Ivan and Vladislav Inozemtsev（2013）'Putin's Self-Destruction: Russia's New Anti-Corruption Campaign will Sink the Regime', *Foreign Affairs*, June 9, 2013

Lassila, Jussi（2016）"Aleksei Naval'nyi and Populist Re-ordering of Putin's Stability," *Europe-Asia Studies* 68（1）: 118–137

Ledeneva, Alena（2013）*Can Russia Modernise?: Sistema, Power Networks and Informal Governance*, Cambridge University Press

Mälksoo, Lauri（2014）*Russian Approaches to International Law*, Oxford University Press

Ninenko, Ivan（2012）"Russia's Anti-corruption Predicament: Reforms, Activism and Struggling Leaders", *Corruption °C: Paper Series on Corruption and Anticorruption Policy*, 15

Sharafutdinova, Gulnaz (2016) "Regional Governors Navigating through Putin's Third Term. On the Wave of Patriotism through the Troubled Waters of the Economy," *Russian Politics*, 1 (4): 372–397

Stefes, Christoph H. (2006) *Understanding Post-Soviet Transitions: Corruption, Collusion and Clientelism*, Palgrave Mcmillan

Szakonyi, David (2023) "Indecent Disclosures: Anticorruption Reforms and Political Selection," *American Journal of Political Science*, 67 (3): 503–519

Wilson, Kenneth. (2015) "Modernization or More of the Same in Russia: Was There a 'Thaw' Under Medvedev?," *Problems of Post-Communism*, 62 (3): 145–158

Ведомости (2013) «От редакции: Деньги выбрали Родину», *Ведомости*, 20 августа 2013 г., https://www.vedomosti.ru/newspaper/articles/2013/08/20/dengi-vybrali-rodinu

Казьмин, Дмитрий и др. (2012) «Путин разглядел коррупцию и семейный бизнес в целой отрасли», *Ведомости*, 20 декабря 2011 г

Минтруд (2016) «В России будет создан Реестр лиц, уволенных в связи с утратой доверия», *Минтруд: официальный сайт*, 25 августа 2016 г., https://mintrud.gov.ru/labour/public-service/138?m=y

Путин, Владимир (2012a) «Петербургский международный экономический форум», 21 июня 2012 г., *Президент России*, http://kremlin.ru/events/president/news/15709

Путин, Владимир (2012b) «Послание Президента Федеральному Собранию», 12 декабря 2012г., Президент России, http://kremlin.ru/events/president/news/17118

Реестр (2022) Реестр лиц, уволенных в связи с утратой доверия, *Госслужба*, https://gossluzhba.gov.ru/reestr

Федеральный закон (2008) Федеральный закон от 25 декабря 2008 г. № 273-ФЗ «О противодействии коррупции», *Собрание Законодательства Российской Федерации* (以下、*СЗ РФ*), №. 52, Ст. 6228

Федеральный закон (2011) Федеральный закон от 21 ноября 2011 г. № 329-ФЗ «О внесении изменений в отдельные законодательные акты Российской Федерации в связи с совершенствованием государственного управления в области противодействия коррупции», *СЗ РФ*, №. 48, Ст. 6730

Федеральный закон (2012) Федеральный закон от 3 декабря 2012 г. № 230-ФЗ «О контроле за соответствием расходов лиц, замещающих государственные должности, и иных лиц их доходам», *СЗ РФ*, №. 50, Ст. 6953

Федеральный закон (2013) Федеральный закон от 7 мая 2013 г. № 79-ФЗ «О запрете отдельным категориям лиц открывать и иметь счета (вклады), хранить наличные денежные средства и ценности в иностранных банках, расположенных за пределами территории Российской Федерации, владеть и (или) пользоваться иностранными финансовыми инструментами», *СЗ РФ*, №. 19, Ст. 2306

Федеральный закон (2017) Федеральный закон от 1 июля 2017 г. № 132-ФЗ «О внесении изменений в отдельные законодательные акты Российской Федерации в части размещения в государственной информационной системе в области государственной службы сведений о применении взыскания в виде увольнения в связи с утратой доверия за совершение коррупционных правонарушений», *СЗ РФ*, № 27, Ст. 3929

＊ 本稿は科研費 17H01638 に加え，JP19K13585 の支援を受けた研究成果の一部である。

終章

権・圏・銭

〈中国〉腐敗学から腐敗学へ

菱田雅晴[1]

　処を選ばず，時を選ばず，どこにあっても，いつでも，邪な不正行為は横行している。ヒトの常であろうか，何人であろうともこの誘惑に打ち克つことはむつかしい。

　この意味で，腐敗とはどの国にも，どの時代にも見られるいわばフツ〜の現象である。この腐敗現象を現代中国に発生している特異な政治経済社会現象として限定するならば，中国腐敗とはどのように捉えられるべきか，何が，どこで起きているのか，どのように捕まえるか等を解明しようと本書は各章においてさまざまな試みを展開してきた。各章の考察を確認する形で，中国腐敗に関する核心問題を以下に掲げる四つに集約し，これまでの考察を確認することで本書の終章としたい。

【Q1】　腐敗をどう定義するか？

　本書では，第１章以来，腐敗行為を「公権力による私的利益の追求」と定義してきたが，果たしてこれで十分なのだろうか？　腐敗を公権力の濫用に

---

1)　本稿は，廉政研究会で討議した内容に基づき，これを最終的成果としてとりまとめたものである。

限定することは，政府官員による汚職，瀆職行為に限定することとなり，社会全体の不正を看過することになりはしないか。私企業内の各種権限の濫用も腐敗行為と見なすべきではないか。談合，裏金，口銭，キックバック，賄賂等の私企業間の不正な取引は，取引コストとして企業会計に算入されるものの，市場メカニズムの歪みをもたらすものとして広義腐敗に加えるべきではないか。日本における「みなし公務員」といった規定も参考にするならば，腐敗はどのように定義されるべきか？

　この問いは，〈中国〉腐敗学というわれわれの腐敗研究のスコープと方法に直結するいわば前提となる出発点である。これは，第一に，腐敗行為の主体・当事者をどのように理解するかに関わる。腐敗主体を大なり小なりの公権力を手にした官員，公務員に限定するのか，それとも官員の腐敗に関わるもう一方の当事者としての民間人の諸行為をも腐敗行為としてどこまで糾弾すべきか，さらには，民間人同士の私企業間のビジネス取引をも広義腐敗として捉えるべきかとの問いに置き換えることができる。もう一歩進めるならば，お歳暮，お中元あるいは飲食場面への誘いといった，ある特定の影響力，パワーを持つ（と見なした）友人知己への接近も邪な意図を隠し持つ限り，腐敗と称しうるのではないか。中国固有ともいうべきギフト・カルチャー（＝贈り物文化）の伝統それ自体にも，腐敗の芽を窺うことが可能である。

　しかしながら，腐敗によってもたらされる被害対象は一様ではない。私企業間の談合，裏金，口銭，キックバック，賄賂等の不正な取引，すなわち，ビジネス商業上の腐敗の被害は主に取引先，株主，企業所有者の利益，権利あるいは市場メカニズムの歪みや浪費などであり，被害の対象，範囲は具体的かつ限定的である。これに対し，公権力の腐敗は，前者とは異なり，公共福祉，公共財産，公共道徳などが損なわれることとなり，これらは截然と区分されるべきであろう。

　また，第二には，「権力」への理解如何が関係する。「権力」を国家機関，政府等公的組織における公的に賦与された「公権力」と同様に各私企業組織において各ポストに与えられた決定権限，決裁権限あるいは方針執行権等をも「権

限」,「民権力」としてョリ広範に理解することも可能であろう。人間関係において, 能力の優劣あるいは出自の相違等から目に見えぬ上下関係感覚が生じ, それが力関係に等置され,「私権力」と化すこともしばしばではある。

これらからは, ヒトの営み, 社会の営為すべてを腐敗の眼差しで観察することになる。腐敗は時空を超えて, まさしく遍く存在することとなり, 腐敗研究とは, 森羅万象の社会全範囲を対象とする広袤無限大の途轍もない作業とならざるをえない。

しかしながら, 本書では腐敗一般を対象とする腐敗学を素描した序章を受けて, 第1章で分析対象を現代中国に生起する腐敗現象に特定することで,〈中国〉腐敗学の検討を行うこととした。したがって, 本書が中国腐敗を考察対象と限定する〈中国〉腐敗学を目指す限りにあっては, やはり腐敗行為を「公権力による私的利益の追求」とする定義に何ら変更を加えるべき理由は見当たらないことになる。

ただし, もちろん, 現代中国社会にあっては, あらゆる不正行為, 不公平現象が蔓延していることからすれば, 中国腐敗に分析対象を限定して考察しようとする〈中国〉腐敗学においては, いくつかの固有の留意が必要であろう。

その第一は, 腐敗の可視性の限界である。われわれが分析組上に載せるのは, 中国側公的機関（中央紀律検査委員会, 最高検察院, 国家監察部, 中国政務興情監測中心等）から公表される腐敗事案報告あるいは人民網, 新華網, 政法論壇, 領導決策信息等メディアによる腐敗関連の事件報道によるデータ資料であり, これらは遍く存在する中国腐敗現象の氷山の一角を示すにすぎない。いわば目に見える《顕腐敗》といってもよい。これに対し,《潜腐敗》ともいうべき不可視, 不可触の不正行為の蔓延がこれら可視化された腐敗事案,《顕腐敗》の後景として存在している。況してや, "党紀国法" と党レベルの準則と国家レベルの法令を並列視する謂に象徴されるように, これら「見える化」された腐敗ケースとてそのすべてが刑法上の刑法犯罪事案とは限らない。第4章で詳細に検討された腐敗高官の落馬現象には党紀律違反案件が数多く含まれている。第13章で見た「違法乱紀」と呼ばれる「瀆職・侵権」, すなわち,「公職を汚し, 権利を侵害する」「法紀型権力濫用」はそうした広義腐敗の一部である。

終章 権・圏・銭　367

第二の留意は，この腐敗定義における公的権力を行使し，私的利益を貪る「公務員」の取り扱いである。日本における「みなし公務員」とは，公務員ではないものの，職務内容が公務に準ずる公益性および公共性を有しているものや，公務員の職務を代行するものとして，刑法の適用について公務員としての扱いを受ける者をいう。これを参照するならば，現代中国にあっては，果たしてどこまでが「公務員」なのか。「中華人民共和国公職人員政務処分法」（2020年制定）第七〇条，「中華人民共和監察法」（2018年）第十五条等によれば，共産党機関，政府機関，人代機関，政協機関，法曹機関（監察，検察，法院），人民団体機関，軍機関，国有企業指導部，一部事業単位に属する人々が「公職人員」と規定されている。いわば，①国家の行政編制に属する党と政府の機関，公有セクター企業，②半官半民的性格のいわゆる「事業単位」，③これらと業務関係を有する民間組織（私営企業など）が現代中国における政治腐敗のメイン・アクターとして措定される。彼らによって巻き込まれる，ないしは彼らを腐敗へと誘う，贈賄者に代表される民間セクターの人々がいわばこの腐敗ドラマの助演者となり，「腐敗圏」が形成される。これが権・銭ネットワーク（第1章）であり，政商関係における業界団体・商会（第14章）等から構成される「腐敗圏」である。なお，この助演者につき，中国刑法163条は，民間人，すなわち，公司，企業の工作人員がその地位を利用して，他人の財産を不法に収受し，あるいは他人の利益を求めた場合，「公司，企業人員受賄罪」として規定しており，「もう一方の当事者」どころか腐敗の主体行為者とされている[2]。

　第三に，こうした腐敗ネットワークの背景因となる関係網 guanxiwang，すなわち，地縁，血縁，同窓，戦友などに基づく社会的ネットワークから成る

---

2)　なお，民間部門の贈収賄に対しては，例えばASEAN諸国では，インドネシア，フィリピン，タイなど規定のない国もあるが，ブルネイ，カンボジア，ラオス，マレーシア，ミャンマー，シンガポール，東ティモール，ベトナムが罰則規定を設けている（国連アジア極東犯罪防止研修所（UNAFEI），『東南アジア諸国の汚職防止法制』2021）。アジア各国が民間部門の贈収賄を規定する法律を整備した背景には，2003年に採択された国連腐敗防止条約（世界189カ国が批准，日本も2017年受諾）の第21条がある。

「人情 renqing 社会」[3] のありようにも十分留意する必要があることは贅言を要しない。見返りを期待する贈答文化，あるいは官本位主義，権力を崇拝視する伝統文化が掣肘されることなき特権を生み出し，《潜腐敗》とも称すべき不可視的な制度的腐敗の温床となる。これらが構造化されることにより成立するのが上述の「腐敗圏」である。

　かくして，腐敗行為を「公権力による私的利益の追求」と定義し，限られたデータ資料に依拠し，《顕腐敗》の分析を行うとしても，その際には，決してこれらの留意点を蔑ろにしてはならないであろう。

【Q2】　中国における「腐敗パラドックス」をどう理解すべきか？

> 現代中国における腐敗の猖獗と高成長の持続の同時成立は，開発論等の伝統的知見からはパラドックス視されるが，果たしてこれは至当だろうか。腐敗類型を略奪型と開発型に二分し，後者類型ではパラドックスたりえずとのウィードマン解釈は肯定されるのか。両者の併存も瞬間風速的事態として，時間経過によりいずれか一方が逓減するという単なる一時的現象なのだろうか。そもそも現代中国で観察される事態はパラドックスなのか？

　この問いに応える際の第一のポイントは時間の取り扱いである。本書では，それぞれ経済成長，政治発展，社会発展，反腐敗と腐敗との関係等を中国の腐敗パラドックスとして掲げた（第1章）が，いずれも時間経過を通じて解消されうる一時的パラドックス現象と理解することもできる。例えば，経済が成長し，豊かさが人々に均等に配分された結果として，人々の意識が公正にヨリ目覚めていくならば，その温床となる土壌が次第に失われ，最終的には腐敗も姿を消すことになるのかもしれない。現時点で観察される社会発展と腐敗のパラドックスも人々の意識の高まりによって次第に解消され，ウィードマンの経済発展パラドックスも，成長に応じて略奪型から次第に開発型へと移行すること

---

3)　翟学偉（南京大学社会学系）は中国における人情，面子と権力の再生産過程を「情理」社会における社会的交換としてビビッドに描き出している（翟学偉『現代中国の社会と行動原理——関係・面子・権力』朱安新・小嶋華津子編訳，岩波書店，2019）。

終章　権・圏・銭　　369

により解消される。というのも，腐敗に関する逆U字仮説も，ピークに至るまでの間がパラドックスとされるにすぎず，現在時点を観察するのみのわれわれの眼にはそれがあたかもパラドックスのように映ぜられるのみなのかもしれない。将来にはパラドックス視する必要のない時点が招来されることとなる。

とりわけ現代中国の腐敗環境が今日の時代情況に強く制約されたものであることからすれば，時間経過に伴う制約条件の変化は重視さるべきであろう。例えば，第12章で検討された農村の包工頭は，中国特有の戸籍制度が大きく影響した「徒花」という性格を有しており，包工頭制度の改革には戸籍制度の改革が必須であり，この進展が進むならば包工頭をめぐる腐敗・搾取が逓減してゆくであろうことも期待される。また，恵農政策以前の中国農村では，自助努力による発展と安定を求めざるをえない農村ガバナンス体制であったため，ある程度の"以権謀私"もやむなしの「容認されるコスト」とされる結果，一見パラドックスのように見えても実はパラドックスではなかった。だが，腐敗をビルトインした成長や農村振興の時代は終焉した（第7章）。農村政策の変化，農民意識の変化（権利意識の高まり），土地収用補償金など個人の利益に直接かかわる案件（より強く権利意識を刺激する案件）の出現等々，時代環境が変化したのであった。

逆に，時間経過がそれまでは見えていなかった腐敗パラドックスを露呈する可能性もある。腐敗による損失規模が可視化，数値化されにくいため，腐敗が猖獗する中での高度成長も，実は「砂上の楼閣」であったという危うさを免れ難いからである（第10章）。腐敗高官の潜伏ならぬ腐敗そのものの潜伏ではあるが，そうした腐敗による損失が明らかになるのは，少なくとも数年後，場合によっては数十年後かもしれず，その時点ではすでに腐敗との因果関係を明らかにすることは至難の業である。

翻って，そもそもの問いは，腐敗とはどのような機能を有する現象なのか，という点にある。腐敗とは，例えば，経済成長を促進する現象なのか，それとも腐敗には発展を阻碍する何らかの要素が胚胎されたものなのか。実は，ミクロ，マクロの実証では，必ずしも腐敗パラドックスは確認されてはいない。成立する場合もあれば，成立していないケースもあるからである。

この関連では，"グッド・ガバナンス"という謂の響きに倣い，腐敗を「よい腐敗 good corruption」と「悪い腐敗 bad corruption」と区分してみるのも参考となるかもしれない。つまり，腐敗行為によって得られた"収益"を腐敗者個人がひとり懐にいれるのみで周囲になんらの便益をもたらすことなく，当該個人の欲望充足のみに消費されるとすれば，それが略奪型腐敗であり，「悪い腐敗」である。これに対し，腐敗"収益"を自らのポケットに入れるにとどまらず，人々にも配分し，公共目的にそれを用いる結果，公共の秩序，安寧，発展がもたらされるのが「よい腐敗」となる。開発型腐敗とは「よい腐敗」の一類型と捉えることも許されよう。とはいうものの，その分配が一族郎党その他「関係網」によって構成される「腐敗圏」の狭小な範囲にとどまる限り，また腐敗"収益"の使用方向が私的レベルにとどまる限り，当然それを十全の「よい腐敗」とはいうことはできない。

　したがって，腐敗パラドックスという把握は，腐敗のある側面を浮かび上がらせ，比較の視点を得る上では有効な概念装置とはいえるものの，二項対立的に捉えるあまり事態を矮小化しかねない。"清水塘里不養魚"（＝清い水に魚は住めない）という俚言にも示される通り，腐敗には欲望解放へのインセンティブが胚胎されている。パラドックスという否定的な謂を超えて，まずは腐敗行為の有するインセンティブとディスインセンティブを丹念に解明することが課題となろう。

【Q3】　中国における腐敗／反腐敗の特質はどこに見出されるか？

腐敗とは，国・地域を選ばず，時間の新旧を問わず，時空を超えて汎通的に観察される現象ではあるが，中国腐敗は他国事例に比してどこがどう違うのか。「腐敗の中国モデル」とでもいうべき特殊な性格が見出されるものなのか。中国腐敗に対しては発展途上要因，社会主義体制要因，行政機能の未発現という国家システム要因等さまざまな視座が措定できるが，果たして中国の腐敗／反腐敗の特質をどこに見出すべきか？

これを考える際には，中国腐敗現象の形態的特性とそれをもたらすこととなる要因の両者に分解することが必要であろう。

　中国におけるさまざまな腐敗行為の形態特性としては，まずは“以権謀私”および“以権代法”が挙げられている（第1章）。前者は，「権力／権限を以て私を謀る」という権力の濫用による私的利益・利害の超法規的追及・獲得という形態面の特性であり，後者は腐敗行為者がその権力をもって超法規的自由を獲得し，法的訴追可能性の埒外に身を置くという事態である。いずれも権力の濫用を特徴視した中国的表現ではあるが，必ずしも中国固有の事態とは言えない。

　一方，“以権謀私”の具体的側面として第4章では以下の6点が指摘されている。すなわち，⑴腐敗潜伏官僚の跋扈，⑵超高額の腐敗額，⑶量刑における厳罰主義，⑷集団腐敗，⑸官商結託事案（高級官僚と国営企業・民営企業の長の腐敗事案，とくに2000年代以降），⑹着任早々からの腐敗着手である（第4章）。これらは高官腐敗事案から「中国的特徴」として剔出されたもので，実際のところ，他国・地域における腐敗事例に同趣の事態を見出すことはむつかしい。殊に，「帯病提抜」，すなわち，腐敗しつつも潜伏し，出世の階段を上がる高官という「半ば制度化した」「潜規則」（＝隠れたルール）の存在がとりわけ中国的な特徴として浮上する。

　そして，さらには，習近平の反腐敗キャンペーンには，大衆の腐敗蔓延に対する不満を背景にしたポピュリスト（＝人気取り）政策といった側面に加え，これを政治的に利用し，闘争化することで，政敵を攻撃し，自らの政治的地位強化を図るという政治的側面も色濃い。反腐敗に含まれる政治闘争と派閥闘争であり，反腐敗が政治闘争と政治動員の重要なツールとして一体化している。この点は同趣の他国事例をはるかに超出するきわめて中国的な特徴の一つであろう。

　また，**図表終-1**は，ネット上に流出した対外貿易部長，対外経済貿易部長，同部党組書記を務め，全人代表（第11〜13期），党中央委員（第12，13期）にまで上り詰めた鄭拓彬の報酬明細（2017年1月分）をとりまとめ図示したものである。1924年生の93歳の退職者の報酬としての5万元という月収額は中国公務員（30歳前後）の平均5000元程度に較べ10倍余と驚きの声がネット上には溢れる一方で，中央委員まで務めた高級幹部としては少額ではないかとのコ

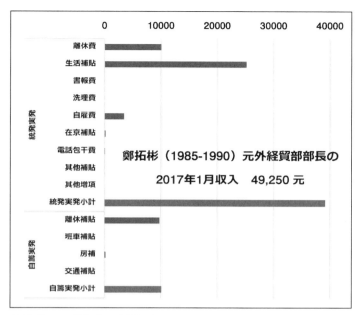

図表終 -1　鄭拓彬の報酬明細

出典：微博データに基づき筆者作成

メントも寄せられた。生活補填が2万5000元と報酬の半分を占めるまでの退職高官の退職ライフとはいかなるものなのかとの嘆息もあった。

　真偽のほどはさて措くとしても，1992年リタイアした鄭拓彬にその後も「離休費」超1万元が国家支給され，かつほぼ同額の1万元近くの「離休補貼」が所属機関からの補填として継続的に30年近くも支給され続けているという事態には驚くしかない。これが不当な便宜供与ならざる報酬支払規定等に基づく合法的な支払いであるとすれば，なお一層の驚愕である。

　翻って，これらとても，実は昇進規定，賞罰規定，報酬支払規定あるいは紀律違反に関する懲罰規則等々の無視あるいは恣意的な運用ではあるまいか。はたまた，それはこうした規則無視あるいは濫用が罷り通るまでに厳密さを欠き，恣意的な運用を可能とするまでに制度そのものが曖昧なものにとどまっているがゆえではないのだろうか。瀆職行為等不行跡が明らかな（あるいは，そう囁かれる）人物の悪評を不問に付したままその抜擢，昇進，昇格を審議する人事

終章　権・圏・銭　373

プロセス自体，尋常ではありえない。直ちに何らかの“身体検査”，すなわち，徹底した身許調査が開始されるのが通常ではないだろうか。また，在任中の功績がいかに大であったとしても，退職者に対して現職者報酬レベルを遥かに上回る超高額支給を継続的に行いうるものだろうか。況してや，腐敗を「借口」として首尾よくライバルの政治的生命にとどめを刺すためにいかなる制度規則が用いられるのだろうか。やはりそこには「制度の緩み」ないしは「緩い制度」の存在が窺われることなる。

　こうした制度の弛緩あるいは「曖昧な制度」規定に着目し，ヨリ展開させたのが「曖昧な空間」という指摘である（第7章，第8章）。第7章は，村レベルの“微腐敗”をめぐって，村幹部が個人の裁量で村内の資源や村民の利益にかかわる問題をコントロールできる「灰色空間」を曖昧な領域・余地として指摘する。人大間接選挙における買収事件に基づき，選挙腐敗の原因とメカニズムに迫った第8章でも，「曖昧な空間」の存在が剔出されている。それによれば，本来は党が議席ポスト分配を設計通りに行い，権威を高めるために設置されている推薦・協議・決定というブラックボックスが贈賄者によって利用され，市人大主席団と市・県連工委，影響力のある市人大代表を買収して目的を達成するスペースへと転換されている（第8章）。

　次に，そうした形態特性を受けて，次になすべき検討が，これら現象の形態特性をもたらすこととなる要因面からの考察である。一般に不正行為が蔓延し，腐敗の猖獗をもたらす要因として，発展途上要因，社会主義要因，資本主義要因そして文化伝統要因の四つの位相を措定した（第1章）が，果たしてどの位相が中国的特徴をなしているのだろうか。ノーメンクラトゥーラあるいは権貴集団とも称される特権層は社会主義の体制要因であり，行政の機能不全，すなわち，近代化，ネイション・ビルデイングの遅滞に伴い，発生する行政上の特権も権力濫用をもたらす。金儲け主義，金銭至上主義をも裡に胚胎する資本主義の悪しき影響も否定はできない。

　となると，いずれの要因も上述の中国腐敗の形態特性を顕在化させるものと見られ，これらすべてが相互に関連し，相互に錯綜した作用の結果として現代中国の腐敗特性をもたらしている。そのなかでも，より大きなインパクトを持

つものとしてここでは文化伝統要因を特筆したい。上述の制度の弛緩あるいは「曖昧な制度」の発生も，行政機能の未発現，ルール依拠意識の欠如の産物である以上に，歴史的に蓄積された官本位主義，権力至上主義等の文化伝統あるいは習俗によって支えられているからである。

　結論としては，中国腐敗の蔓延を単一の要因による単純事象と見なすことはむつかしい。字義通り，複数の要因位相から独特の形態を示すきわめて錯雑な現象である。したがって，現代中国の腐敗現象とは，インフォーマルな文化伝統と規範に駆動された各個人が，フォーマルな制度の曖昧さと歪みの間を縫って権力を用い，諸個人間の相互行為のシステムとして「腐敗圏」を構造化し，それが私的利益を追求する不正行為として顕在化したものとして把捉することとしたい。これを現代中国の腐敗特性として《権・圏・銭シンドローム》と称する次第である。

【Q4】　習近平の腐敗／反腐敗政策は中国に何をもたらすことになるのか？

> 反腐敗，すなわち，腐敗撲滅の特効薬はありうるのか？　それは中国に適用可能なものなのか？　現状の腐敗／反腐敗政策がそのまま進行したとするならば，その結果としてどのような中国が出現することとなるのか？　腐敗のヨリ一層の蔓延あるいは習近平の反腐敗政策のヨリ一層の徹底によって，中国にはどのような変化が招来されることになるのか？

　習近平政権が進めてきた反腐敗キャンペーンには，⑴腐敗という，決してあってはならぬ社会的不正を糺すという本来あるべき施策，⑵腐敗に対する大衆的不満を先取りしたポピュリスト傾向，そして⑶政治的ライバル追い落としの政治的ツール等のさまざまな側面が看取される。

　「一強」体制と称されるような盤石な権力基盤が整うならば，⑶の政治的側面からの必要性は低減するであろうし，⑵の民意支持調達も補完的な役割にとどまることとなろう。そのような情況に至るならば，これまでのような大型キャンペーン，政治運動としての腐敗撲滅，反腐敗の激しい動きは沈静化し，本

終章　権・圏・銭　375

来の(1)の側面に集中することも予想される。

　各国事例を見るまでもなく，一般に腐敗対策とは(1)不正行為への監視，(2)それが明らかとなった際の摘発・処罰，そして(3)背景となる深層因としての人々の意識改革の3次元に尽くされる。これまでの習近平反腐敗闘争が(2)の厳格化措置を中核に据えたものであったことからすれば，今後は(1)，(3)へとシフトするであろう。もっとも，この関連では，党員を対象とする巡視制度は従来からの(1)の方向を端的に示すものであった。中央紀律検査委員会と中央組織部のそれぞれが組織した巡視組に党中央の権威が与えられたのが中央巡視組であり，中央巡視組の巡視および再巡視（「回頭看」という）が習近平の反腐敗闘争の有力なツールであった（第5章）。

　また，"網民"，一般民衆を主体とし，インターネット機能（チャット，ミニブログなど）を活用して汚職腐敗活動の抑制を目指す「網絡反腐」はソーシャルメディアを通じた新たな監視，摘発の方向を示している（第6章）。果たして，この「網絡反腐」が，市民の眼差しによる監視監督強化というレベルを超えて，民間主導で摘発段階まで辿り着くことができるのだろうか，それともICT（情報通信技術）を縦横に駆使した中国的パノプティコン世界の完成がその帰結となりはしないだろうか[4]。メディア，とりわけ官主導の色濃い中国のネットバーチャル空間が権力サイドと市民との間の"言説主戦場"となっていることからすれば，直ちに好ましい結果が得られることは望みえないとしても，上記(1)の方向に沿うものであることは間違いない。

　さらには，この市民の眼差しによる監視監督強化の「網絡反腐」を一歩進めて，各地に貼りめぐされたCCTV（監視カメラ）であらゆる行動把握を行い，

---

4)　現代中国にあっては，ベンサム，フーコー以来のパノプティコンの上に，世界をリードするデジタル技術を社会実装した究極のデジタル・パノプティコン世界が構築されようとしている。ベンサムの説くパノプティコンとは「監視されているとの意識」に基づく"一望監視施設"の意であるが，これを発展させたミシェル・フーコーは，人は身体と精神の内部から社会に適合した主体として形成され，権力からのまなざしを意識し，権力を内面化するとして「自発的服従」概念を提起した。リアルタイムの監視システムと5G通信速度のハイスペック（高解像度，高フレームレート）な映像に加えてのAIによる顔認証，声紋認証システムはひとに「自発的服従」を迫るまさしくハイパー・デジタル・パノプティコン世界といってよい。

376

これと個人のショッピング等物財・サービス購入等に関する金融情況を結合し，AI（人工知能）によるアルゴリズム解析を通じて，例えば各人の「腐敗スコア」を算定するとすれば，諸個人レベルの腐敗行為を徹底的に監視することもできよう。これにより，公職人員のあらゆる行為の透明性を高め，ヒト，カネ，モノの動きが徹頭徹尾捕捉される結果，腐敗実行のハードルはかつてないレベルに高まる。まさしく中国的パノプティコン世界が出現する日こそが，腐敗の徹底制圧の成功を宣言する日であろう。

　そもそも，前述した通り，現代中国における腐敗現象が複数の要因位相から発生・蔓延し，特異な形態を示すきわめて複雑な現象である限りにおいて，その発生要因としての発展途上過程，社会主義体制，資本主義要素そして文化伝統要因を超越しない限り，腐敗の撲滅は不可能事であろう。近代化をヨリ一層推し進めることで，発展途上位相を超越し，本来あるべき行政機能を発現させるとともに旧来の硬直した社会主義体制を変革し，権力の濫用を可能とする「曖昧な空間」を極小化することで全き市場システムの運用を図ること，すなわち，市場改革と政治体制改革の一層のパラレルな展開が求められる。これなくしては，腐敗は中国を蝕み続けるであろう。

　この意味では，腐敗症状に対して即効力が期待される特効薬は存在しない。上記のさまざまな対症療法を続けるしかないのである。

　では，腐敗症状に対する対症療法の継続は中国に何をもたらすことになるのであろうか。

　まず，上記(3)の政治的ツールとしてのこれまでの習近平の反腐敗運動の展開を総括しておくならば，民事・刑事犯罪としての汚職案件を低下させたのは確かである。いわゆる「作風」と称される政府官員の業務態度の改善，綱紀粛正にも一定程度貢献したであろう。政府官員および民間の関係者にとっても，贈収賄などの汚職行為へと誘うインセンティブ以上に腐敗に手を染めることのディスインセンティブが上昇し，実行ハードルは確実に高まった。さらには，長老を含む対抗勢力を封じ込め，結果として習近平への権力集中を加速させ，最高指導者としての習近平のリーダーシップを強化することとなったのもほぼ間

違いないところであろう。党支配の正統性の補強にも大いに寄与している。

　とはいえ，完全無欠の無敵無比の権力基盤なぞありえない[5]ことからすれば，なお一層の権力強化のための政治的ツールとしての反腐敗には引き続き依存せざるをえない。また，習近平政権がいわば金看板として来たこともあり，反腐敗，腐敗撲滅，廉政建設という万人が首肯する「口号」を捨て去ることは容易ではない。

　翻って，作用あるところには必ず反作用が生まれる。こうした反腐敗の大きな"成果"は，摘発・打倒された腐敗グループの報復を呼び覚ますこととなる。また，幸運にもたまたま摘発・打倒を免れた腐敗グループにあっては，発覚を恐れる危機感ゆえに相互の結束を強め，そのために新たな腐敗すら生み出しかねない。殺人を隠蔽するためにさらに新たな殺人を繰り返すシリアル・キラー（連続殺人犯）の出現という「腐敗と反腐敗のパラドックス」である。

　また，冒頭⑵に記したポピュリズムにあっては，庶民が日常的に接する役所や病院等における「官僚主義」への不満も緩和されつつあり，「紅包」と呼ばれる各種つけ届けあるいは直接の"関係"構築のための飲食その他の「接待」機会も簡素化されつつある。かくして習近平の反腐敗は，大衆の喝采を浴びる反面，胡錦濤時代までに得られていた物質的なインセンティブが減ることから，官僚組織の勤労意欲の低下がもたらされ，官僚集団のサボタージュ現象，消極的抵抗も顕在化し始めている。

　同時に，官僚機構の忖度心理と政治的硬直性の度合いも増しており，反腐敗政策の推進によって，現象としての腐敗こそ抑制されたものの，統治機構全体には「政治的腐食」とも言うべき現象があらわになりつつある。というのも，習近平の反腐敗とは畢竟「恐怖」による封じ込めであり，「劇薬」であったからである。

5）　2022年10月開催の第20回党大会における党規約の改正では，当初報じられていた《両个維護》，《両个確立》のうち，前者こそ採択されたものの習近平への個人的忠誠を党員に義務づける後者が採択されることはなかった。"党主席"，"人民領袖"，"習近平思想"も採択されていないことからすれば，党内における一定の批判勢力の存在が予感される。況してや，「体調不良」とされる胡錦濤が主席団から"退席"させられたことは何やら熾烈な宮廷ドラマの存在を示唆している。加えて，四通橋事件（10月13日）等は反習近平の社会的意識の存在，大衆叛乱の可能性すら窺わせるに十分である。

腐敗症状に対する対症療法の継続の帰着としてのガバナンス装置の「腐食」
は，果たして現レジームの融解，溶解，そしてついには崩壊へとつながるので
あろうか。それは，前述した腐敗対策の監視・摘発・心理改造の３ツールをど
のようなウェートで展開するか，一にそのバランスに係っている。

　掉尾ながら，残された解明すべき命題と今後の課題に触れることで筆を擱く
こととしたい。
　随所で言及した通り，最大の課題は腐敗の持つ本来機能の解明である。腐敗
は経済成長，社会発展，政治発展のそれぞれに対してどのようなインセンティ
ブとディスインセンティブを有しているのか，これを各発展段階別に炙り出す
ことができれば，それぞれの次元における腐敗の作用を詳細に描き出すことで，
パラドックス情況の解明に迫ることができるであろう。とくに，政治体制の交
替あるいは急激な経済成長とそれに伴う社会変動等大規模な構造変動が出現す
る移行期にあっては，多様な制度，機能，価値意識が併存するため，腐敗現象
もさまざまな相貌を示すこととなり，その解明はとりわけ重要である。そこか
ら，腐敗の本来的な機能が明らかとなるならば，ひとはなぜ腐敗するのか，本
性悪のゆえなのか，それとも善きサマリア人をも腐敗させる悪き環境ゆえなの
か，腐敗学の根本命題に迫ることができよう。
　もう一つの大きな課題は，「制度の緩み」ないしは「緩い制度」をもたらす
ことになる「曖昧な空間」の発生メカニズムとプロセス，およびその時間的変
化の解明である。大きな利益をもたらすこととなる権力をめぐって「腐敗圏」
ともいうべきネットワークがどのように形成・維持されるのか，その「腐敗
圏」は利益，権力をめぐる各種制度の創出，運用に対してどのような働きかけ
を行うのか，なぜそのような放埒や恣意が曖昧なままなんら掣肘を受けること
なく罷り通ってしまうのか……まさしく地域研究としての中国研究のなすべき
ところはここにあり，〈中国〉腐敗学の目指すところである。ここに〈中国〉
腐敗学から腐敗学へと至る道筋が示されている。

あとがき

「**倉廩実而知礼節**（＝倉廩実ちて礼節を知る）」とは管子・牧民の一節だが，倉庫の天井に届かんばかりの人民幣の現ナマ100元札の束の山はトラック数台分，重さにして数トンにも及ぶという。各地に所有する超高級マンションには高級外車を揃え，囲い込んだ愛人は100人を下らず，隠匿資産も家族と共に海外口座に移転済み……某汚職高官の腐敗のすさまじさを伝えるものだが，確かに倉廩こそ実ちたものの，礼節を知るには程遠い。庶民がSNSに怒りをぶちまける，あるいは当局がこれでもかとばかりに意図的に暴露する腐敗官僚の堕落ぶりは想像を絶する。《管子・牧民》ではこれに有名な「**衣食足而知栄辱**」が続くのだが，過剰に衣食足りた中国の腐敗幹部には礼節も栄辱もまったく無縁のようだ。

さらに，《**帯病提抜**》と呼ばれる病理現象の蔓延には目を疑う。帯病，すなわち，それまでどんなに汚職に手を染めていようともボスが抜擢昇進させてくれるというトンデモ現象で，昇進ポストに応じてさらに一層の腐敗を繰り返すという病理には驚くしかない。もちろん，《老百姓》という名の一般市民とて，負けじとばかりに，手許のミニ権力を最大限駆使してプチ腐敗に精出す。そうだとしても，高位高官連中のこうした桁外れの腐敗にはさすがに「ノー」の声も高まる。オレたちは戦々兢々とささやかなプチ腐敗に汲々としているのに較べ，あの巨悪連中の傍若無人ぶりたるや……というやっかみ半分の非難もあるにせよ，庶民の不満はいやます募るばかり。

習近平政権の反腐敗キャンペーン，とりわけ「ハエも叩けば，トラも叩く，キツネも断固叩く」という，汚職規模の如何を問わず，官位の高低を問わず，況してや海外逃亡組も断固徹底的に摘発するという耳に心地よい響きのスロー

ガンは，市井の怨嗟の声に応じた人民寄りの政策のようにも映る。だが，摘発対象が政敵とも看做される高官グループに集中しているやに見えることからすれば，庶民に心を寄せる心優しい指導者像というより，腐敗摘発を鋭利な政治ツールとして権力基盤固めに勤しむ非情な権力者というイメージも浮上する。

　中国共産党とはどのような存在なのか，党員とはどのようなイメージで捉えられているのかと**中南海研究**（＝中国共産党に関する政治社会学的実証研究）を進めていたわれわれにとって，こうした中国の腐敗／反腐敗情況の解明は当然にも恰好の次なるテーマとなった。というのも，そうした腐敗の実態と反腐敗の実態にこそ中国政治，とりわけその核としての中国共産党のありようが見出されるからだ。

　ただ，汚職腐敗とは，性悪な役人のみの所為ではない。クリーンなスタートを切ったハズの清廉潔白な官僚といつの間にか組織の悪習に染まり，底意ある業者の手に絡め取られることにもなる。それは個人の道徳倫理問題であると同時に，ビジネス環境，組織風土にも関連し，腐敗をめぐるマクロの政治社会要因にも関わるいくつもの顔を持つ多面的な現象である。このため腐敗を本格的な研究俎上に載せるには，それに応じたいくつもの分析視覚と手法を要する。幸いにも，科研費基盤研究（A）に採択されたことから，政治学，経済学，社会学，歴史学等多方面のディシプリンからの参加を得て，中国の腐敗現象を対象に据えた「**廉政研究会**」を発足させることとなった。本来ならば「中国腐敗研究会」と称するべきところではあるが，如何にも怪し過ぎる（！）その響きから，腐敗天国を脱して清廉な中国政治が出現するようにとの切なる願いを込めて「中国廉政研究会」と命名したのだった。

　爾来 2016 年より，ほぼ月例ベースで廉政研究会を開催し，関連分野の外部専門家の招聘も含め，中国腐敗に関する検討作業を重ねて来た。その研究成果の一端が本書である。腐敗学の再建という壮大な目標を掲げ，その第一歩としての〈中国〉腐敗学の基本デザインのスケッチを目指したのだが，果たしてどこまで肉迫し得たか，すべて読者諸賢の判断に委ねるしかない。

　もちろん，いくつかの心残りはある。腐敗関連の信頼に足る情報データが容易には得られないことはなんといっても大きい。そもそも官僚汚職なぞといった恥ずべき事態は殊更自慢げに公表する事柄ではない。況してや，中国政治の

中核にいる高級幹部の恥ずべき腐敗実態は可能な限り人目に触れぬようとどめておきたいというのが当局の基本姿勢で、逆に一罰百戒とばかりに摘発した政敵の腐朽ぶりをこれ見よがしに公開するケースもそこに込められた政治的意図を疑わざるを得ない。党紀違反段階の党内の党紀処分の関連文書は固より公安司法部門の捜査資料も、人民検察院、人民法院の判決書等裁判関連資料も閲覧入手することは容易ではない。"怒れる市民"あるいは事案関係者の内部告発的ネット書き込み、更にはメディアの調査報道を以て補完せざるを得なかった。

更に残念であったのは、これら希少データに基づく分析も実は捕まったヤツに集中せざるを得なかったこと。冒頭に掲げた天井にまで届くような数トンの現金はどのように貯め込んだのか、情報漏洩の謝礼としての不当利益なのか、権限を歪めての、あるいは権限を超える便宜供与の法外な見返りだったのか、腐敗官僚の悪辣ぶりを知らしめるためであろうか、その手口の一端が示されるケースもあるものの、それら腐敗瀆職行為を行う役人に対し、腐敗を働きかけるもう一方の当事者がほぼ不在となっている。高潔清廉の官僚をそそのかし、汚職の闇へと引き摺り込むのはどのような連中なのか、かれらは何を求めて、どのような手段を弄してターゲットを籠絡し、腐敗を完了させるのか。腐敗はひとりでよくなし得る行為ではない。双方向の腐敗汚職行為のもう一方の当事者の観察分析が不充分にとどまらざるを得なかったのは如何にも残念ではある。

実は、当初はこうした腐敗現象に固有の双方向性に注目し、高官のみならず庶民をも対象にした腐敗意識に関する広範な問巻（＝アンケート）調査、当事者へのインデプス・インタビューの実施を予定していた。だが、コロナ禍により、問巻票の設計等調査プランの詳細検討は固より中国への渡航入国自体不可能となってしまった。政治的「気候」の悪化もあり、中国側研究パートナーにも外国研究者との協働による腐敗研究への逡巡も生まれ、その結果われわれの研究もいきおい質的分析を旨とする書誌研究スタイルが中心とならざるを得なかった。加えて、腐敗はあらゆる部門、あらゆる場面に拡がっていることからすれば、腐敗発生のフィールド分析はヨリ多面的、多層的であるべきであった。カネが動くところ、具体的には産業部門、金融部門、軍事部門自体、腐敗を滋生させる文字通りの「温床」である。特に、最近相次ぐ国防部長の失脚等にうかがわれるように、軍は汚職・腐敗の主役とも言えるが、軍の高官の腐敗につ

あとがき　383

いては第 4 章が断片的に触れるにとどまっている。権力のあるところに生まれる属人的紐帯の派系が不当な利益追求を行うという本書が指摘する《権・圏・銭シンドローム》はこれら現業部門，軍事部門にこそ十全に貫徹しているであろう。ここへきて中国共産党内の派閥あるいは情報収集システムに関する優れた研究も若手世代から生まれてきており，今後はぜひとも，中国共産党の一党支配の主役たる党・軍・産複合体の実態を次の研究世代に解明してほしいと願ってやまない。

　こうした心残りこそあるものの，それぞれの専門領域分野で可能な限りの最新詳細データに基づき，〈中国〉腐敗学への接近に挑み，本書を形あるものとするに全力を傾けた各著者には深甚の感謝を捧げたい。中国廉政研究会の円滑な運営と本書上梓によるその完結は偏に各メンバーあっての賜物である。

　掉尾ながら，当今の困難な出版事情にも関わらず，本書出版を可能としていただいた法政大学出版局にも感謝したい。とりわけ同出版局の郷間雅俊理事からは，つねに有益なアドバイスと助言をいただいた。記して感謝の徴表としたい。

菱田 雅晴

本書の内容は JSPS 科研費 JP17H01638 の助成を受けた研究成果の一部で，本書の刊行は JSPS 科研費 JP24HP5099 の助成を受けたものです。なお，本研究の成果は著者自らの見解等に基づくものであり，所属研究機関，資金配分機関及び国の見解等を反映するものではありません。

This work was supported by JSPS KAKENHI Grant Number JP17H01638 and this publication was supported by JSPS KAKENHI Grant Number JP24HP5099. Any opinions, findings, and conclusions or recommendations expressed in this material are those of the authors and do not necessarily reflect the views of the authors' organization, JSPS or MEXT.

人名索引

ア 行

アラタス　S.H. Alatas　37, 41

安子文　316

石川忠司　40

ウーとクリステンセン　Wu and Christensen　182, 188, 192

ウィードマン　Andrew Wedeman　12, 103, 369

ヴォスレンスキー　Mikhail Sergeyevich Voslensky　41

王雲海　53, 55, 312

王岐山　57, 59, 127, 129-32, 138, 143, 146-47

王滬寧　53, 55, 57-59, 67

王伝利　312

王立軍　61

大平正芳　81

岡崎嘉平太　79-82, 91, 95

岡奈津子　13

カ 行

ガオ　James Gao　233, 236-37, 239, 242

郭伯雄　61, 107

何清漣　52-53

何増科　312

加藤弘之　46

過勇　9, 312

ギアツ　Clifford Geertz　37

魏昌東　67

岸信介　250

クリットガード　Robert Klitgaard　16, 46

ケリング　George L. Kelling　16

コーとウェン　Kilkon Ko & Cuifen Weng　312-13

江沢民　59-61, 124-25, 128, 155

公婷　Tong Gong　9, 11-12

谷開来　61

サ 行

翟学偉　43, 332, 369

習近平　25-26, 29, 31, 51, 57-65, 67, 71-96, 99-103, 111, 121, 123-24, 129-31, 133-34, 136, 142-45, 148-51, 156, 171-72, 175-76, 181, 183, 201, 250, 263, 276, 309, 331, 333-35, 337-39, 343, 346, 349-50, 372, 375-78, 381

周永康　61, 111-14, 116, 119-20, 146, 150, 333

周恩来　79

朱徳　56, 234, 315

朱鎔基　59

蔣潔敏　113, 120, 333

徐才厚　61, 107

ジラス　Milovan Đilas　36

秦剛　64-65, 71

スカルノ　250

ソクラテス　54

孫政才　61, 131, 134, 138, 142-43, 146

タ 行

高碕達之介　81

橘樸　52

田中角栄　66, 81

譚震林　236-37, 239

趙紫陽　90, 93-96

陳希同　57, 59-60, 125

陳良宇　59-60, 126
田飛龍　337, 339
鄭拓彬　373
鄧小平　45, 56-57, 59, 62-63, 94-96, 124-25, 129, 155, 159, 271

ナ 行

ナイ　Joseph Samuel Nye Jr.　3
ナワリヌイ　Aleksei Anatolievich Navalny　354
仁井田陞　54-55
西原正　3
ネズナンスキー　Friedrich Neznanski　41

ハ 行

薄熙来　60-61, 103, 112, 143
菱田雅晴　105, 108, 289, 306
プーチン　Vladimir Vladimirovich Putin　65, 349-50, 353-60

マ 行

マックマン　Kelly M. McMann　16
マルコス　251-53, 258

三木武夫　66
ミュルダール　Gunnar Myrdal　39, 42
メドヴェージェフ　Dmitrii Anatolievich Medvedev　349-50, 353-58
モース　Marcel Mauss　39-40
モンテイロ　J.B. Monteiro　37

ヤ 行

ヤダフとムケルジー　Vineeta Yadav & Bumba Mukherjee　14
楊美恵　Mayfair Mei-hui Yang　39

ラ 行

李克強　61, 64, 145, 276
李尚福　64-65, 71, 120-21
李文亮　174-75
劉少奇　62, 231-32, 240
梁暁声　63
廖承志　81
令計画　61, 116, 138
レヴィ゠ストロース　Claude Lévi-Strauss　12
呂暁波　Lu Xiaobo　37

事項索引

あ 行

曖昧な制度　46-49, 374-75

『アジアのドラマ』　39

アジア・パラドックス　12

アパシー現象　37

アモイ経済社会発展戦略（1985-2000 年）
86-87, 96

一把手　110-11, 118-20

以権謀私　41, 108, 370, 372

以権代法　41, 108, 372

一切向銭看　39

一帯一路　27-28, 247-48, 266

違法乱紀　311, 314, 316-21, 367

インセンティブ・システム論アプローチ
44, 49

インセンティブとディスインセンティブ
44, 49, 371, 379

エリート・カルテル型腐敗　106

エリートの国家化　349, 356-57, 360

LT 貿易　79

円借款　251-52, 255, 262, 265-67

遠華密輸事件　55

ODA　27, 247-48, 250-52, 255-58, 260,
265-67

OECF　252

汚職の抑制　Control of Corruption　10

オリガルヒ　36, 106

か 行

改革開放　4, 29, 39, 44, 56-57, 72, 77-78,
86, 92, 102, 104, 114, 116-17, 142, 159,
273-74, 276, 282, 287, 293-95, 311-13,

315, 320-23, 325-27

外国公務員贈賄　38, 254-55, 257-58, 265,
267

開発型腐敗　12, 103, 116, 371

学歴社会　272-73

学歴不正事件　283

学歴腐敗　13, 28, 271-73, 278-79, 282,
284-87

隠れたルール　114, 119, 120, 372

貨殖主義　35

〈関係〉　guanxi　39-40, 42-44, 52, 119, 192,
289-91, 294, 297, 306

関係ネットワーク　42-43, 108, 306

関係網　guanxiwang　12, 368, 371

官倒　57

官僚制　16, 44, 52-53, 200

技術協力　82, 84-85, 248, 252-53

ギフト経済　39

ギフト・カルチャー（贈り物文化）　366

逆 U 字仮説　370

キャリア・パス　124, 147, 149

行政失陥　mal-administration　37

行政と市場の接点　248, 251-53, 256, 259,
262, 265, 267-68

義利観　340

規律違反　institutional offences　41, 61-62,
140, 165, 234, 286

紀律違反　71, 73, 75-77, 114, 130, 134, 136,
138, 140, 144-45, 150-51, 217, 367, 373

グッド・ガバナンス　4, 371

グリーディ・キャピタリズム　greedy capi-
talism　38

クローニー資本主義　37

387

君子の交わり　338, 347

経済型腐敗／経済型権力濫用　8-9, 311, 314, 327

経済犯罪　economic crimes　41, 73, 78, 95, 286

経済検察　311

経済腐敗　57, 312

経済聯合会　334

刑法，刑事訴訟法　314-15, 322, 325, 327

権・圏・銭シンドローム　375, 384

厳打　10

権威主義体制　29, 350-52, 360

権学交易　13, 273, 284-85

権貴集団　36, 374

権精英　44

権銭交易　42, 44, 108, 289-91, 296-98, 306, 331, 339, 341

顕腐敗　367, 369

権力社会　24, 51-53, 65-66, 68

公共調達　28, 248, 255, 257-64, 268, 353

国有資産監督管理委員会　113, 120, 333, 335-36

国連腐敗防止条約　353, 355-56, 368

国家発展改革委員会　263, 335

五風　317

さ 行

サマリア人　5, 17, 379

再巡視　124, 126, 131-34, 136, 138, 140, 142-51, 376

作風　73, 132, 377

三権分立　54, 59, 155

三公消費　67

三農政策　184-85

三農問題　185, 290

「三反五反」運動　73

下海　293

私権力　367

資産公開制度　354-56, 358-59

市場主導型腐敗　106

「四清」運動　73

JICA　253-54, 257-58, 267

社会主義初級段階　91-93

儒学　332-33, 338-40, 346

儒商　340

巡視工作条例　126, 129-30, 151

巡視組　26, 123-32, 134, 140, 143-44, 147-51, 209, 217, 263-64, 376

徇私舞弊　312-14, 323-26

小微権力清単制度　196

消極的反汚職　309, 350

招待費　10

小道消息　11

情報公開法　118

情報公開　10, 165, 173, 182, 199, 252, 254, 258, 265-66, 268, 345-46

職権濫用　9, 184, 312-13, 320, 323-27

シロヴィキ　36

新権威主義　57, 67

侵権，権利侵害　290, 295, 311, 313-15, 318, 320-21, 323-27, 367

「新三反」運動　316-17

親清　29, 331, 333, 338, 340-47

信訪，陳情　128, 148, 163, 186, 191, 194, 319-20

スピード・マネー　42

政企分開　93-94

正規教育　272, 274, 277-78, 281-82

税収・財務・物価大検査　25, 73, 76, 78, 95

政商関係　29, 247, 331-34, 337-47, 368

成人教育　272-78, 282-83, 287

制度論アプローチ　45, 49, 105

石油天然ガス集団公司　111, 113, 119-20

石油中国連合石油有限公司　113

接管工作　223-26, 228-30, 232-37, 239, 241-42

銭・権ネットワーク　42, 108, 306

全民皆商　35

銭学交易　13, 273, 285

選挙任免連絡工作委員会　208

全国人民代表大会　68, 116, 205-06, 333, 336

先富論　45, 56-57

潜腐敗　367, 369
全ロシア人民戦線　357
組織的変容　312
村覇　191, 193-95, 201

た 行

対外援助　27-28, 247-48, 259-65
帯病提抜　25, 101, 111, 113, 120, 372, 381
代表資格審査委員会　209
「小さなハエも大きな虎も徹底的に叩く」　51
チェック・アンド・バランス　54, 59, 67
中央国家監察工作委員会　56
中央国家監察委員会　56
中央巡察指導工作組　57, 59
中央巡視組　26, 123-24, 127-29, 131, 134, 144, 147-51, 209, 217, 376
中央紀律検査委員会　56-57, 59-60, 62, 110, 123-27, 131-32, 142, 145, 147-51, 163, 181, 315, 367, 376
中央党校　163, 273, 279-82
中華民族の偉大な復興　63-64, 93, 144
中華全国工商業聯合会　334, 336
中華人民共和監察法　368
中共中央社会部　225, 228-29, 236
中国総合社会調査（CGSS）　277
中国刑法163条　368
〈中国〉腐敗学　5, 24, 30, 33-35, 44, 46, 48, 365-67, 379, 382, 384
通信教育　272, 278-81, 283-84, 286-87
ディプロマ・ミル　13
ディス（逆）インセンティブ　44, 49
天安門事件　57, 59, 67, 72, 78, 89, 94-96, 108, 159
統一戦線部　208
党建設　131, 147, 336-37
党校教育　28, 275-76, 278-79, 281-83, 287
党政分開　93
党政領導幹部　207-08, 271
党組　111-13, 119, 121, 127-28, 130-32, 142, 147, 151, 372
党大会（第13回）　77, 89-91, 93-94, 96

党中央組織部　36, 336
瀆職　3, 45, 311-15, 320-21, 323-27, 366-67, 373, 383
都市接管工作　225-27, 231, 233, 242
トランスペアレンシー・インターナショナル
　　Transparency International　透明国際
　　10, 160, 356-57

な 行

南下幹部　234-37, 239
軟性国家　Soft state　39
日中国交正常化　79
人情 renqing　43-44, 332, 369
人情 renqing 社会　369
ノーメンクラトゥーラ　36, 108, 374
農民工　289-301, 303-05
賠償　247, 250-52, 256, 258, 266-67

は 行

把頭制　292-93
パノプティコン　376-77
ハンチントン仮説　104
反腐敗　6, 17, 23, 25, 29, 35, 45, 58, 67-68, 71-73, 77-78, 95, 102-05, 111, 155, 156, 159-60, 163, 168, 170, 172-73, 176, 183, 186, 194, 201, 248, 265-66, 331-32, 334, 337, 341, 346, 349, 369, 371-72, 375, 377-78, 382, 387
反腐敗キャンペーン　4, 103, 115, 265, 286, 333, 372, 375, 381
反腐敗闘争　24, 59, 62, 64, 68, 123-24, 129-30, 149-51, 171, 338, 376
反腐敗白書　159
非経済腐敗　312
微信 WeChat　171, 173-75, 199, 345
微腐敗　26, 181-82, 185, 188, 193, 196, 200-01, 374
「表叔」事件　164-66
不正競争防止法　38, 255, 258
プチ腐敗　11, 13, 16, 35, 42, 48, 381
不適切な支払　8

事項索引　389

腐敗学　Corruptionology　3-6, 11, 15, 17-18, 24-25, 30-31, 33-35, 44-45, 48, 99, 101, 105, 182, 309, 365, 367, 379, 382

腐敗圏　368-69, 371, 375, 379

腐敗認知度指数 CPI　Corruption Perceptions Index　10

腐敗の構成要件　6, 8-9, 13, 18-19, 44

腐敗の習俗　folklore of corruption　39, 108

腐敗（の）パラドックス　11, 24, 34, 105, 369-71, 378

腐敗の防止に関する国際連合条約　38

ブロークン・ウィンドウ理論　16

法紀案件　314-15, 318, 321-25, 327

法紀型腐敗／法紀型権力濫用　9

法紀検察　311, 313, 315

包工頭　28, 289-301, 303-07, 370

保護傘　171, 191, 193-94, 201

ま 行

末端幹部　27, 223-28, 230-31, 233, 235-37, 241-42

民権力　367

面子　285, 332, 369

網民　156-60, 162, 164-67, 170-71, 173-75, 376

網絡挙報　163, 171-72

網絡反腐　26, 155-57, 159-64, 166-68, 170-73, 175-77, 265, 376

木匠師傅　293

や 行

優遇借款　261-62, 265

緩い制度　46, 374, 379

よい腐敗　371

横向経済連合　82-85, 88, 94-95

「四化」方針　13, 28, 271-73, 279, 281-82, 286-87

四風　67

ら 行

落馬高官リスト　101, 107, 109-11, 113, 115, 118-20

略奪型腐敗　12, 103, 371

領場師傅　293

レント／レントシーキング　10, 34, 43, 104-05, 247

労務帯頭人　290

ロシア連邦反腐敗法　118

ロッキード事件　38, 66

わ 行

悪い腐敗　371

現代中国の腐敗と反腐敗
汚職の諸相と土壌

2024 年 10 月 10 日　初版第 1 刷発行

編著者　菱田雅晴

発行所　一般財団法人　法政大学出版局

〒102-0071 東京都千代田区富士見 2-17-1
電話 03（5214）5540　振替 00160-6-95814
組版：HUP　印刷：三和印刷　製本：誠製本

© 2024　Masaharu HISHIDA *et al.*
Printed in Japan

ISBN978-4-588-62550-3

[著者]

菱田 雅晴（ひしだ まさはる）
　　法政大学・名誉教授　　　　　　　　　　　　（編者／序，第 1 章，終章）

毛里 和子（もうり かずこ）
　　早稲田大学・名誉教授　　　　　　　　　　　　　　　　　　　（第 4 章）

天児 慧（あまこ さとし）
　　早稲田大学・名誉教授　　　　　　　　　　　　　　　　　　　（第 2 章）

朱 建榮（Zhu Jianrong）
　　東洋学園大学・客員教授　　　　　　　　　　　　　　　　　　（第 6 章）

諏訪 一幸（すわ かずゆき）
　　静岡県立大学 現代韓国朝鮮研究センター・客員研究員　　　　　（第 5 章）

大島 一二（おおしま かずつぐ）
　　桃山学院大学 経済学部・教授　　　　　　　　　　　　　　　　（第 12 章）

厳 善平（Yan Shanping）
　　同志社大学 グローバルスタディーズ研究科・教授　　　　　　　（第 11 章）

岡田 実（おかだ みのる）
　　拓殖大学 国際学部・教授　　　　　　　　　　　　　　　　　　（第 10 章）

南 裕子（みなみ ゆうこ）
　　一橋大学 大学院経済学研究科・准教授　　　　　　　　　　　　（第 7 章）

中岡 まり（なかおか まり）
　　常磐大学 国際学部・准教授　　　　　　　　　　　　　　　　　（第 8 章）

小嶋 華津子（こじま かづこ）
　　慶応義塾大学 法学部・教授　　　　　　　　　　　　　　　　　（第 14 章）

鈴木 隆（すずき たかし）
　　大東文化大学 東洋研究所・教授　　　　　　　　　　　　　　　（第 3 章）

油本 真理（あぶらもと まり）
　　法政大学 法学部・教授　　　　　　　　　　　　　　　　　　　（第 15 章）

馬 嘉嘉（Ma Jiajia）
　　立教大学 アジア地域研究所・特任研究員　　　　　　　　　　　（第 13 章）

橋本 誠浩（はしもと ともひろ）
　　久留米大学 法学部国際政治学科・専任講師　　　　　　　　　　（第 9 章）

刁 珊珊（Diao Shanshan）
　　桃山学院大学 大学院博士前期課程　　　　　　　　　　　　　　（第 12 章）